中国旅游协会旅游教育分会
推荐教材

全国旅游管理专业应用型本科规划教材

中国旅游客源国概况

COUNTRIES OF INBOUND TOURISTS TO CHINA

（第3版）

孙克勤　主编

北京·旅游教育出版社

责任编辑：巨瑛梅

图书在版编目(CIP)数据

中国旅游客源国概况/孙克勤主编．—北京：旅游教育出版社，2010.1（2025.1重印）

全国旅游管理专业应用型本科规划教材

ISBN 978-7-5637-1811-5

Ⅰ．中… Ⅱ．孙… Ⅲ．旅游客源—中国—高等学校—教材 Ⅳ．F592.6

中国版本图书馆CIP数据核字(2009)第138900号

全国旅游管理专业应用型本科规划教材

中国旅游客源国概况
（第3版）

孙克勤　主编

出版单位	旅游教育出版社
地　　址	北京市朝阳区定福庄南里1号
邮　　编	100024
发行电话	(010)65778403　65728372　65767462(传真)
本社网址	www.tepcb.com
E-mail	tepfx@163.com
印刷单位	唐山玺诚印务有限公司
经销单位	新华书店
开　　本	710毫米×1000毫米　1/16
印　　张	23.375
字　　数	370千字
版　　次	2018年8月第3版
印　　次	2025年1月第5次印刷
定　　价	49.00元

（图书如有装订差错请与发行部联系）

出版说明

改革开放四十年来，我国旅游高等教育已经建立了较为完善的教育体系，旅游院校数量也相当可观，旅游教育实现了从精英化教育阶段向大众化教育阶段的转变。伴随着旅游教育的理念、模式及层次类型多样化的发展趋势，旅游管理专业"应用型"本科教育在这种形势下应运而生。

为适应全国旅游管理专业应用型本科教育的教学需要，在中国旅游协会旅游教育分会的主持下，我们邀请国内旅游高等院校的专家学者编写了这套"全国旅游管理专业应用型本科规划教材"。

在培养规格上，应用本科教育是培养适应旅游行业生产、管理、服务第一线需要的高等技术应用性人才；在培养模式上，应用本科以适应社会需要为目标，以培养技术应用能力为主线设计学生的知识、能力、素质结构和培养方案，以"应用"为主旨和特征构建课程和教学内容体系，重视学生的技术应用能力的培养。因此，在此次编写过程中，我们在坚持教材原有的学术规范性的基础上，在教材的编写上强调两个加强：一是加强理论内容的概括和提炼，以理论知识的适度、够用为原则来进行理论知识部分的编写；二是加强实践环节在教材中的渗透和体现，以应用性为导向。

作为国内唯一一家旅游教育专业出版社，我们始终与中国旅游教育事业共同成长。我们希望能够始终站在学科研究与行业发展的前沿，随时反映旅游教育最新发展动态，引领与服务旅游教育实践。我们期待着教材使用者的意见和建议，更期待着潜在作者的新思路、新理念，以不断提升教材的专业品质，更好地为行业发展服务。

旅游教育出版社

目　录

第一章　旅游业概况 …………………………………………………………… 1
　第一节　世界旅游业概况 …………………………………………………… 1
　第二节　中国旅游业概况 …………………………………………………… 9

第二章　亚洲旅游区 …………………………………………………………… 19
　第一节　日本 ………………………………………………………………… 19
　第二节　韩国 ………………………………………………………………… 29
　第三节　朝鲜 ………………………………………………………………… 38
　第四节　蒙古 ………………………………………………………………… 44
　第五节　越南 ………………………………………………………………… 51
　第六节　缅甸 ………………………………………………………………… 57
　第七节　泰国 ………………………………………………………………… 62
　第八节　菲律宾 ……………………………………………………………… 70
　第九节　马来西亚 …………………………………………………………… 77
　第十节　新加坡 ……………………………………………………………… 84
　第十一节　印度尼西亚 ……………………………………………………… 91
　第十二节　印度 ……………………………………………………………… 98
　第十三节　巴基斯坦 ………………………………………………………… 108

第十四节　土耳其 …………………………………………………… 116
第十五节　伊朗 ……………………………………………………… 122
第十六节　以色列 …………………………………………………… 128
第十七节　哈萨克斯坦 ……………………………………………… 135

第三章　欧洲旅游区 ……………………………………………… 143

第一节　意大利 ……………………………………………………… 143
第二节　西班牙 ……………………………………………………… 153
第三节　葡萄牙 ……………………………………………………… 160
第四节　希腊 ………………………………………………………… 167
第五节　法国 ………………………………………………………… 174
第六节　英国 ………………………………………………………… 183
第七节　比利时 ……………………………………………………… 191
第八节　荷兰 ………………………………………………………… 197
第九节　德国 ………………………………………………………… 204
第十节　瑞士 ………………………………………………………… 213
第十一节　奥地利 …………………………………………………… 220
第十二节　捷克 ……………………………………………………… 227
第十三节　匈牙利 …………………………………………………… 234
第十四节　波兰 ……………………………………………………… 242
第十五节　挪威 ……………………………………………………… 248
第十六节　芬兰 ……………………………………………………… 254
第十七节　瑞典 ……………………………………………………… 260
第十八节　丹麦 ……………………………………………………… 266
第十九节　俄罗斯 …………………………………………………… 272
第二十节　乌克兰 …………………………………………………… 281

第四章　美洲旅游区 ……………………………………………… 288

第一节　加拿大 ……………………………………………………… 289

第二节　美国 296
　　第三节　墨西哥 305
　　第四节　巴西 311
　　第五节　阿根廷 317

第五章　非洲旅游区 324
　　第一节　南非 324
　　第二节　埃及 332
　　第三节　坦桑尼亚 339

第六章　大洋洲旅游区 346
　　第一节　澳大利亚 346
　　第二节　新西兰 354

参考文献 361
后　　记 364

第一章 旅游业概况

引言

随着世界经济的飞速发展,旅游业已被认为是世界上经济增长最快的产业。目前,世界旅游业已经进入了一个全新的发展时期。本章在分析世界旅游业发展现状和趋势的基础上,探究世界旅游市场的发展格局,阐述中国旅游业发展现状和趋势,总结中国旅游市场的发展变化和旅游经济效益。

本章学习目标

1. 掌握世界旅游业发展现状和趋势
2. 了解当前世界旅游市场的发展格局
3. 掌握中国旅游业发展现状和旅游市场发展动态
4. 运用所学知识分析中国旅游业发展趋势

第一节 世界旅游业概况

一、世界旅游业发展现状和趋势

20世纪50年代以来,旅游业曾被人们誉为"无烟工业"而备受青睐,旅游业所带来的经济增长也使一些国家与地区的经济地位得到迅速提升。如今,旅游业已成为具有很高文化品位和综合经济效益的产业,被认为是世界上经济增长最快的产业。旅游业的发展给我们的社会、经济、文化、自然环境带来了深刻的变化和影响,使越来越多的人开始认识到旅游业的意义和作用。特别是空前高涨的世界遗产旅游不仅给旅游业带来前所未有的经济效益,而且也极大地提高了人们的生活品位和文化品位。

目前,世界旅游业正朝着区域化、多样化趋势发展。多年来,世界旅游业主要以欧洲为主体,现在逐渐形成欧洲、亚太地区和美洲三足鼎立的局面。

中国旅游客源国概况

据世界旅游组织（WTO）2017年7月公布的统计数据，2016年世界各国和地区入境旅游人数达12.37亿人次，创历史最高纪录。其中，欧洲入境旅游人数居世界第一位，为6.188亿人次，占世界旅游市场份额的49.9%；亚太地区入境旅游人数居世界第二位，为3.06亿人次，占世界旅游市场份额的25.0%；美洲入境旅游人数居世界第三位，为1.997亿人次，占世界旅游市场份额的16.1%；非洲入境旅游人数为0.57亿人次，占世界旅游市场份额的4.7%；中东地区入境旅游人数为0.556亿人次，占世界旅游市场份额的4.3%（见表2至表10）。

据世界旅游组织（WTO）2018年1月公布的统计数据，2017年全球共接待国际游客13.22亿人次。其中，欧洲入境旅游人数居世界第一位，为6.71亿人次；亚太地区入境旅游人数居世界第二位，为3.24亿人次；美洲入境旅游人数居世界第三位，为2.07亿人次；其余依次为非洲0.62亿人次、中东0.58亿人次。

1. 世界旅游业发展迅速

从1950年至2017年，国际旅游人数从2 530万人次增长到13.22亿人次（见表1至表2）。2013年全球旅游接待人数为10.94亿人次，2014年为11.39亿人次，2015年为11.91亿人次，2016年为12.37亿人次，2017年为13.22亿人次。世界各地区接待国际旅游人数逐年增长（见表2），世界各地区入境旅游收入逐年上升。

2. 全球旅游业将呈现出多中心的发展趋势

旅游业蕴藏着巨大的经济潜能，全球旅游业将呈现出多极化、多中心的发展趋势。20世纪，欧洲和北美是现代国际旅游业的两大传统市场，它们几乎垄断了国际旅游市场。但进入21世纪，欧洲和北美地区在国际旅游市场上的份额呈进一步缩小之势。虽然欧洲旅游市场仍然是世界旅游的主要目的地，但一些发展中国家的旅游业增长速度非常快。从2002年开始，亚太地区的国际旅游人数已超过了美洲。另外，随着非洲和中东地区旅游业的崛起，国际旅游业在世界各个地区的市场份额出现了新的分配组合，国际旅游客源市场趋向分散化。区域性国际旅游迅速发展，亚太地区逐渐成为国际旅游业的热点区域。

3. 国际旅游方式趋向多样化

传统的旅游方式主要分为四种类型：观光型、娱乐型、疗养型和商务型。传统的旅游方式已不能满足旅游者的需求，旅游方式正朝着市场化、技术化、生态化、消费化、个性化和多样化的方向发展。据世界旅游组织（WTO）的最新分析和预测，生态旅游、探险旅游、宗教旅游、民俗旅游、农业旅游、工业旅游、修学旅游、校园旅游、科技旅游等具有实践性、冒险性和知识性的旅游方式，将成为国际旅游者的消费趋势和追求对象。旅游方式将以新颖、别致、时代性强和内容丰富多彩等特点吸引众多游人。

4. 旅游行业管理规范化

目前，世界旅游业正朝着专业化、信息化、科技化和国际化方向发展。

世界旅游联盟以"旅游让世界更美好"为核心理念,以旅游促进发展、旅游促进减贫、旅游促进和平为目标,加强全球旅游业界的国际交流,增进共识、分享经验、深化合作,推动全球旅游业可持续、包容性发展。

国际旅游业持续发展,重心东移,中国在国际旅游业的地位不断上升,世界各国期待中国贡献中国的智慧,提出中国方案,发挥引领作用。

表1 1950~2007年世界各地区接待国际旅游人数

单位:百万人次

年 份	世 界	非 洲	美 洲	亚 太	欧 洲	中 东
1950	25.3	0.5	7.5	0.2	16.8	0.2
1960	69.3	0.8	16.7	0.9	50.4	0.6
1965	112.9	1.4	23.2	2.1	83.7	2.4
1970	165.8	2.4	42.3	6.2	113.0	1.9
1975	222.3	4.7	50.0	10.2	153.9	3.5
1980	278.1	7.2	62.3	23.0	178.5	7.1
1981	278.6	8.1	62.5	24.9	175.5	7.6
1982	276.9	7.6	59.7	26.0	175.3	8.3
1983	281.8	8.2	59.9	26.6	179.6	7.5
1984	306.8	8.9	67.4	29.5	193.4	7.7
1985	320.1	9.7	65.1	32.9	204.3	8.1
1986	330.2	9.4	70.9	36.8	206.2	6.9
1987	359.7	9.9	76.6	42.1	223.9	7.2
1988	385.0	12.6	83.0	48.7	231.6	9.1
1989	410.1	13.9	86.9	49.4	250.7	9.2
1990	439.5	15.2	92.8	56.2	265.6	9.6
1991	442.5	16.3	95.3	58.0	263.9	8.9
1992	479.8	18.3	102.2	65.8	282.2	11.3
1993	495.7	18.9	102.2	72.3	290.8	11.4
1994	519.8	19.3	105.1	80.1	303.1	12.1
1995	540.6	20.4	109.0	82.4	315.0	13.7
1996	575.0	22.2	114.5	90.4	332.1	15.8

中国旅游客源国概况

续表

年 份	世 界	非 洲	美 洲	亚 太	欧 洲	中 东
1997	598.6	23.2	116.2	89.7	352.9	16.7
1998	616.7	25.6	119.1	89.4	364.6	18.0
1999	639.6	27.0	121.9	98.7	370.5	21.5
2000	687.0	28.3	128.1	110.5	395.9	24.2
2001	686.7	29.1	122.1	115.7	395.2	24.5
2002	707.0	30.0	116.7	124.9	407.0	28.5
2003	694.6	31.6	113.1	113.3	407.1	29.5
2004	765.1	34.5	125.7	144.2	424.4	36.3
2005	806.8	37.3	133.5	155.4	441.5	39.0
2006	846.0	40.9	135.7	167.8	460.8	41.0
2007	898.0	44.2	142.1	184.9	480.1	46.4

资料来源:World Tourism Organization(UNWTO);UNWTO November 2006 and UNWTO January 2008
网址:http://www2.unwto.org

表2　2013~2017年世界各地区接待国际旅游人数

单位:百万人次

年 份	世 界	非 洲	美 洲	亚 太	欧 洲	中 东
2013	1 094	54.7	167.6	254.2	566.4	50.8
2014	1 139	55.0	181.9	269.5	576.2	55.9
2015	1 191	53.4	192.7	284.0	603.6	57.0
2016	1 237	57.0	199.7	306.0	618.8	55.6
2017	1 322	62.1	206.6	323.7	671.1	58.3

资料来源:World Tourism Organization(UNWTO);November 2017 and January 2018
网址:http://www2.unwto.org

2015年和2016年全球入境旅游人数排名前10位的国家依次为法国、美国、西班牙、中国、意大利、英国、德国、墨西哥、泰国、土耳其(见表3)。

2015年和2016年全球入境旅游收入排名前10位的国家/地区依次为美国、西班牙、泰国、中国、法国、意大利、英国、德国、中国香港、澳大利亚(见表4)。

表3 2015年和2016年全球入境旅游人数排名前10位的国家

国家	入境旅游人数(百万人次)		增长率(%)		排名	
	2015年	2016年	2014~2015年	2015~2016年	2015年	2016年
法国	84.5	82.6	0.9	-2.2	1	1
美国	77.5	75.6	3.3	-2.4	2	2
西班牙	68.5	75.6	5.5	10.3	3	3
中国	56.9	59.3	2.3	4.2	4	4
意大利	50.7	52.4	4.4	3.2	5	5
英国	34.4	35.8	5.6	4.0	6	6
德国	35.0	35.6	6.0	1.7	7	7
墨西哥	32.1	35.0	9.4	8.9	8	8
泰国	29.9	32.6	20.6	8.9	9	9
土耳其					10	10

资料来源:World Tourism Organization (UNWTO):July 2017
网址:http://www2.unwto.org

表4 2015~2016年全球入境旅游收入排名前10位的国家/地区

国家/地区	入境旅游收入(十亿美元)		增长率(%)		排名	
	2015年	2016年	2014~2015年	2015~2016年	2015年	2016年
美国	205.4	205.9	7.0	0.3	1	1
西班牙	56.5	60.3	-13.3	6.9	2	2
泰国	44.9	49.9	16.9	11.0	4	3
中国	45.0	44.4	2.1	-1.2	3	4
法国	44.9	42.5	-22.9	-5.3	5	5
意大利	39.4	40.2	-13.3	2.0	7	6
英国	45.5	39.6	-2.3	-12.9	6	7
德国	36.9	37.4	-14.8	1.4	8	8
中国香港	36.2	32.9	-5.8	-9.1	9	9
澳大利亚	28.9	32.4	-8.2	12.3	10	10

资料来源:World Tourism Organization (UNWTO):July 2017
网址:http://www2.unwto.org

中国旅游客源国概况

二、世界旅游市场

1. 欧洲旅游市场

欧洲旅游业在国际上一直处于领先地位,早在1950年,欧洲接待国际旅游人数达1 680万人次,居世界各大洲之最。目前,欧洲仍然是世界最主要的旅游目的地,2017年吸引了6.7亿游客,占全球入境游客总人数的50%以上。欧洲国际旅游收入一直居世界第一位,2014年至2016年欧洲国际旅游收入分别为5 137.47亿美元、4 496.49亿美元、4 473.09亿美元(见表5)。同时,欧洲也是全球客源相对集中和出游规模较大的客源区域。2010年、2015年和2016年,欧洲地区国际入境旅游人数、增长率和市场份额见表6。

2016年,法国在全球入境旅游人数排名中位居第一,接待国际旅游人数8 260万人次(见表3)。2016年,美国在全球入境旅游收入排名中位居第一,达2 059亿美元(见表4)。

表5　2010~2016年世界各地区入境旅游收入

单位:百万美元

年份	非洲	美洲	亚太	欧洲	中东
2010	31 164	215 304	250 314	411 908	52 150
2014	36 493	288 902	358 995	513 747	53 556
2015	32 784	305 647	349 387	449 649	58 168
2016	34 776	313 215	366 687	447 309	57 595

资料来源:World Tourism Organization(UNWTO),July 2017

网址:http://www2.unwto.org

表6　2010年、2015年和2016年欧洲地区国际入境旅游人数、增长率和市场份额

地区	入境旅游人数(百万人次)			增长率(%)		市场份额(%)
	2010年	2015年	2016年	2014~2015年	2015~2016年	2016年
欧洲	489.0	603.7	616.2	4.8	2.1	49.9
北欧	62.8	75.4	80.2	6.5	6.4	6.5
西欧	154.4	181.4	181.5	3.5	0.0	14.7
中/东欧	98.5	121.4	126.0	5.4	3.8	10.2
南欧和地中海	173.3	225.5	228.5	4.9	1.3	18.5

资料来源:World Tourism Organization(UNWTO):July 2017

网址:http://www2.unwto.org

2. 亚洲和太平洋地区旅游市场

1950年,亚太地区接待国际旅游人数仅为20万人次,与中东地区并列最后。1960年,亚太地区接待国际旅游人数90万人次,超过了非洲和中东,位于欧洲和美洲之后,排名第三。进入21世纪,亚太地区接待国际旅游人数迅速增长,2002年,亚太地区接待国际旅游人数已达1.25亿人次,超过了美洲。从2002年至2016年,亚太地区接待国际旅游人数一直处于世界第二位。2014年至2016年,亚太地区的国际旅游收入分别为3 589.95亿美元、3 493.87亿美元、3 666.87亿美元(见表5),世界排名第二,居于欧洲之后。

2010年、2015年和2016年亚太地区国际入境旅游人数、增长率和市场份额见表7。

表7 2010年、2015年和2016年亚太地区国际入境旅游人数、增长率和市场份额

地 区	入境旅游人数(百万人次)			增长率(%)		市场份额(%)
	2010年	2015年	2016年	2014~2015年	2015~2016年	2016年
亚 太	208.1	284.0	308.4	5.4	8.6	25.0
东北亚	111.5	142.1	154.3	4.3	8.6	12.5
东南亚	70.5	104.2	113.2	7.4	8.6	9.2
大洋洲	11.4	14.3	15.6	7.6	9.4	1.3
南 亚	14.7	23.4	25.3	2.3	7.8	1.1

资料来源:World Tourism Organization (UNWTO):July 2017
网址:http://www2.unwto.org

3. 美洲旅游市场

美洲旅游业起步早,发展快。从1950年至2001年,美洲接待国际旅游人数一直处于世界第二位。从2002年起,亚太地区接待国际旅游人数超过了美洲。从2014年至2016年,美洲国际旅游收入分别为2 889.02亿美元、3 056.47亿美元3 132.15亿美元(见表5)。2015年和2016年,美国在全球入境旅游收入中排名第一,分别为2 054亿美元和2 059亿美元(见表4)。

2010年、2015年和2016年美洲地区国际入境旅游人数、增长率和市场份额见表8。

表8 2010年、2015年和2016年美洲地区国际入境旅游人数、增长率和市场份额

地区	入境旅游人数（百万人次）			增长率（%）		市场份额（%）
	2010年	2015年	2016年	2014~2015年	2015~2016年	2016年
美洲	150.1	192.7	199.3	5.9	3.5	16.1
北美	99.5	127.5	130.5	5.5	2.4	10.6
加勒比海地区	19.5	24.1	25.2	8.1	4.7	2.0
中美	7.8	10.2	10.7	6.8	4.9	0.9
南美	23.2	30.8	32.8	5.9	6.6	2.7

资料来源：World Tourism Organization（UNWTO）：July 2017

网址：http://www2.unwto.org

4.非洲旅游市场

1950年，非洲接待国际旅游人数只有50万人次；2007年达到4 420万人次，其中南非、摩洛哥、突尼斯等国入境旅游人数居多。从2014年至2016年，非洲国际旅游收入分别为364.93亿美元、327.84亿美元、347.76亿美元（见表5）。

2010年、2015年和2016年非洲地区国际入境旅游人数、增长率和市场份额见表9。

表9 2010年、2015年和2016年非洲地区国际入境旅游人数、增长率和市场份额

地区	入境旅游人数（百万人次）			增长率（%）		市场份额（%）
	2010年	2015年	2016年	2014~2015年	2015~2016年	2016年
非洲	50.4	53.4	57.8	-2.9	8.1	4.7
北非	19.7	18.0	18.6	-12.0	3.5	1.5
撒哈拉沙漠以南非洲	30.7	35.4	27.8	2.4	10.5	3.2

资料来源：World Tourism Organization（UNWTO）：July 2017

网址：http://www2.unwto.org

5.中东旅游市场

1950年，中东接待国际旅游人数只有20万人次；2007年达到4640万人次，入境旅游人数增长率为13.4%，其中埃及和沙特阿拉伯的增长速度最快。从2014年至2016年，中东国际旅游收入分别为535.56亿美元、581.68亿美元、575.95亿美元（见表5）。

2010年、2015年和2016年中东地区国际入境旅游人数、增长率和市场份额见表10。

表10　2010年、2015年和2016年中东地区国际入境旅游人数、增长率和市场份额

地区	入境旅游人数(百万人次)			增长率(%)		市场份额(%)
	2010年	2015年	2016年	2014~2015年	2015~2016年	2016年
中东	55.4	55.6	53.6	0.6	-3.7	4.3

资料来源：World Tourism Organization (UNWTO)：July 2017

网址：http://www2.unwto.org

第二节　中国旅游业概况

一、中国旅游业发展现状和趋势

中国幅员辽阔、山川秀美、历史悠久、文化璀璨、民族众多，这一切形成了无比丰厚的旅游资源。中国拥有众多的世界遗产、多姿多彩的城市风光、特色纷繁的风土人情，为旅游业的发展提供了得天独厚的条件和基础。

我国旅游业发展虽起步较晚，但发展速度举世瞩目。中国的旅游业后来居上，目前正处于强势发展的状态。近30年来，我国旅游业持续快速发展，从无到有，从小到大，产业形象日益鲜明，产业规模不断壮大，成为国民经济中发展速度最快的行业之一。旅游业日益成为中国经济新的增长点，成为中国第三产业的主要支柱之一。全国已有20多个省、直辖市、自治区将旅游业定位为支柱产业，其余省区（市）则分别将旅游业定位为重要产业或优势产业。我国国内旅游已进入大众化阶段，区域旅游合作蓬勃发展，旅游管理体制逐渐完善，旅游产业地位进一步提升。我国国际旅游持续发展，已经进入世界旅游大国之列。随着对外开放的稳步推进，我国的旅游业综合功能将不断拓展，市场化程度会愈来愈高。我国在旅游资源、产业环境和市场空间方面具有进一步发展旅游业的潜力和优势。中国旅游业已发展为国内旅游、入境旅游和出境旅游三足鼎立的格局。目前，中国的旅游业正在朝着国内旅游大国、入境旅游大国、出境旅游大国的方向发展。

中国要成为有竞争力的旅游目的地，必须在旅游产品开发、旅游人才培养、旅游企业治理等诸多方面与国际接轨。2008年，北京成功举办第29届奥运会表明，中国在国际上的地位和影响力日益增强，对推动中国旅游业的发展起到积极的作用。近年来，中国旅游综合接待环境明显改善，极大地改善了中国旅游业的国际形象，强化了中国旅游产品的国际影响力和竞争力。国内更多高速公路建成、铁路提速、大型机场的新扩建工程，使国内旅游更为顺畅、快捷，大大改善了中国作为目的地国家的可进入性。目前，中国的旅游业正朝着产业化、信息化、科技化和国际化

中国旅游客源国概况

方向发展。

二、中国旅游市场

随着中国经济的迅速崛起,中国已成为世界上旅游业发展速度最快的国家之一,旅游市场潜力巨大。我国市场化意义上的旅游业以20世纪80年代初期的入境旅游为发端。在国家战略的统筹下,旅游系统积极开拓海外市场,保持了入境旅游持续增长的良好态势。

2010年,国内旅游市场平稳较快增长,入境旅游市场实现恢复增长,出境旅游市场继续加速增长。全年共接待入境游客1.34亿人次,实现国际旅游(外汇)收入458.14亿美元,分别比上年增长5.8%和15.5%;国内旅游人数21.03亿人次,收入12 579.77亿元,分别比上年增长10.6%和23.5%;中国公民出境人数达到5 738.65万人次,比上年增长20.4%;旅游业总收入1.57万亿元,比上年增长21.7%(《2010年中国旅游业统计公报》)。

表11 2010年主要客源国入境旅游人数和增长情况

序 号	国 家	入境旅游人数(万人次)	与2009年比较(%)
1	韩 国	407.64	27.5
2	日 本	373.12	12.5
3	俄罗斯	237.03	36.0
4	美 国	200.96	17.5
5	马来西亚	124.52	17.6
6	新加坡	100.37	12.8
7	越 南	92.00	11.0
8	菲律宾	82.83	10.6
9	蒙 古	79.44	37.8
10	加拿大	68.53	24.5
11	澳大利亚	66.13	17.8
12	泰 国	63.55	17.3
13	德 国	60.86	17.4
14	英 国	57.50	8.7
15	印度尼西亚	57.34	22.3
16	印 度	54.93	22.4
17	法 国	51.27	20.7

资料来源:国家旅游局《2010年中国旅游业统计公报》。
网址:http://www.cnta.gov.cn/zwgk/lysj/201506/t20150610_18888.shtml

2012年，我国旅游业总体保持平稳较快发展。全国国内旅游人数29.57亿人次，收入22 706.22亿元；接待入境旅游1.32亿人次，实现国际旅游（外汇）收入500.28亿美元。中国公民出境人数达到8 318.27万人次，比上年增长18.4%。全年实现旅游业总收入2.59万亿元（《2012年中国旅游业统计公报》）。

表12　2012年主要客源国入境旅游人数和增长情况

序 号	国 家	入境旅游人数（万人次）	与2011年比较（%）
1	韩 国	406.99	-2.8
2	日 本	351.82	-3.8
3	俄罗斯	242.62	-4.3
4	美 国	211.81	0.1
5	马来西亚	123.55	-0.8
6	越 南	113.72	13.0
7	新加坡	102.77	-3.3
8	蒙 古	101.05	1.6
9	菲律宾	96.20	7.6
10	澳大利亚	77.43	6.6
11	加拿大	70.83	-5.3
12	德 国	65.96	3.5
13	泰 国	64.76	6.5
14	印度尼西亚	62.20	2.2
15	英 国	61.84	3.8
16	印 度	61.02	0.6
17	法 国	52.48	6.4
18	哈萨克斯坦	49.14	-2.9
19	意大利	25.20	7.2
20	缅 甸	20.59	7.8

资料来源：国家旅游局《2012年中国旅游业统计公报》。
网址：http://www.cnta.gov.cn/zwgk/lysj/201506/t20150610_18908.shtml

2013年，我国旅游业总体保持健康较快发展。国内旅游市场继续较快增长，入境旅游市场小幅下降，出境旅游市场持续快速增长。国内旅游人数32.62亿人次，收入26 276.12亿元，分别比上年增长10.3%和15.7%；入境旅游人数1.29亿人次，实现国际旅游（外汇）收入516.64亿美元，分别比上年下降2.5%和增长3.3%；中国公

中国旅游客源国概况

民出境人数达到9 818.52万人次,比上年增长18.0%;全年实现旅游业总收入2.95万亿元,比上年增长14.0%(《2013年中国旅游业统计公报》)。

表13 2013年主要客源国入境旅游人数和增长情况

序 号	国 家	入境旅游人数(万人次)	与2012年比较(%)
1	韩 国	396.90	-2.5
2	日 本	287.75	-18.2
3	俄罗斯	218.63	-9.9
4	美 国	208.53	-1.5
5	越 南	136.54	20.1
6	马来西亚	120.65	-2.3
7	蒙 古	105.00	3.0
8	菲律宾	99.67	3.6
9	新加坡	99.66	-5.9
10	澳大利亚	72.31	-6.6
11	加拿大	68.42	-3.4
12	印 度	67.67	10.9
13	泰 国	65.17	0.6
14	德 国	65.93	-1.6
15	英 国	62.50	1.1
16	印度尼西亚	60.53	-2.7
17	法 国	53.35	1.7
18	哈萨克斯坦	39.35	-19.9
19	意大利	25.12	0.3
20	朝 鲜	20.66	14.4

资料来源:国家旅游局《2013年中国旅游业统计公报》。
网址:http://www.cnta.gov.cn/zwgk/lysj/201506/t20150610_18910.shtml

2015年,我国旅游业平稳较快发展。国内旅游市场持续高速增长,入境旅游市场企稳回升,出境旅游市场增速放缓。国内旅游人数40亿人次,收入3.42万亿元人民币,分别比上年增长10.5%和13.0%;入境旅游人数1.34亿人次,实现国际旅游收入1 136.5亿美元,分别比上年增长4.1%和7.8%;中国公民出境旅游人数达到1.17亿人次,旅游花费1 045亿美元,分别比上年增长9.0%和16.6%;全年实现旅游业总收入4.13万亿元,同比增长11%(《2015年中国旅游业统计公报》)。

国家旅游局发布的《2016 年中国旅游业统计公报》显示,2016 年,全域旅游推动旅游经济实现较快增长。国内旅游市场持续高速增长,入境旅游市场平稳增长,出境旅游市场增速进一步放缓。国内旅游人数 44.4 亿人次,收入 3.94 万亿元,分别比上年增长 11% 和 15.2%;入境旅游人数 1.38 亿人次,实现国际旅游收入 1 200 亿美元,分别比上年增长 3.5% 和 5.6%;中国公民出境旅游人数达到 1.22 亿人次,旅游花费 1 098 亿美元,分别比上年增长 4.3% 和 5.1%;全年实现旅游业总收入 4.69 万亿元,同比增长 13.6%。我国公民出境旅游目的地新增国家为:马其顿、亚美尼亚、塞内加尔、哈萨克斯坦。

纵观 2016 年全年,我国出境游行业有了许多新变化:自由行、定制游逐步火爆,医疗旅游异军突起,成为行业新业态。

2016 年,最受中国游客欢迎的二十大目的地国家依次是:泰国、韩国、日本、印度尼西亚、新加坡、美国、马来西亚、马尔代夫、越南、菲律宾、柬埔寨、俄罗斯、澳大利亚、毛里求斯、意大利、阿拉伯联合酋长国、斯里兰卡、英国、埃及和德国。

《2016 年中国旅游业统计公报》发布的统计数字表明:

旅行社:截至 2016 年末,全国纳入统计范围的旅行社共有 27 939 家,比上年末增长 1.2%。

星级饭店:截至 2016 年末,全国纳入星级饭店统计管理系统的星级饭店共计 11 685 家。

旅游教育:截至 2016 年末,全国共有高等旅游院校及开设旅游系(专业)的普通高等院校 1 690 所,比上年末增加 172 所;在校生 44.04 万人,减少 13.1 万人。中等职业学校 924 所,比上年末增加 135 所;在校学生 23.2 万人,增加 0.6 万人。两项合计,旅游院校总数 2 614 所,在校学生为 67.2 万人。

国家旅游局发布的《2017 年全年旅游市场及综合贡献数据报告》显示,2017 年国内旅游市场高速增长,入出境市场平稳发展,供给侧结构性改革成效明显。国内旅游人数 50.01 亿人次,比上年同期增长 12.8%;入出境旅游总人数 2.7 亿人次,同比增长 3.7%;全年实现旅游总收入 5.40 万亿元,同比增长 15.1%。

2017 年,入境外国游客人数 4 294 万人次(含相邻国家边民旅华人数),亚洲占 74.6%,美洲占 8.2%,欧洲占 13.7%,大洋洲占 2.1%,非洲占 1.5%。

2017 年,按入境旅游人数排序,我国主要客源市场前 17 位国家如下(其中缅甸、越南、俄罗斯、蒙古、印度含边民旅华人数):缅甸、越南、韩国、日本、俄罗斯、美国、蒙古、马来西亚、菲律宾、新加坡、印度、加拿大、泰国、澳大利亚、印度尼西亚、德国、英国。

2017 年,中国公民出境旅游人数 1.3 亿人次,比上年同期增长 7.0%。2017 年我国国际旅游支出达 1 152.9 亿美元,相比 2016 年(1 098 亿美元)增长 5%。与此

中国旅游客源国概况

同时,我国已成为越来越多国家最大的客源国。

表14 已正式开展组团业务的出境旅游目的地国家/地区

序号	国家/地区	启动时间	开展业务情况
1	中国香港	1983年	全面开展
2	中国澳门	1983年	全面开展
3	泰国	1988年	全面开展
4	新加坡	1990年	全面开展
5	马来西亚	1990年	全面开展
6	菲律宾	1992年	全面开展
7	澳大利亚	1999年	北京、上海、广州开展
7	澳大利亚	2004年7月	天津、河北、山东、江苏、浙江、重庆正式开展
7	澳大利亚	2006年8月	全面开展
8	新西兰	1999年	北京、上海、广州开展
8	新西兰	2004年7月	天津、河北、山东、江苏、浙江、重庆正式开展
8	新西兰	2006年8月	全面开展
9	韩国	1998年	全面开展
10	日本	2000年	北京、上海、广州试办
10	日本	2004年9月15日	辽宁、天津、山东、江苏、浙江正式开展
10	日本	2005年7月25日	全面开展
11	越南	2000年	全面开展
12	柬埔寨	2000年	全面开展
13	缅甸	2000年	全面开展
14	文莱	2000年	全面开展
15	尼泊尔	2002年	全面开展
16	印度尼西亚	2002年	全面开展
17	马耳他	2002年	全面开展
18	土耳其	2002年	全面开展
19	埃及	2002年	全面开展
20	德国	2003年	全面开展
21	印度	2003年	全面开展
22	马尔代夫	2003年	全面开展

续表

序号	国家/地区	启动时间	开展业务情况
23	斯里兰卡	2003 年	全面开展
24	南 非	2003 年	全面开展
25	克罗地亚	2003 年	全面开展
26	匈牙利	2003 年	全面开展
27	巴基斯坦	2003 年	全面开展
28	古 巴	2003 年	全面开展
29	希 腊	2004 年 9 月	全面开展
30	法 国	2004 年 9 月	全面开展
31	荷 兰	2004 年 9 月	全面开展
32	比利时	2004 年 9 月	全面开展
33	卢森堡	2004 年 9 月	全面开展
34	葡萄牙	2004 年 9 月	全面开展
35	西班牙	2004 年 9 月	全面开展
36	意大利	2004 年 9 月	全面开展
37	奥地利	2004 年 9 月	全面开展
38	芬 兰	2004 年 9 月	全面开展
39	瑞 典	2004 年 9 月	全面开展
40	捷 克	2004 年 9 月	全面开展
41	爱沙尼亚	2004 年 9 月	全面开展
42	拉脱维亚	2004 年 9 月	全面开展
43	立陶宛	2004 年 9 月	全面开展
44	波 兰	2004 年 9 月	全面开展
45	斯洛文尼亚	2004 年 9 月	全面开展
46	斯洛伐克	2004 年 9 月	全面开展
47	塞浦路斯	2004 年 9 月	全面开展
48	丹 麦	2004 年 9 月	全面开展
49	冰 岛	2004 年 9 月	全面开展
50	爱尔兰	2004 年 9 月	全面开展
51	挪 威	2004 年 9 月	全面开展

续表

序号	国家/地区	启动时间	开展业务情况
52	罗马尼亚	2004年9月	全面开展
53	瑞士	2004年9月	全面开展
54	列支敦士登	2004年9月	全面开展
55	埃塞俄比亚	2004年12月15日	全面开展
56	津巴布韦	2004年12月15日	全面开展
57	坦桑尼亚	2004年12月15日	全面开展
58	毛里求斯	2004年12月15日	全面开展
59	突尼斯	2004年12月15日	全面开展
60	塞舌尔	2004年12月15日	全面开展
61	肯尼亚	2004年12月15日	全面开展
62	赞比亚	2004年12月15日	全面开展
63	约旦	2004年12月15日	全面开展
64	北马里亚纳群岛联邦	2005年4月1日	全面开展
65	斐济	2005年5月1日	全面开展
66	瓦努阿图	2005年5月1日	全面开展
67	英国	2005年7月15日	全面开展
68	智利	2005年7月15日	全面开展
69	牙买加	2005年7月15日	全面开展
70	俄罗斯	2005年8月25日	全面开展
71	巴西	2005年9月15日	全面开展
72	墨西哥	2005年9月15日	全面开展
73	秘鲁	2005年9月15日	全面开展
74	安提瓜和巴布达	2005年9月15日	全面开展
75	巴巴多斯	2005年9月15日	全面开展
76	老挝	2005年9月15日	全面开展
77	蒙古	2006年3月1日	全面开展
78	汤加	2006年3月1日	全面开展
79	格林纳达	2006年3月1日	全面开展
80	巴哈马	2006年3月1日	全面开展

续表

序号	国家/地区	启动时间	开展业务情况
81	阿根廷	2007年1月1日	全面开展
82	委内瑞拉	2007年1月1日	全面开展
83	乌干达	2007年1月1日	全面开展
84	孟加拉国	2007年1月1日	全面开展
85	安道尔	2007年1月1日	全面开展
86	保加利亚	2007年10月15日	全面开展
87	摩洛哥	2007年10月15日	全面开展
88	摩纳哥	2007年10月15日	全面开展
89	叙利亚	2007年10月15日	全面开展
90	阿曼	2007年10月15日	全面开展
91	纳米比亚	2007年10月15日	全面开展
92	美国	2008年6月17日	北京、天津、上海、江苏、浙江、湖南、湖北、河北、广东正式开展
92	美国	2009年10月1日	山西、辽宁、吉林、黑龙江、安徽、山东、广西、海南、重庆、四川、云南、陕西正式开展
92	美国	2011年1月30日	内蒙古、宁夏、福建正式开展
92	美国	2012年1月30日	河南、江西、贵州正式开展
93	中国台湾	2008年7月18日	全面开展
94	法属波利尼西亚	2008年9月15日	全面开展
95	以色列	2008年9月15日	全面开展
96	佛得角	2009年9月15日	全面开展
97	圭亚那	2009年9月15日	全面开展
98	黑山	2009年9月15日	全面开展
99	加纳	2009年9月15日	全面开展
100	厄瓜多尔	2009年9月15日	全面开展
101	多米尼克	2009年9月15日	全面开展
102	阿拉伯联合酋长国	2009年9月15日	全面开展
103	巴布亚新几内亚	2009年9月15日	全面开展
104	马里	2009年9月15日	全面开展

中国旅游客源国概况

续表

序号	国家/地区	启动时间	开展业务情况
105	朝鲜	2010年4月12日	全面开展
106	密克罗尼西亚	2010年4月12日	全面开展
107	乌兹别克斯坦	2010年5月1日	全面开展
108	黎巴嫩	2010年5月1日	全面开展
109	加拿大	2010年8月15日	全面开展
110	塞尔维亚	2010年8月15日	全面开展
111	伊朗	2011年8月15日	全面开展
112	马达加斯加	2012年2月1日	全面开展
113	哥伦比亚	2012年2月1日	全面开展
114	萨摩亚	2012年4月15日	全面开展
115	喀麦隆	2012年12月1日	全面开展
116	卢旺达	2013年7月1日	全面开展
117	乌克兰	2014年9月1日	全面开展
118	哥斯达黎加	2015年8月1日	全面开展
119	格鲁吉亚	2015年8月1日	全面开展
120	马其顿	2016年2月1日	全面开展
121	亚美尼亚	2016年4月1日	全面开展
122	塞内加尔	2016年6月1日	全面开展
123	哈萨克斯坦	2016年7月15日	全面开展
124	苏丹	2017年2月1日	全面开展
125	乌拉圭	2017年7月1日	全面开展
126	圣多美和普林西比	2017年9月1日	全面开展
127	法属新喀里多尼亚	2017年10月1日	全面开展
128	阿尔巴尼亚	2018年3月15日	全面开展

资料来源：文化和旅游部网站(http://www.cnta.gov.cn/ztwz/cjyzt/gltl/201507/t20150708_723265.shtml)。

思考与练习

1. 简述世界旅游业发展现状和趋势。
2. 简述当前世界旅游市场的发展格局。
3. 简述中国旅游业发展现状和旅游市场发展动态。

第二章 亚洲旅游区

引言

亚洲是世界七大洲中面积最大、人口最多的一个洲,其悠久的历史文化、秀丽的自然风光、多姿的民族风情正吸引着越来越多的来自世界各地的旅游观光者。

多年来,世界旅游业主要以欧洲为主体,现在逐渐形成欧洲、亚太地区和美洲三足鼎立的局面。据世界旅游组织(WTO)2008年1月公布的统计数据,欧洲入境旅游人数仍居世界第一位,亚太地区入境旅游人数居世界第二位,美洲入境旅游人数居世界第三位。

中国国家旅游局发布的《2007年中国旅游业统计公报》的数据显示,亚洲国家在中国旅游客源国市场中占很大比重。

本章主要介绍亚洲的中国旅游客源国的一些基本情况。

本章学习目标

1. 了解亚洲各国的国家概况
2. 熟悉亚洲各国的地理和历史概况
3. 熟悉亚洲各国的对外关系和与中国的关系
4. 熟悉亚洲各国的经济发展状况和教育情况
5. 熟悉亚洲各国的文化艺术和民俗风情
6. 掌握亚洲各国的旅游业发展现状和趋势
7. 了解亚洲各国的旅游资源和主要名胜

第一节 日 本

一、国家概况

国名: 日本国(Japan)

中国旅游客源国概况

面积:37.788 万平方公里

人口:1.27 亿①

首都:东京(Tokyo)

语言:日语

民族:主要民族为大和族,北海道地区约有 2.5 万阿伊努族人

宗教:49.6%的居民信奉神道教,44.8%的居民信奉佛教

货币:日元

国庆:12 月 23 日

国花:樱花

国歌:《君之代》

主要城市:京都、大阪、横滨、名古屋、奈良

行政区划:都、道、府、县是平行的一级行政区,分 1 都、1 道、2 府、43 县

二、自然地理

日本位于亚欧大陆东端、太平洋西岸,是一个由东北向西南延伸的弧形岛国。西隔东海、黄海、朝鲜海峡、日本海与中国、朝鲜、韩国、俄罗斯相望。日本由北海道、本州、四国、九州 4 个大岛和其他 6 800 多个小岛屿组成。

日本境内多山,山地呈脊状分布于日本的中央,将日本的国土分割为太平洋一侧和日本海一侧,山地和丘陵占全国面积近 80%。富士山海拔 3 776 米,是全国的最高峰。日本地形东西狭窄,加之山势陡峭,河流多短小而湍急,最长的信浓川(Shinano River)长约 367 公里。最大的湖泊是琵琶湖(Biwako),面积 672.8 平方公里。

由于日本处在太平洋板块和亚欧板块的交接处,地质活动十分频繁,素有"火山国"之称,全国的火山超过 200 座,其中约 80 座为活火山。

日本属温带海洋性季风气候,终年温和湿润,冬无严寒,夏无酷暑。6 月多梅雨,8~10 月西部和南部常遭台风袭击。

三、历史

4 世纪中叶,日本开始成为统一的国家,称为"大和国"。645 年,开始"大化革新",建立了以天皇为绝对君主的中央集权制国家。12 世纪末,进入由武士阶层掌管实权的军事封建国家,史称"幕府时代"。19 世纪中叶,民族矛盾和社会矛盾激化,实行封建锁国政策的德川幕府统治动摇,具有资本主义改革思想的地方实力派

---

① http://www.fmprc.gov.cn/chn/pds/gjhdq/gj/yz/1206_25/

萨摩和长州两藩倒幕。1868年,日本实行"明治维新",废除了封建割据的幕藩体制,恢复了天皇至高无上的统治。明治维新后,日本资本主义发展迅速,对外逐步走上侵略扩张的道路。1894年,日本发动甲午战争;1910年,日本侵吞朝鲜。第二次世界大战中,日本对外发动侵略战争。1945年8月15日,日本宣布无条件投降,成为战败国。战后初期,美军对日本实行单独占领。1947年,日本实施新宪法,由绝对天皇制国家变为以天皇为国家象征的议会内阁制国家,天皇为日本和日本国民总体的"象征"。

四、外交

1. 对外关系

日本对外关系的基本取向是,坚持以日美同盟为基轴,以亚洲为战略依托,重视发展大国关系,积极参与地区及全球事务,谋求政治大国地位。欧盟国际地位的上升使日本近年不断扩大与其在各个领域的对话与合作。另外,日本政府十分重视同东盟国家的关系。因为该地区是日本商品出口、资本输出的重要市场及原材料来源地。

2. 与中国的关系

中日两国一衣带水,自古交往频繁。1972年9月29日,中日两国签署《中日联合声明》,实现邦交正常化。1998年11月,江泽民主席对日本进行国事访问,这是中国国家元首首次正式访日。2006年10月,安倍晋三首相对中国进行正式访问,中日双方同意共筑基于共同战略利益的互惠关系。2007年4月,温家宝总理对日本进行正式访问,双方就构筑"基于共同战略利益的互惠关系"达成了共识。2008年5月,胡锦涛主席对日本进行了国事访问,中日两国发表了关于加强交流与合作的联合新闻公报。

五、经济

1. 自然资源

日本的矿产资源贫乏,只有少量的矿物资源,如石灰石、铅、铜矿、硅石、铬铁矿、锌、金砂和锰等。水力资源丰富,水力发电量约占总发电量的12%。近海渔业资源丰富,拥有世界四大渔场之一的北海道渔场。

2. 农业

农业在日本经济中的比重很小。主要农作物有水稻、小麦、豆类、薯类等,经济作物有蔬菜、水果、花卉等。

3. 工业

日本的工业高度发达,总产值约占国内生产总值的40%。工业结构正向知识、技术密集型和节能方向发展,机械制造、汽车、造船、石油化工、电子、钢铁等部门都具有相当实力。日本工业主要集中在太平洋沿岸地区,京滨、阪神、中京和北九州为四大传统工业区。

4. 经济发展

日本在"二战"中的失败,致使其国民经济遭到毁灭性的打击。得益于美国的援助和在朝鲜战争中获得的巨额利润,到1951年时,日本的经济就已恢复到了战前的水平。20世纪50年代后半期,日本政府制订了国民收入倍增计划,日本进入了经济高速发展时期。此后,日本对外贸易迅速增长,主要贸易对象为美国、亚洲国家和欧盟国家。到1968年,日本一跃成为工业发达、科学技术领先的经济大国,其经济实力仅次于美国,居世界第二位。20世纪70年代以后,日本产业结构从资本密集型的重、化工业转向知识密集型产业。

5. 中日经贸

截至2004年底,日本与中国(大陆及香港)贸易额达到22.2005万亿日元,中国首次超过美国成为日本最大的贸易国。① 同时,日本累计对华投资协议金额达666亿美元,成为中国最主要的外资来源。日本2006年对华出口增长15.6%,比起2005年8.8%的增长率几乎翻了一倍。

六、文化和艺术

日本有着别具一格的文化。樱花、和服、俳句与武士、清酒、神道教构成了日本的传统文化。在日本有著名的"三道",即日本民间的茶道、花道、书道。

茶道也叫作茶汤(品茗会),自古以来就作为一种美感仪式受到上流阶层的无比喜爱。现在,茶道被用作训练集中精神,或者用于培养礼仪举止,为一般民众所广泛接受。

花道作为一种在茶室内再现野外盛开的鲜花的技法而诞生。因展示的规则和方法有所不同,花道可分成20多个流派。

书道是日本书法的综合艺术,也称日本书法,追求的是意境、情操和艺术美。日本书法分两类:一类是汉字书法,另一类是假名书法。

值得一提的是,日本的传统舞台表演艺术超群,到目前为止,日本获得的3项非物质文化遗产都与此相关。能剧(Nogaku Theatre)、净琉璃文乐木偶戏(Ningyo Johruri Bunraku Puppet Theatre)、歌舞伎(Kabuki Theatre)先后于2001年、2003年、2005年被列入联合国教科文组织公布的《人类非物质文化遗产代表作名录》。

---

① http://news.xinhuanet.com/newscenter/2008-02/29/content_7692091.htm

七、教育

日本每年的科研经费约占 GDP 的 3.1%,位居发达国家榜首。日本学校教育分为学前教育、初等教育、中等教育、高等教育四个阶段,学制为小学 6 年、初中 3 年、高中 3 年、大学 4 年,其中小学到初中为 9 年义务教育。日本重视社会教育,函授、夜校、广播、电视教育等较普遍。大学有国立大学、公立大学和私立大学,著名的国立综合大学有东京大学、京都大学等,著名的私立大学有早稻田大学、庆应义塾大学等。

八、民俗风情

1. 礼仪和习俗

日本以"礼仪之邦"著称,日本人讲究礼节,平时人们见面总要互施鞠躬礼,并说"您好""再见""请多关照"等。

日本人初次见面时,对互换名片极为重视。初次相会不带名片,不仅失礼而且对方会认为你不好交往。互赠名片时,要先行鞠躬礼,并双手递接名片,并用点头动作表示已清楚对方的身份。若不加看阅就随手放入口袋,便被视为失礼。接触他人的身体,在日本也被认为是失礼的行为。

到日本人家里去做客,要预先和主人约定时间。进门前先按门铃通报姓名;进门后要主动脱帽脱鞋,并把带来的礼品送给主人。当你在屋内就座时,背对着门坐是有礼貌的表现。另外,日本人特别忌讳男子闯入厨房并且不习惯让客人参观自己的住房,所以不要提出四处看看的请求。告别时,要客人先提出,并向主人表示感谢。回到自己的住所要打电话告诉对方,表示已安全返回,并再次感谢主人的盛情款待。

在日本,历史比较长的神道教是日本固有的民族宗教信仰。神道教没有类似于释迦牟尼那样的教主或唯一神灵,它产生于日本传统文化的土壤之中,但又受到了外来文化的深刻影响。佛教是日本的外来宗教,但很多日本人民认为佛教在日本已经实现了民族化,不应将其看作外来宗教。

日本的民族服装为和服,和服的特点是腰部束带,长及脚踝,衣袖阔大,层层叠叠,配饰繁多,是极其典雅而又华贵的民族服装。因和服昂贵且穿着行动不便,日本人一般只在节日或喜庆之日穿着,平日则多为西装和休闲装。

在与人交往上,日本人忌讳说数字"4"和"9"。因为"4"的读音和"死"相同;"9"和"苦"的读音相同。原本日本人并不忌讳"13"的,但因欧美忌讳"13"这个数字,而受到欧美文化影响的日本有许多人也开始觉得"13"是不吉利的数字。

2. 主要节日

国家节日主要有 12 个:元旦(1 月 1 日)、成人节(1 月 15 日)、建国纪念日(2

月11日)、春分(3月20日)、宪法纪念日(5月3日)、国际儿童节(5月5日)、敬老节(9月15日)、秋分(9月23日)、体育节(10月10日)、文化节(11月3日)、劳动感谢节(11月23日)、天皇诞生日(12月23日)。

  日本还有一些传统的民间节日,如女儿节、樱花祭、绿节、盂兰盆会、月见节等。

3.美食

  在日本可以品尝到世界各国的代表性美味佳肴,但最多的还应数日本料理和中餐。日本人基本以大米为主食,也很喜食拉面,副食多为新鲜的海鲜和蔬菜类、豆制品。

  日本料理自古就被称为是"五味、五色、五法的料理"。"五味"是指酸甜苦辣咸;"五色"是指白黄赤青黑;"五法"是指生煮烤烫蒸。日本人以习惯食鱼而自豪,常常称自己是"彻底的食鱼民族"。他们不断创造出许多鱼类名菜,其中代表日本料理风味的生鱼片(刺身)更是闻名于世。

  寿司是日本料理中的著名一品,是在以醋调味的米饭中加入鱼虾类、海苔、青菜等的一种食品,据考证寿司原产地是中国四川。在日本最普遍的外国料理就是"中华料理"。在横滨、神户、长崎因有长排的中华餐馆而被称为"中华街"。日本人特别喜欢吃的面食有锅贴、包子等。

九、旅游业

  日本具有雄厚的旅游资源,不仅拥有源于中国的茶、佛教、汉字在内的历史文化,也具备高度现代化的科技成就。日本气候独特,美食驰名天下,同时也是购物天堂。

  由于日本旅游资源丰富多样,近年来,旅日游客的旅游方式已由单一的"观光旅游",向多方位的"购物旅游""医疗旅游"等多种旅游形式延伸。同时日本旅游业加大对其饮食、动漫产业、时尚以及各种民族特色的文化宣传,已在国外建立了一些相关的"文化中心"。这些战略都将拓展游客来日旅游的深度,加大日本旅游业对经济的促进作用。

  2003年,日本制定并实施《观光立国战略》,提出争取到2010年将入境旅游人数提高到1 000万的战略目标。2006年12月,日本颁布《观光立国推进基本法》,以立法形式确保观光立国战略的顺利实施,日本入境旅游已经进入了全新的阶段。

  日本政府将旅游业作为创汇产业列入发展重点,入境外国旅游人数增长很快。1990年日本的入境旅游人数为323.6万人次,1995年为334.5万人次,2000年为475.7万人次,2004年为613.8万人次[①],2005年为672.8万人次,2006年达到733.4

---

① World Tourism Organization (UNWTO): Tourism Market Trends, 2005 Edition

万人次①。2007年到日本旅游的外国人数比前一年增加13.8%，达到834.9万人。从外国入境旅游者人数占日本出境旅游者人数的比例来看，已由1994年的25.5%提高到了2006年的41.0%，出入境旅游不均衡的局面有所改观。据世界旅游组织统计，2010年日本的入境旅游人数为861.1万人次，2014年为1 341.3万人次，2015年为1 973.7万人次，2016年为2 403.9万人次（UNWTO Tourism Highlights：2017 Edition）。

入境游客给日本带来了巨大的收益。1990年日本的入境旅游收入为35.78亿美元，1995年为32.24亿美元，2000年为33.73亿美元，2003年为88.16亿美元，2004年为112.69亿美元②，2005年为66.30亿美元，2006年为84.69亿美元③。据世界旅游组织统计，2010年日本的入境旅游收入为131.99亿美元，2014年为188.53亿美元，2015年为249.83亿美元，2016年为306.78亿美元（UNWTO Tourism Highlights：2017 Edition）。

从入境游客的来源来看，历年各大洲所占日本入境旅游客源市场的份额大致稳定，变化微小。其中，亚洲所占比例最大（63%左右），北美洲所占比例次之（17%左右），欧洲所占比例位列第三（15%左右），而大洋洲、南美洲和非洲等其他大洲所占比例的总和则为5%左右。④

日本是世界著名的旅游客源输出国。1995年日本出境旅游消费为368亿美元，2000年为319亿美元，2004年为382亿美元，2005年为273亿美元，2006年为269亿美元⑤。从旅游目的地的选择来看，美国是除亚洲之外日本国民首要选择的旅游目的地国家。夏威夷是日本旅游者首选的美国旅游胜地，其他的有迈阿密海滩、黄石国家公园等。

2005年，日本成为对中国全面开放的出境旅游目的地国家。同时，日本也是中国主要客源国之一。2006年，日本公民来华旅游人数达374.59万人次，比2005年增长10.5%。2007年，日本公民来华旅游人数达397.75万人次，比2006年增长6.2%。⑥ 2008年，日本公民来华旅游人数达344.61万人次，比2007年减少13.36%⑦。2009年日本公民来华旅游人数达331.75万人次，比2008年减少

---

① World Tourism Organization（UNWTO）：UNWTO，2007
② World Tourism Organization（UNWTO）：Tourism Market Trends，2006 Edition
③ World Tourism Organization（UNWTO）：UNWTO，2007
④ 柴亚林，马歆星.近年来日本旅游产业政策与入境旅游市场分析[J].日本学刊，2007(4)：73-83.
⑤ World Tourism Organization（UNWTO）：UNWTO June 2007
⑥ http://www.cnta.gov.cn/html/2008-8/2008-8-20-14-18-68063.html
⑦ http://www.cnta.gov.cn/html/2009-2/2009-2-18-9-36-18403.html

3.7%①。2010年日本公民来华旅游人数达373.12万人次,比2009年增长12.5②。2011年日本来华旅游入境人数为365.82万人次,2012年为351.82万人次,2013年为287.75万人次,2014年为271.76万人次,2015年为249.77万人次。

中国国家旅游局统计数字显示,2008年1~12月日本公民来华旅游人数达344.62万人次,其中会议和商务旅游88.58万人次、观光和休闲118.84万人次、探亲访友3.03万人次、服务员工15.61万人次、其他118.56万人次。③ 2009年1~12月日本公民来华旅游人数达331.75万人次,其中会议和商务旅游79.02万人次、观光和休闲105.38万人次、探亲访友3.26万人次、服务员工13.46万人次、其他130.63万人次④。2010年1~12月日本公民来华旅游人数达373.12万人次,其中会议和商务旅游92.24万人次、观光和休闲114.43万人次、探亲访友3.72万人次、服务员工11.94万人次、其他150.79万人次⑤。2014年1~12月日本来华旅游入境人数为271.76万人次,其中会议和商务旅游83.58万人次、观光和休闲44.52万人次、探亲访友4.65万人次、服务员工11.61万人次、其他127.41万人次。2015年1~12月日本来华旅游入境人数为249.77万人次,其中会议和商务旅游77.81万人次、观光和休闲39.28万人次、探亲访友5.35万人次、服务员工11.71万人次、其他115.62万人次。

据国家旅游局《2017年全年旅游市场及综合贡献数据报告》,2017年按入境旅游人数排序,我国主要客源市场前17位国家日本位居第四。

日本游客来华以团体方式为主,以中国文物古迹、山水风光、民俗风情类为主要旅游项目,其中对富有中国地方特色的旅游饮食、民俗文化类旅游娱乐活动尤感兴趣。在旅游购物上,比较喜爱中国的工艺品、食品、丝绸、中药保健品等。从省份来看,对上海、北京、西安的感知度很高。

十、旅游资源

日本的旅游资源主要表现在两个方面。一是秀丽的岛国风光,河流高山,瀑布深谷,火山温泉。比如,被喻为"日本三景"的松岛(Matsushima)、宫岛(Miyajima)和天桥立(Amanohashidate),以及富士山、华严瀑布(Kegon Fall)等,都为旅游业的发展提供了良好的自然条件。二是丰富多彩的历史文化遗产,尤以奈良、京都和镰仓(Kamakura)三大古城闻名于世。日本既保留着自己的民族传统,同时也积极吸

---

① http://www.cnta.gov.cn/html/2010-10/2010-10-20-10-43-69972.html
② http://www.cnta.gov.cn/html/2011-11/2011-11-1-9-50-68041.html
③ http://www.cnta.gov.cn/html/2009-2/2009-2-18-9-36-18403.html
④ http://www.cnta.gov.cn/html/2010-1/2010-1-19-10-52-93858.html
⑤ http://www.cnta.gov.cn/html/2011-3/2011-3-25-10-15-28226.html

收外来文化,致力于现代化。

日本城市众多,东京是世界最大、最现代化的城市之一,由东京向郊区方向驱车一个小时,就可见到充满民族气息的村落。除了东京,日本著名的旅游城市还有历史文化名城大阪(Osaka),被称为"世界厨房"的横滨,有"中京"之称的名古屋(Nagoya),东西合璧的港口城市神户(Kobe),日本人的"精神故乡"奈良等。

(一) 旅游城市

1. 东京

日本的首都东京(Tokyo)位于本州关东平原南端,东南濒东京湾,是日本政治、经济、文化、交通等各方面的中心。东京有许多名胜古迹和著名活动场所。天皇皇宫所在地是昔日的江户城(Edo Castle),是东京的心脏地区。皇宫东部的东宫殿,每星期定时向游人开放。市中心的丸之内(Marunouchi)区、银座(Ginza)区是东京繁华的缩影。此外,还有新宿(Shinjuku)、涩谷(Shibuya)、池袋等,都是繁华的商业区。

距东京约80公里处,就是日本的象征——富士山。海拔3 776米的富士山,是日本最高的山峰,山峰高耸入云,山巅白雪皑皑。在富士山顶看日出、观云海是世界各国游客来日本必不可少的游览项目。在距东京10公里的千叶县有东京迪斯尼乐园,是亚洲最早兴建的迪斯尼风格的游乐园。

2. 京都

京都(Kyoto)位于日本列岛中心的关西地区,为盆地地形。京都建于公元794年,曾是日本的首都,至今已有千年的历史。

京都是日本人心灵的故乡,盛产日本纺织物、陶瓷器、漆器、染织物等传统工艺品。同时,它又是日本花道、茶道的繁盛之地。京都作为日本文化艺术的摇篮、佛教中心和神道教圣地,被称为"真正的日本"。有数百间有名的神社、神阁和古寺名刹,拥有日本两成以上的文化遗产资源。美丽的自然风光和悠久的历史建筑融为一体,吸引了无数的游客前来观光。

京都是日本古建筑的博物馆。1994年,古京都的历史建筑(Historic Monuments of Ancient Kyoto)作为文化遗产被联合国教科文组织世界遗产委员会列入《世界遗产名录》。

3. 奈良

日本古都奈良(Nara)位于本州中西部,是历史上奈良时代的都城。奈良有着"东方的罗马"之誉,日本人称奈良为"精神故乡"。奈良是日本的佛教中心和文化发祥地,至今保存着许多著名的寺庙、神社、佛像、绘画和众多的皇陵。

1998年,历史名城奈良(Historic Monuments of Ancient Nara)作为文化遗产被联合国教科文组织世界遗产委员会列入《世界遗产名录》。2004年,奈良的纪伊山脉胜地和朝圣路线以及周围的文化景观(Sacred Sites and Pilgrimage Routes in the

Kii Mountain Range)也作为文化遗产被列入《世界遗产名录》。

4. 大阪

日本的第三大城市——大阪,位于本州岛西南部,自古以来就是古都奈良和京都的门户,是日本商业和贸易发展最早的地区,历史上曾有几代日本天皇在此建都。作为日本的历史文化名城,大阪拥有众多的名胜古迹,如奈良时代的古皇宫难波宫遗址、平安时代的大会佛寺、江户时代的丹珠庵和明治时代造币局的泉布观等。另外,大阪还有日本第一名城、游客必游之地——大阪城,美食和地道小吃的天堂——道顿堀,以及再现美国好莱坞电影真实场面的日本环球影城等旅游胜地。

5. 冲绳

冲绳(Okinawa)位于日本九州最南部,东临太平洋,西濒东海。冲绳以海岛风光闻名,闪烁着蓝宝石光芒的海洋、白沙滩、美丽的珊瑚礁、各种亚热带植物和亚热带风光让游客流连忘返。

冲绳是空手道的故乡,"二战"后,空手道经美国军人的介绍而传播到全世界。更值得一提的是,冲绳历史上是独立王国琉球王国的所在地,历来与中国、日本、朝鲜及东南亚国家保持着紧密的文化交流和海外贸易。琉球王国时期的遗迹和相关建筑(Gusuku Sites and Related Properties of the Kingdom of Ryukyu)证明了琉球群岛已有500多年的历史,是古日本与周边亚洲国家经济、文化、宗教交流的见证。2000年,琉球王国时期的遗迹和相关建筑作为文化遗产被联合国教科文组织世界遗产委员会列入《世界遗产名录》。

(二)主要名胜

1. 岛根县石见银矿及其文化景观

石见银矿从日本战国时代后期到江户时代前期都是日本最大的银矿山。17世纪,这里的银产量占世界银总产量的1/3。石见银矿遗迹及其文化景观(Iwami Ginzan Silver Mine and Its Cultural Landscape)包括银矿山遗迹和矿山小镇、石见银山街道、港口和港边小镇。这里冶炼加工的白银当时不仅作为货币在日本国内流通,而且还支持着日本与葡萄牙、荷兰东印度公司以及中国商人之间的贸易往来。这处矿山在推动日本经济发展中发挥了很大作用。

2007年,石见银矿遗迹及其文化景观作为文化遗产被联合国教科文组织世界遗产委员会列入《世界遗产名录》。

2. 知床半岛

知床半岛(Shiretoko)位于北海道岛东北部,这里是全球纬度最低且有海冰现象的海域。硫黄山是半岛中唯一的活火山,火山活动到目前还在持续中。椴松原生林、水楢、岳桦树林遍布于山腰,灰熊、虾夷鹿、北狐狸、岛枭等珍贵的野生动物在这保留原始风貌的自然乐园中自由地生息繁衍。半岛的西海岸是绵延不断的悬崖绝壁地形,造就了河川从高处直泻入海的奇特瀑布景观。

2005年,知床半岛作为自然遗产被联合国教科文组织世界遗产委员会列入《世界遗产名录》。

3. 日光的神殿与庙宇

位于栃木县的日光山内分布着大量的庙宇和神社,其高超的雕刻与建筑技术代表着日本江户时代雕刻与建筑的最高艺术水平。日光山内的庙宇神社建筑群可以概括为"两社一宫",即日光东照宫、二荒山神社两处神社和轮王寺一宫。在这里有日本国宝级别的殿堂、钟楼、鼓楼、山门等共103处之多。建筑群整体上精工细雕,样式华美自然,具有极高的审美价值。

1999年,日光的神殿与庙宇(Shrines and Temples of Nikko)作为文化遗产被联合国教科文组织世界遗产委员会列入《世界遗产名录》。

4. 严岛神社

严岛神社(Itsukushima Shinto Shrine)是日本广岛县廿日市严岛(旧名宫岛)上的神社,有1 400年的历史。严岛自古以来就被人们认为是有神明居住的岛屿,由此逐渐成为信仰的中心。严岛是"日本三景"(其余两个是宫城县的松岛、京都府的天桥立)之一,耸立在海上的大型鸟居(日式牌楼)是严岛的象征,神殿与周围的绿色森林、蓝色的大海相映生辉。

1996年,严岛神社作为文化遗产被联合国教科文组织世界遗产委员会列入《世界遗产名录》。

5. 屋久岛

屋久岛(Yakushima)位于九州岛的南端,气候温和,拥有丰富的植物群,大约有1 900个种类和亚种类,该地区另一独特之处是它拥有气候温和的古代森林遗迹。岛内最为典型的自然景观当属古屋久杉树,树龄均超过1 000年,其中一些杉树的直径达到5米。从生态学和形态学上来说,屋久岛包括了世界上最宝贵的自然林地,它还是濒临灭绝鸟类的家园。

1993年,屋久岛作为自然遗产被联合国教科文组织世界遗产委员会列入《世界遗产名录》。

第二节　韩　国

一、国家概况

国名: 大韩民国(Republic of Korea)

面积: 9.96万平方公里

中国旅游客源国概况

人口:约 5 100 万[①]

首都:首尔(Seoul)

语言:韩国语

民族:朝鲜族

宗教:50%的居民信奉佛教和基督教

货币:韩元

国庆:10 月 3 日

国花:木槿花

国歌:《爱国歌》

主要城市:釜山、仁川、光州、大邱、庆州

行政区划:现有 1 个特别市、6 个广域市、8 个道和 1 个特别自治道

二、自然地理

韩国位于亚洲大陆东北朝鲜半岛的南半部,北部以北纬 38°线为界与朝鲜相邻,其余三面被黄海、朝鲜海峡和日本海所环抱。朝鲜半岛海岸线全长约 1.7 万公里(包括岛屿海岸线)。韩国多丘陵和平原,约 70%是山区,地势比半岛北部低。西部和南部大陆坡平缓,东部大陆坡很陡。西海岸河流沿岸有辽阔的平原。河流短小湍急,水利资源丰富,主要有洛东江和汉江。

韩国属温带东亚季风气候。冬季漫长,春秋两季相当短。每年 6~9 月的降水量占到全年的 70%。

三、历史

3 世纪前后,古代朝鲜逐渐形成百济、新罗、高句丽三个古国。到了 7 世纪中叶,新罗在朝鲜半岛占据统治地位。10 世纪初,高丽取代新罗。14 世纪末,李氏王朝取代高丽,定国号为朝鲜。中日甲午战争后,原为中国藩属的朝鲜获得"独立",更名为"大韩帝国"。1910 年 8 月,朝鲜沦为日本殖民地。1912 年,金九、李承晚等人在中国组建"大韩民国临时政府"。1945 年 8 月 15 日,朝鲜半岛解放,苏美两国军队以北纬 38°线为界分别进驻北半部和南半部,从而导致了朝鲜半岛的分裂局面。1948 年 8 月 15 日,大韩民国宣告成立。韩国于 1991 年 9 月 17 日同半岛北部的朝鲜一起加入联合国。

---

① http://www.fmprc.gov.cn/web/gjhdq_676201/gj_676203/yz_676205/1206_676524/1206x0_676526/

四、外交

1. 对外关系

"二战"后,韩国长期以对美外交为主。20世纪70年代初开始推行门户开放政策。1988年卢泰愚政府上台后,大力推行"北方外交",发展与社会主义国家关系。其后历届政府均推行积极外交政策。近年来,韩国基本形成了以韩美同盟为基轴,加强美、日、中、俄四大国外交,积极参与地区与国际事务的多层次、全方位外交格局。截至2009年7月,韩国已与188个国家建立了外交关系。

2. 与中国的关系

中韩于1992年8月24日建立大使级外交关系。2003年7月,两国宣布建立全面合作伙伴关系。2007年是中韩交流年和中韩建交15周年,双方为此举行了各种形式的活动。2008年5月,韩国总统李明博访华,两国宣布建立战略合作伙伴关系。截至2008年4月,双方共建立了107对友好省市关系。双方友好团体有中韩友好协会、韩中友好协会、韩中文化协会、21世纪韩中交流协会、韩中经营人协会、韩中亲善协会等。

五、经济

1. 自然资源

矿产资源较少,已发现的矿物中有经济价值的有50多种。有开采利用价值的矿物有铁、无烟煤、铅、锌、钨等,但储量不大。

2. 农业

现有耕地面积178.2万公顷,主要分布在西部和南部平原、丘陵地区。农业人口约占总人口的6.8%。2007年农业产值(含渔林业)占GDP的3.0%。[①]

3. 工业

2007年工矿业产值占GDP的28.3%。主要生产部门有钢铁、汽车、造船、电子、化学、纺织等。2007年粗钢产量5 131.2万吨,居世界第五位,其中浦项钢铁公司是世界第三大钢铁企业。汽车产量408.6万辆,居世界第五位。[②] 电子工业以高技术密集型产品为主,为世界十大电子工业国之一,半导体集成电路发展尤为迅速。近年来,韩国重视IT产业,不断加大投入,IT技术水平和产值均名列世界前茅。

4. 经济发展

从20世纪60年代初开始,韩国经济保持持续高速增长,人均国民生产总值从1962年的87美元增至1996年的10 548美元,创造了"汉江奇迹"。1996年加入有

---

① http://www.fmprc.gov.cn/chn/pds/gjhdq/gj/yz/1206_12/
② http://www.fmprc.gov.cn/chn/pds/gjhdq/gj/yz/1206_12/

"富国俱乐部"之称的经济合作与发展组织(OECD)。1997年,韩国经济受到亚洲金融危机的严重冲击。1998年金大中执政后,推行企业、金融、公共部门和劳动关系四大改革,在较短时间内克服了金融危机。近年来,韩国经济保持中速增长。李明博执政以后,提出复兴韩国经济的"747计划",即年均经济增长率达到7%、10年内实现人均收入4万美元、10年内使韩国发展成为世界第七大经济强国。

韩国产业以制造业和服务业为主,造船、汽车、电子、钢铁、纺织等产业的产量均进入世界前10名。大企业集团在韩国经济中占有十分重要的地位,目前主要的大企业集团有三星、现代汽车、SK、LG和KT(韩国电信)等。

5. 中韩经贸

中韩建交后,两国政府陆续签订了贸易协定和投资保护协定以及关于成立经济贸易和技术合作联委会的协定、海运协定、避免双重征税和防止偷漏税协定、和平利用核能协定、渔业协定等一系列政府间协定,双边经贸合作稳步、健康、快速发展。

中国是韩国第一大贸易伙伴国、第一大出口市场和第一大进口来源地。同时,韩国也是中国第四大外资来源地。据海关总署统计,2007年中韩双边进出口总额为1 599亿美元,同比增长19%。其中中方出口561.4亿美元,增长26.1%;进口1 037.6亿美元,增长15.6%。[①] 截至2007年底,韩国企业累计对华实际投资388亿美元。

六、文化和艺术

韩国是个具有悠久历史和灿烂文化的国家。韩国的美术主要包括绘画、书法、版画、工艺和装饰等,既继承了民族传统,又吸收了外国美术的特长。韩国的绘画分为东洋画和西洋画,东洋画类似中国的国画,用笔、墨、纸、砚来表现各种主题。此外,还有各类华丽的风俗画。书法在韩国与在中国和日本一样,也是一种高雅的艺术形式。

韩国人以能歌善舞著称,因此韩国的音乐和舞蹈也独具特色。韩国现代音乐大致可分为"民族音乐"和"西洋音乐"两种。民族音乐又可分为"雅乐"和"民俗乐"两种。雅乐是韩国历代封建王朝在宫廷举行祭祀、宴会等各种仪式时由专业乐队演奏的音乐。民俗乐中有杂歌、民谣、农乐等,乐器主要有玄琴、伽倻琴、杖鼓、笛等。韩国民俗乐的特色之一是配有舞蹈。韩国舞蹈非常重视舞者肩膀、胳膊的韵律,道具有扇、花冠、鼓。

韩国的戏剧起源于史前时期的宗教仪式,主要包括假面剧、木偶剧、曲艺、唱剧、话剧五类。其中,假面剧又称"假面舞",为韩国文化象征,在韩国传统戏剧中

---

① http://www.fmprc.gov.cn/chn/pds/gjhdq/gj/yz/1206_12/

占有极为重要的地位。

宗庙祭礼指的是在宗庙举行的祭享仪式,是朝鲜王朝国祭中规模最大的重要祭祀。宗庙祭礼是遵照儒教程序举行的最高品位的王室礼仪,目的在于整个国家实践东方基本理念"孝",从而起到形成民族共同体的纽带作用。2003年,皇家宗庙祭祖仪式及神殿音乐(The Royal Ancestral Ritual in the Jongmyo Shrine and Its Music)被联合国教科文组织世界遗产委员会列入《人类非物质文化遗产代表作名录》。此外,韩国的盘索里史诗说唱(The Pansori Epic Chant)和江陵端午祭(The Gangneung Danoje Festival)也被列入该名录。

七、教育

1953年起实行小学六年制义务教育,从1993年起普及初中三年义务教育。高等教育机构80%为私立。著名大学有首尔大学、延世大学、高丽大学、梨花女子大学等。

八、民俗风情

1. 礼仪和习俗

韩国素以"礼仪之邦"著称,韩国人在交往中十分重视所应具备的礼仪修养。韩国人见面时的传统礼节是鞠躬,晚辈、下级走路时遇到长辈或上级,应鞠躬、问候并站在一旁,让其先行,以示敬意。男人之间见面打招呼互相鞠躬并握手,握手时或用双手,或用右手,并只点一次头。

韩服是韩国的传统服装。从韩服的线条、布料的色彩及装饰的变化中都可以看出韩服的美。女性的传统服装是短上衣和宽长的裙子,看上去很优雅。男性以裤子、短上衣、背心、马甲显出独特的品位。白色为基本色,根据季节、身份、材料等的不同,色彩也各不相同。韩服虽然在近代被西服替代,但在结婚等特别的仪式中,一般民众都穿戴华丽的韩服和首饰。最近,实用性的生活韩服很受欢迎。

2. 主要节日

元旦(1月1日)、春节(农历正月初一)、三一节(3月1日)、佛诞节(农历四月初八)、珍岛灵登祭(4月中旬)、光复节(8月15日)、秋夕(农历八月十五)、开天节(10月3日)、百济文化祭(10月中旬)、汉拿文化祭(10月中旬)、圣诞节(12月25日)等。

3. 美食

在一般的情况下,韩国人喜欢吃辣和酸的东西。主食主要是米饭、冷面。菜肴有泡菜、烤牛肉、烧狗肉、人参鸡等。总体来说,韩国人的菜品种不是太多,而且其中的绝大多数都比较清淡。一般来说,韩国男子的酒量都不错,对烧酒、清酒、啤酒往往来者不拒,妇女则大多不饮酒。平日,韩国人大都喝茶、喝咖啡。但是,韩国人通常不喝稀粥,不喜欢喝清汤,一般也不喜欢吃过油、过腻、过甜的东西。打糕、冷面、泡菜、烤肉等是韩国具有传统特色的饮食。

九、旅游业

韩国风景优美,有许多文化和历史遗产,旅游业发达。早在20世纪60年代,韩国政府就将旅游业作为赚取高额外汇的"战略产业"进行重点扶持。80年代,提出了"旅游立国"的口号,具体目标是"全体国民旅游职业化,整个国土旅游资源化,旅游设备国际标准化"。1993年,政府又提出"把旅游推销列为内阁六大工作之一",将出国旅游作为韩国全球化运动的一个重要组成部分。为吸引更多的游客访问韩国,金大中总统在执政期间,曾作为"韩国旅游形象大使"亲自参与韩国旅游广告的宣传活动,可见韩国政府对旅游业的重视程度。21世纪之交,为进一步促进韩国的国际入境和出境旅游,韩国政府又特别制订了《观光振兴的五年计划(1999~2003)》。目前,全国有40多家饭店达到国际标准,其中部分已加入国际饭店预订系列。首尔的新罗饭店、乐天饭店、洲际饭店、朝鲜饭店、凯悦饭店、广场饭店、华克山庄饭店等被列入超豪华类别。

韩国的入境旅游发展迅猛。1990年韩国的入境旅游人数为295.9万人次,1995年为375.3万人次,2000年为532.2万人次,2004年为581.8万人次[1],2005年为602.3万人次,2006年达到615.5万人次[2]。据世界旅游组织统计,2010年韩国的入境旅游人数为879.8万人次,2014年为1 420.2万人次,2015年为1 323.2万人次,2016年为1 724.2万人次(UNWTO Tourism Highlights:2017 Edition)。

1990年韩国的入境旅游收入为35.59亿美元,1995年为51.5亿美元,2000年为68.34亿美元,2004年为60.69亿美元[3],2005年为58.06亿美元,2006年为53.23亿美元[4]。2010年韩国的入境旅游收入为103.28亿美元,2014年为178.36亿美元,2015年为152.14亿美元,2016年为172.10亿美元(UNWTO Tourism Highlights:2017 Edition)。

韩国自1989年开始实行出境旅游自由化的政策,当年就有121万人次出游,从1998年以后,每年跃升一个百万数量级,2002年出境旅游人数为712.3万人次,2003年为708.6万人次,2004年为882.6万人次,2005年已突破了1 000万人次。[5]

---

[1] World Tourism Organization(UNWTO):Tourism Market Trends,2005 Edition
[2] World Tourism Organization(UNWTO):UNWTO,2007
[3] World Tourism Organization(UNWTO):Tourism Market Trends,2006 Edition
[4] World Tourism Organization(UNWTO):UNWTO,2007
[5] 张凌云.世界旅游市场分析与统计手册[M].北京:中国旅游出版社,2008:12-13.

韩国出境游客前往的国家和地区按数量排序为中国占24.16%、日本占17.77%、美国占9.27%、泰国占8.16%。①

1995年韩国出境旅游消费为63亿美元,2000年为71亿美元,2004年为124亿美元,2005年为154亿美元,2006年为182亿美元②,2006年位于世界各国出境旅游消费的第九位。

中国与韩国在1992年建立外交关系后,两国的旅游关系也迅速发展。1998年,韩国成为对中国全面开放的出境旅游目的地国家,中国逐渐成为韩国重要客源市场,旅韩人数也呈逐年递增趋势。同时,韩国也是中国最主要客源国之一。2005年韩国旅华市场超过日本市场,而且游客人数也超过了日本,从而成为中国第一大入境客源国。2006年韩国公民来华旅游人数达392.4万人次,比2005年增长10.68%③;2007年,韩国公民来华旅游人数达477.68万人次,比2006年增长21.7%④。2008年,韩国公民来华旅游人数达396.04万人次,比2007年减少17.09%⑤。2009年韩国公民来华旅游人数达319.75万人次,比2008年减少19.3%⑥。2010年韩国公民来华旅游人数达407.64万人次,比2009年增长27.5%,在中国的旅游客源国排名中居第一位⑦。2011年韩国来华旅游入境人数为418.54万人次,2012年为406.99万人次,2013年为396.90万人次,2014年为418.17万人次,2015年为444.44万人次。

中国国家旅游局统计数字显示,2008年1~12月韩国公民来华旅游人数达396.04万人次,其中会议和商务旅游113.26万人次、观光和休闲210.93万人次、探亲访友0.53万人次、服务员工32.98万人次、其他38.34万人次。⑧ 2009年1~12月韩国公民来华旅游人数达319.75万人次,其中会议和商务旅游116.79万人次、观光和休闲134.92万人次、探亲访友0.61万人次、服务员工30.32万人次、其他37.11万人次⑨。2010年1~12月韩国公民来华旅游人数达407.64万人次,其中会议和商务旅游137.89万人次、观光和休闲196.24万人次、探亲访友0.50万人次、服务员工31.79万人次、其他41.22万人次⑩。2014年1~12月韩国来华旅游入境人数为418.17万人次,其中会议和商务旅游104.15万人次、观光和休闲185.34万人

---

① 杨载田.旅游客源国概论[M].北京:科学出版社,2008:45.
② World Tourism Organization (UNWTO): UNWTO June 2007
③ http://www.cnta.gov.cn/html/2008-6/2008-6-2-14-52-59-212.html
④ http://www.cnta.gov.cn/html/2008-9/2008-9-10-11-35-98624.html
⑤ http://www.cnta.gov.cn/html/2009-9/2009-9-28-9-30-78465.html
⑥ http://www.cnta.gov.cn/html/2010-10/2010-10-20-10-43-69972.html
⑦ http://www.cnta.gov.cn/html/2011-11/2011-11-1-9-50-68041.html
⑧ http://www.cnta.gov.cn/html/2009-2/2009-2-18-9-36-18403.html
⑨ http://www.cnta.gov.cn/html/2010-1/2010-1-19-10-52-93858.html
⑩ http://www.cnta.gov.cn/html/2011-3/2011-3-25-10-15-28226.html

次、探亲访友2.42万人次、服务员工40.49万人次、其他85.77万人次。2015年1~12月韩国来华旅游入境人数为444.44万人次,其中会议和商务旅游110.58万人次、观光和休闲202.24万人次、探亲访友3.43万人次、服务员工40.67万人次、其他87.53万人次。

据国家旅游局《2017年全年旅游市场及综合贡献数据报告》,2017年按入境旅游人数排序,我国主要客源市场前17位国家韩国排名第三。

目前,韩国游客集中流向北京、山东、上海、辽宁、浙江和江苏等省市。而吉林、湖南和北京等省市海外客源市场中,韩国游客规模一般都处于第一的位置。由于中韩两国无论在地理位置上还是文化传统上都是近邻,交通又便捷,随着经济、文化、贸易交流的不断扩大,两国互为客源市场的发展空间还很大。

十、旅游资源

韩国的旅游资源较为丰富,不但拥有四通八达的交通网,还有现代化的服务与管理设施。无论是漫游优雅富丽的昌德宫,还是沉浸于大自然的怀抱,整个旅程都会带给游客鲜明的印象和新奇的感受。

(一)旅游城市

1. 首尔

首尔(Seoul)是韩国的首都,也是韩国政治、经济、社会、文化、教育的中心。首尔市是韩国旅游资源最为丰富的城市之一,不但拥有四通八达的交通网,还有现代化的服务与管理设施。市内的建筑古老和现代共存,既有景福宫、昌德宫、德寿宫等朝鲜时代的古老宫殿,也有以青瓦台总统府为代表的最尖端的综合文化设施,还有体现传统韩国风俗和礼仪的南山谷韩屋村。此外,首尔东大门购物区的歌舞表演也是世界闻名的。

昌德宫(Changdeokgung Palace Complex)于1997年作为文化遗产被联合国教科文组织世界遗产委员会列入《世界遗产名录》。

2. 釜山

釜山(Busan)城市人口仅次于首尔,堪称韩国的"第二首都",是韩国最具代表性的国际贸易港口,是连接日本以及欧美各国贸易的最大关口。釜山西边有洛东江流过,南边与蔚蓝的大海相连。海岸有很多宽敞的海水浴场、数量众多的岛屿以及历史悠久的寺庙。每年举办的釜山国际电影节吸引了世界各国的游客。更值得一提的是,这里有韩国国内最大规模的山城——金井山城,它位于釜山的金井山顶部,是韩国历史的见证。1971年,韩国将其指定为史迹。在金井山麓,坐落着标志李氏王朝时期建筑顶峰的代表作——梵鱼寺,其建筑手法细腻而华丽,堪称李氏王朝时期建筑的顶峰。

3. 仁川

仁川(Incheon)是韩国最具代表性的贸易港口城市,并有最先进的大型国际机场。仁川海上有很多小岛,因此有丰富的海上旅游资源和天赐的港湾条件。世界各国的货轮往返于这里,其中与中国各城市的交流最为活跃。

4. 光州

光州(Gwangju)是韩国七大城市之一,并且是全罗南道的最大城市。最著名的旅游景点有无等山道立公园,最具代表性的文化活动有光州泡菜节、光州国际美术节。此外,光州的车战民俗游戏也颇具特色。

5. 庆州

庆州(Kyongju)是新罗时代的千年首都,是韩国最具代表性的历史城市。庆州有丰富的历史遗物遗址,因此整座城市好像是一个博物馆。1995 年,庆州石窟庵和佛国寺(Seokguram Grotto and Bulguksa Temple)作为文化遗产被联合国教科文组织世界遗产委员会列入《世界遗产名录》。随后,南山和皇龙寺等 5 个区域又被指定为庆州历史区(Gyeongju Historic Areas),2000 年作为文化遗产被联合国教科文组织世界遗产委员会列入《世界遗产名录》。

(二) 主要名胜

1. 济州岛

济州岛(Cheju-do)是韩国第一大岛,位于韩国南端,隔济州海峡与韩国相望。其独特的自然景观和齐全的旅游景区设施吸引国内外游客纷至沓来。以全国最高峰汉拿山为中心的济州岛,四面环海,奇岩怪石、瀑布和旅游景区交相辉映。汉拿山垂直分布的亚热带和温带的动植物更是给游客增添了无限的情趣。全年温暖的天气也为旅游提供了方便。

济州火山岛和熔岩洞(Jeju Volcanic Island and Lava Tubes)由三部分组成,总体包括地质遗址,绚丽多彩的碳酸盐洞顶和地面纯黑色的、被视为最完美的熔岩洞窟体系的熔岩洞壁。济州火山岛和熔岩洞不仅美丽绝伦,而且见证了地球的发展和进化过程。2007 年,济州火山岛和熔岩洞作为自然遗产被联合国教科文组织世界遗产委员会列入了《世界遗产名录》。

2. 宗庙

位于首尔的宗庙(Jongmyo Shrine)是供奉朝鲜王朝(1392—1910)历代王和王妃神位的祠堂。作为朝鲜王朝的寺庙建筑,宗庙由正殿和永宁殿组成。宗庙以韩国儒家传统的表现、流传至今的礼仪遗产以及建筑的价值等,1995 年被联合国教科文组织世界遗产委员会列入了《世界遗产名录》。

3. 海印寺

海印寺位于庆尚南道陕川郡伽耶山。寺中藏有高丽大藏经版。高丽大藏经版是现存最完整的佛教全书,由8万多块木版雕刻而成,完成于1236年至1251年。存放经版的藏经阁建于15世纪,这一建筑也被认为是科学和艺术的杰作。作为高丽大藏经版最古老的保存地,海印寺和藏经阁保存木版技术的高超技艺让世人惊叹不已。1995年,海印寺大藏经版木及版库(Haeinsa Temple Janggyeong Panjeon,the Depositories for the Tripitaka Koreana Woodblocks)作为文化遗产被联合国教科文组织世界遗产委员会列入《世界遗产名录》。

第三节　朝　鲜

一、国家概况

国名:朝鲜民主主义人民共和国(The Democratic People's Republic of Korea)

面积:12.3万平方公里

人口:约2 400万[①]

首都:平壤(Pyongyang)

语言:朝鲜语

民族:朝鲜族占99.8%,华人占0.2%

宗教:主要宗教有佛教、天主教和基督教新教等

货币:朝鲜元

国庆:9月9日

国花:金达莱

国歌:《爱国歌》

主要城市:南浦、开城、元山、新义州

行政区划:设1个直辖市和9个道

二、自然地理

位于亚洲东部的朝鲜半岛北半部,东北与俄罗斯接壤,北部以鸭绿江和图们江为界与中国毗邻,西临黄海,东濒日本海,南与韩国相接。地势东高西低,北高南低,全境多山,高原、山地面积占国土总面积的80%。平原较少,分布于西部和南部,以大同江平原和清川江平原较大。河流短小湍急,最长的河流为中朝两国的界河——鸭绿江,其次是中、朝、俄交界的图们江。

朝鲜四季分明,属海洋性气候向大陆性气候过渡地带。年平均降水量为1 120

[①] http://www.fmprc.gov.cn/web/gjhdq_676201/gj_676203/yz_676205/1206_676404/1206x0_676406/

毫米。

三、历史

3世纪前后,朝鲜半岛逐渐形成高句丽、百济和新罗三个封建古国。7世纪中叶,新罗统一了朝鲜。10世纪初,高丽取代新罗。1392年,李氏王朝取代高丽王朝,建都于汉阳(现首尔),国号朝鲜。1910年,朝鲜沦为日本殖民地。1945年日本投降后,美、苏两国军队以北纬38°线为界分别进驻朝鲜南、北半部,朝鲜半岛从此处于分裂状态。1948年9月9日,北部在金日成领导下成立了朝鲜民主主义人民共和国。1991年9月17日,朝鲜与半岛南部的韩国一道加入联合国。

四、外交

1. 对外关系

朝鲜奉行自主、和平、友谊的外交政策,主张根据完全平等、自主、相互尊重、互不干涉内政和互利的原则发展国家之间的关系。朝鲜于1975年5月成为"七十七国集团"正式成员国,1975年8月正式加入不结盟运动,1991年9月加入联合国,2000年7月加入东盟地区论坛(ARF)。截至2007年1月,朝鲜已同159个国家(含欧盟)建交。

2. 与中国的关系

1949年10月6日中朝建交。1950年6月,朝鲜战争爆发,10月中国派出志愿军入朝参战。停战后,中国积极援助朝鲜战后经济恢复建设。1961年7月11日,两国签署《中朝友好合作互助条约》。中朝两国一直保持着传统的友好合作关系。

五、经济

1. 自然资源

朝鲜石墨、菱镁矿储量居世界前列。铁矿及铝、锌、铜、银等有色金属和煤炭、石灰石、云母、石棉等非金属矿物储量丰富。水力和森林资源也较丰富。

2. 农业

朝鲜农业以种植业为主,主要种植水稻、玉米、大豆等。还种植烟草、棉花、亚麻、甜菜等经济作物。

3. 工业

朝鲜在充分利用本国资源基础上发展工业,工业总产值占工农业总产值的75%左右,形成了以采矿、冶金、机械、电力、纺织、化工等为主的工业体系。

4. 中朝经贸

多年来,中国一直是朝鲜的主要贸易伙伴。2007年中朝双边贸易额为19.7亿美元,与上年相比增长16.2%。其中中国出口13.9亿美元,增加13%;进口5.8亿美元,增加24.7%。① 中国出口商品主要有原油、机电产品、生活用品等,进口商品主要有钢铁、木材、矿产品和水产品等。

六、文化和艺术

朝鲜具有悠久的历史和丰富的民族文化艺术遗产,并形成了能歌善舞的民族特点。乡歌、别曲和时调起源于高丽时期。在李氏王朝后期出现了具有浓厚生活气息的民间文学。1945年光复以后,朝鲜文学艺术蓬勃发展,作家和艺术家创作了大量以朝鲜劳动党、朝鲜战争、社会主义建设、祖国统一和历史为题材的小说、戏剧、电影,如长篇小说《血海》、戏剧《红色宣传员》、电影《卖花姑娘》等。朝鲜的杂技表演也很具有民族传统特色。

七、教育

朝鲜实行11年义务教育制。大学生和专科学校的学生都享受国家发给的助学金。著名高等学府有金日成综合大学、金策综合工业大学、金亨稷师范大学和人民经济大学等。

八、民俗风情

1. 礼仪和习俗

朝鲜民族受中国儒家思想的影响,非常注重礼仪,故有"礼仪之邦""君子之国"等称誉。朝鲜民族热情好客,每逢宾客来访,总要根据客人的身份举行适当规格的欢迎仪式。朝鲜人十分重视礼仪道德的培养,尊老敬长是朝鲜民族恪守的传统礼仪。

朝鲜民族喜爱白色,妇女擅长头顶重物行走。跳板、荡秋千、摔跤等都是朝鲜传统的体育项目。朝鲜人自古就把麻布、丝绸、苎麻布和棉布用作衣料。各种绸缎被用作高级衣料,春秋和夏季用甲纱之类薄绸,冬季就用各种缎子做衣料。女袄短小紧身,裙子则肥而长,看起来很丰盈,多穿在节日和假日;男装则分为裤子、袄、坎肩、长袍。

2. 主要节日

春节(农历正月初一)、金正日诞辰日(2月16日)、太阳节(4月15日)、端午节(农历五月初五)、秋夕节(农历八月十五)、国庆节(9月9日)、朝鲜劳动党建党纪念日(10月10日)等。

---

① http://www.fmprc.gov.cn/chn/pds/gjhdq/gj/yz/1206_7/

3. 美食

打糕是朝鲜逢年过节、红白喜事、招待宾客的主食。朝鲜冷面别具一格,朝鲜有正月初四吃冷面的习俗,认为这一天吃了长长的冷面能"长命百岁",故又称"长寿面"。朝鲜人还喜欢用生菜、紫菜、山菜等包饭团吃。泡菜是朝鲜族最有名的食品,是把白菜、萝卜等各种蔬菜和山菜、葱、蒜、辣椒等作料和水果、鱼虾酱等掺在一起,使之发酵的蔬菜加工品。朝鲜族的烤制品也十分出名,烤制品中最为著名的当推烤牛肉。

九、旅游业

朝鲜旅游业起步比较晚。1985年,朝鲜政务院成立国家旅游局,下设国家旅行社和青年旅行社。1986年接待入境旅游者8.5万人次,主要是中国游客。1987年9月,朝鲜加入世界旅游组织。从1998年韩国现代集团与朝鲜达成共同开发金刚山旅游资源协议后,一批高档饭店、公寓和高尔夫球场等休闲娱乐场所开始建成,并接待了很多韩国游客,获得了可观的旅游收入。朝鲜的国际出境旅游目的地主要是中国,且集中在中国东北地区。

朝鲜国内最大的旅行社——朝鲜国际旅行社已与世界200多个旅游公司或旅行社建立了业务合作关系,开设的专题旅游项目以金刚山、妙香山、白头山登山探险和平壤市区游览为主。为了向国外游客提供方便的食宿,各主要景区都兴建了宾馆、饭店等设施,能提供4.5万张床位。其中以平壤市近年来兴建的高级宾馆、饭店最多,如平壤高丽饭店、平壤柳京饭店和平壤羊角岛饭店等。同时,朝鲜还修筑了平壤—南浦、平壤—元山、平壤—开城和平壤—妙香山等高速公路。

朝鲜政府近年逐渐将旅游业作为发展重点,朝鲜的入境外国旅游人数增长也比较快。1990年,朝鲜的入境旅游人数为11.5万人次,2002年已达40万人次。[①] 1990年入境旅游收入为2 900万美元。[②]

中朝两国山水相连,两国老一辈领导人共同缔造了中朝两国人民之间的深厚友谊。1953年11月23日,两国签署《中朝经济文化合作协定》。20世纪90年代以来,两国领导人进一步加强交往,中朝睦邻友好合作关系进一步得到发展。同时也加强了中朝旅游、文化等方面的交流和发展。近年来,朝鲜来华游客一直处于各国来华游客人数排名的第二十二三位。2006年,朝鲜来华游客达11万人次,居第二十三位[③];2007年的来华游客达到了11.37万人次,上升到了第二十一位[④]。

---

① World Tourism Organization (UNWTO): Tourism Market Trends, 2005 Edition
② World Tourism Organization (UNWTO): Tourism Market Trends, 2006 Edition
③ 邵琪伟.中国旅游统计年鉴[M].北京:中国旅游出版社,2007:16.
④ 杨载田.旅游客源国概论[M].北京:科学出版社,2008:48.

中国旅游客源国概况

2010年朝鲜来华旅游入境人数为11.64万人次,2011年为15.23万人次,2012年为18.06万人次,2013年为20.66万人次,2014年为18.44万人次,2015年为18.83万人次。

中国国家旅游局统计数字显示,2008年1~12月朝鲜公民来华旅游人数达10.18万人次,其中会议和商务旅游1.83万人次、观光和休闲0.49万人次、探亲访友0.07万人次、服务员工4.68万人次、其他3.12万人次[①]。2009年1~12月朝鲜公民来华旅游人数达10.39万人次,其中会议和商务旅游1.94万人次、观光和休闲0.41万人次、探亲访友0.03万人次、服务员工5.21万人次、其他2.80万人次[②]。2010年1~12月朝鲜公民来华旅游人数达11.64万人次,其中会议和商务旅游2.53万人次、观光和休闲0.43万人次、探亲访友0.04万人次、服务员工5.39万人次、其他3.24万人次[③]。2014年1~12月朝鲜来华旅游入境人数为18.44万人次,其中会议和商务旅游3.39万人次、观光和休闲0.15万人次、探亲访友0.01万人次、服务员工8.91万人次、其他5.97万人次。2015年1~12月朝鲜来华旅游入境人数为18.83万人次,会议和商务旅游2.59万人次、观光和休闲0.15万人次、探亲访友0.01万人次、服务员工9.42万人次、其他6.67万人次。

2009年是中朝建交60周年,被定为"中朝友好年",这为加强两国旅游合作创造了良机,中国政府已决定开放朝鲜民主主义人民共和国为中国公民组团出境旅游目的地。朝鲜国际旅行社也将在我国辽宁、沈阳设立非营利性旅游办事处。随着中朝关系的进一步发展,两国间的旅游交流合作将会日益密切。

十、旅游资源

朝鲜拥有丰富的自然旅游资源,素有"三千里锦绣江山"的美誉。

(一)旅游城市

1. 平壤

平壤(Pyongyang)坐落在大同江下游的平原和丘陵交接处。市区有花团锦簇的美丽山峰——牡丹峰,郊区有树木葱茏的大城山、峨眉山、云头峰等风景区。清莹碧绿的大同江从牡丹峰的脚下流过,将平壤城分成东、西两部分。平壤城山水环抱,拥有得天独厚的地理位置,自然风光十分优美。

2. 南浦

南浦(Nampo)位于大同江入海口,是朝鲜西海岸最大的天然良港和创汇基地。主要风景名胜有卧牛岛、台城湖和体育村、黄海大坝、海滨浴场、太圣湖、高句丽古

---

① http://www.cnta.gov.cn/html/2009-2/2009-2-18-9-36-18403.html
② http://www.cnta.gov.cn/html/2010-1/2010-1-19-10-52-93858.html
③ http://www.cnta.gov.cn/html/2011-3/2011-3-25-10-15-28226.html

墓等。

3. 开城

开城(Kaesong)地处朝鲜半岛军事分界线西部的北侧,紧临板门店,与韩国咫尺相望,现为南北交通要道和商品集散地。开城拥有众多的历史遗迹和文物,最有代表性的是高丽国的王宫——"万月台",还有板门店、王建王陵、恭愍王陵、朴渊瀑等。

4. 元山

元山(Wonsan)位于朝鲜半岛东部,是朝鲜重要的贸易港口。有松涛园、明山和深宝里等著名的海水浴场和休养胜地。

5. 新义州

新义州(Sinuiju)是位于中朝边境鸭绿江南岸的重要城市,也是铁路京义线(首尔—新义州)的北方终点站。1924年,入侵朝鲜的日本殖民统治者为了便于利用铁路掠夺中国东北部的资源,把平安北道的行政中心由义州搬迁至此地,并改名为新义州。现在的新义州正努力建设成为国际性金融、贸易、商业、工业、高科技、娱乐以及旅游中心区。

(二) 主要名胜

1. 高句丽墓葬群

墓葬群包括几组墓葬和一些独立的墓葬(共计约30座),是3世纪至7世纪高句丽帝国后期的古墓,埋葬有当时的帝王、王室成员和贵族。古墓多以精美的壁画装饰,几乎是高句丽文化唯一的遗迹。这些壁画以独特的方式反映了当时的日常生活。2004年,高句丽墓葬群(Complex of Koguryo Tombs)作为文化遗产被联合国教科文组织世界遗产委员会列入《世界遗产名录》。

2. 金刚山

位于朝鲜东南部的金刚山(Kumgang Mountains)拥有"朝鲜半岛第一名山"的美誉。金刚山划分为外金刚、内金刚、海金刚三个地区。外金刚有万物相、集仙峰等山岳与无数瀑布和峡谷,景色雄伟壮丽,代表着男性美;内金刚则有万瀑洞等柔和秀丽的溪谷,代表着女性美;而海金刚以别具一格、碧波荡漾的海景湖色著称于世。金刚山还生长着1 000多种植物,其中金刚吊钟花、金刚沙参、金刚山点地梅等都是特有的。

3. 妙香山

妙香山(Mountain Myohyang)为朝鲜的五大名山之一,位于平安北道、慈江道和平安南道交界处,距平壤150公里。妙香山素称沸流山、太白山,因山势奇妙,漫山馨香,景致佳绝,自11世纪以来被称为妙香山。这里四季景色各异,春暖花开,夏绿盎然,秋色斑斓,冬雪茫茫,尤以秋天红叶满山最为壮观。山中苍松翠柏密布,溪流瀑布众多,还有亭台楼寺庵散落其间,其中包括世界名胜——龙门大窟。

4.白头山

白头山(White Head Mountain)巍然屹立在朝鲜北部边疆。因为它的山巅覆盖着白色浮石,山顶又有终年不化的积雪,故称白头山。白头山天池是火山喷发口积水而形成的火山湖,湖水是由从泉眼里涌出来的地下水(30%)和雨水(70%)汇集成的,因此湖水的水质非常好。湖周围还有将军峰、向导峰、团结峰等许多山峰环绕。

第四节　蒙　古

一、国家概况

国名:蒙古国(Mongolia)

面积:156.65万平方公里

人口:约312万(2016年12月)[①]

首都:乌兰巴托(Ulan Bator)

语言:蒙古语

民族:蒙古族占90%,哈萨克族占4%,汉族占2%,其他民族占4%

宗教:喇嘛教

货币:图格里克

国庆:7月11日

国花:翠雀花

国歌:《蒙古国国歌》

主要城市:达尔汗、额尔登特、乔巴山、苏赫巴托尔

行政区划:全国划分为首都和21个省

二、自然地理

蒙古位于亚洲中东部,东、西、南三面和中国接壤,北与俄罗斯为邻,其版图呈弓形。地处蒙古高原北部,全境平均海拔1 580米,地势自西向东逐渐降低。北部、西部和中部多山,东部为丘陵平原,南部是占全国总面积1/3的戈壁地区,其中沙漠面积约占3%。主要山脉有阿尔泰山、杭爱山、肯特山等,其中最高峰是中蒙边境的友谊峰(奈拉姆达勒山),海拔4 374米。蒙古的东部和东南部是比较平坦的高原,高原上分布着广阔的草原和戈壁、沙漠。主要河流有色楞格河(Selenge)、鄂

---

① http://www.fmprc.gov.cn/web/gjhdq_676201/gj_676203/yz_676205/1206_676740/1206x0_676742/

尔浑河(Orkhon)、克鲁伦河(Kherlen)等。

蒙古国属典型的温带大陆性气候,冬季严寒,夏季温暖,温差大,降水少。冬季最低气温可至-40℃,夏季最高气温达35℃。

三、历史

13世纪初,成吉思汗统一大漠南北各部落,建立统一的蒙古汗国。凡蒙古汗国统辖的漠南、漠北地区,概称为蒙古地区,此地区各个部落的居民,统称为蒙古人。此后在成吉思汗的率领下,蒙古人不断西征,先后建立了钦察、察合台、窝阔台、伊儿四个汗国,打通了亚洲和欧洲的陆路交通线,促进了东西方文化和经济的交流。

1911年12月,蒙古王公在沙俄支持下宣布"自治"。1919年放弃"自治"。1921年2月11日,外蒙古发生叛乱。同年7月10日,外蒙古建立亲苏的君主立宪政府。1924年11月26日,蒙古废除君主立宪,成立蒙古人民共和国。1946年1月3日,中华民国承认蒙古人民共和国独立。1992年2月,《蒙古国宪法》生效,国家名称由"蒙古人民共和国"改为"蒙古国",同时使用新的国徽和国旗。

四、外交

1. 对外关系

20世纪90年代,蒙古开始奉行"多支点"外交政策,在与俄罗斯、中国两大邻国发展均衡的睦邻友好合作关系的同时,重点加强与美、日、德等发达国家的交往,以获取外援、发展经济。蒙古积极推行与民族根本利益和稳定发展目标相一致的独立、开放、多支点的外交政策。日本是蒙古国最大的援助国,援助资金占蒙古国近年接收总援助资金的一半左右。截至2008年2月,蒙古已同149个国家建交。

2011年,蒙古国家大呼拉尔通过《对外政策构想》,将"开放、不结盟的外交政策"拓展为"爱好和平、开放、独立、多支点的外交政策",强调对外政策的统一性和连续性。明确对外政策首要任务是发展同俄、中两大邻国的友好关系,并将"第三邻国"政策列入构想,发展同美、欧盟、日、印度、韩国、土耳其等国家和联盟的关系。2004年,蒙古成为上海合作组织首个观察员国。2012年3月,蒙古与北约建立"全球伙伴关系"。2012年11月,蒙古加入欧安组织,成为该组织第57个成员国。

2. 与中国的关系

1949年10月16日,蒙古与中国建交。1960年5月,中蒙在乌兰巴托签订友好互助条约,1962年签订边界条约。20世纪60年代中后期,由于受中苏关系的影响,两国关系经历了一些曲折。1989年两国关系实现正常化。2003年两国宣布建立睦邻互信伙伴关系。近年来,双方在政治、经济、资源开发、环保和文化等领域的交流与合作不断扩大和深化。

五、经济

1.自然资源

蒙古地下资源丰富,现已探明的有铜、钼、金、银、铀、铅、锌、稀土、铁、萤石、磷、煤、石油等80多种矿产。钼矿储量居亚洲前列,额尔登特的铜钼矿已列入世界十大铜钼矿之一。蒙古森林覆盖率为8.2%,木材蓄积量为12亿立方米。

2.农业

畜牧业是蒙古传统的经济部门,也是其国民经济的基础。牧民主要饲养羊、牛、马、骆驼等牲畜。种植业以麦类、蔬菜、土豆和饲料作物为主。

3.工业

蒙古国工业以轻工、食品、采矿和燃料动力工业为主,肉、乳、皮革等畜产品加工、木材加工、电力及纺织和采金业等也具有一定规模。

4.经济发展

经济以畜牧业和采矿业为主,曾长期实行计划经济,1991年开始向市场经济过渡。1997年7月,政府通过"1997年至2000年国有资产私有化方案",以使私营经济成分在国家经济中占主导地位。2007年,蒙古经济发展态势良好,宏观经济指标稳步增长,财政收入增加,汇率基本保持稳定。2007年,蒙古国内生产总值达28.35亿美元,比前一年增长9.9%。

5.中蒙经贸

蒙古主要向中国出口铜钼精粉、梳绒和羊皮,从中国进口最大宗的是卡车。目前,蒙古国人吃、穿、住、用的很多是中国商品,约90%的进口大米、蔬菜、服装来自中国。

据中方统计,2008年1～10月,中蒙双边贸易总额为20.9亿美元,比上年增长26.8%。其中,中方出口7.69亿美元,增长36.9%;进口13.21亿美元,增长21.6%。[①]

六、文化和艺术

蒙古族在历史、文学、语言、医学、天文、地理、艺术等方面留下了大量珍贵的典籍,丰富了人类文化宝库。

蒙古族是一个能歌善舞的民族。蒙古的舞蹈有群舞、独舞、男女对舞等形式,也有随歌伴舞,舞姿各有特色,豪放大方,处处体现出草原民族独有的特点。蒙古长调民歌是蒙古族最具代表性的音乐形式,代表着蒙古族民歌艺术的最高成就,被誉为天籁之音、生命之歌。2005年,中国和蒙古国联合申报的"蒙古族长调民歌"

---

① http://www.fmprc.gov.cn/chn/pds/gjhdq/gj/yz/1206_21/

(Urtiin Duu-Traditional Folk Long Song)被联合国教科文组织世界遗产委员会列入《人类非物质文化遗产代表作名录》。马头琴是蒙古族音乐文化的典型代表,是适合演奏蒙古族长调民歌的最好乐器。马头琴传统音乐(The Traditional Music of the Morin Khuur)于2003年被联合国教科文组织世界遗产委员会列入《人类非物质文化遗产代表作名录》。

七、教育

蒙古国实行国家普及免费普通教育制。截至2006年,有全日制普通教育学校742所,其中590所为国立,149所为私立,3所为外国投资学校。全国共有高校177所,其中国立高校49所,主要有国立大学、科学技术大学、教育大学、农业大学、医科大学、文化艺术大学、人文大学、乌兰巴托大学等;私立高校122所,主要有依和扎斯克大学、奥特根腾格尔大学等。

八、民俗风情

1. 礼仪和习俗

哈达是蒙古族日常行礼中不可缺少的物品。主人伸开双手捧着哈达,同时将哈达的折叠口向着接受哈达的宾客时,宾客要站起身面向献哈达者,集中精力听祝词和接受敬酒;接受哈达时,宾客应微向前躬身;接受哈达后,宾客应双手合掌于胸前,向献哈达者表示谢意。斟酒敬客是蒙古族待客的传统方式。为宾客敬奶茶也是蒙古人民独特的迎宾方式。

蒙古牧民至今仍保持着游牧生活方式,无定居房屋,靠蒙古包栖身。蒙古男子通常腰佩蒙古刀、火镰和鼻烟壶,妇女则喜用头饰。如今蒙古牧区人仍多着蒙古袍;城市居民则多穿现代服装,在庆典和重要节日时才着蒙古袍。

蒙古人喜欢马,故不喜欢吃马肉;送礼物时忌送帽子,因为帽子的口朝下,送人会损坏别人运气;穿蒙古袍时,忌捋袖子,这样会使人理解为要打架;在进入蒙古包时,不能踩门槛;在接递物品时,以双手接递为敬。

2. 主要节日

鲁班节(农历四月初二)、祭祖节(农历六月二十)、那达慕(7月11日)、马奶节(农历八月下旬)、摔跤节(每年7~8月)、燃灯节(农历十月二十五)等。

3. 美食

蒙古的饮食可以用"白色食品"来形容。蒙古的传统饮食以奶食、肉食为主,粮食为辅。奶食品,蒙古语称"查干伊德",是用马、牛、羊和骆驼的天然纯奶制成的,味道鲜美,营养丰富,主要有奶皮子、奶油、奶酪、奶豆腐等。奶食品是蒙古族食品中的上品,曾被称为"百食之长",无论居家餐饮、宴宾待客,还是敬奉祖先神灵,都是不可或缺的。蒙古人每天必喝奶茶。另外,手扒肉、烤羊肉是蒙古人日常生活最喜欢的待客佳肴。

九、旅游业

蒙古旅游业具有很多优越条件。其一,蒙古国政局比较稳定,社会矛盾比较缓和;其二,蒙古的旅游特色突出,民族风情、自然风光和原始特色是三大旅游主题,符合现代人希望重返自然的心态。此外,蒙古国经济发展相对落后,物价水平也较低,符合大多数发展中国家游客的消费心理和消费能力。

蒙古国从事旅游服务的公司约500家,主要宾馆有乌兰巴托饭店、巴彦高勒饭店、成吉思汗饭店等。近年来,蒙古加大了对旅游业的投入,极大地促进了蒙古旅游业的发展。

蒙古政府近年将旅游业作为创汇产业列入发展重点,蒙古的入境外国旅游人数基本呈增长趋势。1990年,蒙古的入境旅游人数为14.7万人次,1995年为10.8万人次,2000年为13.7万人次,2002年为22.9万人次,2003年为20.1万人次,2004年为30.1万人次[1],2005年为33.8万人次,2006年达到38.6万人次[2]。据世界旅游组织统计,2010年蒙古的入境旅游人数为45.6万人次,2014年为39.3万人次,2015年为38.6万人次,2016年为40.4万人次(UNWTO Tourism Highlights:2017 Edition)。

随着入境游客的增多,蒙古的入境旅游收入也基本呈增长趋势。1990年,蒙古的入境旅游收入为500万美元,1995年为2 100万美元,2000年为3 600万美元,2003年为1.43亿美元,2004年为1.85亿美元,2005年为1.77亿美元[3]。2010年蒙古的入境旅游收入为2.44亿美元,2014年为2.15亿美元,2015年为2.46亿美元,2016年为3.16亿美元(UNWTO Tourism Highlights:2017 Edition)。

中、俄两大邻国是蒙古的主要客源国。2004年,中国到蒙古国的旅游者人数为13.93万,占亚太地区到蒙旅游者总数的76.8%;俄罗斯到蒙古国的旅游者人数为5.39万,占欧洲地区到蒙旅游者总数的54.7%。[4] 随着蒙古的这两大邻国经济水平的不断提高,赴国外旅游的人数也将不断增加,来蒙古旅游的人数也必将随之增加。

2006年,蒙古成为中国全面开放的出境旅游目的地国家,同年5月,中蒙边境召开首次跨国旅游推介会,标志着中蒙两国在旅游领域的合作进入了一个崭新的

---

[1] World Tourism Organization(UNWTO):Tourism Market Trends, 2005 Edition
[2] World Tourism Organization(UNWTO):UNWTO, 2007
[3] World Tourism Organization(UNWTO):Tourism Market Trends, 2006 Edition
[4] http://www.nmg.xinhuanet.com/nmgwq/2007-03/12/content_9489162_1.htm

发展阶段。同时,蒙古也是中国主要客源国之一。2006 年,蒙古公民来华旅游人数达 63.12 万人次,比 2005 年减少 1.68%[①]。2007 年,蒙古公民来华旅游人数达 68.20 万人次,比 2006 年增长 8.0%[②]。2008 年,蒙古公民来华旅游人数达 70.53 万人次,比 2007 年增长 3.42%[③]。2009 年,蒙古公民来华旅游人数达 57.67 万人次,比 2008 年减少 18.2%[④]。2010 年,蒙古公民来华旅游人数达 79.44 万人次,比 2009 年增长 37.8%[⑤]。2011 年蒙古来华旅游入境人数为 99.42 万人次,2012 年为 101.05 万人次,2013 为 105.00 万人次,2014 年为 108.27 万人次,2015 年为 101.41 万人次。

中国国家旅游局统计数字显示,2008 年 1~12 月,蒙古公民来华的旅游人数达 70.53 万人次,其中会议和商务旅游 4.09 万人次、观光和休闲 3.43 万人次、探亲访友 0.04 万人次、服务员工 3.77 万人次、其他 59.19 万人次[⑥]。2009 年 1~12 月,来华的旅游人数达 57.67 万人次,其中会议和商务旅游 5.05 万人次、观光和休闲 2.65 万人次、探亲访友 0.05 万人次、服务员工 3.97 万人次、其他 45.96 万人次[⑦]。2010 年 1~12 月,来华的旅游人数达 79.44 万人次,其中会议和商务旅游 7.77 万人次、观光和休闲 3.75 万人次、探亲访友 0.06 万人次、服务员工 7.24 万人次、其他 60.62 万人次[⑧]。2014 年 1~12 月蒙古来华旅游入境人数为 108.27 万人次,其中会议和商务旅游 9.38 万人次、观光和休闲 4.88 万人次、探亲访友 0.05 万人次、服务员工 23.57 万人次、其他 70.58 万人次。2015 年 1~12 月蒙古来华旅游入境人数为 101.41 万人次,其中会议和商务旅游 10.38 万人次、观光和休闲 6.08 万人次、探亲访友 0.04 万人次、服务员工 22.21 万人次、其他 62.75 万人次。从以上数据看出,蒙古公民来华目的并不以观光旅游为主,有着向多领域、多元化、多层次发展的趋势。

据国家旅游局《2017 年全年旅游市场及综合贡献数据报告》,2017 年按入境旅游人数排序,我国主要客源市场前 17 位国家蒙古位居第七。

十、旅游资源

蒙古国自然景观和文化都相当原始,是极佳的旅游地。蒙古国最有吸引力的

---

① http://www.cnta.gov.cn/html/2008-6/2008-6-2-14-52-59-212.html
② http://www.cnta.gov.cn/html/2008-9/2008-9-10-11-35-98624.html
③ http://www.cnta.gov.cn/html/2009-9/2009-9-28-9-30-78465.html
④ http://www.cnta.gov.cn/html/2010-10/2010-10-20-10-43-69972.html
⑤ http://www.cnta.gov.cn/html/2011-11/2011-11-1-9-50-68041.html
⑥ http://www.cnta.gov.cn/html/2008-8/2008-8-20-14-22-31772.htm
⑦ http://www.cnta.gov.cn/html/2010-1/2010-1-19-10-52-93858.html
⑧ http://www.cnta.gov.cn/html/2011-3/2011-3-25-10-15-28226.html

中国旅游客源国概况

景观是它的大自然:广阔的土地、特殊的气候条件、丰富的景观资源。截至2018年7月,蒙古国有3项文化景观和2项自然遗产(与俄罗斯共有)被联合国教科文组织世界遗产委员会列入《世界遗产名录》。

(一) 旅游城市

蒙古的主要旅游城市为乌兰巴托。被称为"毡包之城"的蒙古首都——乌兰巴托(Ulan Bator),是蒙古草原上一座古老的城市,同时也是一座年轻的现代化城市。这座城市宽广整齐、风景秀丽,不少建筑是欧洲廊柱式建筑,色彩多为白色和米黄色,素洁高雅。

(二) 主要名胜

1. 鄂尔浑峡谷文化景观

鄂尔浑峡谷占地约1 220平方公里,位于后杭爱省和前杭爱省交界处,沿鄂尔浑河延伸,贯穿杭爱山脉中部地区。曾是13至14世纪蒙古帝国的首都所在地,它反映了古代蒙古的游牧文化和当时的商业贸易、军事、政治、宗教发展状况,也见证了蒙古帝国的历史变迁。2004年,鄂尔浑峡谷文化景观(Orkhon Valley Cultural Landscape)作为文化遗产被联合国教科文组织世界遗产委员会列入《世界遗产名录》。沿鄂尔浑河的重要历史遗迹有:蒙古帝国的首都哈拉和林遗址(Karakorum or Qara-Qorum)、回鹘牙帐城(Khar Balgas)、窝阔台夏宫(Doytyn Balgas)与匈奴三连城(Hudgiyn Denj)等。

2. 乌布苏湖盆地

乌布苏湖盆地(Uvs Nuur Basin)面积约1.069万平方公里,是候鸟、水鸟和海鸟的重要栖息地。生物多样性丰富是乌布苏湖盆地与蒙古国其他地方最大的区别。

乌布苏湖是蒙古最大的咸水湖,其独特的地球物理和生态特征、气候条件以及湖水资源均具有重要的科研价值,已经成为国际地圈生物圈计划研究全球气候变暖现象的观测点。2001年,乌布苏湖盆地作为自然遗产被联合国教科文组织世界遗产委员会列入《世界遗产名录》。

3. 戈壁

蒙古国的戈壁(Gobi)总面积占国土面积的1/3,按地理位置划分为南戈壁、中戈壁和东戈壁三部分。

茫茫的南戈壁有哈塔特、尼莫格图、卓楞、恩格尔布楞、塔拉哈图等冷泉以及额勤根、萨拉黑图等温泉。此外还有榆树绿洲、古尔班折日特、达兰布格德洞穴等风景秀丽之地。在南戈壁还发现有距今8 000万~6 000万年的恐龙骨和恐龙蛋化石,20万年前的古人类使用的新、旧石器和青铜器及古墓遗址等自然与文化遗址。

中戈壁是世界著名的化石埋藏点之一,有被誉为"恐龙坟场"的火焰崖

(Flaming Cliffs)。这里保存了大量的原角龙、窃蛋龙等白垩纪晚期的动物化石。1922年,美国自然历史博物馆组成了一支探险队到蒙古戈壁考察,在火焰崖附近挖掘出大量的恐龙化石。

东戈壁地势平坦,没有明显的垂直自然带,整个地区由草原、半荒漠和戈壁沙漠地带组成。因这里具有独特的戈壁地理景观,成为外国游客和探险家经常涉足的地区。

第五节 越 南

一、国家概况

国名:越南社会主义共和国(The Socialist Republic of Vietnam)
面积:32.955 6万平方公里
人口:9 170万(2015年12月)[①]
首都:河内(Ha Noi)
语言:越南语
民族:有54个民族,京族占总人口近90%,岱依族、傣族、芒族、侬族人口均超过50万
宗教:佛教、天主教、和好教与高台教等
货币:越南盾
国庆:9月2日
国花:莲花
国歌:《进军歌》
主要城市:胡志明市、岘港、海防、芹苴
行政区划:58个省和5个直辖市

二、自然地理

越南位于亚洲中南半岛东部,濒临泰国湾、北部湾和南海,毗邻中国、老挝和柬埔寨。越南的国土形状呈S形,南北距离长达1 650公里,但是东西最狭窄处只有50公里宽。越南的海岸线长达3 260公里(不包括岛屿)。[②]

全国地形多样,有丘陵和茂密的森林,平原面积不超过20%。北部地区由高原和红河三角洲组成。东部分割成沿海低地、长山山脉及高地,以及湄公河三

[①] http://www.fmprc.gov.cn/web/gjhdq_676201/gj_676203/yz_676205/1206_677292/1206x0_677294/
[②] http://www.fmprc.gov.cn/chn/pds/gjhdq/gj/yz/1206_45/

角洲。

越南属于热带季风气候。气温高、湿度大、风雨多,旱、雨季明显。年平均降雨量为1 800~2 000毫米。

三、历史

越南于968年成为封建国家。1884年,越南沦为法国的保护国,第二次世界大战中又被日本侵占。越南人民经过长期艰苦的斗争,于1945年"八月革命"取得胜利。1945年9月2日,胡志明发表《独立宣言》,宣布越南民主共和国成立。同年9月,法国再次入侵越南,越南人民又进行了历时9年的抗法战争。1954年5月,越南取得"奠边府大捷"后,法国被迫在《日内瓦协议》上签字,越南北方获得解放,南方仍由法国(后成立由美国扶植的南越政权)统治。1961年起,越南人民展开了抗美救国战争。1973年1月,越美签订关于结束战争、恢复和平的《巴黎协定》,同年3月,美军从越南南方撤走。1976年7月,越南全国统一,定国名为越南社会主义共和国。

四、外交

1. 对外关系

越南政府在外交方面奉行全方位、多样化的独立自主外交路线,对外工作重点是"融入国际社会、搞好周边关系、妥善处理大国关系"。越南正积极开展对外交往,地区和国际地位日益提高。2006年,越南成功举办APEC领导人非正式会议,同年被世贸组织接纳为第150个成员,2007年被第62届联合国大会选举为2008~2009年任期的联合国安理会非常任理事国。

2. 与中国的关系

中越两国于1950年1月18日建交。中国政府和人民全力支持越南人民的抗法、抗美斗争,两国在政治、军事、经济等领域进行了广泛的合作。20世纪70年代后期,中越关系恶化。1991年,两国关系实现正常化。此后,两国在政治、外交、经贸等领域的合作不断加强和深化。2008年5月,中越双方发表《中越联合声明》,致力于发展中越全面战略合作伙伴关系。

五、经济

1. 自然资源

越南矿产资源总体上比较丰富,种类趋于多样化,与我国具有一定的互补性。主要矿产有煤、铁、铝、钛、锰、铬、锡及磷等矿种,其中煤、铁、铝、磷等矿产储量较大。

2.农业

越南农业以种植业为主。主要种植水稻、玉米、高粱、豆类、木薯等粮食作物。稻谷是越南的主要粮食作物,主要分布在红河三角洲、湄公河三角洲及沿海平原地区。

越南的经济作物主要有橡胶、咖啡、茶叶等。橡胶主要分布在西原地区,茶叶主要产地是富寿、河江、宜光和莱州。甘蔗、椰子分布较广,全国各省均有种植。近年来,越南在橡胶、咖啡、腰果和茶叶的生产和出口方面有了长足的发展。

3.工业

2006年,越南工业产值占GDP的比重约为42%,总产值达302.99万亿越盾,比上年增长16%。其中,国有企业产值为117.416万亿越盾,同比增长12.4%;非国有企业产值为75.906万亿越盾,同比增长18.7%;外资企业产值为109.795万亿越盾,同比增长18.3%。工业从业人口约471万人。[1]

4.中越经贸

自1991年两国关系正常化以来,中越贸易合作关系得到了恢复和发展,尤其是近年来两国经贸合作发展迅速,中国已成为越南的主要贸易伙伴之一。据统计,中越两国的贸易额从1991年的3 000万美元增至2005年的24.66亿美元,增长了80倍。中国向越南出口的主要商品是摩托车、汽油、机械、纺织品原料、化肥、服装和钢铁等;中国从越南进口的商品主要是原油、海产品、蔬菜、水果、橡胶和胡椒等。

六、文化和艺术

越南历史上深受中国文化的影响。长期实施科举制度来选拔官吏,直到1919年才废除科举制。今天在越南各地仍可见到文庙中的进士碑。由于法国殖民,越南同时具有浓重的法国文化气息。2003年,雅乐——越南宫廷音乐(Nha Nhac, Vietnamese Court Music)被联合国教科文组织世界遗产委员会列入《人类非物质文化遗产代表作名录》。

七、教育

截至2000年,越南已基本实现小学义务教育普及化的目标。2001年全面推广9年义务教育。著名大学有国立河内大学、国立胡志明市大学、顺化大学、太原大学、岘港大学、河内经营管理大学、国立河内百科大学、雄王大学等。

---

[1] http://www.vnagency.com.vn/

八、民俗风情

1. 礼仪和习俗

越南民风淳朴,人民文明礼貌。见面时,习惯打招呼问好:或点头致意,或行握手礼,或按法式礼节相互拥抱,多以兄弟姐妹相称。

越南人供奉祖先,普遍迷信城隍、财神。一般百姓家里都设有供桌、香案,逢年过节在家中进行祭拜。

"奥黛"是越南的国服,是一种丝质的及膝高开衩长旗袍,衣服上还绣有金线莲花图案。这种过去属于皇室的礼服,现今只在重要典礼中才会出现,平常只有妇女会穿着。

2. 主要节日

越南共产党成立日(2月3日)、越南南方解放日(4月30日)、胡志明诞辰日(5月19日)、越南国庆日(9月2日)等。

3. 美食

越南人的饮食习惯与我国广东、广西和云南一些民族相似。吃饭用筷子,喜吃清淡、冷酸辣食物。越南菜的口味普遍清淡,不油不腻;烹调方式以蒸、煮、烧烤、凉拌为主。越南美食中,最负盛名的莫过于街头巷尾的地摊小吃,如越南春卷、蔗虾、越南烤肉、猪肠粉卷、牛肉河粉等。

九、旅游业

越南地属热带地区,多样的特色景观、典型生态体系,国家公园、自然保护区等与多样的文化底蕴以及54个民族的各异特色共同形成了越南丰富多样的生态旅游资源。

越南自1986年改革开放以来,旅游业飞速发展,成为越南经济的增长点,也是一座让越南进一步融入世界的桥梁。越南旅游业得到政府的高度重视,制定出一系列有效可行的旅游业发展措施,并不断发展和完善旅游交通业、旅行社业和旅馆业,保障旅游业的稳定发展。目前,越南旅游业虽仍有不少困难,但因拥有自身的发展优势,越南必将成为亚太地区重要的国际旅游目的地国之一。越南政府在21世纪旅游发展战略中明确指出:优先发展生态旅游,使越南旅游在本地区乃至国际上展现出新的形象。

据统计,截至2005年底,越南全国有230家国际旅行社,1 680多家国内旅行社。越南重视对旅游业市场的监督和管理。越南全国现有3 890家宾馆、饭店,其中1 037家为国有宾馆。

近10年来,越南旅游业持续发展,取得了显著的成就。1990年,越南的入境旅游人数为25万人次,1995年为135.1万人次,2000年为214.0万人次,2003年为262.8万人次,2004年为242.9万人次①,2005年为297.2万人次,2006年达到358.3万人次②。据世界旅游组织统计,2010年越南的入境旅游人数为505.0万人次,2014年为796.0万人次,2015年为794.4万人次,2016年为1 001.3万人次(UNWTO Tourism Highlights:2017 Edition)。

1990年越南的入境旅游收入为0.85亿美元,2005年为18.8亿美元,2006年达到了32亿美元③。2010年越南的入境旅游收入为44.50亿美元,2014年为74.10亿美元,2015年为73.50亿美元,2016年为82.50亿美元(UNWTO Tourism Highlights:2017 Edition)。

越南最大的游客来源是中国,中国游客占越南接待游客总数的27.7%,其次是日本游客、美国游客,各占10%左右。

2000年,越南成为中国全面开放的出境旅游目的地国家。

2010年,越南公民来华旅游人数达92.00万人次,比2009年增长11.0%④。

据国家旅游局《2017年全年旅游市场及综合贡献数据报告》,2017年按入境旅游人数排序,我国主要客源市场前17位国家越南排名第二。

十、旅游资源

越南旅游资源丰富,截至2018年7月,8处风景名胜被联合国教科文组织世界遗产委员会列为世界文化和自然遗产。

(一)旅游城市

1.河内

河内(Ha Noi)是越南首都、历史名城,位于红河三角洲西北部。城市地处亚热带,因临近海洋,气候宜人,四季如春,降雨丰富,草木繁茂,百花盛开,素有"百花春城"之称。

河内是一座拥有1 000多年历史的古城,从11世纪起就是越南政治、经济和文化中心,历史文物丰富,名胜古迹遍布,享有"千年文物之地"的美称。

2.顺化

顺化(Hué)位于越南中部,北距河内600多公里,曾是越南的三朝古都。顺化城背靠御屏山,东距南海8公里,西面是长山山脉,美丽的香江穿城而过。北岸是皇城老城区,南岸是新城商业和住宅区。

---

① World Tourism Organization (UNWTO):Tourism Market Trends, 2005 Edition
② World Tourism Organization (UNWTO):UNWTO, 2007
③ World Tourism Organization (UNWTO):UNWTO, 2007
④ http://www.cnta.gov.cn/html/2011-11/2011-11-1-9-50-68041.html

顺化是越南阮朝各代皇帝建都之地,至今还保存着数以百计的历史文化古迹。其中又数阮朝各代皇帝的陵寝、宫殿、亭台楼阁等建筑群最为突出。因而,古都顺化是越南旅游资源最丰富的城市。

顺化古京城面对香江,背靠御屏山,呈四方形,每边长约2.5公里,四周有护城河环绕。京城之内有百官办公的六部区:国子监、机密院、都察院、史馆、内阁、习贤院。顺化京城内最主要的部分是皇城,皇城采用了北京故宫的建筑图纸。皇城内有紫禁城,紫禁城里又分为两部分,整个建筑颇为壮观,是越南现存最大、最为完整的古建筑群。

3. 胡志明市

胡志明市(Ho Chi Minh City)旧称西贡市。位于湄公河三角洲的东北侧,居西贡河右岸,南临南中国海。它是越南的5个中央直辖市之一,是越南的经济中心、全国最大的港口和交通枢纽。社会经济发展受西方影响,曾有"东方巴黎"之称。

胡志明市是一个风景优美的城市,美丽的西贡河绕城而过,景色迷人。市内的国光寺、舍利寺、永严寺、天后庙、圣母大教堂、草禽园、查匂植物园、骚坛公园等都是游览胜地。另外,胡志明市的法式建筑较多,如饭店、教堂等。这些法式建筑具有浓厚的法兰西文化风格和很高的观赏价值。

(二)主要名胜

1. 下龙湾

下龙湾(Ha Long Bay)位于北部湾西部,离首都河内150公里,是越南北方广宁省的一个海湾,风光秀丽迷人,闻名遐迩。风景区共分为东、西、南3个小湾。因其景色酷似中国的桂林山水,被称为"海上桂林"。

1994年,下龙湾作为自然遗产被联合国教科文组织世界遗产委员会列入《世界遗产名录》。

2. 圣子修道院

圣子修道院(My Son Sanctuary)位于越南中部的广南省,是曾经统治越南中部及南部地区长达14个世纪之久的印度教占婆王国的心脏地区,同时,圣子修道院还因为曾有多达70座寺庙林立在那里而被认为是一个神圣的地方。

圣子修道院是一处非同寻常的文化交流场所。正是通过这里,印度次大陆的印度教建筑结构被引进了东南亚。1999年,圣子修道院作为文化遗产被联合国教科文组织世界遗产委员会列入《世界遗产名录》。

3. 会安古镇

会安位于越南中部岘港市郊秋盆河北岸,会安江入海口的附近,距岘港市区约30公里,曾是历史上著名的东方大港。

会安城的建筑和街道样式,受到土洋结合风格的影响,这种风格也体现在整个遗址的建筑中。在会安城中,中国式的建筑物到处可见,而且保存得很完整。除此之外,城中还有为数不少的法式古典建筑和庭院式建筑群,以及不少有越南民族特色的优美建筑。1994年,会安古镇(Hoi An Ancient Town)作为文化遗产被联合国教科文组织世界遗产委员会列入《世界遗产名录》。

4.丰芽-格邦国家公园

丰芽-格邦国家公园(Phong Nha-Ke Bang National Park)坐落在越南广平省中部的长山山脉北部,属于亚洲最大、最古老的喀斯特地貌,面积将近860平方公里,拥有众多岩洞和长达65公里的地下河,有568种脊椎动物、876种花草蕨类植物。丰芽-格邦国家公园也是东南亚最大的自然保护区之一。2003年,丰芽-格邦国家公园作为自然遗产被联合国教科文组织世界遗产委员会列入《世界遗产名录》。

第六节　缅　甸

一、国家概况

国名:缅甸联邦共和国 (The Republic of the Union of Myanmar)
面积:67.658 1万平方公里
人口:5 390万(2015年)[1]
首都:内比都(Nay Pyi Taw)
语言:缅甸语
民族:共有135个民族,主要有缅族、克伦族、掸族、克钦族、钦族、克耶族、孟族和若开族等,缅族约占总人口的65%[2]
宗教:80%以上人口信奉佛教,约8%的人口信奉伊斯兰教
货币:缅元
国庆:1月4日
国花:东亚兰花
国歌:《世界不灭》
主要城市:曼德勒、仰光
行政区划:全国分7个省和7个邦

二、自然地理

缅甸位于亚洲中南半岛西部,东北与中国毗邻,西北与印度、孟加拉国相接,东

---

[1]　http://www.fmprc.gov.cn/web/gjhdq_676201/gj_676203/yz_676205/1206_676788/1206x0_676790/
[2]　http://www.fmprc.gov.cn/chn/pds/gjhdq/gj/yz/1206_23/

南与老挝、泰国交界,西南濒临孟加拉湾和安达曼海。海岸线长3 200公里。地势北高南低,北、西、东为山脉环绕,北部为高山区,西部有那加丘陵和若开山脉,东部为掸邦高原。靠近中国边境的开卡博峰海拔5 881米,为全国最高峰。伊洛瓦底江全长2 150公里,流贯南北,富灌溉航运之利。

缅甸大部地区属热带季风气候,气候温和,自然景色秀丽,年平均气温27℃。降雨量因地而异,内陆干燥区年降雨量500~1 000毫米,山地和沿海多雨区年降雨量3 000~5 000毫米。

三、历史

缅甸是一个历史悠久的文明古国,可以上溯到5 000年前,当时缅甸的伊洛瓦底江边已有人类居住。1044年形成统一国家后,经历了蒲甘、东坞和贡榜三个封建王朝。英国于1824~1885年先后发动了三次侵缅战争并占领了缅甸,1886年将缅甸划为英属印度的一个省。1937年,缅甸脱离英属印度,直接受英国总督统治。1942年日军占领缅甸。1945年全国总起义,缅甸光复,但随后英国重新控制缅甸。1948年1月4日,缅甸脱离英联邦宣布独立,建立缅甸联邦。1974年1月改称"缅甸联邦社会主义共和国",1988年9月23日改称"缅甸联邦"。

四、外交

1. 对外关系

在外交方面,缅甸奉行独立、积极的外交政策,不依附于任何大国和大国集团。1988年军政府上台后,以美国为首的西方国家对缅甸实施经济制裁和贸易禁运。1997年加入东盟后,与东盟及周边国家关系有较大发展。主张同各国友好相处,重视发展同邻国的睦邻友好关系。截至2007年底,缅甸与96个国家建立了外交关系。

2. 与中国的关系

中缅两国是山水相连的友好邻邦,两国人民世代友好相处。1950年6月8日两国建交。1954年6月,中缅两国总理等共同倡导了和平共处五项原则。1960年10月,两国政府签订了中缅边界条约,率先圆满解决了历史遗留下来的边界问题。中缅领导人一直保持互访传统。近年来,中缅睦邻友好合作关系进一步发展,双方在各个领域的友好交流与合作进一步加强。

五、经济

1. 自然资源

缅甸矿产资源主要有锡、钨、锌、铝、锑、锰、金、银等,宝石和玉石在世界上享有盛誉。石油和天然气在内陆及沿海均有较大蕴藏量。水力资源丰富。森林资源丰富，覆盖率为50%左右，是世界上柚木产量最大的国家之一。

2. 农业

农业是缅甸的国民经济基础，农业产值占国内生产总值的1/3左右，农产品出口占出口总量的1/4左右。农作物主要有稻谷、小麦、玉米、棉花、甘蔗和黄麻等。伊洛瓦底江三角洲是缅甸有名的鱼米之乡，被誉为"缅甸粮仓"。

3. 工业

缅甸工业产值约占国民生产总值的15.4%。全国有18个工业区。主要工业有石油和天然气开采、小型机械制造、纺织、印染、碾米、木材加工、制糖、造纸、化肥和制药等。

4. 中缅经贸

中缅两国之间的经贸合作有着悠久的历史，具有很强的互补性。近年来，随着两国睦邻友好合作关系的不断发展，双边合作达成许多共识，并确定了经贸合作的五大重点领域，即农业开发、基础设施建设、自然资源开发、人力资源开发、加工装配。同时，在缅甸的经济发展过程中，中国作为友好邻邦，提供了力所能及的信贷支持和经济援助。目前，两国在水电站建设、基础设施、通信、能源等领域的合作成效显著。

六、文化和艺术

在缅甸67万多平方公里的国土上，佛塔如林，寺庙如星，正是这些包括建筑、雕塑在内的佛教艺术成为缅甸艺术的主流。整体上看，缅甸的艺术以寺塔建筑为主体。寺塔建筑大体上为高塔形（统称为巴高达），但有佛塔形式和寺塔形式两种。古代遗址除集中于蒲甘以外，在卑谬、若开邦地区等也有若干。缅甸雕塑主要遗品属于蒲甘时代，残留于蒲甘诸寺。它限于释迦或过去四佛的佛像，以披透薄大衣为特征，显示出与波罗朝代的印度有亲缘关系。蒲甘诸寺中有不少壁画，虽多剥落，但仍可窥见11世纪至13世纪绘画之一斑，而至为珍贵。壁画以佛传和本生故事为主，风格接近中国西藏。

七、教育

缅甸政府重视发展教育和扫盲工作，全民识字率92.2%。教育分学前教育、基础教育和高等教育。学前教育包括日托幼儿园和学前学校，招收3~5岁儿童；基础教育学制为10年，1~4年级为小学，5~8年级为普通初级中学，9~10年级为高级中学；高等教育学制4~6年。著名学府有仰光大学等。

八、民俗风情

1. 礼仪和习俗

缅甸人非常注重礼节,对老年人特别尊敬。在缅甸,行止坐卧、进食、就寝、接待客人都有一整套的礼节。缅甸人多行合十礼,在外交场合行握手礼。在重要场合,城里人均用刀、叉、勺进食。

缅甸人有"右为贵,左为贱""右为大,左为小"的观念。因此给长者递接物品时,不能用左手,左手被视作不洁净的。

缅甸是著名的"佛教之国",缅甸人80%以上信奉佛教。缅甸的每一个男人在一定时期内都必须削发为僧,否则就会受到社会的蔑视。每家每户均供奉有佛像,缅甸佛教徒朝拜佛像时不是烧香而是奉献鲜花。佛家人可食肉,但不得杀生。

2. 主要节日

国庆日(1月4日)、建军节(3月27日)、泼水节(缅历新年,4月13日)等。

3. 美食

缅甸的基本食品是米饭和咖喱。缅甸人喜爱将米饭、其他菜肴与汤一起食用。米粉和鱼汤做成的鱼粉汤,椰子、鸡肉咖喱加面条做成的椰奶面条都是缅甸人最喜欢的早餐和便餐食品。缅甸也盛产海鲜,在仰光和其他城市大部分的缅餐和中餐馆中,螃蟹、对虾、龙虾和其他贝类都是非常受欢迎的菜肴。

九、旅游业

为促进国民经济的发展,缅甸政府十分重视发展旅游事业,并在促进旅游业发展方面制定了许多行之有效的措施。第一,通过立法,组建旅游机构,为发展旅游提供保障;第二,改善旅游环境,鼓励国内外投资者从事旅游业,加强旅游交通设施建设;第三,加强同其他国家在旅游领域的合作;第四,做好旅游景点的保护与开发工作。

近年来,随着缅甸基础设施的不断完善,以及欧洲与缅甸航线的不断增加,越来越多的欧洲游客前往缅甸参观、旅游。经过多年努力,缅甸旅游业已形成一定规模并取得了良好的成绩。旅游业已逐步成为缅甸经济增长的重要新来源,并成为缅甸经济增长的新亮点。

1990年缅甸的入境旅游人数为2.1万人次,1995年为11.7万人次,2000年为20.8万人次,2003年为21.7万人次,2004年为20.6万人次,2005年为24.2万人次[1]。据世界旅游组织统计,2010年缅甸的入境旅游人数为79.2万人次,2014年为

---

[1] World Tourism Organization(UNWTO):UNWTO,2007

308.1万人次,2015年为468.1万人次(UNWTO Tourism Highlights:2017 Edition)。

1990年缅甸的入境旅游收入为900万美元,1995年为1.51亿美元,2000年为1.62亿美元,2003年为0.56亿美元,2004年为0.84亿美元[①]。2014年缅甸的入境旅游收入为16.13亿美元,2015年为21.01亿美元,2016年为21.77亿美元(UNWTO Tourism Highlights:2017 Edition)。

据官方统计数据,在2005~2006年,缅甸共吸引外国游客47.27万人次,2006~2007年则达到57.67万人次,2006~2007年缅甸的外国游客数量比上年度增长了22%。

据国家旅游局《2017年全年旅游市场及综合贡献数据报告》,2017年按入境旅游人数排序,我国主要客源市场前17位国家缅甸排名第一。

2000年,缅甸成为中国全面开放的出境旅游目的地国家。2007年7月2日起,缅甸与中国南航开通了仰光到广州的直飞航线。新航线的开通,打破了中国人游缅甸难的尴尬局面,对促进中缅两国友好发展和推广缅甸旅游文化有着历史性的重要意义。

十、旅游资源

缅甸是一个具有悠久历史和璀璨文化的国家。丰富的自然资源和独特的人文景观,使缅甸旅游颇具吸引力。缅甸自然旅游资源丰富多样,人文旅游资源以佛教之国历代建筑的佛塔为特色,千姿百态、金碧辉煌,使缅甸成为旅游绝佳胜地。

(一)旅游城市

1.仰光

仰光(Yangon)是缅甸联邦的原首都和最大城市,素有"和平城"的美称;地处缅甸最富饶的伊洛瓦底江三角洲,是缅甸的政治、经济、文化中心。

仰光是一座具有热带风光的美丽的海滨城市。市内的民间建筑具有传统的缅甸风格,同时也有不少西式建筑。

仰光有着无数或镀金或白石建造的佛塔,佛塔中最著名的是驰名世界的大金塔,它位于市北圣山,居全城最高点。仰光依然保持着作为港口城市辉煌时期的殖民地特色。每年4月这里都要举行隆重盛大的泼水节。

2.曼德勒

曼德勒(Mandalay)位于缅甸的中部,美丽的伊洛瓦底江从城边流过,它是缅甸的第二大城市。在曼德勒旅游,一是看佛教圣迹,二是看古代文化,三是看缅甸中部的田园风光,四是购买玉石。

---

① World Tourism Organization(UNWTO):Tourism Market Trends,2006 Edition

3. 蒲甘

蒲甘(Bagan)位于缅甸中部,伊洛瓦底江中游东岸,东北距曼德勒150公里。蒲甘是缅甸最早的统一王朝——蒲甘王朝的首都,是缅甸最重要和最大的佛教圣地,有"万塔之城"的美誉。

蒲甘市区保留着缅甸各个历史时期建造的众多的佛塔、佛寺。城市佛塔佛寺建筑艺术是缅甸古老建筑艺术的缩影,体现了缅甸劳动人民的智慧和创造力,成为缅甸珍贵的历史文化遗产。

(二) 主要名胜

1. 波芭山

波芭山(Mount Popa)位于勃固山脉,是一座死火山,最高海拔1 500米。要抵达火山口及山顶的寺院和佛庙,必须爬上700级陡峭的台阶,途中还有众多猴子相伴;而在山顶可将周围的非凡景色尽收眼底。在波芭山周围,有波芭国家公园,里面有着茂密的檀香木林和珍稀的鸟类及蝴蝶。

2. 因莱湖

因莱湖(Inle Lake)位于掸邦高原的西南部,长22公里,宽10公里,是缅甸主要的风景区。因莱湖三面环山,湖面非常宽阔,湖水的颜色随着天气变化。乘船游因莱湖是主要的旅游项目,游人乘船饱览湖光山色之余,还可以到湖中央的人工岛上参观寺庙、学校或到集市购物。

3. 景栋

景栋(Kengtung)位于掸邦山脉之中,金三角的中心地带,是缅甸最边远的城镇之一,也是掸邦最美丽的城市之一。景栋一度是掸邦的首府,这座古城到处可见光芒耀眼的佛塔及庄严的佛寺,仅景栋城里就有100多座佛塔及佛寺,因而被称为"佛塔之城"。

第七节　泰　国

一、国家概况

国名:泰王国(The Kingdom of Thailand)
面积:51.31万平方公里
人口:6 450万[①]
首都:曼谷(Bangkok)

---

① http://www.fmprc.gov.cn/web/gjhdq_676201/gj_676203/yz_676205/1206_676932/1206x0_676934/

语言：泰语为国语

民族：泰族占人口总数的 40%，老挝族占 35%，其余为华族、马来族、高棉族等

宗教：94%的居民信仰佛教，马来族信奉伊斯兰教，其余的人信奉基督教、印度教和锡克教等

货币：铢

国庆：12月5日

国花：金链花

国歌：《秦王国歌》

主要城市：清迈、帕塔亚

行政区划：全国分5个地区，共76个府，曼谷是唯一的府级直辖市

二、自然地理

泰国位于亚洲中南半岛中南部，东南临泰国湾，西南濒安达曼海，西部及西北部与缅甸接壤，东部和东北部与老挝交界，东南与柬埔寨为邻，南部与马来西亚相接，其狭窄部分居印度洋与太平洋之间。

泰国境内大部分为低缓的山地和高原，地势北高南低，全国最高峰为因他暖山，海拔 2 595 米。昭披耶河（湄南河）发源于北部山地，是中部农业区的重要灌溉水源和航运干线。湄公河（Mekong River）是泰国和老挝的天然界河，在泰国境内的主要支流是蒙河。主要岛屿有普吉岛、苏梅岛、阁昌岛。

泰国是热带季风气候，全年分为热季（2月中旬至5月中旬）、雨季（5月下旬至10月中旬）和凉季（11月至次年2月中旬）三季，年平均气温 24~30℃。

三、历史

泰国原名暹罗，是一个具有悠久历史的文明古国。1238年，素可泰王朝建立，暹罗成为较为统一的国家，其后又经历了大城王朝、吞武里王朝和曼谷王朝。16世纪暹罗先后遭到葡萄牙、荷兰、英国和法国等殖民主义者的入侵。1896年，英、法签订条约，规定暹罗为英属缅甸和法属印度支那之间的缓冲国，从而使暹罗成为东南亚唯一没有沦为殖民地的国家。1932年6月，暹罗人民党发动政变，建立了君主立宪政体。1939年6月更名为泰国，意为"自由之地"。1941年被日本占领后，泰国宣布加入轴心国。1945年恢复暹罗国名。1949年5月又改称泰国。

四、外交

1. 对外关系

泰国奉行独立自主的外交政策和全方位的外交方针，以东盟为依托，在保持与

美国传统盟友关系的同时,注重发展同中国、日本和印度的关系,维持大国平衡。此外,泰国重视开展睦邻外交,积极改善与柬埔寨、缅甸等邻国的关系。同时,泰国强调经济外交,积极推动双、多边贸易。泰国已与巴林、印度、澳大利亚、新西兰、日本等国签署了双边自由贸易协定或建立经济伙伴关系。

2. 与中国的关系

自1975年7月1日中泰建交后,两国全面开展各领域的友好合作关系。1999年2月,中泰两国在曼谷正式签署了《中华人民共和国和泰王国关于21世纪合作计划的联合声明》。2003年10月,胡锦涛主席对泰国进行国事访问,并出席在曼谷举行的亚太经合组织第十一次领导人非正式会议。近年来,两国领导人互访不断,中泰关系得到进一步的发展。

五、经济

1. 自然资源

泰国主要有钾盐、锡、褐煤、油页岩、天然气,还有锌、铅、钨、铁、锑、铬、重晶石、宝石和石油等资源,其中钾盐储量4 367万吨,居世界第一;锡储量约120万吨,占世界总储量的12%;还是世界第二大宝石出口国。森林总面积14.4万平方公里,覆盖率28%。泰国是世界市场主要鱼类产品供应国之一,海域辽阔,泰国湾和安达曼海是得天独厚的天然海洋渔场。

2. 农业

农业是泰国传统经济产业,农业人口约1 530万人。稻米、玉米、木薯、橡胶、甘蔗、绿豆、麻、烟草、咖啡豆、棉花、棕油、椰子等为主要作物。泰国是世界第二大稻米输出国,2006年泰国出口大米740万吨,出口额达976亿铢(约合25亿美元)。

3. 工业

泰国工业为出口导向型。主要门类有:采矿、纺织、电子、塑料、食品加工、玩具、汽车装配、建材、石油化工、软件、轮胎、家具等。工业在国内生产总值中的比重不断上升。

4. 经济发展

泰国曾是一个农业国,工业基础非常薄弱,起点较低。1960年农业劳动力占总就业人数的83%,农业收入占国民收入的80%左右,服务业占12%,工业仅占5%。自1961年来,泰国制订了6个经济和社会发展的五年计划,作为各阶段经济发展战略和指导原则。

自20世纪60年代起,泰国经济大致上经历了进口替代、出口导向和协调发展的三个阶段。在之后的20多年里,其年均增长率达到4.4%。1986年以后,泰国经济突飞猛进,1987年的增长率升到6.3%,泰国经济进入了连续4年的高速增长时期。

由于受海湾战争和国内政局的影响,20世纪90年代泰国经济增长有所放缓,但年均增长率仍有8%左右。随着制造业和服务业的发展,泰国经济结构发生重大变化,由过去主要以农产品出口为主的农业国逐步向新兴工业国转化。

5. 中泰经贸

近年来,中泰两国经贸合作一直保持增长趋势。据中国海关统计,2007年,中泰贸易额达346.3亿美元,与上年相比增长24.9%,其中中方出口119.7亿美元,进口226.6亿美元,分别增长22.6%和26.2%。2008年1~11月,双边贸易额384.8亿美元,同比增长23.5%,其中我方出口145.2亿美元,增长34.9%,进口239.6亿美元,增长17.4%。[①]

六、文化和艺术

泰国有着悠久的宫廷文化,其独特的艺术性给人留下了深刻印象。宫廷文化涉及很多方面,如绘画、建筑、文学、戏剧和音乐等。

泰国的古典绘画的主题都与佛教有关,多限于寺庙和宫廷里的壁画。绘画的主旨是美化寺院,促进佛教的发展并给人以启迪,例如,释迦牟尼佛的生活、天堂、地狱的故事及有关的传统习俗。

从佛教的宝塔和寺庙也可以看到泰国的古典建筑。通过借鉴印度、中国和缅甸等国的建筑艺术,泰国人民创造了自己独特的建筑风格——多层屋顶、高耸的塔尖,用木雕、金箔、瓷器、彩色玻璃、珍珠等镶嵌装饰。在阳光照耀下,这些建筑发出灿烂的艺术之光。此外,泰国的雕刻也集中在佛教人物的表现上,所用材料主要是木材、金属、象牙或稀有石料和灰泥等。

泰国的戏剧和舞蹈是密不可分的。泰国的舞蹈源于印度,但泰国人将其改变得动作缓慢、优美。在大城市,主要有泰南舞剧、民间舞剧和宫廷舞剧。另外,由于近代以来受西方戏剧的影响,泰国还有哑剧、孔剧、古剧、杂剧、唱剧和话剧等剧种。

七、教育

泰国具有层次完备、教学严谨的教育体制。泰国实行9年制义务教育。中小学教育为12年制,中等专科职业学校为3年制,大学一般为4年制,医科大学为5年制。著名高等院校有朱拉隆功大学、法政大学、农业大学、清迈大学、孔敬大学、宋卡纳卡琳大学等。此外,还有兰甘亨大学和素可泰大学等开放大学。

八、民俗风情

1. 礼仪和习俗

在泰国,若朋友相见,应双手合十、互致问候。晚辈向长辈行礼时,双手合十举

---

① http://www.fmprc.gov.cn/chn/pds/gjhdq/gj/yz/1206_30/

过前额,长辈也要双手合十回礼;年纪大或地位高的人还礼时,双手不必高过前胸;行合十礼时,双手举得越高,表示尊重程度越高。在特定场合,人们在拜见国王和国王近亲的时候行跪拜礼;国王拜见高僧的时候要下跪;儿子出家为僧,父母也跪拜在地。从坐着的人们面前走过时,要略微躬身,表示礼貌。

泰国人民的礼仪都沿用佛教的礼仪。一般每个20岁左右的男子都要出家当3个月的和尚,最短也要出家3天,才能取得成年人的资格,连王室也不例外。泰国人视头颅神圣不可侵犯,如果用手触摸泰国人的头部,被认为是极大的侮辱;睡觉忌讳头朝西,因为日落西方象征死亡。泰国人认为右手清洁而左手不洁,左手只能用来拿一些不干净的东西。

泰国人的服装比较朴素,在乡村多以民族服装为主。泰族男子的传统民族服装叫"绊尾幔"纱笼和"帕农"纱笼。帕农是一种用布缠裹腰和双腿的服装;绊尾幔穿上以后,很像我国的灯笼裤。女筒裙是泰国女子下装,筒裙同纱笼类似。纱笼下摆较宽,穿着舒适凉爽,是泰国平民中流传最长久的传统服装之一。

2. 主要节日

宋干节(又叫泼水节,4月13~16日)、水灯节(泰历十二月十五日)、国庆日(国王诞辰日,12月5日)等。

3. 美食

泰国盛产稻米,大米是泰国人的主食。此外,绿色蔬菜、甘蔗、椰子、海产也很丰富。泰国菜用料以海鲜、水果、蔬菜为主。泰国人青睐辛辣口味,许多调料是东南亚甚至是泰国特有的。最常用的几种调料有:泰国朝天椒、泰国柠檬、咖喱酱、鱼露等。

九、旅游业

近10年来,作为出口业的一部分,泰国的旅游业为国家创造的外汇收入一直名列第二,仅次于计算机和电子零配件出口业务。在泰国所有服务业中,旅游业占有50%左右的比重。来泰游客游览地主要有曼谷、普吉岛、清迈和帕塔亚、清莱、华欣、苏梅岛等地近年来也越来越受到国外游客的欢迎。

泰国政府近年将旅游业作为创汇产业列入发展重点,泰国的入境外国旅游人数增长很快。1990年泰国的入境旅游人数为529.9万人次,1995年为695.2万人次,2000年为957.9万人次,2002年为1 087.3万人次,2004年为1 173.7万人次[1],2005年为1 156.7万人次,2006年达到1 388.2万人次[2]。据世界旅游组织统计,2010年泰国的入境旅游人数为1 593.6万人次,2014年为2 481.0万人次,2015年为

---

[1] World Tourism Organization (UNWTO): Tourism Market Trends, 2005 Edition
[2] World Tourism Organization (UNWTO): UNWTO, 2007

2 992.3万人次,2016 年为 3 258.8 万人次(UNWTO Tourism Highlights：2017 Edition)。

随着来泰国的外国游客人数的增多,泰国的入境旅游收入也增长较快。1990年,泰国的入境旅游收入为 43.26 亿美元,1995 年为 80.35 亿美元,2000 年为 74.83 亿美元,2004 年为 100.34 亿美元①,2005 年为 95.91 亿美元,2006 年为 124.23 亿美元②。2010 年泰国的入境旅游收入为 201.04 亿美元,2014 年为 384.18 亿美元,2015 年为 449.22 亿美元,2016 年为 498.71 亿美元(UNWTO Tourism Highlights：2017 Edition)。

2015 年和 2016 年,泰国全球入境旅游人数排名第九(UNWTO Tourism Highlights：2017 Edition)。

泰国近年的出国旅游业发展也很快。随着泰国出境旅游人数的增长,出境旅游消费也基本呈逐年增加的态势。2002 年,泰国出境旅游人数为 225 万人次,2003 年为 215.2 万人次,2004 年为 270.9 万人次;2000 年出境旅游消费为 28 亿美元,2003 年为 40.46 亿美元,2004 年为 45 亿美元,2005 年为 38 亿美元,2006 年为 46 亿美元。③ 泰国出国旅游目的地以邻国为主,其次是欧洲国家、日本、美国等。泰国前五位出境旅游目的地为马来西亚、老挝、中国内地、新加坡和中国香港。

1988 年,泰国成为中国全面开放的出境旅游目的地国家。中国目前是泰国的第三大国际游客来源国,仅次于马来西亚和日本,中国游客在来泰国外国游客总人数中约占 7.5%。2007 年进入泰国的中国游客人数约 78.1 万人,约 58% 的人通过参加旅游团形式到泰国旅游,约 42% 的人选择了自助游形式。泰国非常重视中国旅游市场。2008 年,泰国希望能够接待中国游客 110 万人次,创收目标为 343.5 亿泰铢。

同时,泰国也是中国主要客源国之一。2006 年泰国公民来华旅游人数达 59.2 万人次,比 2005 年增长 0.97%。2007 年,泰国公民来华旅游人数达 61.16 万人次,比 2006 年增长 3.3%。④ 2008 年,泰国公民来华旅游人数达 55.43 万人次,比 2007 年减少 9.38%⑤。2009 年,泰国公民来华旅游人数达 54.18 万人次,比 2008 年减少 2.2%⑥。2010 年,泰国公民来华旅游人数达 63.55 万人次,比 2009 年增长 17.3%⑦。2011 年泰国来华旅游入境人数为 60.80 万人次,2012 年为 64.76 万人次,2013 年为 65.17 万人次,2014 年为 61.31 万人次,2015 年为 64.15 万人次。

---

① World Tourism Organization (UNWTO)：Tourism Market Trends, 2006 Edition
② World Tourism Organization (UNWTO)：UNWTO, 2007
③ World Tourism Organization (UNWTO)：UNWTO June 2007
④ http://www.cnta.gov.cn/html/2008-9/2008-9-10-11-35-98624.html
⑤ http://www.cnta.gov.cn/html/2009-9/2009-9-28-9-30-78465.html
⑥ http://www.cnta.gov.cn/html/2010-10/2010-10-20-10-43-69972.html
⑦ http://www.cnta.gov.cn/html/2011-11/2011-11-1-9-50-68041.html

中国旅游客源国概况

中国国家旅游局统计数字显示,2008 年 1～12 月泰国公民来中国旅游人数达 55.43 万人次,其中会议和商务旅游 2.58 万人次、观光和休闲 44.38 万人次、探亲访友 0.02 万人次、服务员工 5.73 万人次、其他 2.72 万人次①。2009 年 1～12 月泰国公民来中国旅游人数达 54.18 万人次,其中会议和商务旅游 2.40 万人次、观光和休闲 43.63 万人次、探亲访友 0.03 万人次、服务员工 4.86 万人次、其他 3.26 万人次②。2010 年 1～12 月泰国公民来中国旅游人数达 63.55 万人次,其中会议和商务旅游 2.93 万人次、观光和休闲 50.01 万人次、探亲访友 0.02 万人次、服务员工 5.86 万人次、其他 4.73 万人次③。2014 年 1～12 月泰国来华旅游入境人数为 61.31 万人次,其中会议和商务旅游 3.99 万人次、观光和休闲 36.21 万人次、探亲访友 0.22 万人次、服务员工 13.04 万人次、其他 7.85 万人次。2015 年 1～12 月泰国来华旅游入境人数为 64.15 万人次,其中会议和商务旅游 4.21 万人次、观光和休闲 35.28 万人次、探亲访友 0.27 万人次、服务员工 17.28 万人次、其他 7.11 万人次。从以上数据看出,来华泰国游客以观光和休闲为主。

据国家旅游局《2017 年全年旅游市场及综合贡献数据报告》,2017 年按入境旅游人数排序,我国主要客源市场前 17 位国家泰国排名第十三位。

十、旅游资源

泰国是亚洲重要的旅游国家之一,迷人的热带风情以及独具特色的佛教文化是吸引游客的重要因素。对于旅游者来说,泰国之旅注定是一场饕餮盛宴。在这个保持着独立文化和完好传统的国家,星罗棋布地散落着 400 多座金光熠熠的庙宇,到处有着迷人的景观,宏伟的大殿、辽阔的海滩、旖旎的热带风光、经典的舞蹈艺术、无数的购物中心和传统的生活方式,这一切都让游客目不暇接。

(一)旅游城市

1. 曼谷

有"佛庙之都"之誉的首都曼谷(Bangkok)建于 1782 年,是泰国政治、经济、文化和交通中心。

曼谷佛教历史悠久,东方色彩浓厚,佛寺庙宇林立,建筑精致美观。"三顶尖"式的泰式屋宇是曼谷的典型建筑。泰拳被认为是世界上最激烈的格斗,拳击场遍布泰国,其中以曼谷仑披尼拳击场和五马路拳击场为泰国之最。曼谷还是东南亚著名的购物天堂。泰国最著名的蚕丝制品、印染棉布、纸伞、银器、木雕、成衣、珠宝及白蜡器等手工制品,在这儿都一应俱全,且做工精巧,价格便宜。曼谷地势低洼

---

① http://www.cnta.gov.cn/html/2009-2/2009-2-18-9-36-18403.html
② http://www.cnta.gov.cn/html/2010-1/2010-1-19-10-52-93858.html
③ http://www.cnta.gov.cn/html/2011-3/2011-3-25-10-15-28226.html

多河流,河上舟楫往来如梭,货运繁忙,热闹非凡的水上集市(Floating Market)是值得一游的好去处。

2.清迈

泰国第二大城市清迈(Chiang Mai)素以"美女和玫瑰"享誉天下,是泰国北部政治、经济、文化教育中心。清迈四周群山环抱、气候凉爽、景色旖旎、商业繁荣,是东南亚著名的避暑旅游胜地。

清迈拥有很多珍贵的历史和文化遗迹,古老的寺庙、淳朴的民风、山地少数民族的部落、富有特色的泰北舞蹈和饮食等引人入胜。高大的旧城墙周长约两公里,规模宏大,其四角的城门作为古迹被完整地保存下来,向人们诉说着清迈的古老历史。

3.大城

大城(Ayuthaya)是泰国故都,位于湄南河、巴塞河的交汇点,距首都曼谷约70公里。大城地理条件优越,是泰国南部的商业中心。

大城的皇室宗庙遗址原有许多殿堂、佛塔和珍贵的佛像,现在所剩佛塔稀少,处处残垣断壁。1991年,大城历史名城及相关城镇(Historic City of Ayutthaya and Associated Historics Towns)作为文化遗产被联合国教科文组织世界遗产委员会列入《世界遗产名录》。

4.帕塔亚

帕塔亚(Pattaya)濒曼谷湾,西北距曼谷147公里。因其依山傍海,气候宜人,街道、庭园布满鲜花,海滨景色秀丽,赢得了"东方夏威夷"的美誉。另外,充满神秘诱惑的帕塔亚还是以"人妖"著称的城市。

帕塔亚海水浴场设备非常完善,体育活动也丰富多彩。从帕塔亚的码头可乘快艇去游考兰岛,岛四周海水清澈透明,乘坐玻璃板底船,俯仰之间即可观赏海中珊瑚、鱼群等奇景。从帕塔亚海滩乘车南行可达奴诺克村,这是一座天然庭园,可供游客划船,这里的剧场每天都有泰国民族舞蹈和动物表演。

5.普吉岛

普吉岛(Phuket)是泰国南部最小的府城和泰国境内唯一有行省辖治地区的岛屿,距离曼谷800多公里。独特的海岛气候孕育了普吉岛这片由阳光、碧海和沙滩组成的乐土,再点缀以钟乳石洞、天然洞窟,"热带天堂"——普吉岛更是引人流连驻足。岛上市区仍保留了一些中国、葡萄牙式的建筑,使人不免追忆岛上悠久而有趣的历史。

(二)主要名胜

1.栋巴耶延山-考爱山森林

栋巴耶延山-考爱山森林(Dong Phayayen-Khao Yai Forest Complex)横跨在泰

国东部边缘的栋巴耶延山国家公园和西部的考爱山国家公园之间。这里有800多种动物种群,其中有4种为濒危物种。区域包含茂盛的热带森林生态系,为各生物种提供一个长期的栖所。2005年,栋巴耶延山-考爱山森林作为自然遗产被联合国教科文组织世界遗产委员会列入《世界遗产名录》。

2. 班清考古遗址

班清考古遗址(Ban Chiang Archaeological Site)位于泰国的乌隆地区,是泰国东北部呵叻高原诸多遗址中广为人知的一处,也是研究得最为彻底的一个遗址。班清被视为东南亚地区最重要的人类史前聚居地,反映了史前当地人在农业耕作、金属器制造及使用方面的情况。1992年,班清考古遗址作为文化遗产被联合国教科文组织世界遗产委员会列入《世界遗产名录》。

3. 素可泰历史名城及相关城镇

素可泰历史名城及相关城镇(Historic Town of Sukhothai and Associated Historic Towns)位于泰国北部素可泰府,距首都曼谷约390公里。13~14世纪,这里是素可泰王朝的都城,矗立着许多引人注目的纪念性建筑物,可以说是一个露天博物馆。1991年,素可泰历史名城及相关城镇作为文化遗产被联合国教科文组织世界遗产委员会列入《世界遗产名录》。

4. 通艾-会卡肯野生生物保护区

通艾-会卡肯野生生物保护区(Thungyai-Huai Kha Khaeng Wildlife Sanctuaries)位于泰国西部的泰缅边境旁,面积32万公顷,是泰国最大的自然保护区。保护区内的动物品种数量之多是泰国其他地方少有的,其中有34种属于濒危物种。同时该野生生物保护区也是一处考古胜地,它的历史最早可以上溯到更新世时原始人类的生活时期。1991年,通艾-会卡肯野生生物保护区作为自然遗产被联合国教科文组织世界遗产委员会列入《世界遗产名录》。

第八节　菲　律　宾

一、国家概况

国名: 菲律宾共和国(The Republic of the Philippines)
面积: 29.97万平方公里
人口: 1.98亿[①]
首都: 马尼拉(Manila)

---

① http://www.fmprc.gov.cn/web/gjhdq_676201/gj_676203/yz_676205/1206_676452/1206x0_676454/

语言：有 70 多种语言。国语是以他加禄语为基础的菲律宾语,英语为官方语言

民族：马来族占全国人口的 85% 以上,少数民族及外来后裔有华人、阿拉伯人、印度人等

宗教：国民约 84% 信奉天主教,4.9% 信奉伊斯兰教,少数人信奉独立教和基督教新教,华人多信奉佛教,原住民多信奉原始宗教①

货币：比索

国庆：6 月 12 日

国花：茉莉花

国歌：《菲律宾民族进行曲》

主要城市：宿务、奎松城、达沃

行政区划：全国划分为吕宋、米沙鄢和棉兰老三大部分,设有 17 个地区

二、自然地理

菲律宾位于亚洲东南部,西濒南中国海,东临太平洋,是一个群岛国家,共有大小岛屿 7 000 多个。菲律宾陆地面积 29.97 万平方公里,其中吕宋岛、棉兰老岛、萨马岛等 11 个主要岛屿占全国面积的 96%。这些岛屿像一颗颗闪烁的明珠,星罗棋布地镶嵌在西太平洋的万顷碧波之中,菲律宾也因此拥有"西太平洋明珠"的美誉。岛上山峦重叠,2/3 以上的岛屿是丘陵、山地及高原。菲律宾多火山,全国有 52 座火山,其中活火山 11 座。除吕宋岛中西部和东南部外,菲律宾平原面积狭小。菲律宾海岸线长达 18 533 公里,多天然良港。

菲律宾属季风型热带雨林气候,高温多雨、湿度大、台风多。年降水量 2 000~3 000 毫米。

三、历史

菲律宾人的祖先是亚洲大陆的移民。早在唐朝时期中国人就到菲律宾进行贸易,中国史籍中提到的吕宋、苏禄、麻逸和古麻刺朗等国就位于今日的菲律宾境内。

菲律宾在 14 世纪前后出现了由土著部落和马来族移民构成的一些割据王国,其中最著名的是 14 世纪 70 年代兴起的海上强国——苏禄王国。1521 年,麦哲伦率领西班牙远征队到达菲律宾群岛。1565 年,西班牙侵占菲律宾,自此统治菲律宾长达 300 多年。1898 年 6 月 12 日,菲律宾宣告独立,成立菲律宾共和国。同年,美国依据对西班牙战争后签订的《巴黎条约》占领菲律宾。1942 年,菲律宾被日本

---

① http://www.fmprc.gov.cn/chn/pds/gjhdq/gj/yz/1206_9/

占领。"二战"后,菲律宾重新沦为美国殖民地。1946年7月4日,美国被迫同意菲律宾独立。

四、外交

1. 对外关系

菲律宾政府奉行独立的外交政策,在平衡、平等、互利、互敬的基础上发展同所有国家的政治经济关系。对外政策的三大目标是:确保国家安全、主权和领土完整;推动经济和社会发展;保障菲律宾海外公民权益。重视同美国、中国和日本等大国的关系,积极推动东盟内部合作,发展同伊斯兰国家的友好关系。大力推行经济外交,积极参与国际和地区事务。截至2006年底,已与126个国家建交。

2. 与中国的关系

1975年6月9日建交。建交后,两国在政治、经贸、文化、科技等各个领域的合作不断发展。两国签有贸易、文化、民用航空、科学技术合作、广播电视合作、新闻交换等协定。

五、经济

1. 自然资源

矿藏主要有铜、金、银、铁、铬、镍、石油等20余种。地热资源丰富。森林面积1 585万公顷,覆盖率达53%。植物资源十分丰富,热带植物多达万种,素有"花园岛国"的美称。

2. 农业

农业是菲律宾的主要经济部门。农业产值占国内生产总值的22%,粮食作物和经济作物分别占农产品产值的53%和47%,农业就业人口占就业总人口的45.1%。主要粮作物有水稻和玉米;主要经济作物有椰子和甘蔗,其中,椰子的产量约占世界的一半。

3. 工业

菲律宾工业产值占国内生产总值近20%。从业人口占总从业人口15.7%。制造业约占工业总产值73.6%,建筑业约占12.3%,矿产业约占4.5%,电力及水气业占9.6%。2007年工业产值约为320亿美元,比上年增长6.6%。[①]

4. 中菲经贸

2006年6月,首届中菲经贸合作论坛在马尼拉举行,双方签署《建立经济合作伙伴关系的谅解备忘录》。2007年1月,两国政府签署关于扩大和深化双边经济

---

① http://www.fmprc.gov.cn/chn/pds/gjhdq/gj/yz/1206_9/

贸易合作的框架协定。两国在农业、基础设施建设等领域的合作不断深化、扩大和加强。

2007年双边贸易额306.2亿美元,同比增长30.8%。截至2007年9月,菲律宾累计在华投资实际使用金额23.4亿美元。

六、文化和艺术

历史上,菲律宾一直没有独特而统一的文化,其主要原因在于,菲律宾是个岛国,各个地区有太多不同的语言,各地之间难以交流,文化及其发展非常具有地域特色。

民族及民间舞蹈是菲律宾文化的一部分,由南部到北部,每个地方都有标志着其传统文化特色的民族舞:被视作国舞的"Carinosa"是菲律宾人的求爱舞,同时也反映了菲律宾人友善、可爱及热情的民族特征;另外一种流行的舞蹈是"Maglalatik"或称"Magbabao",是描述一场椰浆战的舞蹈。

伊富高人的哈德哈德圣歌(The Hudhud Chanta of the Ifugao)、拉瑙湖马来诺人的达冉根史诗唱述(The Darangen Epic of the Maranao People of Lake Lanao)于2001年和2005年先后被联合国教科文组织世界遗产委员会列入《人类非物质文化遗产代表作名录》。

七、教育

菲律宾宪法规定,中小学实行义务教育。政府重视教育,鼓励私人办学,为私立学校提供长期低息贷款,并免征财产税。2006年教育预算为1 216亿比索。初、中等教育以政府办学为主。著名高等院校有菲律宾大学、阿特尼奥大学、东方大学、远东大学、圣托马斯大学等。

八、民俗风情

1. 礼仪和习俗

菲律宾人日常见面,无论男女都握手,男人之间有时也拍肩膀。对长辈很尊敬。平时谈话或问候都使用敬语。由于受西方文化的影响,女士优先的风气很流行。菲律宾人的家庭观念很强,他们喜欢别人谈论他们的家庭。

由于受地域及文化多种因素的影响,菲律宾人在服饰、饮食等方面颇具特色。在传统服饰中,男子的上衣称"康岗",无领、短袖,下身用一条叫"巴哈"的布裹着腹部。衣服的颜色多为蓝色或黑色,只有尊长着红色的衣服。现在菲律宾人的服装变化很大,西装在中上层人士中广泛流行,而老百姓的衣着则比较简单。

2. 主要节日

巴丹日(4月9日)、国庆节(6月12日)、英雄节(12月30日)、圣诞节(12月

25 日)等。

3. 美食

菲律宾由于受地理条件等因素的影响,在饮食习惯上,大多数人(约占 70%)以大米为主食,少部分人以玉米为主食;副食有肉类、海鲜、蔬菜等。许多地方的人用手抓饭进食,食前先要把手洗净。就餐时,一般喜欢用香辣调味品,但不宜太辣。在菲律宾,深受欢迎的名菜有咖喱鸡肉、虾子煮汤、肉类炖蒜、抹上新鲜白干酪的米饼等。在饮食上,菲律宾人还有一个特点,即男女都特别喜欢喝啤酒。

九、旅游业

旅游业是菲律宾外汇收入的重要来源之一,更成为拉动菲律宾国民经济增长的重要动力。

近年菲律宾的入境外国旅游人数增长很快。1990 年的入境旅游人数为 102.5 万人次,1995 年为 176.0 万人次,2000 年为 199.2 万人次,2003 年为 193.3 万人次,2004 年为 190.7 万人次[1],2005 年为 229.1 万人次,2006 年达到 284.3 万人次[2]。据世界旅游组织统计,2010 年菲律宾的入境旅游人数为 352.0 万人次,2014 年为 483.3 万人次,2015 年为 536.1 万人次,2016 年为 596.7 万人次(UNWTO Tourism Highlights: 2017 Edition)。

1990 年菲律宾的入境旅游收入为 13.06 亿美元,1995 年为 11.36 亿美元,2000 年为 21.34 亿美元,2003 年为 15.45 亿美元,2004 年为 20.17 亿美元[3],2005 年为 21.30 亿美元,2006 年为 25.43 亿美元[4]。2010 年菲律宾的入境旅游收入为 26.45 亿美元,2014 年为 50.0 亿美元,2015 年为 52.72 亿美元,2016 年为 51.39 亿美元(UNWTO Tourism Highlights: 2017 Edition)。

1992 年,菲律宾成为中国全面开放的出境旅游目的地国家。同时,菲律宾也是中国主要客源国之一。中国已经成为菲律宾旅游业增长最快的客源地。2006 年,菲律宾公民来华旅游人数达 70.42 万人次,比 2005 年增长 7.67%[5]。2007 年,菲律宾公民来华旅游人数达 83.30 万人次,比 2006 年增长 18.3%[6]。2008 年,菲律宾公民来华旅游人数达 79.53 万人次,比 2007 年减少 4.53%[7]。2009 年,菲律宾公

---

[1] World Tourism Organization (UNWTO): Tourism Market Trends, 2005 Edition
[2] World Tourism Organization (UNWTO): UNWTO, 2007
[3] World Tourism Organization (UNWTO): Tourism Market Trends, 2006 Edition
[4] World Tourism Organization (UNWTO): UNWTO, 2007
[5] http://www.cnta.gov.cn/html/2008-6/2008-6-2-14-52-59-212.html
[6] http://www.cnta.gov.cn/html/2008-9/2008-9-10-11-35-98624.html
[7] http://www.cnta.gov.cn/html/2009-9/2009-9-28-9-30-78465.html

民来华旅游人数达 74.89 万人次,比 2008 年减少 5.8%①。2010 年,菲律宾公民来华旅游人数达 82.83 万人次,比 2008 年增长 10.6%②。2011 年菲律宾来华旅游入境人数为 89.43 万人次,2012 年为 96.20 万人次,2013 年为 99.67 万人次,2014 年为 96.79 万人次,2015 年为 100.40 万人次。

中国国家旅游局统计数字显示,2008 年 1~12 月菲律宾公民来华旅游人数达 79.53 万人次,其中会议和商务旅游 4.53 万人次、观光和休闲 24.80 万人次、探亲访友 0.06 万人次、服务员工 43.89 万人次、其他 6.25 万人次③。2009 年 1~12 月菲律宾公民来华旅游人数达 74.89 万人次,其中会议和商务旅游 2.93 万人次、观光和休闲 21.70 万人次、探亲访友 0.05 万人次、服务员工 44.18 万人次、其他 6.04 万人次④。2010 年 1~12 月菲律宾公民来华旅游人数达 82.83 万人次,其中会议和商务旅游 3.34 万人次、观光和休闲 23.25 万人次、探亲访友 0.05 万人次、服务员工 48.32 万人次、其他 7.86 万人次⑤。2014 年 1~12 月菲律宾来华旅游入境人数为 96.79 万人次,其中会议和商务旅游 3.00 万人次、观光和休闲 20.04 万人次、探亲访友 0.23 万人次、服务员工 62.32 万人次、其他 11.21 万人次。2015 年 1~12 月菲律宾来华旅游入境人数为 100.40 万人次,其中会议和商务旅游 3.22 万人次、观光和休闲 19.34 万人次、探亲访友 0.27 万人次、服务员工 67.68 万人次、其他 9.89 万人次。

菲律宾国家旅游部门官员称,目前旅游业只占国内生产总值的2%~3%。为此,菲律宾政府制定了发展旅游业的三个指导原则。第一,确定优先发展目标市场,即日本、韩国和中国,重点推出菲律宾有竞争力的沙滩游、生态环保游和观光游以及购物游等。第二,集中政府资源,针对不同目标市场,进行不同形式的旅游促销活动,如在国际博览会上推销菲律宾,利用互联网进行宣传等。第三,协调政府各部门以及与商业领域的关系,做好服务和安全保障工作。为进一步开拓国际旅游市场,菲律宾旅游部已决定把中、日、韩作为其重点开发对象,邀请中国旅游机构和媒体访问菲律宾,加强在这些国家的市场推广。菲律宾旅游部已在菲律宾驻中国大使馆增设旅游办事处。目前,中国已经成为继美国、韩国、日本等国家和地区之后的菲律宾第七大旅游客源地。

十、旅游资源

截至 2018 年 7 月,菲律宾有 3 处自然遗产及 3 处文化遗产被联合国教科文组

---

① http://www.cnta.gov.cn/html/2010-10/2010-10-20-10-43-69972.html
② http://www.cnta.gov.cn/html/2011-11/2011-11-1-9-50-68041.html
③ http://www.cnta.gov.cn/html/2009-2/2009-2-18-9-36-18403.html
④ http://www.cnta.gov.cn/html/2010-1/2010-1-19-10-52-93858.html
⑤ http://www.cnta.gov.cn/html/2011-3/2011-3-25-10-15-28226.html

织世界遗产委员会列入《世界遗产名录》。

（一）旅游城市

1. 马尼拉

马尼拉（Manila）位于吕宋岛西岸的马尼拉湾畔，是菲律宾的首都。这是一座新旧交错、东西文化交融的城市。早在16世纪马尼拉已是著名的商港。由于受西班牙统治达300年之久，所以马尼拉颇具欧洲情调。

马尼拉保留了很多古建筑。市内教堂极多，每一座教堂都有其建筑年代的特征。古教堂外表古老，式样别致，建筑水平高超。教堂与现代建筑交相辉映，形成东方与西方、质朴与繁华、古老与现代的混合体。市内著名的圣奥古斯丁教堂建于1599年，是菲律宾最古老的西班牙式天主教堂，也是菲律宾境内最古老的石造建筑之一。

2. 吕宋岛

吕宋岛（Luzon Island）是菲律宾群岛中最大和最重要的岛，位于菲律宾群岛北部，东接菲律宾海，南临锡布延（Sibuyan）海，西濒南海，北隔巴士海峡与中国台湾相望。吕宋岛盛产稻米、椰子，吕宋雪茄世界闻名。吕宋岛是菲律宾旅游的精华地区，外国游客一般以此为起点，游览菲律宾。

碧瑶山城，位于吕宋岛西部的本格特省境内，距马尼拉市250公里，海拔1 500米，是菲律宾的避暑胜地，有"夏都"之称。

马荣火山，位于吕宋岛东南端，是菲律宾最大的活火山，海拔2 462米，呈圆锥形，像一个巨大的三角形蜡烛座耸立在椰林和稻田中间，绮丽、壮观，被人们誉为"世界上最完美的火山锥"。马荣火山至今仍时常冒烟。

3. 宿务

宿务岛（Cebu）位于米沙鄢群岛中部。宿务市位于宿务岛东海岸，东南临保和海峡，是个历史悠久、富有南国情调的海滨城市，享有"南菲律宾首都"和"南菲律宾皇后"的美名。这里有大片的森林，有无数白色的沙滩和清澈的海水，还有世界级的度假酒店等。

（二）主要名胜

1. 圣胡安尼海峡

圣胡安尼海峡（San Juan Channel）位于菲律宾米沙鄢群岛东部莱特岛和萨马岛之间，是世界上最窄的海峡，被人称为"比河还要窄的海峡"。1973年，海峡上的马科斯大桥落成。大桥呈S形，全长21.6公里，共有43个桥墩，桥身宽7.5米，来往双线桥道。大桥左右遍布着长满椰树的小岛，好似翠绿浮萍。

2. 图巴塔哈礁海洋公园

图巴塔哈礁海洋公园（Tubbataha Reef Marine Park）位于菲律宾西南部巴拉望

岛普林塞萨港以东约180公里处。由南、北两大珊瑚礁盘组成,面积332平方公里。这里是东南亚最大的珊瑚生成水域,其珊瑚之美更是别处无法比拟。此外,这里还生活着种类丰富的海洋生物,仅鱼类就有379种。1993年,图巴塔哈礁海洋公园作为自然遗产被联合国教科文组织世界遗产委员会列入《世界遗产名录》。

3.菲律宾科迪勒拉的水稻梯田

菲律宾科迪勒拉的水稻梯田(Rice Terraces of the Philippine Cordilleras)位于菲律宾马尼拉以北250公里的科迪勒拉山脉上,它是当地土著部落的人民为了谋生而在裸露的山地上开垦出的耕地。几个世纪以来,伊富高部落的人民为了防止土壤流失,不辞辛劳地用一块块的岩石垒成一道道的堤坝,直至成为现在被誉为"通往天堂的天梯"的水稻梯田。1995年,菲律宾科迪勒拉的水稻梯田作为文化遗产被联合国教科文组织世界遗产委员会列入《世界遗产名录》。

第九节　马来西亚

一、国家概况

国名:马来西亚(Malaysia)
面积:33.025 7万平方公里①
人口:3 000万②
首都:吉隆坡(Kuala Lumpur)
语言:马来语为国语,通用英语,华语使用较广泛
民族:马来人68.7%,华人23.2%,印度人6.9%,其他种族1.2%
宗教:伊斯兰教为国教,其他宗教有佛教、印度教和基督教等
货币:林吉特
国庆:8月31日
国花:扶桑
国歌:《我的祖国》
主要城市:槟城、怡保、新山、马六甲
行政区划:全国划分为13个州和3个联邦直辖区

二、自然地理

马来西亚地处东南亚,国土被南中国海分隔成东、西两部分。西马来西亚位于

---

① http://www.fmprc.gov.cn/chn/pds/gjhdq/gj/yz/1206_20/
② http://www.fmprc.gov.cn/web/gjhdq_676201/gj_676203/yz_676205/1206_676716/1206x0_676718/

马来半岛南部,北与泰国接壤,南与新加坡隔柔佛海峡相望,东临南中国海,西濒马六甲海峡。东马来西亚位于加里曼丹岛北部,与印度尼西亚、文莱交界。全国海岸线总长4 192公里。西马来西亚地势北高南低,除沿海平原外,大部分为山地。东马来西亚沙捞越地区北部沿海为冲积平原,内地为森林覆盖的丘陵和山地;沙巴地区西部为平原,内地多森林覆盖的山地。河流短小,以西马来西亚的彭亨河、东马来西亚的拉让河较大,湖泊不多。

马来西亚属热带雨林气候,终年炎热多雨。年降水量3 000毫米。

三、历史

公元初,马来半岛有狼牙修、羯荼古国。15世纪初期,以马六甲为中心的满剌加王国统一了马来半岛的大部分。16世纪起,先后被葡萄牙、荷兰、英国占领。20世纪初,完全沦为英国殖民地。第二次世界大战中,马来亚联合邦、沙捞越和沙巴被日本占领。战后英国恢复殖民统治。1957年马来亚联合邦宣布独立。1963年9月,马来亚联合邦、新加坡、沙捞越、沙巴组成马来西亚联邦(1965年8月9日新加坡宣布退出)。

四、外交

1. 对外关系

奉行独立自主、中立、不结盟的外交政策。视东盟为外交政策基石,优先发展同东盟国家的关系,并重视发展同大国关系。系英联邦成员,与其他成员国交往较多。同时,大力开展经济外交,积极推动南南合作,谴责西方国家的贸易保护主义。积极发展同伊斯兰国家和不结盟国家关系,关注伊斯兰事务。反对西方强权政治,主张维护联合国作为国际核心组织的地位,关注建立国际政治经济新秩序问题。截至2009年1月,马来西亚已同131个国家建交。

2. 与中国的关系

1974年5月31日,两国建立外交关系。1990年,马来西亚取消对其公民访华限制,两国之间的人员交流不断增多,两国友好合作关系进入全面发展的新阶段。近年来,中马高层往来频繁,各领域友好合作不断深化。1999年,两国政府签署了关于双边合作发展方向的《联合声明》。2004年,双方隆重庆祝中马建交30周年即"中马友好年"。

五、经济

1. 自然资源

自然资源丰富。曾是世界产锡大国,但近年来产量逐年减少,2004年锡产量为 3 500 吨;此外,还有铁、金、钨、煤、铝土、锰等矿产。木材资源丰富。

2. 农业

耕地面积约 414 万公顷。农业以经济作物为主,主要有油棕、橡胶、热带水果等。稻米自给率为 60%。橡胶产量和出口量居世界前列,胡椒、棕油等出口也居重要地位。

3. 工业

政府鼓励以本国原料为主的加工工业,重点发展电子、汽车、钢铁、石油化工和纺织品工业等。

4. 经济发展

20 世纪 70 年代前,经济以农业为主。70 年代以来,不断调整产业结构,大力推行出口导向型经济,电子业、制造业、建筑业和服务业发展迅速。同时实施马来民族和原住民优先的"新经济政策",旨在实现消除贫困、重组社会的目标。80 年代中期受世界经济衰退影响,经济曾一度下滑,后采取刺激外资和私人资本等措施,经济明显好转。1991 年提出"2020 宏愿"的跨世纪发展战略,旨在到 2020 年将马来西亚建成发达国家。近年来,通过稳定汇率、扩大内需和出口等政策,经济取得了较快增长。

5. 中马经贸

两国签有《避免双重征税协定》《贸易协定》《投资保护协定》《海运协定》《民用航空运输协定》等 10 余项经贸合作协议。1988 年成立经贸联委会。2002 年 4 月成立中马双边商业理事会。马来西亚是中国在东盟国家中的第二大贸易伙伴。中国自马来西亚进口的主要商品有集成电路、机电产品、棕油和塑料制品等;中国向马来西亚出口的主要商品有计算机及其零部件、集成电路、服装和纺织品等。2008 年 1~11 月,两国进出口总额为 494.82 亿美元,同比增长 19%,其中中国对马来西亚出口 193.57 亿美元,同比增长 22.6%,自马来西亚进口 301.25 亿美元,同比增长 16.8%。[1]

六、文化和艺术

马来西亚拥有丰富多彩的文化艺术遗产,许多传统的艺术和文化都被各族群努力地保存下来。其中,传统的舞蹈和音乐在表演艺术中占有特殊的地位。马克-扬戏剧(Mak Yong Theatre)就是一个典型的代表,它是一种古老的戏剧形式,由马来族创造,包括表演、声乐、器乐、手势以及华丽的戏装。2005 年,马克-扬戏剧被联合国教科文组织世界遗产委员会列入《人类非物质文化遗产代表作名录》。

---

[1] http://www.fmprc.gov.cn/chn/pds/gjhdq/gj/yz/1206_20/

马来西亚陀螺是一种流行于乡间的游戏,除了小孩子爱玩以外,成人之间也常举行竞赛,所用陀螺可重达5公斤。藤球是马来西亚最受欢迎的一种运动,游戏进行时,双方在一面球网两边把一粒藤球相互对踢,尽可能地不让球落地。在东海岸上空飘扬的巨大的马来西亚风筝拥有各种精细复杂的样式,形状大小也不同。其中,最常见的是月亮风筝,因其新月形而得名。吉兰丹每年都举办一项重要的风筝竞赛,吸引来自各地的参赛者。另外,马来西亚大型单面鼓,是吉兰丹节庆中常见的演出,尤其是在风筝节和陀螺节期间。100公斤的大锣鼓以各种各样的方式击打出饶富趣味的韵律。

七、教育

马来西亚实施小学免费教育。2003年,小学适龄儿童入学率为98.5%,10岁以上人口识字率为95%。高等教育比较发达。全国有马来亚大学、国民大学等9所高等院校。近年来,私立高等院校也发展迅速。

八、民俗风情

1. 礼仪和习俗

马来西亚人十分讲究礼节。进入马来西亚人的家或礼堂时,必先脱鞋。进入清真寺院里,不可穿短裤、短裙。马来人的见面礼十分独特。他们互相摩擦一下对方的手心,然后双掌合十,摸一下心窝互致问候。马来人忌讳摸头。同马来人握手、打招呼或馈赠礼品,千万不可用左手。握手时,双手仅仅触摸一下,然后把手放到额前,以表示诚心。

最具代表性的马来西亚服装,是被称为"国服"的一种叫作"巴迪"的长袖上衣,它多以蜡染的花布做成,即使在很正式的交际场合,穿这种衣服也不失礼。马来人还习惯穿民族传统服装,男子的传统服装是上穿"巴汝",下围"纱笼",头戴无檐小帽;女子的传统服装是穿无领、长袖的连衣长裙,头上围以头巾。

2. 主要节日

国庆(8月31日)、开斋节、春节、哈芝节、屠妖节、圣诞节(12月25日)、卫塞节等。

3. 美食

马来人禁烟,不吃猪肉、死物或动物血液,平时喜欢喝咖啡、红茶等饮料,也爱嚼槟榔。老百姓以大米为主食,喜爱吃带辣的菜,尤其是咖喱牛肉。主食以米饭、糯米糕点、黄姜饭、榴梿饭为主,还有用椰浆和糯米制成的"马来粽""竹筒饭"等。羊肉串、烤鸡是著名的风味菜肴,当地称为"沙爹",是宴请客人必不可少的食品。

九、旅游业

旅游业是马来西亚的第三大经济支柱,第二大外汇收入来源。马来西亚政府重视旅游业的发展,1990年和1994年成功举办了两届马来西亚观光年。在2007年马来西亚建国50周年的时候,还推出"2007马来西亚旅游年"活动,活动尽显马来西亚的迷人魅力,吸引了大批各国游客。在马来西亚第九个国家发展计划期间(2006~2010年),政府将着重开发生态旅游、农业旅游、教育旅游、保健旅游、体育旅游、购物旅游、海洋旅游、会议旅游和宗教旅游九个领域的旅游产品,以争取更多的游客来马来西亚观光。

马来西亚的国际入境旅游和出境旅游已具有相当规模。1990年马来西亚的入境旅游人数为744.6万人次,1995年为746.9万人次,2000年为1 022.2万人次,2004年为1 570.3万人次[1],2005年为1 643.1万人次,2006年达到1 754.7万人次[2]。据世界旅游组织统计,2010年马来西亚的入境旅游人数为2 457.7万人次,2014年为2 743.7万人次,2015年为2 572.1万人次,2016年为2 675.7万人次(UNWTO Tourism Highlights: 2017 Edition)。

1990年马来西亚的入境旅游收入为16.67亿美元,1995年为39.69亿美元,2000年为50.11亿美元,2004年为81.98亿美元[3],2005年为85.43亿美元,2006年为96.30亿美元[4]。2010年马来西亚的入境旅游收入为181.15亿美元,2014年为225.95亿美元,2015年为175.84亿美元,2016年为180.74亿美元(UNWTO Tourism Highlights: 2017 Edition)。

1995年马来西亚出境旅游消费为23亿美元,2000年为21亿美元,2004年与2005年均为31亿美元,2006年为37亿美元[5]。

马来西亚是东南亚地区最值得选择的旅游目的地国家之一。马来西亚的入境旅游者中,东亚太地区的游客最多,新加坡、泰国、印度尼西亚、中国、日本、中国台湾和澳大利亚等都是马来西亚的主要客源地。从发展速度上看,阿拉伯国家客源增势较强,是马来西亚最有潜力的开发市场。

中马建交以来,两国经济文化合作往来日益密切,两国贸易与旅游团组互访频繁。尤其是近年来,马来西亚来华旅游发展更为迅速。2006年,马来西亚公民来华旅游人数达91.05万人次,比2005年增长1.2%。[6] 2007年,马来西亚公民来华

---

[1] World Tourism Organization (UNWTO): Tourism Market Trends, 2005 Edition
[2] World Tourism Organization (UNWTO): UNWTO, 2007
[3] World Tourism Organization (UNWTO): Tourism Market Trends, 2006 Edition
[4] World Tourism Organization (UNWTO): UNWTO, 2007
[5] World Tourism Organization (UNWTO): UNWTO June 2007
[6] http://www.cnta.gov.cn/html/2008-6/2008-6-2-14-52-59-212.html

中国旅游客源国概况

旅游人数达 106.2 万人次,同比增长 16.6%。[1] 2008 年,马来西亚公民来华旅游人数达 104.05 万人次,比 2007 年减少 2.02%[2]。2009 年,马来西亚公民来华旅游人数达 105.90 万人次,比 2008 年增长 1.8%[3]。2010 年,马来西亚公民来华旅游人数达 124.52 万人次,比 2009 年增长 17.6%[4]。2011 年马来西亚来华旅游入境人数为 124.51 万人次,2012 年为 123.55 万人次,2013 年为 120.65 万人次,2014 年为 112.96 万人次,2015 年为 107.55 万人次。

中国国家旅游局统计数字显示,2008 年 1~12 月马来西亚公民来华旅游人数达 104.05 万人次,其中会议和商务旅游 20.41 万人次、观光和休闲 70.38 万人次、探亲访友 0.07 万人次、服务员工 6.51 万人次、其他 6.68 万人次[5]。2009 年 1~12 月马来西亚公民来华旅游人数达 105.90 万人次,其中会议和商务旅游 19.68 万人次、观光和休闲 72.96 万人次、探亲访友 0.07 万人次、服务员工 5.86 万人次、其他 7.33 万人次[6]。2010 年 1~12 月马来西亚公民来华旅游人数达 124.52 万人次,其中会议和商务旅游 17.89 万人次、观光和休闲 91.78 万人次、探亲访友 0.08 万人次、服务员工 6.89 万人次、其他 7.87 万人次[7]。2014 年 1~12 月马来西亚来华旅游入境人数为 112.96 万人次,其中会议和商务旅游 13.01 万人次、观光和休闲 75.24 万人次、探亲访友 0.89 万人次、服务员工 9.62 万人次、其他 14.20 万人次。2015 年 1~12 月马来西亚来华旅游入境人数为 107.55 万人次,其中会议和商务旅游 15.82 万人次、观光和休闲 64.20 万人次、探亲访友 1.39 万人次、服务员工 9.57 万人次、其他 16.57 万人次。

1990 年,马来西亚就成为中国全面开放的出境旅游目的地国家。2006 年中国旅马游客达 43.9 万人次。[8] 国家旅游局发布的《2017 年全年旅游市场及综合贡献数据报告》显示,2017 年按入境旅游人数排序,我国主要客源市场前 17 位国家马来西亚排名第八。

十、旅游资源

马来西亚海岸线绵延长达 4 000 多公里,一向以美丽的岛屿及海滩而闻名世界。在碧绿湛蓝的海水下,有缤纷多姿的珊瑚礁及丰富的海洋生物,诱人的海岛风

---

[1] http://www.cnta.gov.cn/html/2008-9/2008-9-10-11-35-98624.html
[2] http://www.cnta.gov.cn/html/2009-9/2009-9-28-9-30-78465.html
[3] http://www.cnta.gov.cn/html/2010-10/2010-10-20-10-43-69972.html
[4] http://www.cnta.gov.cn/html/2011-11/2011-11-1-9-50-68041.html
[5] http://www.cnta.gov.cn/html/2009-2/2009-2-18-9-36-18403.html
[6] http://www.cnta.gov.cn/html/2010-1/2010-1-19-10-52-93858.html
[7] http://www.cnta.gov.cn/html/2011-3/2011-3-25-10-15-28226.html
[8] 杨载田.旅游客源国概论[M].北京:科学出版社,2008:58.

情加上闪闪发亮的海滩,马来西亚的迷人魅力,给游客带来无可比拟的精彩体验。同时,马来西亚还拥有丰富多彩的文化遗产。

(一) 旅游城市

1. 吉隆坡

吉隆坡(Kuala Lumpur)是马来西亚的首都、商业和贸易中心,也是马来西亚最大的城市。

尽管吉隆坡现代化建设的发展步伐很快,但它依然保留着很多旧时代的痕迹。在吉隆坡,至今还可以看到很多殖民地时期的老建筑,它们与现代化的高楼大厦和谐并存、交相辉映。吉隆坡的独立广场是马来西亚公民每年庆祝国家独立时聚会的地方;国家清真寺是东南亚地区最大的清真寺;而88层的石油双子塔(Petronas Twin Towers)是目前全世界最高的双塔建筑,也是最为人们所熟悉的吉隆坡最耀眼的地标。

2. 槟城

槟城(Penang)又称乔治城,一向有"东方之珠"的称号,是东方城市中最如诗如画而又最浪漫的城市之一。它位于马来西亚西北海岸边,是马来西亚唯一的自由港。槟城青山绿水,阳光明媚,迷人的海滨风光充满热带风情。槟城也是一座富有历史传统的城市,某些地区还保存有过去非常古老及典雅的痕迹。

3. 马六甲

马六甲(Melaka)是马来西亚现存最老的古城,曾为马六甲王国都城,现为重要海港和农林产品集散中心,历来商业兴盛。马六甲市区被分为新区和旧区;旧区已经相当的拥挤,这里有许多历史古迹,大部分坐落在城市广场及靠近河边的喷水池一带;新区则位于马六甲河的另一边,大部分的建筑物是建在填海后的土地上,这里建有现代化的购物中心,并且是一个重要的饮食及娱乐休闲区。2008年7月,马六甲与乔治城一起作为文化遗产被联合国教科文组织世界遗产委员会列入《世界遗产名录》。

(二) 主要名胜

1. 基纳巴卢公园

基纳巴卢公园(Kinabalu Park),位于沙巴北端,被马来西亚最高峰——基纳巴卢山(海拔约4 100米)所环绕。公园植被丰富,从热带低地、雨林小山到热带高山森林、亚热带高山森林和生活在更高海拔的灌木,应有尽有。基纳巴卢公园被誉为东南亚植物多样性展示中心,植物种类极其丰富,有来自喜马拉雅山和中国、澳大利亚以及泛热带的各种植物。2000年,基纳巴卢公园作为自然遗产被联合国教科文组织世界遗产委员会列入《世界遗产名录》。

2. 莫鲁山国家公园

莫鲁山国家公园(Gunung Mulu National Park),位于沙捞越州的东北,因其生物多样性和喀斯特地貌而闻名,世界上大多数研究喀斯特地貌的研究都在此进行。这座 52 864 公顷的公园包含 17 个植物园,有维管植物 3 500 多种。公园的棕榈树种类异常丰富,已知的就有 20 属,109 种。另外,公园的莫鲁山上有世界上最大的石灰岩溶洞群。2000 年,莫鲁山国家公园作为自然遗产被联合国教科文组织世界遗产委员会列入《世界遗产名录》。

第十节　新　加　坡

一、国家概况

国名:新加坡共和国(The Republic of Singapore)
面积:719.1 平方公里(2015 年)①
人口:553.5 万(2015 年)②
首都:新加坡(Singapore)
语言:马来语为国语,英语、华语、马来语和泰米尔语为官方语言
民族:华人约占全国总人口的 77%,马来人约占 14.2%,印度人约占 7.1%,其他种族约占 1.3%
宗教:佛教、道教、伊斯兰教、锡克教、基督教
货币:新加坡元
国庆:8 月 9 日
国花:万代兰
国歌:《前进吧,新加坡》
主要城市:新加坡市
行政区划:城市国家,国家、首都、城市、岛屿为一体

二、自然地理

新加坡位于东南亚,是马来半岛最南端的一个热带岛国,地处太平洋与印度洋航运要道——马六甲海峡的出入口,有着"东方直布罗陀"的美称。新加坡北隔柔佛海峡与马来西亚为邻,南隔新加坡海峡与印度尼西亚相望。它由新加坡岛和附近 60 多个小岛组成,其中新加坡主岛占全国面积近 90%。新加坡地势低平,平均海拔 15 米,最高海拔 177 米,海岸线长 193 公里。

新加坡属热带海洋性气候,气温变化不大,降雨量充足,空气湿度高,气候温暖

---

① http://www.fmprc.gov.cn/web/gjhdq_676201/gj_676203/yz_676205/1206_677076/1206x0_677078/
② http://www.fmprc.gov.cn/web/gjhdq_676201/gj_676203/yz_676205/1206_677076/1206x0_677078/

而潮湿,年平均温度24~27℃,最高温度35℃,温差很小,平均年降雨量2 400毫米。

三、历史

新加坡古称淡马锡。原是一个荒凉的小岛,最早的居民是从马来半岛上移居而来的原始马来人后裔,他们以渔猎为生。公元8世纪建国,属印度尼西亚室利佛逝王朝。10世纪后,由于东西方海上交通的发展,新加坡逐渐成为当时著名的"香料之路"上的一个重要的停歇站,并逐渐发展成一个商业港口。18~19世纪是马来亚柔佛王国的一部分。1824年,新加坡沦为英国殖民地,成为英国在远东的转口贸易商埠和在东南亚的主要军事基地。1942年,新加坡被日军占领,1945年日本投降后,英国恢复其殖民统治,次年划为直属殖民地。1959年6月,新加坡实行内部自治,成为自治邦,英国保留国防、外交、修改宪法、颁布"紧急法令"等权力。1963年9月16日与马来亚联合邦、沙捞越、沙巴共同组成马来西亚联邦。1965年8月9日脱离马来西亚联邦,成立新加坡共和国;同年9月成为联合国成员国,10月加入英联邦。

四、外交

1.对外关系

新加坡政府奉行的外交政策是:立足东盟,致力维护东盟团结与合作,推动东盟在地区事务中发挥更大作用;面向亚洲,注重发展与亚洲国家特别是中、日、韩、印度等重要国家的合作关系;奉行"大国平衡",主张在亚太建立美、中、日、俄战略平衡格局;积极开展经济外交,努力推进贸易投资自由化。截至2009年1月,新加坡已与175个国家建立了外交关系。

2.与中国的关系

1990年10月3日,两国建立外交关系。建交以来,两国在各领域的互利合作成果显著,经贸发展很快。据中国海关统计,2007年双边贸易额471.5亿美元,同上年相比增长15.4%。① 新加坡是我国第八大贸易伙伴,名列东盟国家对华贸易之首;而据新方统计,我国是新加坡第二大贸易伙伴。

五、经济

新加坡自然资源匮乏。传统经济以商业为主,包括转口贸易、加工出口、航运等。独立后,坚持自由经济政策,加紧发展资本密集、高增值的新兴工业,大力投资基础设施建设,力求以最优越的商业环境吸引外来投资。

---

① http://www.fmprc.gov.cn/chn/pds/gjhdq/gj/yz/1206_35/

1. 农业

新加坡用于农业生产的土地约占国土总面积的1%,农业产值仅占国内生产总值的0.1%左右,主要有园艺种植、家禽饲养、水产养殖和蔬菜种植等。粮食、蔬菜绝大部分从马来西亚、中国、印度尼西亚和澳大利亚进口[①]。花卉出口是新加坡的一项重要的外汇收入。

2. 工业

新加坡的工业主要包括制造业和建筑业。2007年的工业产值为706.9亿新元,占国内生产总值的29.1%。[②] 制造业产品主要包括电子产品、化学与化工产品、生物医药、精密机械、交通设备、石油产品等。新加坡是世界第三大炼油中心。此外,新加坡的国际电信业务也相当发达。

3. 服务业

新加坡的服务业,包括零售与批发贸易、饭店旅游、交通与电信、金融服务、商业服务等,是其经济增长的龙头。2007年产值为1577.75亿新元,占国内生产总值的64.9%。[③]

4. 经济发展

近年来,新加坡大力推行"区域化经济发展战略",加速向海外投资,积极开展在国外的经济活动。已从一个以转口贸易为基础的经济结构转变为一个以制造工业为中心,商业贸易、交通运输、金融、旅游与国际服务业全面发展的多元化经济结构。目前,新加坡已发展成为亚太地区的国际金融、国际贸易、国际航运等国际服务中心。2008年受国际金融危机影响,金融、贸易、制造、旅游等多个产业遭到冲击,政府采取积极应对措施,加强金融市场监管,努力维护金融市场稳定,降低通胀率,提升投资者信心并推出新一轮刺激经济政策。

六、文化和艺术

新加坡是东西方文化荟萃之地。在这里,有华人、马来人、印度人及欧美人等,因其种族的多元化,从而使其文化呈现多元化的特征。新加坡全年的艺术表演活动不断,精彩纷呈。每年6月举行的新加坡艺术节,汇聚了地方戏曲、国际知名舞台表演、艺术展览等项目。每年9月的新加坡世界音乐、艺术与舞蹈演出,更是别开生面,耐人寻味。多元文化的新加坡,全年都有多姿多彩的传统与宗教节庆活动、体育赛事和艺术表演。此外,新加坡国际电影节更是让人耳目一新。

---

① http://www.fmprc.gov.cn/chn/pds/gjhdq/gj/yz/1206_35/
② http://www.fmprc.gov.cn/chn/pds/gjhdq/gj/yz/1206_35/
③ http://www.fmprc.gov.cn/chn/pds/gjhdq/gj/yz/1206_35/

七、教育

新加坡每个适龄儿童都能接受至少10年的学校教育,包含6年的小学教育和4年至5年的中学教育。除了10年的常规教育之外,学生还能在中学毕业后选择工艺学院、理工学院、初级学院和其他职业训练课程。在这一阶段之后,学生可以在新加坡或海外大学进一步深造或直接就业。

新加坡的高等教育机构有大学、专科学院和教师培训性质的教育学院等形式。新加坡著名的高等学校有新加坡国立大学、新加坡南洋理工大学、新加坡管理大学、南洋理工学院等。

八、民俗风情

1. 礼仪和习俗

在社交场合,新加坡人与客人相见时,一般都行握手礼。男女之间可以握手,但对男子来说,比较恰当的方式是等女子先伸出手来,再行握手。不同种族间的见面礼仪各不相同,如马来人是先用双手互相接触,再把手收回放到自己胸部;而印度人见面则是双手合起放在胸前。

新加坡的习俗因种族、宗教信仰不同而异。华人大多数都遵守祖宗的习俗,除夕要过年,大年初一要拜神;元宵节要迎神、演戏、赶庙会;端午节要吃粽子;中秋节吃月饼。马来人最大的节日是禁食节。印度人过屠妖节时家家户户房屋周围要点上蜡烛、油灯,迎接守护神和幸运女神。

华人结婚要选黄道吉日,时髦的华裔新娘在婚礼中端出一只小小的瓷制茶杯给她的公婆,当公婆从新娘手中接下茶杯的时候,就表示新娘已被接纳到这个家庭来。印度人的婚礼在庙里伴着宗教的圣歌和祷告举行,显得十分肃穆;宾客们向新人身上抛撒花瓣,在芬芳的花香中,完成隆重的结婚仪式。马来人的婚事要经过求亲、送订婚礼物、订立婚约等程序。

新加坡不同民族的人在穿着上有自己的特点。如马来女子上衣宽大如袍,下穿纱笼;华人妇女多爱穿旗袍;印度人喜欢穿其传统服装。

新加坡属于儒佛交融、东西合璧的国家,其宗教可谓五花八门。新加坡各族人民的信仰分别为华人大都信仰佛教或道教,马来人基本信仰伊斯兰教,巴基斯坦人大都信仰伊斯兰教,印度人信仰印度教,西方人一般信仰基督教。

2. 主要节日

华人新年(同中国春节)、泰米尔新年(4月13日或14日)、卫塞节(5月的月圆日)、国庆节(8月9日)、圣诞节(12月25日)。其他节日还有端午节、中秋节、屠妖节、开斋节等。

3.美食

新加坡餐饮汇集了当地的风味和来自世界各地的佳肴,有中国菜、马来菜、泰国菜、印度尼西亚菜、印度菜、西餐、快餐等。由于历史的原因,新加坡在饮食方式和习惯方面融合了马来族和华人的烹调特色,其中最具代表性的菜是"娘惹食物",如"娘惹叻沙""娘惹糕"等。就口味而言,娘惹食品是最特别、最精致的传统佳肴之一。风味食品有肉骨茶、叉烧饭、鸡饭、羊肉汤、萝卜糕等。

九、旅游业

新加坡共和国旅游促进局成立于1964年,归贸易和工业部管辖,内设旅游促销组、商务旅游发展组、区域旅游开发组和机构服务组等,负责执行政府制定的旅游法规,开展宣传促销,完善旅游景点,审批和颁发旅行社执照等。新加坡旅游业发达,旅游业是仅次于工业和贸易的第三大经济支柱。20世纪80年代以后,新加坡旅游业大发展,除了观光旅游、商务旅游等传统旅游产品之外,新加坡还积极开发教育修学游、医疗保健游、体育旅游等新的旅游产品,同时把新加坡定位于会议、论坛、展览和休闲的首选地。

新加坡面积不大,既没有名山大川,也没有多少名胜古迹,旅游资源并不丰富。然而,由于政府重视旅游业的发展,充分发挥地域、气候等客观优势,建起了动物园、植物园、飞禽园、生态园,精心搞好跨国游、观光购物游、民俗风情游,把有限的资源包装成知名的旅游产品,并且把"食、住、行、游、购、娱"等旅游要素整合起来,不断扩充、挖掘旅游种类。

1990年新加坡的入境旅游人数为484.2万人次,1995年为642.2万人次,2000年为691.7万人次,2003年为570.5万人次[1],2005年为708.0万人次,2006年达到758.8万人次[2]。2007年,新加坡接待外国游客总数达1 030万人次,创历史新高。大多数入境游客的目的是娱乐、休闲和度假,商务和专业活动旅游逐年增加。据世界旅游组织统计,2010年新加坡的入境旅游人数为916.1万人次,2014年为1 186.4万人次,2015年为1 205.2万人次,2016年为1 291.3万人次(UNWTO Tourism Highlights:2017 Edition)。

1990年新加坡的入境旅游收入为49.37亿美元,1995年为56.46亿美元,2000年为51.42亿美元,2003年为37.80亿美元,2004年为52.19亿美元[3],2005年为59.08亿美元,2006年为70.61亿美元[4]。2010年新加坡的入境旅游收入为141.78

---

[1] World Tourism Organization(UNWTO):Tourism Market Trends, 2005 Edition
[2] World Tourism Organization(UNWTO):UNWTO, 2007
[3] World Tourism Organization(UNWTO):Tourism Market Trends, 2006 Edition
[4] World Tourism Organization(UNWTO):UNWTO, 2007

亿美元,2014 年为 191.34 亿美元,2015 年为 165.63 亿美元,2016 年为 183.86 亿美元(UNWTO Tourism Highlights:2017 Edition)。

1995 年新加坡出境旅游消费为 47 亿美元,2000 年为 45 亿美元,2004 年为 92 亿美元,2005 年为 99 亿美元,2006 年为 104 亿美元①。

1999~2004 年,新加坡的出境旅游人数总体呈增长趋势,从 1999 年的 397.1 万人次增长到 2004 年的 516.5 万人次。新加坡游客出境主要的旅游目的地集中在亚太地区,其中马来西亚是新加坡第一大旅游目的地,印度尼西亚为第二大旅游目的地。2002 年,新加坡游客出境马来西亚和印度尼西亚的人数分别为 754.78 万人次和 143.69 万人次。排在第三位和第四位的旅游目的地分别是泰国和中国。2002 年,两国分别接待新加坡游客 68.33 万人次和 49.72 万人次。2011 年新加坡来华旅游入境人数为 106.30 万人次,2012 年为 102.77 万人次,2013 年为 96.66 万人次,2014 年为 97.14 万人次,2015 年为 90.53 万人次。

1990 年,新加坡成为中国公民出境旅游目的地国家。新加坡是中国的主要旅游客源国之一,2006 年新加坡公民来华旅游人数达 82.79 万人次,比 2005 年增长 9.53%;2007 年,新加坡公民来华旅游人数达 92.20 万人次,比 2006 年增长 11.4%。② 2008 年,新加坡公民来华旅游人数达 87.58 万人次,比 2007 年减少 5.01%③。2009 年,新加坡公民来华旅游人数达 88.95 万人次,比 2008 年增长 1.6%④。2010 年,新加坡公民来华旅游人数达 100.37 万人次,比 2009 年增长 12.8%⑤。

中国国家旅游局统计数字显示,2008 年 1~12 月新加坡公民来华旅游人数达 87.58 万人次,其中会议和商务旅游 12.46 万人次、观光和休闲 40.49 万人次、探亲访友 2.21 万人次、服务员工 5.36 万人次、其他 27.06 万人次。⑥ 2009 年 1~12 月新加坡公民来华旅游人数达 88.95 万人次,其中会议和商务旅游 14.00 万人次、观光和休闲 34.55 万人次、探亲访友 3.13 万人次、服务员工 4.34 万人次、其他 32.94 万人次⑦。2010 年 1~12 月新加坡公民来华旅游人数达 100.37 万人次,其中会议和商务旅游 17.09 万人次、观光和休闲 39.41 万人次、探亲访友 3.65 万人次、服务员工 4.58 万人次、其他 35.63 万人次⑧。2014 年 1~12 月新加坡来华旅游入境人数为

---

① World Tourism Organization (UNWTO):UNWTO June 2007
② http://www.cnta.gov.cn/html/2008-9/2008-9-10-11-35-98624.html
③ http://www.cnta.gov.cn/html/2009-9/2009-9-28-9-30-78465.html
④ http://www.cnta.gov.cn/html/2010-10/2010-10-20-10-43-69972.html
⑤ http://www.cnta.gov.cn/html/2011-11/2011-11-1-9-50-68041.html
⑥ http://www.cnta.gov.cn/html/2009-2/2009-2-4-14-28-16730.html
⑦ http://www.cnta.gov.cn/html/2010-1/2010-1-19-10-52-93858.html
⑧ http://www.cnta.gov.cn/html/2011-3/2011-3-25-10-15-28226.html

中国旅游客源国概况

97.14万人次,其中会议和商务旅游20.13万人次、观光和休闲29.60万人次、探亲访友4.58万人次、服务员工6.48万人次、其他36.35万人次。2015年1~12月新加坡来华旅游入境人数为90.53万人次,其中会议和商务旅游20.33万人次、观光和休闲24.5万人次、探亲访友5.23万人次、服务员工6.78万人次、其他33.64万人次。

国家旅游局发布的《2017年全年旅游市场及综合贡献数据报告》显示,2017年按入境旅游人数排序,我国主要客源市场前17位国家新加坡位居第十。

新加坡政府大力发展基础设施,美化城市环境,提供优质服务,简化出入境手续,开展各种旅游"外交"活动,从而吸引大量外国游客旅游及大批国际会议在新加坡召开。根据2007年国际会议协会(ICCA)全球排名,新加坡已连续九年被评为亚洲最佳会议城市及世界第三大会议城市。目前,旅游业已成为新加坡国民经济的第三大产业和外汇的主要来源之一。

十、旅游资源

新加坡(Singapore)是新加坡共和国首都,是一座现代化建筑与自然景观相结合的花园城市,是全国政治、经济、文化中心,又称狮城、星州等。享有"花园之国"美称的新加坡,活力四射,既有国际都市的多元风貌,又充满了热带岛屿的浪漫风情。这里有优美的城市环境、古朴经典的城市建筑、浓郁的热带风情,还有闻名遐迩的鱼尾狮像与圣淘沙、野趣横生的飞禽公园和绿意盎然的植物园。

鱼尾狮像(Merlion Statue)坐落于新加坡河口之上,是新加坡的标志和象征。该塑像高8米,重40吨,用白色大理石雕刻而成。当海水涨潮时,狮子口中喷出一股清水,水柱直落海中。坐立在水波上的狮头鱼身的鱼尾狮,其设计概念是将事实和传说合二为一。狮头代表传说中的"狮城"新加坡;鱼尾象征古城"淡马锡",代表新加坡是由一个小渔村发展起来的。

圣淘沙岛(Sentosa)是个充满热带风情的小岛,占地390公顷,距新加坡本岛南部仅半公里,由一座陆桥与本岛连接起来;以前曾被用作英军的堡垒和基地,后发展成为著名的旅游度假岛。"圣淘沙"取自马来文"宁静的岛屿"的意思,多年来一直被世界各地观光客视为最佳的旅游度假胜地。

新加坡传统与现代交融并存,人与自然和谐相处,东西方文化交映生辉。在这个城市里,华人、马来人和印度人等不同种族的人民和谐相处,丰富了新加坡的多元文化。游览市中心的著名建筑物与名胜,游人可以亲身感受东西方文化、新旧文化和不同种族文化是如何在此融合为一体的。通过参观博物馆、历史建筑和古老庙宇,游人可以了解新加坡19世纪初期的历史,认识殖民地时期的新加坡,纵览新加坡的人文景观。观光和游览本地不同种族特色文化小区,如牛车水(唐人街)、小印度、加东等,游人不仅会体验到不同种族的特色情调,而且还能品尝到各种风味美食。

第十一节　印度尼西亚

一、国家概况

国名：印度尼西亚共和国(The Republic of Indonesia)
面积：190.44 万平方公里
人口：2.555 亿[①]
首都：雅加达(Jakarta)
语言：民族语言约 200 多种,官方语言为印度尼西亚语
民族：有 100 多个民族,其中爪哇族约占 45%,巽他族约占 14%,马来族约占 7%,马都拉族约占 7%,其他种族约占 25%[②]
宗教：约 87%的人口信奉伊斯兰教,6.1%的人口信奉基督教新教,3.6%的人口信奉天主教,其余信奉印度教、佛教等
货币：印度尼西亚卢比
国庆：8 月 17 日
国花：马拉丁素馨
国歌：《伟大的印度尼西亚》
主要城市：万隆、泗水(苏腊巴亚)、三宝垄、棉兰、巨港
行政区划：共有一级行政区 33 个

二、自然地理

印度尼西亚位于亚洲东南部,地跨赤道,与巴布亚新几内亚、东帝汶、马来西亚接壤;与泰国、新加坡、菲律宾、澳大利亚等国隔海相望。印度尼西亚是世界上最大的群岛国家,由 13 667 个岛屿组成,素称"千岛之国"。海岸线总长 54 716 公里。

印度尼西亚多属热带雨林气候。高温多雨、湿度大。年平均温度 25~27℃。年降水量 2 000 毫米以上。

印度尼西亚是一个火山之国,全国共有火山 400 多座,其中活火山 100 多座。火山喷出的火山灰以及海洋性气候带来的充沛雨量,使印度尼西亚成为世界上土地最肥沃的地带之一。全国各岛处处青山绿水,四季皆夏,人们称它为"赤道上的翡翠"。

[①] http://www.fmprc.gov.cn/web/gjhdq_676201/gj_676203/yz_676205/1206_677244/1206x0_677246/
[②] http://www.fmprc.gov.cn/chn/pds/gjhdq/gj/yz/1206_43/

三、历史

3世纪至7世纪建立了一些分散的封建王国。13世纪末至14世纪初,在爪哇建立了印度尼西亚历史上最强大的麻喏巴歇封建帝国。自15世纪起,葡萄牙、西班牙和英国先后侵入。1596年荷兰侵入,1602年成立具有政府职权的"东印度公司",开始长达300多年的殖民统治。1942年日本占领印度尼西亚。1945年日本投降后,印度尼西亚爆发"八月革命",8月17日宣布独立,成立印度尼西亚共和国。1945年至1950年,先后武装抵抗英国、荷兰的入侵,其间曾被迫改为印度尼西亚联邦共和国,并加入荷印联邦。1950年8月重新恢复为印度尼西亚共和国,1954年8月脱离荷印联邦。

四、外交

1. 对外关系

印度尼西亚奉行独立自主、不结盟的积极外交政策;主张大国平衡,重视与美、中、日、澳以及欧盟的关系;积极参与国际和地区事务;主张改组联合国,扩大安理会;反对美国等西方国家把经济与人权、环境等挂钩;努力促进南南合作和南北对话,积极参与亚太经济合作。

2. 与中国的关系

1950年4月13日两国建交。1967年印度尼西亚军人政权奉行敌视中国的外交政策,并单方面宣布与我国断绝外交关系,10月30日两国外交关系中断。1990年8月8日起两国正式恢复外交关系。复交后,中国和印度尼西亚双方一致同意建立和发展长期稳定的睦邻互信全面合作关系。

五、经济

1. 自然资源

印度尼西亚拥有丰富的矿产资源,主要矿产有石油、天然气、煤、镍、锡、铅、铜、金、银、铬、铝土矿、硫和高岭土等。森林资源也很丰富。

2. 农业

在印度尼西亚的农业结构中,种植业占90%,养殖业占10%。在种植业中,粮食作物占据主体地位。稻米占谷物的绝大部分。木薯是印度尼西亚的传统作物,大豆产量增长也较快。而棕榈油、橡胶等热带经济作物因产品多用于出口换取外汇,在种植业中仍居极为重要的地位。

3. 工业

印度尼西亚工业发展的方向是加强外向型的制造业。近年来,制造业增长速度均超过经济增长速度,2006年占GDP比重为27.8%[①]。主要部门有采矿、纺织、轻工、装配业等。2006年工业产值比上年增长10%。

4. 经济发展

经济在建国初期发展缓慢,1950年至1965年GDP年均增长仅2%。20世纪60年代后期调整经济结构,经济开始提速,1970年至1996年间GDP年均增长6%。[②] 1995年5月起,印度尼西亚政府颁布了放宽经济限制的"一揽子"计划,开放投资领域,减少对产业部门经营和发展的限制,鼓励私营企业在新兴工业和第三产业中的发展,促进农业生产。但外资投入猛增、人口和东西部发展不平衡等因素制约了经济的发展。

5. 中印经贸

近年来,印度尼西亚和中国的双边贸易快速增长,双方在能源、电子、汽车、基础设施建设等多领域的合作不断深化和扩大。中国已成为印度尼西亚的第四大贸易伙伴,2008年1~11月,双边贸易达296亿美元,同比增长30.5%。[③] 在中国自印度尼西亚的进口中,机电产品所占比重已达到23%。中国和印度尼西亚经贸合作潜力巨大,双方在油气资源、木材加工、棕榈油、天然橡胶等领域的贸易发展迅速,双方将共同建设风港燃煤电站、马都拉大桥等优惠信贷合作项目。

六、文化和艺术

印度尼西亚是著名的歌舞之邦,人民很喜欢音乐,无论你走到哪里,都可以听到优美动听的音乐。生活在各岛上的各个民族,都有自己独特的民歌、舞蹈和乐器。例如,西爪哇巽他族的"杭格隆"使用一套长短不一的竹筒,摇撼撞击,发出清脆的乐音,是一种优美的民族乐器。"佳美兰"音乐是印度尼西亚最典型的民间音乐。这种音乐不是以管弦乐为主,而是以拍打敲击的乐器为主,主要由各种铜锣、各式"甘梆"和大小不一的鼓组成。

印度尼西亚的戏剧富有民族特色。最流行的戏剧形式叫"哇扬戏"。"哇扬戏"有三种主要类型:第一种叫"皮哇扬"或叫"皮影戏";第二种叫"人哇扬",由人扮演剧中人物;第三种叫"木偶哇扬"。前两种类型的"哇扬戏"多流行于东爪哇和中爪哇一带,而第三种"哇扬戏"主要流行于巽他地区。2003年,印度尼西亚的皮影偶戏(Wayang Puppet Theatre)被联合国教科文组织世界遗产委员会列入《人类非物质文化遗产代表作名录》。

---

① http://www.fmprc.gov.cn/chn/pds/gjhdq/gj/yz/1206_43/
② http://www.fmprc.gov.cn/chn/pds/gjhdq/gj/yz/1206_43/
③ http://www.fmprc.gov.cn/chn/pds/gjhdq/gj/yz/1206_43/

七、教育

印度尼西亚实行 9 年制义务教育。学制为小学 6 年,初、高中各 3 年,大学 3 年至 7 年。全国共有小学约 15 万所,中学 3 万余所,国立大学 77 所,私立大学 1 300 余所。著名大学有雅加达的印度尼西亚大学、日惹的加查马达大学、泗水的艾尔朗卡大学、万隆的班查查兰大学等。

八、民俗风情

1. 礼仪和习俗

在印度尼西亚,当人们坐下来时,两腿不能交叉,如果非要这样做,要把一条腿的膝盖放在另一条腿的膝盖上面;如果把脚尖或鞋底对着别人,会被认为是对别人的侮辱。印度尼西亚人不喜欢当面打哈欠,如果难以控制,要用右手将嘴捂上。在同别人说话时,将手放在臀部会被认为是不礼貌的。印度尼西亚人常用笑声来掩饰震惊,但他们反感嘲笑别人的错误;不能模仿任何人的动作,否则会伤害他们的感情。在街道上走路时吃东西,被认为是不礼貌的。在印度尼西亚,与别人谈话或进别人家都要摘下太阳镜。

印度尼西亚人忌讳用左手传递东西或食物。忌讳有人摸他们孩子的头部,认为这是缺乏教养的行为。与印度尼西亚人交谈应避开政治、宗教等话题。

如果参观庙宇或清真寺,不能穿短裤、无袖服、背心或裸露的衣服。进入任何神圣的地方,都要脱鞋。

2. 主要节日

国庆日(8 月 17 日)、开斋节、古尔邦节、卫塞节等。

3. 美食

在饮食习惯上,印度尼西亚人以大米为主食,副食品主要有鱼、虾、牛肉等,但不爱吃海参。伊斯兰教徒忌食猪肉,也不吃带骨、带汁的菜肴及鱼肚等。

印度尼西亚的本地菜肴中常加入椰浆、胡椒、丁香、豆蔻、咖喱等各种香料调味。著名美食及风味小吃有巴东烩牛肉、沙爹羊肉串、黄姜饭、煎香蕉、鱼肉丸等。

九、旅游业

印度尼西亚旅游业起步较晚,但 20 世纪 70 年代中期以来发展迅速,外国游客和旅游外汇收入逐年递增。旅游业的快速发展,不仅为国民经济建设带来了大量的外汇收入,而且促进了相关产业的发展,尤其是为商业、酒店业以及旅游商品的生产带来了生机,解决了大批社会闲散人员的就业问题。旅游业已成为印度尼西亚国民经济的一项支柱产业。

1990年印度尼西亚的入境旅游人数为217.8万人次,1995年为432.43万人次,2000年为506.4万人次,2004年为446.7万人次①,2005年为532.1万人次,2006年达到487.1万人次②。据世界旅游组织统计,2010年印度尼西亚的入境旅游人数为700.3万人次,2014年为943.5万人次,2015年为996.3万人次(UNWTO Tourism Highlights: 2017 Edition)。

1990年印度尼西亚的入境旅游收入为21.05亿美元,1995年为52.29亿美元,2000年为49.75亿美元,2004年为47.98亿美元③,2005年为45.21亿美元,2006年为44.48亿美元④。2010年印度尼西亚的入境旅游收入为69.58亿美元,2014年为102.61亿美元,2015年为107.61亿美元,2016年为113.49亿美元(UNWTO Tourism Highlights: 2017 Edition)。

1995年印度尼西亚出境旅游消费为22亿美元,2000年为32亿美元,2004年为35亿美元,2005年为36亿美元,2006年为36亿美元⑤。

2002年,印度尼西亚成为中国全面开放的出境旅游目的地国家。同时,印度尼西亚也是中国主要客源国之一。2006年印度尼西亚公民来华旅游人数达43.3万人次,比2005年增长14.67%。2007年,印度尼西亚公民来华旅游人数达47.71万人次,比2006年增长10.2%⑥。2008年,印度尼西亚公民来华旅游人数达42.63万人次,比2007年减少10.66%⑦。2009年,印度尼西亚公民来华旅游人数达46.90万人次,比2008年增长10.0%⑧。2010年,印度尼西亚公民来华旅游人数达57.34万人次,比2009年增长22.3%⑨。2011年印度尼西亚来华旅游入境人数为60.87万人次,2012年为62.20万人次,2013年为60.53万人次,2014年为56.69万人次,2015年为54.48万人次。

中国国家旅游局统计数字显示,2008年1~12月印度尼西亚公民来华旅游人数42.63万人次,其中会议和商务旅游1.98万人次、观光和休闲31.40万人次、探亲访友0.03万人次、服务员工6.96万人次、其他2.25万人次⑩。2009年1~12月印度尼西亚公民来华旅游人数46.90万人次,其中会议和商务旅游1.83万人次、观

---

① World Tourism Organization (UNWTO): Tourism Market Trends, 2005 Edition
② World Tourism Organization (UNWTO): UNWTO, 2007
③ World Tourism Organization (UNWTO): Tourism Market Trends, 2006 Edition
④ World Tourism Organization (UNWTO): UNWTO, 2007
⑤ World Tourism Organization (UNWTO): UNWTO June 2007
⑥ http://www.cnta.gov.cn/html/2008-9/2008-9-10-11-35-98624.html
⑦ http://www.cnta.gov.cn/html/2009-9/2009-9-28-9-30-78465.html
⑧ http://www.cnta.gov.cn/html/2010-10/2010-10-20-10-43-69972.html
⑨ http://www.cnta.gov.cn/html/2011-11/2011-11-1-9-50-68041.html
⑩ http://www.cnta.gov.cn/html/2009-2/2009-2-18-9-36-18403.html

光和休闲35.00万人次、探亲访友0.04万人次、服务员工7.18万人次、其他2.85万人次[①]。2010年1~12月印度尼西亚公民来华旅游人数57.34万人次,其中会议和商务旅游2.43万人次、观光和休闲44.04万人次、探亲访友0.03万人次、服务员工7.69万人次、其他3.15万人次[②]。2014年1~12月印度尼西亚来华旅游入境人数为56.69万人次,其中会议和商务旅游2.43万人次、观光和休闲37.33万人次、探亲访友0.27万人次、服务员工11.14万人次、其他5.51万人次。2015年1~12月印度尼西亚来华旅游入境人数为54.48万人次,其中会议和商务旅游2.91万人次、观光和休闲31.28万人次、探亲访友0.37万人次、服务员工14.54万人次、其他5.38万人次。

印度尼西亚旅游业的迅速发展,不仅得益于自然、地理条件和文化传统,而且更多地得益于政府为发展旅游业而采取的有效的政策措施,如简化手续;成立专门机构,将旅游业列入国民经济发展总体规划,并对旅游业投入巨额资金等。

印度尼西亚政府已意识到发展"会议旅游"的重要性,并将此作为推动今后旅游业发展的重点。为此,政府为到印度尼西亚举行的国际性地区会议提供现代化的会议场所、配套的先进通信设备、训练有素的服务人员、便捷的交通等,并为与会者安排丰富多彩的会间节目及会后娱乐。国际会议不仅为印度尼西亚带来大量的外汇收入,而且大大提高了印度尼西亚的国际知名度。现在印度尼西亚政府正致力于兴建国际会议中心,计划将雅加达、棉兰、万隆、三宝垄、日惹、泗水、登巴萨和乌戎潘当8座城市逐渐发展成为会议旅游中心。

十、旅游资源

印度尼西亚是一个旅游资源极其丰富的国家,得天独厚的地理位置,优美的自然环境,丰富的海洋、火山与湖泊等自然景观,遍布各地的名山古刹,以及多姿多彩的民间文化,使印度尼西亚在发展旅游业方面有着许多其他国家无法相比的长处和优势。截至2018年7月,印度尼西亚被联合国教科文组织世界遗产委员会列入《世界遗产名录》的共有8处,其中包括4处文化遗产、4处自然遗产(含1处濒危遗产)。

(一)旅游城市

1.雅加达

印度尼西亚首都雅加达(Jakarta)又称"椰城",位于爪哇岛西北部,是全国政治、经济、文化中心。雅加达是印度尼西亚三大旅游城市之一,市内的最高建筑——独立纪念塔,是雅加达的象征。

---

① http://www.cnta.gov.cn/html/2010-1/2010-1-19-10-52-93858.html
② http://www.cnta.gov.cn/html/2011-3/2011-3-25-10-15-28226.html

雅加达主要景点有雅加达博物馆、独立广场公园、安佐尔梦幻公园、千岛群岛、伊斯蒂赫拉尔清真寺、中央博物馆等。

2. 日惹

日惹（Jogyakarta）位于印度尼西亚爪哇中南部特区，是一个具有数百年历史的古城。市内的苏丹皇宫至今仍住着苏丹王及其家属，但日惹的主要作用是作为参观邻近的两大古迹——婆罗浮屠和普兰班南寺庙群的根据地。

婆罗浮屠塔（Borobudur Temple Compounds）是举世闻名的古老佛塔，位于日惹市西北约40公里处。"婆罗浮屠"为梵文音译，意思是"山丘上的佛塔"，素有"印度尼西亚的金字塔"之称，又称"千佛坛"。这个大乘佛教艺术古建筑同中国长城、埃及金字塔、柬埔寨吴哥窟齐名。1991年，婆罗浮屠塔作为文化遗产被联合国教科文组织世界遗产委员会列入《世界遗产名录》。

3. 棉兰

棉兰（Medan）位于苏门答腊岛东北部，是印度尼西亚苏门答腊岛第一大城市，苏门答腊岛北部地区的经济中心。棉兰也是北苏门答腊铁路、公路枢纽，并有国际机场通往马来西亚、泰国等国。市内主要历史建筑是日里苏丹宫。此外，还有清真寺、博物馆等。

棉兰最著名的旅游景点当属苏门答腊的热带雨林区。该雨林区共250万公顷，内有低纬度地区生物多样化保护区。保护区中约有1万种植物种类。2004年，苏门答腊热带雨林遗产（Tropical Rainforest Heritage of Sumatra）作为自然遗产被联合国教科文组织世界遗产委员会列入《世界遗产名录》。2011年，苏门答腊热带雨林遗产被列入《世界濒危遗产名录》。

（二）主要名胜

1. 巴厘岛

巴厘岛（Bali）位于爪哇岛以东的小巽他群岛西端。地势东高西低，山脉横贯，有10余座火山锥，东部的阿贡火山海拔3 140米，是全岛最高峰。巴厘岛地处热带，气候温和多雨，四季绿水青山，万花烂漫，林木参天。岛上的海滨浴场，景色优美、沙细滩阔。巴厘岛为世界旅游胜地之一。由于受印度文化、宗教的影响，巴厘岛是印度尼西亚唯一信仰印度教的地方，有庙宇12 500多座，该岛又有"千寺之岛"之称。

2. 巴利巴汉

巴利巴汉（Bali Ba Han）是位于苏门答腊岛北部、马六甲海峡南岸的海滨小镇，因其房屋建在海边的木桩上，被当地人戏称为"印度尼西亚的威尼斯"。小桥连接着家家户户，船是小镇与外界连接的主要交通工具。目前，当地居民1万多人，以华人为主，主要从事渔业。

3.科莫多国家公园

科莫多国家公园(Komodo National Park)位于印度尼西亚东努沙登加拉省的西部,包括科莫多岛、巴达尔岛和林恰岛三座岛屿。科莫多岛地势起伏不平,丘陵遍布,以美丽的珊瑚礁著名。巴达尔岛为无人岛。林恰岛以蜥蜴为象征,生活着大约5 700只蜥蜴。作为科莫多巨蜥的唯一栖息地,1991年,科莫多国家公园作为自然遗产被联合国教科文组织世界遗产委员会列入《世界遗产名录》。

第十二节　印　度

一、国家概况

国名:印度共和国(The Republic of India)
面积:约298万平方公里(不包括中印边境印占区和克什米尔印度实际控制区等)①
人口:12.95亿②
首都:新德里(New Delhi)
语言:印地语和英语同为官方语言
民族:印度斯坦族占46.3%、泰卢固族占8.6%、孟加拉族占7.7%、马拉地族占7.6%、泰米尔族占7.4%、古吉拉特族占4.6%、坎拿达族占3.9%、马拉雅拉姆族占3.9%、奥里雅族占3.8%、旁遮普族占2.3%③
宗教:约83%的居民信奉印度教,其他宗教有伊斯兰教(13.4%)、基督教(2.3%)、锡克教(1.9%)、佛教(0.8%)和耆那教(0.4%)等④
货币:印度卢比
国庆:1月26日
国花:莲花
国歌:《人民的意志》
主要城市:德里、加尔各答、孟买、阿格拉、斋浦尔、勒克瑙
行政区划:26个邦和7个中央直辖区

二、自然地理

印度位于南亚次大陆,北邻中国、尼泊尔和不丹,西北部与巴基斯坦交界,东北

---

① http://www.fmprc.gov.cn/chn/pds/gjhdq/gj/yz/1206_42/
② http://www.fmprc.gov.cn/web/gjhdq_676201/gj_676203/yz_676205/1206_677220/1206x0_677222/
③ http://www.fmprc.gov.cn/chn/pds/gjhdq/gj/yz/1206_42/
④ http://www.fmprc.gov.cn/chn/pds/gjhdq/gj/yz/1206_42/

部和东部同缅甸和孟加拉国接壤,东南部与斯里兰卡隔海相望。南接印度洋,东临孟加拉湾,西濒阿拉伯海,北倚喜马拉雅山。

印度全境分为德干高原和中央高原、平原及喜马拉雅山区三个自然地理区。恒河是印度的第一大河,有圣河之称,全长2 700公里。主要河流还有布拉马普特拉河、亚穆纳河、讷尔默达河、戈达瓦里河等。

印度气候复杂多样,大部地区属热带季风气候,气温因海拔高度不同而异。北部山区,地势高峻,有些地方终年积雪。印度南部较热,一年内温差较小,有的地方终年37.5℃左右。

三、历史

印度是世界四大文明古国之一,大约在公元前2000年创造了印度河文明。公元前1500年左右,雅利安人入侵古代印度,征服了当地居民,在印度河流域和恒河流域建立起奴隶制国家。约公元前1000年种姓制度开始形成,出现婆罗门、刹帝利、吠舍、首陀罗四个种姓,后演变成等级森严的种姓制度。从公元前4世纪到16世纪,印度先后出现了三个最著名的、强盛而统一的王朝:孔雀王朝、笈多王朝和莫卧儿王朝,而这三个王朝分别传承了佛教、印度教和伊斯兰教文化。1660年,英国侵入印度,建立了东印度公司。从1757年开始,印度逐步沦为英殖民地。1849年,英国侵占印度全境。1857年,印度爆发反英大起义,次年英国政府直接统治印度。1947年6月,英国公布了把印度分为印度和巴基斯坦两个自治领的"蒙巴顿方案"。同年8月15日,印巴分治,印度实现独立。1950年1月26日,印度共和国成立。

四、外交

1. 对外关系

印度是不结盟运动发起国之一。历届政府均强调不结盟是其外交政策的基础,努力与所有国家发展关系,力争在地区和国际事务中发挥重要作用。冷战结束后,印度政府调整了过去长期奉行的倾向苏联的大国平衡政策,推行全方位务实外交,创造有利于自身发展的持久、和平和稳定的地区环境。近年来,随着综合国力不断增强,印度加快推进大国外交战略。印度强调外交为经贸服务,在保持与俄罗斯及其他独联体国家关系的同时,大力发展与美、日、欧等发达国家的关系,尤其是经贸科技合作,吸收资金和技术。印度与东南亚各邻国的双边关系以及与这些国家在东盟框架下的总体关系持续发展,与亚太地区国家的关系发展迅速。印度与巴基斯坦长期不和,两国因克什米尔争端几度兵戎相见,关系不时出现紧张。

2. 与中国的关系

1950年4月1日,中印两国建交。20世纪50年代,中印两国领导人共同倡导和平共处五项原则,双方交往密切。1959年,中国中央政府平定西藏上层反动集团叛乱后,中印关系恶化。1962年,中印双方发生大规模边境冲突,此后两国关系冷淡。1976年双方恢复互派大使,中印关系逐步改善和发展。2005年4月,两国签署《联合声明》,宣布建立战略合作伙伴关系并就边界问题达成政治指导原则协定。2006年是"中印友好年"。同年11月,胡锦涛主席对印度进行国事访问,两国发表《联合宣言》。2008年1月,印度总理辛格对中国进行正式访问,两国签署了中印《关于21世纪的共同展望》。

五、经济

1.自然资源

印度资源丰富,拥有云母、煤、铁、铝、铬、锰、锌、铜、铅、磷酸盐、黄金、石油等丰富的矿产资源,其中云母的产量和储量为世界之首,铝土储量和煤产量均居世界前列。森林覆盖率约20%。

2.农业

印度拥有世界1/10的可耕地,面积约1.6亿公顷,是世界上最大的粮食生产国之一。[①] 主要粮食作物为水稻和小麦,主要经济作物有黄麻、茶叶、咖啡、甘蔗、油籽和棉花。牛、山羊、绵羊、水牛头数居世界第一。印度是世界第一大产奶国,也是世界重要的产棉国和产茶国。

3.工业

印度工业已形成较为完整的体系,自给能力较强,主要包括制造业、电力、矿业、纺织、食品、精密仪器、汽车制造、软件制造、航空等行业。印度政府实行全面经济改革,经济发展速度引人注目。印度高科技产业发展迅速,软件人才实力雄厚,软件业居世界前列。目前,印度在天体物理、空间技术、分子生物、电子技术、新材料技术等高科技领域的研究水平已经居于世界前列。印度本国能够自行研制卫星及其发射系统,是世界第七大空间国。近年来,印度发射了自己设计和制造的地球卫星和通信卫星,并具备生产核武器能力。

4.经济发展

印度政府于1991年开始进行全面的经济改革,近年经济增速较快,国内生产总值(GDP)年增长率达5%~9%。1992~1996年经济年平均增长率为6.2%。"九五"计划(1997~2002年)期间,经济年均增长5.4%。1999年,印度开始实行第二个阶段的经济改革。近年来,印度政府不断深化第二阶段经济改革,加速国有企业私有化,实行包括农产品在内的部分生活必需品销售自由化,改善投资环境,精简

---

① http://www.fmprc.gov.cn/chn/pds/gjhdq/gj/yz/1206_42/

政府机构,削减财政赤字。① 此外,印度的旅游业和服务业也比较发达,在国民经济中占有相当的比例。

5. 中印经贸

中印经贸近年平稳发展,1991年双边贸易额仅为2.56亿美元,到2000年已增至29.14亿美元。2001年,中印双边贸易额进一步增至35.96亿美元,同比增长23.4%。2002年双边贸易额超过40亿美元。2003年,中印两国建立了联合研究小组,专门研究两国经济的互补性,并制定了经贸合作计划。中印贸易额以每年20%到30%的速度递增,2005年达到168亿美元。2006年中印双边贸易额首次突破250亿美元,达到250.5亿美元,印度对华出口为104.6亿美元,从中国进口为145.8亿美元。② 2008年双边贸易额517.8亿美元,同比增长34%。中国是印度第二大贸易伙伴,印度是中国第九大贸易伙伴。③ 中国对印度主要出口商品有机电产品、化工产品、纺织品、塑料及橡胶、陶瓷及玻璃制品等。中国自印度主要进口商品有铁矿砂、铬矿石、宝石及贵金属、植物油、纺织品等。中印两国人口众多,市场巨大,在某些领域互补性较大,扩大双边经贸存在一定潜力。

六、文化和艺术

印度是四大文明古国之一,灿烂的文化和厚重的历史,令人心驰神往。印度教圣典《吠陀》、史诗《罗摩衍那》都曾对世界文学产生巨大的影响。古代印度的各个历史阶段都留下了丰富的文学遗产,歌谣、史诗、故事、诗歌、戏剧等作品从各方面反映了印度当时的社会现实。印度著名作家泰戈尔(1861—1941)于1913年获诺贝尔文学奖。印度电影在世界享有盛名,有"电影王国"之称,而孟买的宝莱坞则有"印度的好莱坞"之称。2002年,宝莱坞故事影片《印度往事》获得了奥斯卡奖提名。电影向来是博大精深的印度文化的一个重要组成部分,它以艺术的方式向世界展示印度历史、文化、宗教、社会等各个层面的内涵。印度音乐两个主要的古典流派分别为印度斯坦派和卡纳塔克派。民间音乐同样在印度各地风行。印度舞蹈无论是古典的还是民间的,其主题主要来自印度神话、传说和古典文学作品。发祥于北方邦的卡塔克舞是印度最流行的古典舞蹈形式。

印度的库提亚达姆梵剧(Kutiyattam, Sanskrit Theatre)、吠陀传统颂歌(The Tradition of Vedic Chanting)和拉姆里拉《罗摩衍那》的传统表演(Ramlila: the Traditional Performance of the Ramayana)分别于2001年、2003年和2005年被联合国教科文组织世界遗产委员会列入《人类非物质文化遗产代表作名录》。

---

① http://www.fmprc.gov.cn/chn/pds/gjhdq/gj/yz/1206_42/
② 印度驻华大使馆.2006年1~12月印中双边贸易数据[J].今日印度,2007(1):23.
③ http://www.fmprc.gov.cn/chn/pds/gjhdq/gj/yz/1206_42/

七、教育

印度实行12年一贯制中小学教育。高等教育共8年,包括3年学士课程、2年硕士课程和3年博士课程。此外还有各类职业技术教育、成人教育等非正规教育。目前,印度一共有342所综合性大学和大学机构,包括18所中央大学、211所邦立大学、95所认证大学,根据地方邦法规建立了5所机构和13所国家重点学院。此外,印度还有17 000所学院,其中包括1 800所女子学院。① 著名的有德里大学、尼赫鲁大学、加尔各答大学等。

八、民俗风情

1. 礼仪和习俗

印度人见面很讲礼节,通常是双手合掌,相互致意;对长辈宜高,以示尊重;对平辈宜平,以示平等;对小辈宜低,以示关怀。现代城市居民见面时一般是行握手礼。当被人介绍时,习惯上都应握手,但如果对方是一位女士时,则男子不可以与她握手,而是向女士行合掌礼。印度人表示肯定或赞同的动作是摇头,如果不同意或不明白则用点头来表示。

印度妇女额头点有一个红点,即吉祥痣,表示喜庆和吉祥之意。印度妇女非常喜爱首饰,首饰包括头饰、耳环、手镯、戒指、项链、脚镯等。印度人进寺庙一定要脱鞋,因为这些地方被认为是神圣之处,这同他们的宗教信仰有关。印度教盛行"万物有灵"的自然崇拜。虔诚的印度教徒一生有三大夙愿:到圣城朝拜湿婆神,到恒河洗圣浴、饮圣水,死后葬于恒河。牛对印度教来说是神圣的动物,因此若有牛漫步在街上,也不可冒犯它。

根据传统,锡克人从小到大都必须蓄头发、留胡须,并且包着头巾。纱丽是印度女性的传统服饰,色彩艳丽丰富。纱丽(Sari)是指一块长达5~8米的布料,穿时以披裹的方式缠绕在身上。印度妇女擅长利用扎、围、绑、裹、缠、披等技巧,使得纱丽在身上产生不同的变化。纱丽几乎成为印度民族的代名词。然而,印度现代都市小姐们正在改变这一切,开始潇洒地脱去传统纱丽,追求西方时尚的服装,为自己打造时髦性感的摩登形象。

2. 主要节日

共和国纪念日(1月26日)、独立纪念日(8月15日)、甘地诞辰日(10月2日)、圣诞节(12月25日),还有丰收节、古尔邦节、洒红节、佛祖诞辰纪念日、排灯节等。除此之外,每个邦还有各种各样的节日。

---

① 印度驻华大使馆.印度教育概览[J].今日印度,2007(1):38-46.

3. 美食

在饮食上,印度人一般以稻米、面食为主。烹调方法以烧、煮、烩、炸、炒为常见。荤菜烹制,喜用挂糊,不善用浆,丁香、八角、小茴香、豆蔻、辣椒粉等的用量惊人。印度蔬菜产量少,植物性食物多是些萝卜、洋葱、土豆、豆类等。印度人多数吃素,这自然是爱惜生灵的教义所倡导的,但随着西化,肉食的趋势在增加。

在众多的印度菜肴中,咖喱类菜为其最大特色。其烹制方法多样,原料使用各异,口味各具特色。印度人对咖喱的喜爱是全世界都出名的。走进当地大大小小的普通餐厅,无论是点鸡和羊之类的肉食,还是蔬菜或奶酪这样的素食品,最后端上来的菜几乎都是一个模式:一块块的主料淹没在浓稠的咖喱汁里,颜色从暗红到金黄,味道从微辛到极辣。"没有咖喱不成席"也成为当地居民最常挂在嘴边的一句话。

九、旅游业

1949年,印度政府成立"旅游交通局"并设在交通部内,后改为旅游和文化部。旅游和文化部的职能是负责制定和执行与旅游有关的法规、政策。该部是印度旅游业的最高管理机构,下设旅游局。旅游局的主要任务是旅游开发、管理和海外促销,在全国各主要旅游城市和海外设有办事处。印度旅游开发公司由旅游局管辖,是印度旅游业的龙头企业。各邦也有旅游局,主要负责国内旅游事业。印度旅游管理学院是印度旅游的教育、培训、研究方面的权威机构。

印度的旅游业和服务业比较发达,在国民经济中占有相当的比例。近年来,印度正在积极挖掘其丰富的旅游潜力,并且投入巨资用于航空、铁路、高速公路、饭店等基础设施建设,以及开发旅游带、维修保护古迹等项目。目前,印度政府批准了许多旅游项目的建设,并规定对在山区、农村、朝圣地附近建设的饭店免税10年。同时,对外国投资比例的限制放宽,由25%上升到50%,饭店设备进口税也由35%下降到25%。为了有效解决旅游业的投资需求,印度政府成立了旅游财务公司,由它对旅游企业审批,发放贷款。

目前,印度旅游部门正在集中力量发展相关的主要旅游区,采用私人投资和增加政府财政拨款的方式大力改善旅游基础设施,通过举办各种旅游活动和节庆活动,开发探险旅游、生态旅游、健康旅游(瑜伽)、宗教旅游、遗产旅游等,来促进旅游产品升级换代和多样化。

近年来,印度政府将旅游业作为创汇产业列入发展重点,印度的入境外国旅游人数增长很快。1990年印度的入境旅游人数为170.7万人次,1995年为212.4万

中国旅游客源国概况

人次,2000年为264.9万人次,2004年为345.7万人次[①],2005年为391.9万人次,2006年达到444.7万人次[②]。据世界旅游组织统计,2010年印度的入境旅游人数为577.6万人次,2014年为1 310.7万人次,2015年为1 328.4万人次,2016年为1 456.9万人次(UNWTO Tourism Highlights:2017 Edition)。

1990年印度的入境旅游收入为15.13亿美元,1995年为25.81亿美元,2000年为34.60亿美元,2004年为61.21亿美元[③],2005年为75.24亿美元,2006年为88.85亿美元[④]。2010年印度的入境旅游收入为144.90亿美元,2014年为197.00亿美元,2015年为210.13亿美元,2016年为224.27亿美元(UNWTO Tourism Highlights:2017 Edition)。

1995年印度出境旅游消费为10亿美元,2000年为27亿美元,2004年为48亿美元,2005年为60亿美元,2006年为74亿美元[⑤]。

在印度的入境旅游者中,欧洲游客最多,其次是南亚游客、美洲游客和东亚游客。1999~2005年,在印度的入境游客中,娱乐、休闲、度假、商务和专业旅游者数量持续增长。据官方发布的消息,2005年由外国游客带来的外汇收入达57.308 6亿美元,比2004年的47.69亿美元增长了20%。据iExplore公司的一项世界旅游目的地国家排名,印度是2004年和2005年全世界最值得选择的5个旅游目的地国家之一。[⑥]

2003年,印度成为中国全面开放的出境旅游目的地国家。同时,印度也是中国主要客源国之一。2006年印度公民来华旅游人数达40.51万人次,比2005年增长13.64%。2007年,印度公民来华旅游人数达46.25万人次,同比增长14.2%。[⑦] 2008年,印度公民来华旅游人数达43.66万人次,比2007年减少5.58%[⑧]。2009年,印度公民来华旅游人数达44.89万人次,比2008年增长2.8%[⑨]。2010年,印度公民来华旅游人数达54.93万人次,比2009年增长22.4%[⑩]。2011年印度来华旅游入境人数为60.65万人次,2012年为61.02万人次,2013年为67.67万人次,2014年为70.99万人次,2015年为73.05万人次。

中国国家旅游局统计数字显示,2008年1~12月印度公民来华旅游人数达

---

① World Tourism Organization (UNWTO): Tourism Market Trends, 2005 Edition
② World Tourism Organization (UNWTO): UNWTO, 2007
③ World Tourism Organization (UNWTO): Tourism Market Trends, 2006 Edition
④ World Tourism Organization (UNWTO): UNWTO, 2007
⑤ World Tourism Organization (UNWTO): UNWTO June 2007
⑥ 印度驻华大使馆.外国游客增长13%[J].今日印度,2007(12):27.
⑦ http://www.cnta.gov.cn/html/2008-9/2008-9-10-11-35-98624.html
⑧ http://www.cnta.gov.cn/html/2009-9/2009-9-28-9-30-78465.html
⑨ http://www.cnta.gov.cn/html/2010-10/2010-10-20-10-43-69972.html
⑩ http://www.cnta.gov.cn/html/2011-11/2011-11-1-9-50-68041.html

43.66万人次,其中会议和商务旅游 12.84 万人次、观光和休闲 15.53 万人次、探亲访友 0.05 万人次、服务员工 9.32 万人次、其他 5.94 万人次[①]。2009 年 1~12 月印度公民来华旅游人数达 44.89 万人次,其中会议和商务旅游 12.94 万人次、观光和休闲 16.62 万人次、探亲访友 0.05 万人次、服务员工 9.11 万人次、其他 6.18 万人次[②]。2010 年 1~12 月印度公民来华旅游人数达 54.93 万人次,其中会议和商务旅游 19.16 万人次、观光和休闲 18.37 万人次、探亲访友 0.06 万人次、服务员工 9.90 万人次、其他 7.43 万人次[③]。2014 年 1~12 月印度来华旅游入境人数为 70.99 万人次,其中会议和商务旅游 18.29 万人次、观光和休闲 18.17 万人次、探亲访友 0.29 万人次、服务员工 14.24 万人次、其他 19.9 万人次。2015 年 1~12 月印度来华旅游入境人数为 73.05 万人次,其中会议和商务旅游 19.80 万人次、观光和休闲 16.53 万人次、探亲访友 0.34 万人次、服务员工 17.08 万人次、其他 19.29 万人次。

国家旅游局发布的《2017 年全年旅游市场及综合贡献数据报告》显示,2017 年按入境旅游人数排序,我国主要客源市场前 17 位国家印度排名第十一位。

中国和印度作为两个古老和毗邻的文明古国,印度旅游业将中国视为印度国内旅游的重要市场,加大对中国市场的促销力度。为促进两国之间的旅游交往,中印两国共同举办了"2007 印度—中国旅游友好年",中国的长城和印度的泰姬陵作为纪念旅游友好年的徽标。中国和印度通过相互参加旅游交易会、举办文化节、美食节等方式,向对方国家人民推介各自国家的文化、旅游胜地、传统和美食。旅游业是加强中印两国之间联系的重要方面,两国旅游互访的人数正在增加。

十、旅游资源

印度是世界四大文明古国之一,名胜古迹众多,几千年的文明积淀使印度成为一个充满神秘色彩、十分迷人和不可思议的国度。雄伟的喜马拉雅山倚天而立,佛教圣河——恒河蜿蜒流转,世界七大奇迹之一的泰姬陵优雅妩媚,莫卧儿王朝的阿格拉古堡庄严壮观。星罗棋布的庙宇、城堡、宗教遗址,是印度多姿多彩的旅游资源。截至 2018 年 7 月,印度被联合国教科文组织批准的世界遗产共计 37 项,包括文化遗产 29 项、自然遗产 7 项、文化和自然双遗产 1 项,其中最著名的是泰姬陵,有人间建筑奇迹之美称,以其宏伟壮观、精美绝伦、举世无双而扬名天下,为世界七大建筑奇迹之一。

(一)旅游城市

德里、阿格拉和斋浦尔三地被印度人称为"金三角",因为这三座城市呈三角

[①] http://www.cnta.gov.cn/html/2009-2/2009-2-18-9-36-18403.html
[②] http://www.cnta.gov.cn/html/2010-1/2010-1-19-10-52-93858.html
[③] http://www.cnta.gov.cn/html/2011-3/2011-3-25-10-15-28226.html

形分布。"金三角"是印度著名的旅游胜地,拥有众多的名胜古迹。

此外,印度主要的旅游城市还有加尔各答、孟买、勒克瑙等。

1.德里

德里(Delhi)位于印度大平原上的恒河支流亚穆纳河西岸,是印度的第三大城市,由首都新德里和旧都德里组成。德里分新旧两城,中间隔着一座德里门,并以著名的拉姆利拉广场为界,广场以南为新德里,广场以北为旧德里。新德里为印度的首都。德里的名胜古迹主要有红堡、顾特卜塔和胡马雍陵等。

红堡(The Red Fort)是德里的一大名胜。始建于1638年,完成于1647年,为莫卧儿式建筑风格。围墙高大,用红色砂岩建成,红堡由此得名。但里面的楼、台、殿、阁却是另一种颜色,这些建筑基本上都是用大理石建造的。大理石柱上和壁上都刻有许多花卉、人物的浮雕,还镶嵌着许多红、绿、黄、紫的宝石,衬着灰白色的大理石,相映生辉,璀璨夺目。2007年,红堡(The Red Fort Complex)作为文化遗产被联合国教科文组织世界遗产委员会列入《世界遗产名录》。

顾特卜塔(Qutb Minar)有世界"摩天塔"之称,是早期伊斯兰式古建筑。位于德里南部,建于1193年。这座红色砂岩塔分5层,从塔底到塔顶有367级石阶,塔基直径14.32米,塔高72.5米,塔峰直径2.75米。德里的顾特卜塔(Qutb Minar and its Monuments, Delhi)于1993年作为文化遗产被联合国教科文组织世界遗产委员会列入《世界遗产名录》。

胡马雍陵(Humayun's Tomb)建于1570年,是莫卧儿王朝第二代皇帝胡马雍的陵墓。这座由红色砂岩建成的陵墓是印度最早的莫卧儿式建筑,位于德里东南郊亚穆纳河畔。陵墓坐落在一个宽阔的大院内,规模宏大。陵寝建在长方形石台上,主体是用红色砂岩建成,顶部是白色大理石圆屋顶,胡马雍的石棺在寝宫中央。陵园内还有莫卧儿王朝其他帝王和皇室成员的石棺。1993年,德里的胡马雍陵作为文化遗产被联合国教科文组织世界遗产委员会列入《世界遗产名录》。

2.孟买

孟买(Bombay)是马哈拉施特拉邦(Maharahtra)的首府,位于印度西海岸。孟买是印度的重要工业基地和海军基地,还是印度的金融中心之一。孟买在印度的经济生活中发挥着举足轻重的作用,无论是工业发展速度、工业部门的齐全程度,还是现代化程度,均居全国首位。孟买的纺织工业,特别是棉纺业相当发达。此外,孟买的机械、汽车、造船、化工、电子、制药和食品等工业也比较发达。印度的电影蜚声于世,孟买的宝莱坞(Bollywood)则有"印度的好莱坞"之称。

3.加尔各答

加尔各答(Kolkata)是西孟加拉邦(West Bengal)首府,是印度重要城市之一。加尔各答的地理位置十分重要,地处恒河三角洲,濒临孟加拉湾,是印度东海岸最大的港口。加尔各答还拥有现代化的国际机场,因而成为联结亚洲、非洲和中东地区的海上和空中的重要交通枢纽。

加尔各答是印度的文化城,城中有全国最大的图书馆——国家图书馆,藏书1 000多万册。世界闻名的大文豪泰戈尔的故居坐落在城中的北部。加尔各答众多的文物古迹、奇特的宗教习俗、独特的民间艺术等深深地吸引着世界各地的游客。

4. 阿格拉

阿格拉(Agra)位于新德里东南约200公里处,毗邻亚穆纳河,是北方邦的一座城市,著名的旅游胜地,历史名城。阿格拉曾是印度历史上著名的莫卧儿王朝的都城。在16至17世纪的莫卧儿王朝时期,阿格拉在建筑和艺术领域达到全盛期。难以想象这一不大的城市其周边竟然有3处世界文化遗产,它们是泰姬陵(Taj Mahal)、阿格拉堡(Agra Fort)和法塔赫布尔·西格里(Fatehpur Sikri)。

5. 勒克瑙

勒克瑙(Lucknow)是北方邦首府,位于恒河平原中心。勒克瑙是北方邦经济、文化中心和重要的交通枢纽,距德里497公里。这座城市以金银象牙细工、铁钢器皿、陶瓷、印花布等工艺品驰名,也是印度一座重要的旅游城市。

(二) 主要名胜

1. 马纳斯野生生物保护区

马纳斯野生生物保护区(Manas Wildlife Sanctuary)位于印度东北部阿萨姆邦(Assam)的Barpeta和Kokrajhar地区,处在喜马拉雅山脉外围的丘陵地带,海拔100~250米。马纳斯河从保护区西部分成三个支流穿流而过,直到保护区南约64公里处汇入雅鲁藏布江。马纳斯野生生物保护区是许多野生动物的家园,包括许多濒危物种,如老虎、俾格米猪、印度犀牛和印度大象。1985年,马纳斯野生生物保护区作为自然遗产被联合国教科文组织世界遗产委员会列入《世界遗产名录》。

2. 加济兰加国家公园

加济兰加国家公园(Kaziranga National Park)位于阿萨姆邦(Assam)中心地带,是印度东北部最大的人迹罕见的地区之一。印度加济兰加国家公园以"独角犀牛"(one-horned rhinoceros)著称于世。世界各地的旅游爱好者纷纷慕名而来,一睹独角犀牛在原产地的野外生活。除了犀牛,加济兰加国家公园内还生活着老虎、大象、豹、熊和数以千计的鸟类。1985年,加济兰加国家公园作为自然遗产被联合国教科文组织世界遗产委员会列入《世界遗产名录》。

3. 孙德尔本斯国家公园

孙德尔本斯国家公园(Sundarbans National Park)位于西孟加拉邦的加尔各答东南部,是恒河三角洲的一部分,与孟加拉湾相邻。这里有世界上最大的红树林地区。一些稀有或濒危动物生活在这里,包括老虎、水生哺乳动物、鸟类和爬行动物。1987年,孙德尔本斯国家公园作为自然遗产被联合国教科文组织世界遗产委员会列入《世界遗产名录》。

4.克久拉霍古迹群

克久拉霍古迹群(Khajuraho Group of Monuments)位于印度中央邦,建于昌德拉王朝(Chandella dynasty)的鼎盛时期(950~1050年)。20余座庙宇及雕塑分为三组不同的群体,属于两个不同的宗教——印度教(Hinduism)和耆那教(Jainism),建筑与雕塑完美和谐。著名的坎达里亚寺庙(Temple of Kandariya)饰有大量内容丰富、绚丽多姿的雕塑,是印度艺术中的经典之作。寺庙外墙上有成百上千个男女雕像和装饰雕刻。这些精美雕像的主题是女性和性爱,造型生动真实,热情豪放,完美地表现了女性的人体美和人类的各种感情。1986年,克久拉霍古迹群作为文化遗产被联合国教科文组织世界遗产委员会列入《世界遗产名录》。

5.阿旃陀石窟

阿旃陀石窟(Ajanta Caves)是在马哈拉施特拉邦奥兰加巴德(Aurangaba)以北的山崖中开凿的石窟神庙和石窟寺,建于公元前2世纪至7世纪。阿旃陀石窟共有29窟,其中25窟为僧房,4窟是佛殿。石窟有大量的精美绝伦的石雕和壁画,其题材以宣扬佛教内容为主,也有反映古代印度人民生活及帝王宫廷生活的画面。1983年,阿旃陀石窟作为文化遗产被联合国教科文组织世界遗产委员会列入《世界遗产名录》。

第十三节 巴基斯坦

一、国家概况

国名:巴基斯坦伊斯兰共和国(The Islamic Republic of Pakistan)
面积:79.609 5万平方公里(不包括巴控克什米尔地区)[①]
人口:1.97亿[②]
首都:伊斯兰堡(Islamabad)
语言:乌尔都语为国语,英语为官方语言,主要民族语言有旁遮普语、信德语、普什图语等
民族:旁遮普族占全国人口的63%,信德族占18%,帕坦族占11%,俾路支族

---

① http://www.fmprc.gov.cn/chn/pds/gjhdq/gj/yz/1206_3/
② http://www.fmprc.gov.cn/web/gjhdq_676201/gj_676203/yz_676205/1206_676308/1206x0_676310/

占 4%①

宗教:96%以上的人信奉伊斯兰教

货币:巴基斯坦卢比

国庆:3 月 23 日

国花:素馨

国歌:《保佑神圣的土地》

主要城市:卡拉奇、拉合尔、拉瓦尔品第

行政区划:全国共分 4 个省,10 个联邦直辖部落地区和联邦首都伊斯兰堡

二、自然地理

巴基斯坦位于南亚次大陆西北部,东邻印度,西接伊朗,东北与中国毗邻,西北与阿富汗接壤,南临阿拉伯海。巴基斯坦全国 3/5 的地区为山区和丘陵,地形西北高,东南低,东南部为印度河平原,南部沿海一带为不毛荒漠,向北伸展则是连绵的高原牧场和肥田沃土。发源于中国的印度河进入巴基斯坦境内后,自北向南长驱 2 300 公里,最后注入阿拉伯海。3 座世界上有名的大山脉——喜马拉雅山、喀喇昆仑山和兴都库什山在巴基斯坦西北部汇聚,从而形成了奇特的景观。

巴基斯坦除了南部属于热带气候外,其余地方属于亚热带草原和沙漠气候。南部湿热,受季风影响,雨季较长;北部地区干燥寒冷,有的地方终年积雪。多数地区雨水稀少。

三、历史

巴基斯坦历史悠久,早在 5 000 年前,这里就孕育着灿烂的印度河文明。巴基斯坦在公元前 6 世纪曾成为波斯帝国的辖区,公元前 326 年马其顿国王亚历山大曾入侵巴基斯坦。公元前 3 世纪,该地区归属印度孔雀王朝,佛教经阿育王遣使传播至此。之后,贵霜帝国、笈多王朝和白匈奴等先后统治这一区域。8 世纪初,阿拉伯军队征服巴基斯坦和印度,建立伊斯兰政权,并将伊斯兰教传入这一地区。13~16世纪,北印度伊斯兰教区域建立德里苏丹国。1526~1858 年,莫卧儿王朝统治南亚次大陆的绝大部分地区。1858 年,巴基斯坦随印度沦为英国殖民地。1940 年 3 月"全印穆斯林联盟"通过了建立巴基斯坦的决议。1947 年 6 月,英国公布"蒙巴顿方案",实行印巴分治。同年 8 月 14 日,巴基斯坦宣布独立,成为英联邦的一个自治领,领土包括巴基斯坦东、西两部分。1956 年 3 月 23 日,巴基斯坦伊斯兰共和国正式成立,但仍为英联邦成员国。1971 年 3 月,东部发动不合作运动,宣布

---

① http://www.fmprc.gov.cn/chn/pds/gjhdq/gj/yz/1206_3/

退出巴基斯坦,成立孟加拉人民共和国。1972年1月,巴基斯坦退出英联邦。

四、外交

1. 对外关系

巴基斯坦奉行独立和不结盟外交政策,注重发展同伊斯兰国家和中国的关系,致力于维护南亚地区的和平与稳定;在加强同发展中国家团结合作的同时,注重发展同西方国家的关系,支持中东和平进程,主张销毁大规模杀伤性武器;呼吁建立公正合理的国际政治经济新秩序,要求发达国家采取切实措施,缩小南北差距。截至2007年,巴基斯坦已同世界上120多个国家建立了外交和领事关系。

2. 与中国的关系

中国和巴基斯坦是友好邻邦,两国人民有着悠久的传统友谊。中巴两国自1951年5月21日建交以来,中巴双边经贸合作关系发展迅速,高层互访频繁,互利合作成果丰硕。1996年,中巴两国确立面向21世纪的全面合作伙伴关系。

五、经济

1. 自然资源

巴基斯坦矿产资源比较丰富。主要矿藏资源有天然气、石油、煤、铁、铝土和石膏等,森林覆盖率约为5%。

2. 农业

巴基斯坦经济以农业为主。主要农作物有小麦、水稻、玉米、棉花和甘蔗等。巴基斯坦的灌溉面积现已占其耕地面积的2/3,成为世界上灌溉面积比重最大的国家之一。盛产香蕉、橘子、杧果、桃子、葡萄、柿子等各种水果,素有"东方水果篮"之称。

3. 工业

巴基斯坦工业落后,最主要的工业是棉纺织业。近年来,巴基斯坦食品加工、工程、机械、电子、汽车、化工等产业发展迅速。

4. 经济发展

近年来,巴基斯坦政府推行积极稳健的经济政策,加速工业化,推行广泛的结构改革,改善投资环境,大力吸引外资,扩大出口,缩小外贸逆差,并与90多个国家和地区建立了贸易关系。2007年进出口总额达475亿美元,其中进口305亿美元,出口170亿美元。2006年7月至2007年4月,巴基斯坦吸引外资约60亿美元。截至2008年底,巴基斯坦外汇储备约为90亿美元。2007~2008年,巴基斯坦GDP

增长率为 5.8%,约 1 544 亿美元。①

5. 中巴经贸

巴基斯坦是中国重要的经济合作伙伴,也是中国最重要的对外经济援助国。中巴贸易曾经在中国对南亚国家贸易中占据首位。为了加快中巴两国之间的经济交流,巴基斯坦联邦内阁经济协调委员会于 2007 年正式批准在东部城市拉合尔附近建立中国经济特区,以吸引中国企业前来投资办厂。经过中巴双方的共同努力,两国的经贸合作有了长足进展。特别自 20 世纪 90 年代以来,中巴进出口额增长较快。2005 年,双边贸易额为 42.61 亿美元;2006 年达 52.5 亿美元。② 2007 年,双边贸易额 65.4 亿美元,同比增长 25%。其中,中国出口额 54.3 亿美元,同比增长 28%;进口额 11.1 亿美元,同比增长 9.7%。③

六、文化和艺术

巴基斯坦的文化和艺术是多种文化和艺术的结合体。古代的阿拉伯文化、波斯文化对巴基斯坦文化艺术的形成和发展影响十分深刻。伊斯兰教随阿拉伯和波斯文化传入古印度西北部(今巴基斯坦),经过 1 000 多年的融合和锤炼,形成了独具特色的巴基斯坦文化艺术。

巴基斯坦的文化和艺术集中体现在其建筑艺术方面,而建筑艺术是伊斯兰教艺术的重要组成部分。伊斯兰建筑起源于民间的圆顶小屋,后逐渐演变,形成今天独特的建筑形式。巴基斯坦一些较大的清真寺还融入了罗马和哥特式建筑风格,虽然屋顶穹隆,但屋角又常配以高耸的尖塔,细长且高,上有尖顶。由于伊斯兰教反对偶像,所以在清真寺中看不到偶像的雕刻,各式壁画琳琅满目,往往镶嵌着优美和考究的图案。

波斯地毯世界驰名,但当你走进巴基斯坦的地毯商店,你就会发现这个国家的地毯实际上融入了印度、中国、阿富汗和伊朗的艺术风情,已形成独一无二的风格。巴基斯坦的绘画源于波斯(伊朗)的"细密画",后吸收了中国绘画的内涵,因而显得别具一格。巴基斯坦的黄金工艺、陶瓷工艺、玉工艺、石工艺、木工艺、刺绣地毯工艺等都凝聚着一种讲究对称和细腻、文字与图案相协调的绘画艺术风格。

七、教育

巴基斯坦联邦政府教育部主管全国的教育、图书发行、图书馆、博物馆等机构。巴基斯坦实行中小学免费教育。近年来,政府强调伊斯兰教育,加强专科和职业教

---

① http://www.fmprc.gov.cn/chn/pds/gjhdq/gj/yz/1206_3/
② http://www.fmprc.gov.cn/chn/pds/gjhdq/gj/yz/1206_3/
③ http://www.fmprc.gov.cn/chn/pds/gjhdq/gj/yz/1206_3/

育。截至2009年,巴基斯坦全国共有小学约15.5万所,初中2.85万所,高中2.6万所,大学51所[1]。著名高等学府有旁遮普大学、卡拉奇大学、白沙瓦大学等。

八、民俗风情

1. 礼仪和习俗

巴基斯坦人见面时必须说"真主保佑",多以握手为礼,但男子见了女子不能握手,除非女子主动伸手,方可相握。男性久别重逢时,双方以两次拥抱和一次握手表示友谊。拥抱很独特,双方通常要头靠左边拥抱一次,再靠右边拥抱一次,再靠左边一次,如此三遍,毫不马虎。通常巴基斯坦人还给久别相逢的挚友、贵宾或亲人戴上花环。

巴基斯坦男人除穿白色长裤和各式长上衣外,很多人在冬天还戴一种称为"真纳帽"的皮帽;妇女即使在炎热的夏天也都穿宽大的长袍,在外出时还戴上一种只在眼睛处留几个小孔或者像针织的"网眼"的面罩;巴基斯坦属保守的伊斯兰国家,女士上街不宜穿过透过露的服装。信奉伊斯兰教的正统穆斯林严格禁酒,禁忌与猪相关的图画和食品。穆斯林的主要宗教活动有每年的朝觐、每天五次祈祷、年度《古兰经》朗诵比赛等。

2. 主要节日

国庆日(3月23日)、独立纪念日(8月14日)、真纳诞辰纪念日(12月25日),其他节日还有宰牲节(古尔邦节)、开斋节、丰收节等。

3. 美食

巴基斯坦人的主食为大米,常常将大米加上各种调料做成黄油抓饭和肉抓饭。人们喜欢吃香辣的食品,用胡椒、姜黄等做的咖喱食品闻名世界。

九、旅游业

巴基斯坦有很多自然景观,风景美丽,历史建筑物众多。但由于国内动荡的局势以及恐怖活动的盛行,其旅游业一直处于低迷状态。这对拥有丰富自然景观和人文景观的巴基斯坦来说,可谓可惜。

1990年巴基斯坦的入境旅游人数为42.4万人次,1995年为37.8万人次,2000年为55.7万人次,2004年为64.8万人次[2],2005年为79.8万人次,2006年为89.8万人次,2007年为84万人次[3]。据世界旅游组织统计,2010年巴基斯坦的入境旅游人数为90.7万人次,2014年为96.5万人次(UNWTO Tourism Highlights:2017 Edition)。

---

[1] http://www.fmprc.gov.cn/chn/pds/gjhdq/gj/yz/1206_3/
[2] World Tourism Organization(UNWTO):Tourism Market Trends, 2005 Edition
[3] World Tourism Organization(UNWTO):UNWTO, 2007

1990年巴基斯坦的入境旅游收入为1.56亿美元,1995年为1.10亿美元,2000年为0.81亿美元,2004年为1.78亿美元[1],2005年为1.80亿美元,2006年为2.54亿美元[2]。2010年巴基斯坦的入境旅游收入为3.05亿美元,2014年为2.82亿美元,2015年为3.17亿美元,2016年为3.23亿美元(UNWTO Tourism Highlights: 2017 Edition)。

1995年巴基斯坦出境旅游消费为4亿美元,2000年为3亿美元,2004年为12.8亿美元,2005年为13亿美元,2006年为15亿美元[3]。

巴基斯坦的入境游客主要来自中国、海湾和阿拉伯国家、日本和韩国等。西方国家在"9·11"事件之后去巴基斯坦旅游的人数大幅度减少。

2006年,巴基斯坦公民来华旅游人数达8.66万人次,比2005年增长3.36%[4]。2007年巴基斯坦公民来华旅游人数达9.75万人次,比2006年增长12.57%[5]。2008年,巴基斯坦公民来华旅游人数达7.28万人次,比2007年减少25.29%[6]。2009年巴基斯坦公民来华旅游人数达8.15万人次,比2008年增长11.86%[7]。2010年巴基斯坦公民来华旅游人数达8.73万人次,比2009年增长7.15%[8]。2011年巴基斯坦来华旅游入境人数为9.25万人次,2012年为9.67万人次,2013年为10.65万人次,2014年为10.89万人次,2015年为11.31万人次。

中国国家旅游局统计数字显示,2008年1~12月巴基斯坦公民来华旅游人数达7.28万人次,其中会议和商务旅游2.64万人次、观光和休闲2.72万人次、服务员工0.68万人次、其他1.25万人次[9]。2009年1~12月巴基斯坦公民来华旅游人数达8.15万人次,其中会议和商务旅游3.12万人次、观光和休闲2.79万人次、服务员工0.68万人次、其他1.55万人次[10]。2010年1~12月巴基斯坦公民来华旅游人数达8.73万人次,其中会议和商务旅游3.56万人次、观光和休闲2.82万人次、探亲访友0.01万人次、服务员工0.67万人次、其他1.67万人次[11]。2014年1~12月巴基斯坦来华旅游入境人数为10.89万人次,其中会议和商务旅游3.46万人次、观光和休闲2.94万人次、探亲访友0.07万人次、服务员工0.80万人次、其他3.62万

---

[1] World Tourism Organization (UNWTO): Tourism Market Trends, 2006 Edition
[2] World Tourism Organization (UNWTO): UNWTO June 2007
[3] World Tourism Organization (UNWTO): UNWTO June 2007
[4] http://www.cnta.gov.cn/html/2008-6/2008-6-2-21-28-58-262.html
[5] http://www.cnta.gov.cn/html/2008-6/2008-6-2-14-53-10-325.html
[6] http://www.cnta.gov.cn/html/2009-2/2009-2-18-9-34-95871.html
[7] http://www.cnta.gov.cn/html/2010-1/2010-1-19-10-48-20174.html
[8] http://www.cnta.gov.cn/html/2011-3/2011-3-25-10-15-28226.html
[9] http://www.cnta.gov.cn/html/2009-2/2009-2-18-9-36-18403.html
[10] http://www.cnta.gov.cn/html/2010-1/2010-1-19-10-52-93858.html
[11] http://www.cnta.gov.cn/html/2011-3/2011-3-25-10-15-28226.html

中国旅游客源国概况

人次。2015年1~12月巴基斯坦来华旅游入境人数为11.31万人次，其中会议和商务旅游3.63万人次、观光和休闲2.82万人次、探亲访友0.09万人次、服务员工0.82万人次、其他3.95万人次。

巴基斯坦旅游业有着巨大的潜力，旅游业已在巴基斯坦国民经济中占有相当的地位，对国民经济的发展起着不可忽视的作用。巴基斯坦政府也越来越重视发展旅游事业。近几年，为了刺激旅游业的发展，巴基斯坦旅游部门采取了多种措施：中央税务局合理化降低酒店业税收；与巴基斯坦驻外机构通力合作，大大简化签证申请的手续，缩短游客签证的办理时间；通过国际性的新闻媒体，向外界重塑巴基斯坦的良好形象等。

十、旅游资源

在巴基斯坦，旅游者可游览卡拉奇、拉合尔、伊斯兰堡等都市风光，参观古文化遗址，考察民风民俗，欣赏民间工艺和歌舞。游客可乘船游印度河，也可以去喜马拉雅山、兴都库什山、喀喇昆仑山冰川探险，俯瞰苏来曼山脉绝壁群峰，攀登海拔7 000米以上的雪峰，观看西北边境省的赛车赛马，采风于吉尔吉特马球比赛场，到巴哈瓦尔布尔沙漠狩猎。

（一）旅游城市

巴基斯坦的城市主要分布在孕育过伟大古文明的印度河流域的山麓地带。主要的旅游城市有伊斯兰堡、拉合尔、卡拉奇等。

1.伊斯兰堡

伊斯兰堡（Islamabad）位于巴基斯坦东北部的山麓平原上，北靠马尔加拉山，东临拉瓦尔湖。巴基斯坦首都自1967年正式迁至伊斯兰堡，伊斯兰堡于1970年基本建成，是一座结合了现代元素和传统伊斯兰教色彩的年轻的都市。

伊斯兰堡著名的旅游景点有费萨尔清真寺（Faisal Mosque）、伊斯兰堡博物馆（Islamabad Museum）等。

2.卡拉奇

卡拉奇（Karachi）位于印度河三角洲西面，南临阿拉伯海。卡拉奇原为巴基斯坦的首都，现为信德省（Sindh）首府，是巴基斯坦最大的海港及人口最多的城市。城内既有狭窄的小巷、破旧的古城、碎石子小路，也有高雅的现代建筑。城中有不少巧手的工匠运用传承的古老技艺制作精美的手工艺品。

卡拉奇主要的旅游景点有国父陵墓（Quaid-E-Azams Mausoleum）、巴图大清真寺（Masjid-E-Tooba）、吉尔吉特国家公园（Kirthar National Park）等。

3.拉合尔

拉合尔（Lahore）地处富庶的印度河上游冲积平原，距伊斯兰堡东南约300公里。拉合尔为旁遮普(Punjab)省首府,是巴基斯坦第二大城市。它不仅是著名的历史文化名城,而且还是巴基斯坦文化、建筑和艺术的中心,素有"巴基斯坦灵魂"之称。市内有许多著名的博物馆、寺院和古迹,其中有沙·贾汗(Shah Ja-han)皇帝建造的皇家古堡,有建于1864年的拉合尔中央博物馆(Lahore Central Museum),还有世界最大的清真寺——马德夏希清真寺(Badshahi Mosque)等。

(二)主要名胜

1. 塔克特·伊·巴依佛教遗址和萨尔·依·巴赫洛古城遗址

塔克特·伊·巴依佛教遗址和萨尔·依·巴赫洛古城遗址(Buddhist Ruins of Takht-i-Bahi and Neighbouring City Remains at Sahr-i-Bahlol)位于巴基斯坦西北部的马尔丹地区,近白沙瓦市。古城遗址坐落在高达153米高山之巅的一处古老的佛教修道院内。这座遗址最引人注目的一个地方是,其中的一排排小神殿独特的设计风格和排列布局。遗址中有一个规模巨大的长方形庭院,是中心修道院。遗址的南面是一个现已磨平的修道院神殿。遗迹北面是一座装饰分外华丽的庙宇,在金质的门扉上装饰着美丽绝伦的石雕。1980年,塔克特·伊·巴依佛教遗址和萨尔·依·巴赫洛古城遗址作为文化遗产被联合国教科文组织世界遗产委员会列入《世界遗产名录》。

2. 塔克西拉

塔克西拉(Taxila)古城遗址位于巴基斯坦首都伊斯兰堡西北30多公里处,是一座建于2 500年前的古城。在古城址的出土遗物中,有大量反映希腊风格和佛教艺术的作品,甚为著名。其中最引人注目的是,千百尊大大小小的犍陀罗王朝时期的明显地带有希腊雕塑风格的石雕和泥塑佛像。坚固高大的城垣、精巧别致的佛塔、金碧辉煌的寺院庙宇和大量形象逼真的人物浮雕,分布得错落有致,显示了这座城市的昔日盛况。1980年,塔克西拉作为文化遗产被联合国教科文组织世界遗产委员会列入《世界遗产名录》。

3. 摩亨朱-达罗考古遗址

摩亨朱-达罗考古遗址(Archaeological Ruins at Mohenjo-Daro)位于巴基斯坦南部的信德省拉尔卡纳县城,占地约8平方公里。这座"被埋没的城市"是青铜时代的古城遗址。该城按发掘地势高低,大体可分为上城和下城两部分。在上城,游客可以看到可能是为宗教仪式服务的大浴池。在下城,置身于两人多高的街墙之间时,游客将会为建筑师的巧妙设计技巧惊叹不已。摩亨朱-达罗考古遗址于1980年作为文化遗产,被联合国教科文组织世界遗产委员会列入《世界遗产名录》。

第十四节　土　耳　其

一、国家概况

国名：土耳其共和国（Republic of Turkey）
面积：78.36 万平方公里[①]
人口：7 981 万（2016 年）[②]
首都：安卡拉（Ankara）
语言：国语为土耳其语
民族：土耳其人占总人口的 80% 以上，库尔德人约占 15%
宗教：99% 的居民信奉伊斯兰教，其中 85% 属逊尼派，其余为阿拉维派（什叶派的分支）
货币：土耳其新里拉
国庆：10 月 29 日
国花：郁金香
国歌：《独立进行曲》
主要城市：伊斯坦布尔、伊兹密尔、阿达纳、布尔萨
行政区划：全国分为 81 个省

二、自然地理

土耳其位于地中海和黑海之间，地跨亚、欧两洲，大部分领土位于亚洲的小亚细亚半岛，其面积占全国总面积的 96.9%；欧洲部分位于巴尔干半岛东南部，面积只有大约 2.4 万平方公里。土耳其东接伊朗，东北邻格鲁吉亚、亚美尼亚和阿塞拜疆，东南与叙利亚、伊拉克接壤，西北和保加利亚、希腊毗连，北滨黑海，西与西南隔地中海与塞浦路斯相望。土耳其地形东高西低，大部分为高原和山地，仅沿海有狭长平原。土耳其欧洲部分领土主要是色雷斯盆地，亚洲部分主体为安纳托利亚高原，海拔 800~1 200 米。东端的大阿勒山海拔 5 165 米，为全国最高峰。东部的凡湖为咸水湖，是土耳其最大湖泊。河流大多水流湍急，安纳托利亚高原中部的克孜勒河是最重要的河流。

土耳其南部沿海地区属亚热带地中海式气候，内陆为大陆型气候。年降水量 100~1 100 毫米不等。

[①] http://www.fmprc.gov.cn/chn/pds/gjhdq/gj/yz/1206_31/
[②] http://www.fmprc.gov.cn/web/gjhdq_676201/gj_676203/yz_676205/1206_676956/1206x0_676958/

三、历史

现代土耳其人的祖先是中亚突厥人的一个分支,11世纪下半叶由中亚一带迁入小亚细亚各地,建立塞尔柱帝国并皈依伊斯兰教。13世纪末,建立奥斯曼帝国。16世纪,奥斯曼帝国进入最盛时期,版图扩及欧、亚、非三大洲。16世纪末,奥斯曼帝国开始走向衰落。20世纪初,土耳其沦为英、法、德等国的半殖民地。1919年,凯末尔发动民族解放战争并取得胜利。1923年10月29日,土耳其共和国成立。

四、外交

1. 对外关系

土耳其外交重心在西方,在与美国保持传统战略伙伴关系的同时,加强与欧洲国家的关系。注重经济外交,维护自身利益。土耳其重视建立和维护同邻国的友好关系,强调发展同世界及地区大国的关系,主张以和平方式解决国家间争端。加入欧盟是土耳其既定的战略目标。

2. 与中国的关系

土耳其和中国分别位于古丝绸之路的东西两端,政治、文化和贸易方面的交往历史悠久,最早可追溯到中国的汉代。由于受各种因素的影响,新中国成立后,中土关系的发展并不十分顺利。进入20世纪70年代后,中土交往重新开始升温,两国最终在1971年实现了关系正常化。近年来,频繁的高层互访巩固了相互理解并加强了双边关系,两国之间的合作在许多方面得到发展。

五、经济

1. 自然资源

土耳其矿产资源丰富,主要有天然石、大理石、硼矿、铬、钍和煤等。其中,天然石和大理石储量占世界储量的40%,品种与数量均居世界第一。铬矿储量位居世界前列。石油、天然气资源匮乏,需大量进口。水资源短缺。[①]

2. 农业

土耳其农业基础较好,主要农产品有烟草、棉花、稻谷、橄榄、甜菜、柑橘等。粮、棉、果蔬、肉等主要农副产品基本实现自给自足。近年来,农业机械化程度提高,机耕面积不断扩大。植树造林位居世界前列。

3. 工业

土耳其工业基础好,主要有食品加工、纺织、汽车、采矿、钢铁、石油、建筑、木材

---

① http://www.fmprc.gov.cn/chn/pds/gjhdq/gj/yz/1206_31/

和造纸等产业。木材加工业发达,通过实施新的林业技术并改善基础设施,工业木材产量逐年提高。2006年,工业总产值1 029.81亿美元,主要涉及采矿、电力、燃气、水等基础产业。①

4. 中土经贸

中土建交以来,两国政府都把发展双边经贸关系放在重要位置。自20世纪90年代以来,双边贸易飞速发展,中国已成为土耳其重要的贸易伙伴。2006年,土耳其对中国的进出口贸易额为80.69亿美元,其中,出口额为7.65亿美元,而进口额为73.04亿美元。② 中土两国在未来的合作仍有很大的潜力。

六、文化和艺术

土耳其拥有悠久的历史和灿烂的文化。土耳其文化和艺术受多种民族文化和艺术的影响,尤其是受拜占庭基督教文化和伊斯兰教文化的影响,而更深远的影响则来自后者。

土耳其民间传统舞蹈历史悠久,各地风格各异,但都节奏明快、雅致新奇。2005年,土耳其的托钵僧舞蹈仪式(The Mevlevi Sema Ceremony)被联合国教科文组织世界遗产委员会列入《人类非物质文化遗产代表作名录》。

土耳其音乐大致可分为古典音乐和民间音乐。古典音乐包括宫廷艺术音乐、宗教艺术音乐和奥斯曼军乐;民间音乐则由于地理和历史的原因,有着丰富多彩的地方特色。

18世纪以前,土耳其绘画以彩绘为主,一般作为书籍的手工插图。进入18世纪以后,油画日渐盛行,最初主要是壁画。之后,人体逐渐成为绘画题材。

文学一直是土耳其文化生活的一个重要组成部分。土耳其最早的口头文学作品是行吟诗人所传诵的神话和史诗。土耳其古典文学可分为宫廷文学和民间文学。宫廷文学吸收了大量的阿拉伯和波斯语词汇,语言典雅华丽,作品大多宣扬神秘主义世界观。民间文学中最丰富的是诗歌,其作者大多是行吟诗人或托钵僧;民间诗歌除宣扬神秘主义思想、歌颂爱情外,也有反对暴政和宗教狂热的优秀作品。进入20世纪,土耳其文学语言趋于简化,题材则更多偏重政治和社会民生。亚沙尔·凯末尔以其对安纳托利亚生活逼真、生动的描述成为公认的土耳其流行小说大家。2006年获得诺贝尔文学奖的土耳其作家帕慕克被认为是当代欧洲最核心的文学家之一,是享誉国际的文坛巨擘。

---

① http://www.fmprc.gov.cn/chn/pds/gjhdq/gj/yz/1206_31/
② http://www.fmprc.gov.cn/chn/pds/gjhdq/gj/yz/1206_31/

七、教育

土耳其小学学制5年,初、高中各3年,中专2~3年,大学4~6年。小学、初中为义务教育。1997年,土耳其通过新的教育法,其中规定只有在年满14岁并接受过8年制教育后,才能接受宗教教育。2005年6月,土耳其高中教育采用欧盟标准,学制从3年延长至4年。现有大学72所,著名高等学府有安卡拉大学、哈杰泰普大学、中东技术大学、比尔肯特大学、伊斯坦布尔大学、博斯普鲁斯海峡大学、爱琴海大学等。

八、民俗风情

1. 礼仪和习俗

土耳其人非常好客,见面要亲脸颊,而且不停地问好。小礼物颇能增进初识朋友间的友谊。人们进入清真寺须脱鞋和保持肃静。在自家门口挂几头大蒜,认为会带来幸福和吉祥。

在伊斯兰经典中,认为男性穆斯林着白色,女性穆斯林着黑色服饰较好;女性服饰以不透明、不显露曲线为主。头巾对穆斯林女性来说是必备的服饰,也成为伊斯兰文化的特色;对虔诚的穆斯林来说,戴头巾是虔诚与谦卑的标志。

2. 主要节日

麦加朝圣日(3月16日)、国家主权和儿童日(4月23日)、青年和体育节(5月19日)、胜利日(8月30日)、共和国成立日(10月29日)、鲁米纪念大典(12月10~17日)等。

3. 美食

土耳其饮食文化悠久,饮食习俗和草药烹制方式在中东和北非流传广泛,土耳其菜被誉为世界第三大菜系。土耳其以烤肉、甜点闻名,烤全羊是土耳其人招待贵宾的特色菜。土耳其人喜欢面食,但只作为菜肴配料而非主食。土耳其人视茶如命,不注重茶叶品牌,讲求煮茶技巧,街市上茶馆林立。此外,常喝的饮料有咖啡、牛奶、红茶、啤酒、红白葡萄酒和一种叫作"克拉因"的低度白酒。

九、旅游业

土耳其内阁原设文化旅游部,1989年正式单独设置旅游部,完全走上国家主导型旅游业的发展道路。旅游部在全国80个地区设有办事处,在世界20个国家设有23个海外旅游办事处。

旅游业是土耳其外汇收入的重要来源之一。在20世纪60年代贸易逆差和旅游逆差的双重压力下,土耳其旅游业艰难起步。从1980年以来,土耳其旅游接待人数的年均增长率为12.9%,旅游创汇的年均增长水平高达20%,大大超过了同期土耳其国民生产总值、出口和其他经济部门的年均增长速度。土耳其旅游业的快速发展引起了国际旅游界的关注并受到好评。

1990年土耳其的入境旅游人数为479.9万人次,1995年为708.3万人次,2000年为958.6万人次,2003年为1 334.1万人次,2004年为1 682.6万人次[1],2005年为2 027.3万人次,2006年为1 891.6万人次,2007年为2 224.8万人次[2]。据世界旅游组织统计,2010年土耳其的入境旅游人数为3 136.4万人次,2014年为3 981.1万人次,2015年为3 947.8万人次(UNWTO Tourism Highlights: 2017 Edition)。

1990年土耳其的入境旅游收入为32.25亿美元,1995年为49.57亿美元,2000年为76.36亿美元,2003年为132.03亿美元,2004年为158.88亿美元[3],2005年为181.52亿美元,2006年为168.53亿美元[4]。2010年土耳其的入境旅游收入为225.85亿美元,2014年为295.52亿美元,2015年为266.16亿美元,2016年为187.43亿美元(UNWTO Tourism Highlights: 2017 Edition)。

1995年土耳其出境旅游消费为9亿美元,2000年为17亿美元,2004年为25亿美元,2005年为29亿美元,2006年为27亿美元[5]。

据土耳其当地媒体报道,作为全球旅游市场的有力竞争者,土耳其已为自己设定了更高的目标,即在2023年土耳其建国百年大庆之前,使旅游业收入达到500亿美元,并跻身世界十大旅游国前五位。为此,政府大力拓展各种旅游项目,传统的阳光、海滩之旅所占份额有所下降,而其他新兴旅游项目将逐渐增加。此外,还将进一步开发高级旅游景点,以吸引经济实力雄厚的外国游客。

十、旅游资源

地跨亚、欧两洲的土耳其,综合了东方与西方的文化色彩。因其悠久的历史、世界重要的考古遗址、美丽的自然地貌和环境以及兼收并蓄的多元文化,长期以来一直成为世界各地旅游者向往的地方。这片历史积淀丰厚的土地拥有着13个不同文明时期的历史遗产和文化宝藏,拥有世界七大奇迹中的两个:阿耳忒弥斯神庙和摩索拉斯陵墓。此外,东罗马帝国和奥斯曼帝国时代留下的建筑遗迹是世界建筑艺术的珍品,亚洛瓦温泉和库什湖是世界著名的旅游胜地,土耳其浴和传统的骆驼斗展示着神秘色彩。即使只在土耳其稍稍停留片刻,也可以感受到这个神秘国

---

[1] World Tourism Organization (UNWTO): Tourism Market Trends, 2005 Edition
[2] World Tourism Organization (UNWTO): UNWTO, 2007
[3] World Tourism Organization (UNWTO): Tourism Market Trends, 2006 Edition
[4] World Tourism Organization (UNWTO): UNWTO, 2007
[5] World Tourism Organization (UNWTO): UNWTO June 2007

度的无限魅力。

截至2018年7月,土耳其被联合国教科文组织批准的世界遗产共计18项,包括文化遗产16项,文化和自然双重遗产2项。

(一)旅游城市

1. 安卡拉

安卡拉(Ankara)位于小亚细亚半岛安纳托利亚高原的中部,是安卡拉省省会、土耳其首都,全国政治、经济、文化、交通和贸易的中心,素有"土耳其的心脏"之称。

安卡拉是一座历史悠久的古城。早在公元前13世纪之前,印欧人赫梯就在此建立了赫梯帝国,至今安卡拉古城堡周围仍遗留着赫梯帝国时期遗留下来的雕塑、陶瓷、青铜人像等。从罗马帝国、拜占庭帝国到奥斯曼帝国统治时期,这里一直都是重要的政治、军事和商业中心。

安卡拉市区分新旧两部分,老城以修建在一座小山丘上的古城堡为中心;新城环绕在老城东、西、南三面,尤以南面的城区最为整齐,这里均是欧式建筑,大国民议会和政府主要部门都集中在该区。

安卡拉旅游资源丰富,名胜古迹众多,如罗马时期的朱里安柱和奥古斯都庙,拜占庭时期的城堡和墓地,奥斯曼时期的穆罕默德巴夏商场等。

2. 伊斯坦布尔

伊斯坦布尔(Istanbul)地跨欧亚两洲,位于土耳其西北部,是土耳其最大的城市、最大的港口、工商业中心和主要的旅游胜地。作为欧亚两洲分界线的博斯普鲁斯海峡把伊斯坦布尔分成新城和旧城,博斯普鲁斯吊桥跨过了海峡,将新城与旧城连了起来。

伊斯坦布尔建于公元前7世纪,当时称拜占庭。公元前324年,罗马皇帝君士坦丁从罗马迁都于此,改名君士坦丁堡。395年罗马帝国分裂后,君士坦丁堡成为东罗马帝国(又称拜占庭帝国)的首都。1453年,东罗马帝国灭亡之后,这里又成了奥斯曼帝国的首都,并改名为伊斯坦布尔。1923年土耳其共和国迁都安卡拉。

近两千年的都城历史,给这座古城留下了太多的文物古迹。其中最有影响的古迹是阿亚索菲亚博物馆、苏丹艾哈迈德清真寺和托普卡珀博物馆。

1985年,伊斯坦布尔古城区(Historic Areas of Istanbul)作为文化遗产被联合国教科文组织世界遗产委员会列入《世界遗产名录》。

(二)主要名胜

1. 戈雷梅国家公园和卡帕多西亚石窟遗址

戈雷梅国家公园和卡帕多西亚石窟遗址(Göreme National Park and the Rock Sites of Cappadocia)位于安卡拉东南约300公里处,是由远古时代5座大火山喷发出来的熔岩构成的火山岩高原。整个熔岩高原几乎寸草不生,但在河谷两旁的悬崖上和地底下却建有成百上千座古老的岩穴教堂和不计其数的洞穴式住房。1985年，戈雷梅国家公园和卡帕多西亚石窟遗址作为文化和自然双重遗产被联合国教科文组织世界遗产委员会列入《世界遗产名录》。

2.哈图莎

哈图莎（Hattusha）是古代赫梯帝国的首都，位于安卡拉以东约150公里处。它的城市结构、被保留下来的建筑类型（寺庙、皇宫、要塞）、狮子门和皇宫门上华丽的装饰以及岩画艺术使它成为世界著名的考古遗址之一。1986年，哈图莎作为文化遗产被联合国教科文组织世界遗产委员会列入《世界遗产名录》。

第十五节 伊 朗

一、国家概况

国名：伊朗伊斯兰共和国（The Islamic Republic of Iran）

面积：164.5万平方公里[①]

人口：8 000万[②]

首都：德黑兰（Teheran）

语言：波斯语为官方语言

民族：波斯人约占全国人口的51%，阿塞拜疆人占24%，库尔德人占7%，其余为阿拉伯人、土库曼人等少数民族[③]

宗教：98.8%的伊朗人信仰伊斯兰教，其中91%为什叶派，7.8%为逊尼派[④]

货币：伊朗里亚尔

国庆：2月11日

国花：玫瑰

国歌：《伊朗伊斯兰共和国国歌》

主要城市：伊斯法罕、马什哈德、库姆

行政区划：全国划分为30个省

二、自然地理

伊朗位于亚洲西南部，北邻亚美尼亚、阿塞拜疆、土库曼斯坦，西与土耳其和伊

---

① http://www.fmprc.gov.cn/chn/pds/gjhdq/gj/yz/1206_40/
② http://www.fmprc.gov.cn/web/gjhdq_676201/gj_676203/yz_676205/1206_677172/1206x0_677174/
③ http://www.fmprc.gov.cn/chn/pds/gjhdq/gj/yz/1206_40/
④ http://www.fmprc.gov.cn/chn/pds/gjhdq/gj/yz/1206_40/

拉克接壤,东面与巴基斯坦和阿富汗相连,南面濒临波斯湾和阿曼湾,北隔里海与俄罗斯和哈萨克斯坦相望,素有"欧亚陆桥"和"东西方空中走廊"之称。伊朗国土绝大部分在伊朗高原上,海拔900~1 500米,所以又称伊朗为"高原国家"。伊朗东部、西部多山脉,中部为干燥的盆地,形成许多沙漠,平均海拔1 000余米。仅西南部波斯湾沿岸与北部里海沿岸有小面积的冲积平原。里海是世界最大的咸水湖,其南岸属伊朗。

伊朗东部和内地属大陆性的亚热带草原和沙漠气候,冬冷夏热,干燥少雨;西部山区多属地中海式气候,夏季炎热干燥,冬季温和多雨。

三、历史

伊朗是具有5000多年文化和历史的古国。伊朗前身就是历史上赫赫有名的波斯帝国。波斯帝国盛极一时,曾形成地跨欧、亚、非三大洲的强大帝国。公元前5世纪的希波战争使帝国元气大伤。公元前334年,波斯帝国被马其顿的亚历山大大帝所灭。之后,伊朗先后遭到阿拉伯人、突厥人、蒙古人、阿富汗人的入侵和统治。18世纪后期,西方列强加紧在伊朗的争夺。19世纪初,伊朗沦为英、俄的半殖民地。1925年,巴列维王朝建立。1978~1979年,霍梅尼领导伊斯兰革命,推翻巴列维王朝。1979年2月11日,霍梅尼接管政权并于4月1日宣布成立伊朗伊斯兰共和国。

四、外交

1.对外关系

伊朗外交政策的核心是:奉行独立、不结盟的对外政策,反对霸权主义、强权政治和单极世界,全面发展与伊斯兰国家关系,着重发展与周边国家,特别是阿拉伯国家的关系,缓和与周边以及欧美国家的紧张关系。截至2008年,伊朗已与世界上125个国家建立了正式外交关系。

2.与中国的关系

据考古资料记载,两国人民自公元前4世纪就开始了交往。1971年中伊建交后,两国在政治、军事、经济和文化等领域的合作与交流取得长足进展,无论在深度还是广度上都堪称南南合作的典范之一。中伊两国都是发展中国家,发展经济是中伊目前面临的最主要任务,双方在诸多地区和国际事务中也具有共同或相似的看法。2008年,中国与伊朗在政治、经贸等领域的友好合作关系保持平稳发展。

五、经济

1.自然资源

伊朗石油、天然气和煤炭储量丰富。截至2006年底,已探明的石油储量约占世界总储量的 10%，天然气储量约占世界总储量的 16%。① 其他矿藏资源，如铁、锌、金矿等也十分丰富，可采量巨大。

2. 农业

伊朗农业生产主要集中在里海和波斯湾沿岸平原地区，农业收入的 1/3 来自畜牧业。大部分地区干旱缺水，农业机械化程度较低，粮食不能自给。伊朗主要生产小麦、大麦、棉花、水果等。

3. 工业

伊朗以石油开采业为主，另外还有炼油、钢铁、机械制造等，但基础相对薄弱，大部分工业原材料和零配件依赖进口。伊朗还大力发展以棉花、羊毛、蚕丝为原料的纺织工业，纺织工业已经成为伊朗第二大现代化工业部门。

4. 经济发展

近年，伊朗对外贸易发展势头良好，年进出口总额稳步增长。2008 年，前 8 个月进出口总额达 550 亿美元，其中进口 380 亿美元，较上年同期增长 28%；出口 170 亿美元，较上年同期增长 23%，其中非石油产品出口总金额约 100 亿美元。② 伊朗于 1994 年 1 月设立经济特区，至 2000 年 12 月，吸引外资总额为 49.8 亿美元。2005 年，伊朗吸收外资 42 亿美元。2007 年，达到创纪录的 102 亿美元。主要投资来源国为德国、沙特阿拉伯、土耳其、日本、荷兰和法国，其中亚洲投资占 50%。③

5. 中伊经贸

1971 年 8 月中伊两国建交以后，双边贸易有了一定的发展。1979 年伊朗伊斯兰革命胜利后，西方国家对伊朗实行经济制裁，与此同时中国继续发展同伊朗的贸易关系，双边贸易额大幅增长。

中国对伊朗出口以机械设备、轻工、矿产、化工、纺织、仪器仪表和粮油食品为主。机电产品已成为中国对伊朗第一大出口商品，原油是中国自伊朗进口的第一大商品。自 1995 年起，中国开始较大规模增加从伊朗进口原油，而伊朗政府也非常重视非石油产品对中国的出口。近年来，中国从伊朗进口的非石油产品逐年增加，主要有矿产品、金属产品、化工品和一定数量的农副产品。

六、文化和艺术

伊朗是世界著名的文明古国之一。几千年来，勤劳、勇敢的伊朗人民创造了辉煌灿烂的文化，特别是在医学、天文学、数学、农业、建筑、哲学、历史、文学、艺术和工艺方面都取得了巨大的成就。

---

① http://www.fmprc.gov.cn/chn/pds/gjhdq/gj/yz/1206_40/
② http://www.fmprc.gov.cn/chn/pds/gjhdq/gj/yz/1206_40/
③ http://www.fmprc.gov.cn/chn/pds/gjhdq/gj/yz/1206_40/

大医学家阿维森纳在11世纪所著的《医典》,对亚欧各国医学发展有着重大的影响;伊朗人修建了世界上最早的天文观测台并发明了与今天通用的时钟基本相似的日晷盘。

波斯语已有超过2 500年的使用历史,留下了可观的文献记录。波斯文学获得了全世界的赞叹。

伊朗建筑吸取和发展了两河流域及埃及的成果。典型的建筑有居鲁士墓和波斯王宫,二者均建在高大的石台基上。在王宫的台基和墙壁上,用石浮雕和琉璃砖镶成的图案作装饰。王宫的殿堂,往往有许多高大的石柱,从而使得宫殿显得雄伟壮观。

伊朗的细密画是波斯艺术的重要门类,始于《古兰经》的色彩华丽、富于装饰性的边饰图案,是一种用来装饰书籍、徽章、匣子、象牙板的肖像或装饰画,尤以手抄书籍插图为主。

七、教育

伊朗实行中、小学免费教育。重视高等教育,于1989年制订高等教育5年发展计划,并通过提供贷款和给予物质、政策支持等措施鼓励民办高等教育。伊朗全国共有高等院校346所,大学生约132万人。伊朗的主要大学有德黑兰大学、伊斯兰自由大学、塔尔比亚特·莫达列斯大学、伊朗科学技术大学、马什哈德菲尔多西大学、设拉子大学、霍梅尼国际大学等。

八、民俗风情

1. 礼仪和习俗

在交际场合,伊朗人习惯于以握手作为见面礼节。在握手之后,双方往往还需要互吻面颊。但是由于受教规限制,男女之间是不可以握手或亲吻的。在伊朗,说话或跟对方正面而坐时,应将两手平放而不可双手交叉,如果双手交叉着说话,会被认为态度傲慢,甚至被视为有意挑衅。在伊朗,微笑和点头实际上只是主人一种礼貌的表示,并不一定是表示同意。另外,由于他们洁身时多用左手,因而认为左手是不干净的,所以在接触、取物、递东西时不能用左手。

伊朗的男人一般上穿不超过膝盖的长衫,下着长至脚面的围裤,头裹长长的包头巾,嘴上留着浓重的胡须。伊朗妇女身上常佩戴许多饰物,一般要戴面纱。在德黑兰至库姆一带,妇女普遍穿伊斯兰的标准服饰,用一块大黑布从头遮到脚,只露出眼睛和鼻子。

伊朗由于是伊斯兰教国家,当地禁止喝酒,也不能携带酒精类的饮料。

2. 主要节日

伊朗新年(新日节,3月21~24日)、国庆日(2月11日)、伊斯兰共和国日(4

月1日),还有开斋节、宰牲节、跳动火节、阿舒拉节等民族节日。

3. 美食

伊朗人的口味一般比较清淡,偏爱微辣,讲究菜肴量少质精,注重色、香、味、形。各地区的饮食习惯不尽相同,游牧地区的人们以牛奶、黄油、奶酪为主食,农业区的人们主食为面饼、米饭等。伊朗的特色菜是烤羊肉,羊肉加上伊朗调料,再用手捏成条状串在竹签上烤熟,味道很特别。

九、旅游业

伊朗拥有数千年文明史,自然地理和古代文明遗产十分丰富。伊斯兰革命前,每年都有数百万人到伊朗旅游。1979~1994年,到伊朗旅游人数年均不足10万人。从1991年起,政府开始致力发展旅游业,旅游业逐渐复苏。2001年的"9·11"事件对伊朗旅游业造成较大冲击,去伊朗的游客锐减。随着地区安全形势转好,赴伊朗旅游人数稳步回升。入境游客主要来自日本、独联体和海湾各国。德黑兰、伊斯法罕、设拉子、亚兹德、克尔曼、马什哈德是伊朗主要旅游地区。

1990年伊朗的入境旅游人数为15.4万人次,1995年为48.9万人次,2000年为134.2万人次,2002年为158.5万人次,2003年为154.6万人次,2004年为165.9万人次[①]。据世界旅游组织统计,2010年伊朗的入境旅游人数为293.8万人次,2014年为496.7万人次,2015年为523.7万人次,2016年为494.2万人次(UNWTO Tourism Highlights:2017 Edition)。

1990年伊朗的入境旅游收入为0.81亿美元,1995年为0.67亿美元,2000年为4.67亿美元,2003年为10.33亿美元,2004年为10.74亿美元[②]。2010年伊朗入境旅游收入为24.38亿美元,2014年为38.41亿美元,2015年为38.68亿美元(UNWTO Tourism Highlights:2017 Edition)。

1995年伊朗出境旅游消费为2亿美元,2000年为7亿美元,2004年为4亿美元,2005年为42亿美元,2006年为46亿美元[③]。

由于受伊朗经济条件限制,利用节日长假出国观光的伊朗人还是少数,出国旅游主要以伊朗的富人为主。近年来,由于中国不断向世界开放其旅游市场,伊朗也兴起了中国旅游热,据不完全统计,2007年前往中国的伊朗游客达6万多人次,而且人数每年呈大幅上升趋势,中国已成为伊朗人"新日节"长假出国旅游首选地之一。

---

① World Tourism Organization(UNWTO):Tourism Market Trends, 2005 Edition
② World Tourism Organization(UNWTO):Tourism Market Trends, 2006 Edition
③ World Tourism Organization(UNWTO):UNWTO June 2007

十、旅游资源

伊朗作为文明古国,有着悠久的历史和灿烂的文化,历史和文化遗产丰富,而博物馆如地毯博物馆、考古学博物馆、旧巴列维博物馆、礼萨·阿巴西博物馆、阿吉列博物馆等则是向游人展示古国文明瑰宝的最重要的地点。在伊朗众多的博物馆中,有见证伊朗辉煌历史的珍宝馆和古代博物馆,有承载伊朗厚重文化底蕴的地毯博物馆和曾象征着"波斯帝国复兴"的自由塔,这些都是伊朗人民的宝贵物质和精神财富。

伊朗的清真寺是伊朗宗教活动、民众社交和修身养性的主要场所,也是游客不可错过的旅游之地。大部分伊朗的清真寺建有双塔或四塔,这是伊朗清真寺与其他伊斯兰国家的清真寺最大的区别。此外,伊朗国内的 22 项世界文化遗产(截至 2018 年 7 月)都是游人感受波斯文化的瑰宝,是波斯千年光辉灿烂历史和文化的象征。

(一)旅游城市

1. 德黑兰

伊朗首都德黑兰(Teheran)位于伊朗中部偏北,坐落在辽阔的伊朗高原北缘的厄尔布尔士山脉南麓。德黑兰市区,街道宽阔,绿树成荫,现代化的建筑整齐新颖,其间夹杂着古香古色的清真寺、教堂。德黑兰的一个引人注目的特点是,一年四季都盛开着各种鲜花,尤其是波斯人喜爱的玫瑰花随处可见。因此,又有人风趣地把德黑兰称为"鲜花城市"。德黑兰市区名胜古迹和博物馆众多,其中著名的有富丽堂皇的古勒斯坦宫和大理石宫。市内还有陈列丰富历史文物的考古博物馆、国家中央银行地下保险库的珍宝博物馆以及专门展览驰名世界的波斯地毯的博物馆和纪念波斯帝国成立 2 500 年而修建的自由纪念塔(Azadi Tower)等。

2. 伊斯法罕

伊斯法罕(Isfahan)古城位于伊朗中部、德黑兰以南约 400 公里处,是伊朗最古老的城市之一,建于公元前 4 世纪前后,历史上曾两度被定为王朝首都。伊斯法罕名胜古迹颇多,仅清真寺就 200 多座。主要古迹有伊玛姆广场、伊玛姆清真寺、阿里加普宫等。

(二)主要名胜

1. 波斯波利斯古建筑群

波斯波利斯(Persepolis)古建筑群位于伊朗南部法尔斯省境内设拉子的东北约 2 公里处。公元前 330 年,亚历山大大帝攻占了这里,在疯狂地掠夺之后将整个城市付之一炬,留下来的是一片气势雄伟的遗迹。考古学家们在遗迹中发现了两段巨大的仪式用的阶梯,它们分别通向觐见大殿的北面和东面。阶梯上饰有大量浮雕,刻画了波斯帝国民族服饰各异的朝贡者列队前进的场面。这些雕刻品历经2 400多年依然栩栩如生,使波斯波利斯成为现存最大的阿契美尼德艺术陈列馆。1979年,联合国教科文组织世界遗产委员会将波斯波利斯作为文化遗产列入《世界遗产名录》。

2. 伊朗国家沙漠公园

著名的伊朗国家沙漠公园(Iran National Desert Park)位于德黑兰东南部,成立于1964年,1976年被命名为国家公园。园里有平原,也有高山,生长着许多不同种类的植物,还有许多野生动物。平原上生长着沙漠植物和半沙漠植物,动物有羚羊、亚洲豹、亚洲野驴等珍稀动物和蟒蛇;山区生长有草原植物,动物有野山羊等。在伊朗国家沙漠公园里还生活着各种鸟类如鹧鸪、鹌鹑等。

3. 帕萨尔加德遗址

帕萨尔加德(Pasargadae)遗址位于法尔斯省境内,距离波斯波利斯遗址约40公里处。作为居鲁士王朝的都城,帕萨尔加德是阿契美尼德王朝早期建筑的典型代表。其宫殿、花园和居鲁士的陵墓都突出反映了波斯皇家艺术和建筑的特色。2004年,联合国教科文组织世界遗产委员会将帕萨尔加德遗址作为文化遗产列入《世界遗产名录》。

第十六节　以　色　列

一、国家概况

国名: 以色列国(The State of Israel)

面积: 根据1947年联合国关于巴勒斯坦分治决议的规定,以色列国的面积为1.52万平方公里,但由于1948~1973年间的阿以战争,其实际控制面积约2.5万平方公里[①]

人口: 868万(2017年5月)[②]

首都: 建国时在特拉维夫(Tel Aviv),1950年迁往耶路撒冷(Jerusalem),未得到普遍承认。1980年,以色列议会宣布耶路撒冷是以色列"永恒的与不可分割的首都",但它的政府所在地仍在特拉维夫

语言: 希伯来语和阿拉伯语均为官方语言,通用英语

民族: 犹太人约占总人口的77%,阿拉伯人、德鲁兹人等约占23%

宗教: 犹太教为国教,居民中约85%信奉犹太教,13%信奉伊斯兰教

---

① http://www.fmprc.gov.cn/chn/pds/gjhdq/gj/yz/1206_41/

② http://www.fmprc.gov.cn/web/gjhdq_676201/gj_676203/yz_676205/1206_677196/1206x0_677198/

货币:新谢克尔
国庆:5月14日
国花:银莲花
国歌:《希望之歌》
主要城市:海法、贝尔谢巴、埃拉特
行政区划:全国划分为6个区

二、自然地理

以色列位于亚洲西部,北与黎巴嫩交界,东北部与叙利亚接壤,东面是约旦,西南部与埃及为邻,西濒地中海,地理位置十分重要。

以色列沿海为狭长平原,东部有山地和高原。在以色列境内的裂谷是由约旦河、加利利海,以及死海所构成。南部的内盖夫沙漠(Negev Desert)大约1.2万平方公里,占据了以色列的一半土地面积。北部的戈兰高地和加利利群山植被丰富,冬季下雪,有众多的村镇和历史遗迹。加利利海(太巴列湖)面积164平方公里,是以色列最主要的淡水湖。

以色列属地中海型气候,夏季炎热干燥,冬季温和湿润。各地气候差异较大,4月到10月炎热干燥,11月到次年3月温和湿润。大部分地区夏季气温为20~32℃,冬季则为7~17℃。

三、历史

以色列历史悠久,是世界主要宗教犹太教、伊斯兰教和基督教的发源地。犹太人的远祖是古代闪族的支脉希伯来人,希伯来人约4 000年前从两河流域迁徙至今以色列、加沙一带地区,后因躲避自然灾害等迁徙至埃及尼罗河三角洲东部。公元前13世纪末开始从埃及迁居到巴勒斯坦,曾先后建立希伯来王国及以色列王国。之后的几个世纪又因多次战乱,犹太人几乎全部逃离或被赶出巴勒斯坦,流亡世界各地。7世纪,巴勒斯坦被阿拉伯帝国占领,阿拉伯人从此成为该地的主要居民。16世纪,巴勒斯坦被奥斯曼帝国吞并。1917年,英国占领巴勒斯坦。1922年,国际联盟通过了英国对巴勒斯坦的"委任统治训令",规定在巴勒斯坦建立"犹太民族之家"。此后,世界各地犹太人大批移居巴勒斯坦。1947年11月29日,联合国大会通过决议,决定在巴勒斯坦分别建立阿拉伯国和犹太国。1948年5月14日,以色列国正式成立。1949年5月11日,以色列取得联合国的席位,成为其会员国。

四、外交

1. 对外关系

以色列积极开展全方位外交。在保持与西方国家传统的友好关系的同时,维

护与美国战略盟友地位,积极发展与独联体各国和东欧国家关系,推动中东和平进程,力图实现同阿拉伯国家的和解,并拓展与非洲、亚洲各国的关系。

2. 与中国的关系

1950年1月,以色列宣布承认中华人民共和国。1992年1月,以色列与中国建立大使级外交关系。2003年12月,以色列总统卡察夫对中国进行国事访问。2005年11月,以色列政府正式承认中国完全市场经济地位。2007年1月,奥尔默特总理对中国进行正式访问,中以关系进一步发展。

五、经济

1. 自然资源

以色列矿产资源较贫乏,主要有钾盐、石灰石、铜、铁、磷酸盐、镁、锰、硫黄等。森林占总面积的5.7%。

2. 农业

以色列耕地少,自然条件恶劣,但由于科技兴农,使农业获得了令人瞩目的发展。以色列大量出口优质水果、蔬菜、花卉和棉花等,羊、牛、骆驼是主要牲畜。已研制出了世界上最先进的喷灌和滴灌技术及设备,成为世界上喷灌和滴灌技术及装备最先进的国家。另外,以色列还是世界上棉花单产最高的国家。

3. 工业

以色列能源及矿产资源贫乏,劳动力成本较高,因此主要发展耗能少、资金和技术密集型产业,其电子、通信、军工和医疗工业水平较高。经济结构为混合型,私人企业占很大比重,但仍有部分重要行业由政府控制,如电信、航运、民航等。以色列高新技术产业发展举世瞩目,在计算机软件、生物技术工程、航空等方面也拥有先进的技术和优势。

4. 经济发展

以色列经济已经由劳动力密集型产业构成的传统经济转变为以知识为基础的经济,其电信、高科技以及农业科技产业等都极具国际竞争力。近年来,在工业、金融、进出口和吸引外资等诸多领域均呈现出超越以往的增长势头。

5. 中以经贸

以色列与中国在电信及信息技术、农业科技及医疗设备等领域有商业往来。以色列以灌溉及育种为代表的农业科技,在全世界范围内都居领先地位,同时也是中以合作的首要领域。中国对以色列的出口在过去几年中有相当可观的增长,出口产品的组成已从低科技含量产品(纺织品、机械等)转向高端的产品。2007年,双边贸易额为53.06亿美元,其中中方出口36.55亿美元,进口16.51亿美元。2008年1~10月,双边贸易额为50.87亿美元,同比增长17%。其中中方出口35.68亿美元,同比增长19%,进口15.19亿美元,同比增长11%。[①]

六、文化和艺术

以色列是一个既古老又新兴的国家,文化活跃、民族众多。4 000多年的犹太人遗产,一个多世纪的犹太复国主义,50多年的现代国家地位,都对以色列文化有所影响,并塑造了以色列文化的特性。

以色列绘画和雕塑在国际上有很高知名度,尤其是一些抽象派画家,他们的作品已成为国际收藏家争相收购的对象。在耶路撒冷及其他一些历史老城,人们还会发现一些艺术家集中居住的"村落"。他们多从以色列近4 000处历史古迹中找寻创作灵感,重新演绎圣经故事和犹太人大流散时期受难史。此外,以色列的艺术生活中还有一大群颇具才华的工艺匠人(陶瓷艺人、金银匠、书法家、吹玻璃艺人等),他们专门以现代形式制作犹太教仪式的传统用品。

七、教育

以色列政府重视教育事业,其教育投入占国内生产总值的比重多年来持续居世界各国之最。5~16岁儿童享受义务教育,免费教育至高中毕业。学校分4种类型:公立学校,大多数儿童在此就读;公立宗教学校,侧重犹太学科、传统和习俗的教学;阿拉伯及德鲁兹学校,用阿拉伯语教学,侧重讲授阿拉伯和德鲁兹的历史、宗教和文化;私立学校,由各宗教团体赞助。著名的高等院校有耶路撒冷希伯来大学、特拉维夫大学、海法大学、魏茨曼科学研究院、巴伊兰大学、本·古里安大学等。

八、民俗风情

1. 礼仪和习俗

和以色列人初次见面以握手为礼,若是关系甚好而且双方都是男性的话,也可行拥抱、贴面礼;拥抱以后,还应接着握手一次。在以色列如果犯了什么错误,光说一句"抱歉",往往不能就此了事,必须思路清晰地说出犯错的原因,不然你会招来对方的轻视。进入伊斯兰教教堂的时候,必须脱鞋;赤足进入基督教教堂时,必须脱下帽子。

以色列人敬拜独一的上帝,遵守摩西律法,《圣经·旧约全书》是以色列人信奉的经典。

以色列人只食用某些特定种类的肉类和鱼类,有翅膀和用四足爬行的动物都可以吃,而猪肉、兔肉以及贝壳类是不吃的。用于奶制品的餐具必须和用于肉制品

[①] http://www.fmprc.gov.cn/chn/pds/gjhdq/gj/yz/1206_41/

的餐具分开使用。以色列人在安息日当天是不允许烹饪的,只能把事先准备好的食物用小火慢炖。在安息日,耶路撒冷市内的一切交通机关全都停止工作,饭店也悉数关门。

2. 主要节日

新年(犹历元月 1~2 日)、赎罪日(犹历元月 10 日)、住棚节(犹历元月 15~22 日)、光明节(犹历 3 月 25 日至 4 月 2 日)、普珥节(犹历 6 月 15 日)、逾越节(犹历 7 月 15~21 日)、七七节(五旬节,犹历 9 月 6 日)等。

3. 美食

犹太人的主食是饼,饼被犹太人视为生命线,所以人们吃饼通常不用刀切,只用手掰,唯恐用刀割断了生命线。以色列人把许多毫无犹太特色的菜和烹饪传统作为自己的国菜和传统保留了下来。例如,阿拉伯的油炸鹰嘴豆面丸是以色列的国菜上席。肉馅鱼、匈牙利式红烧牛肉、葱汤与羊肉串也都成了以色列菜。

九、旅游业

以色列有着独特的旅游胜地和众多的名胜古迹,吸引了数以百万计的人前往游览观光。旅游业在以色列经济中占重要地位,是赚取外汇的一个主要来源。尽管中东和平进程及国内安全形势等因素容易对游客量产生影响,但近年来游客人数基本呈逐年上升趋势。90%以上的游客来自欧洲和美洲,另外,还有来自过约旦河桥和埃以边境进入以色列境内的阿拉伯各国的游客等。

近年来,以色列入境外国旅游人数波动较大,入境收入变动也较大。2000 年为 241.7 万人次,2004 年为 150.6 万人次[①],2005 年为 190.3 万人次,2006 年为 182.5 万人次[②],2008 年 1~11 月达到 282.8 万人次[③]。据世界旅游组织统计,2010 年以色列的入境旅游人数为 280.3 万人次,2014 年为 292.7 万人次,2015 年为 279.9 万人次,2016 年为 290.0 万人次(UNWTO Tourism Highlights:2017 Edition)。2000 年以色列的入境旅游收入为 40.88 亿美元, 2004 年为 23.88 亿美元[④],2005 年为 28.53 亿美元,2006 年为 27.92 亿美元[⑤]。2010 年,以色列的入境旅游收入为 50.98 亿美元,2014 年为 57.66 亿美元,2015 年为 57.94 亿美元,2015 年为 57.22 亿美元(UNWTO Tourism Highlights:2017 Edition)。

以色列出境旅游人数和出境旅游消费也在不断增长中。2000 年以色列出境

---

① World Tourism Organization (UNWTO):Tourism Market Trends, 2005 Edition
② World Tourism Organization (UNWTO):UNWTO, 2007
③ http://www.fmprc.gov.cn/chn/pds/gjhdq/gj/yz/1206_41/
④ World Tourism Organization (UNWTO):Tourism Market Trends, 2006 Edition
⑤ World Tourism Organization (UNWTO):UNWTO, 2007

游客为 353.0 万人次,2001 年为 356.1 万人次,2002 年为 327.3 万人次,2003 年为 329.9 万人次,2004 年为 361.4 万人次。1995 年以色列出境旅游消费为 21 亿美元,2000 年为 28 亿美元,2004 年为 28 亿美元,2005 年为 29 亿美元,2006 年为 30 亿美元[①]。

中国已于 2005 年将以色列列为公民出国旅游目的地国。以色列赴中国旅游的人数近些年也大幅增加,从 2003 年的 2.2 万人次跃升到 2005 年的 5 万人次。2016 年中国公民赴以色列旅游的总人数为 7.93 万人次,2017 年人数已超过 11.3 万人次。

十、旅游资源

从耶路撒冷到地球表面最低点的死海,从哭墙到万国教堂,从苦路到加利利海,从出土文物的中心地到灯火辉煌的现代都市,从传奇的朝圣之路到舒适的休闲胜地……这一切都还是冰山一角,以色列以其传奇的历史遗址、迷人的文化品位、诸多的自然美景吸引着全世界的游客。

(一)旅游城市

1. 耶路撒冷

耶路撒冷(Jerusalem)位于犹地亚山,是一座举世闻名的历史古城,也是以色列政治、文化的中心。

耶路撒冷是犹太教、基督教和伊斯兰教三大宗教的圣地。所罗门圣殿在耶路撒冷建成,耶路撒冷一直是犹太教信仰的中心和最神圣的城市。基督徒也相当重视耶路撒冷,根据《圣经》记载,这里曾是耶稣受难、埋葬、复活和升天的地点。伊斯兰教将耶路撒冷列为麦加、麦地那之外的第三圣地,以纪念穆罕默德的夜行登霄,并在圣殿山上建造了两座清真寺来纪念这一事件。

耶路撒冷既古老又现代,是一个多样化的城市,其居民代表着多种文化和民族的融合。拥有众多的著名宗教圣地和历史文化的耶路撒冷已成为世界闻名的旅游城市之一。

2. 特拉维夫

特拉维夫(Tel Aviv)位于地中海滨,是以色列第二大城市和经济、文化中心。

特拉维夫是一座典型的欧美式城市。现代化的城区建在与海岸公路平行的 3 条砂岩山丘脊上,笔直的马路上林荫夹道,白色的平顶建筑鳞次栉比,广场、人行道旁及一些建筑物前,各种造型奇特的现代雕塑点缀其间。特拉维夫临近蓝色的地中海,沿海岸边有狭长平坦的沙滩,四周环抱着密集的柑橘园。在城市的扩建过程

---

① World Tourism Organization (UNWTO): UNWTO June 2007

中,不断挖掘出古犹太人聚居的遗址,一个个颇具特色的博物馆相继建成。游人可以从这些文化古迹中,目睹犹太民族的历史和智慧。

3. 海法

海法(Haifa)位于以色列北部,西濒地中海,是以色列第三大城市,也是以色列重要的商业中心及工业重镇。"海法"是"美丽的海岸"之意。当犹太人移民到海法之后,海法便成为一个现代化的城市。以色列人有句名言:"在耶路撒冷求学,在特拉维夫玩耍,在海法工作。"正好概括了以色列三大城市的特色。

(二) 主要名胜

1. 香料之路——内盖夫沙漠中的城市

香料之路起始于南阿拉伯半岛最东端,结束于西奈半岛的北端,总长度超过2 000公里,其中约100公里穿过以色列南部内盖夫地区。内盖夫沙漠地区的一些城市与地中海端的香料之路相连接。作为这个庞大贸易网的一部分,当时以色列骆驼队跨越阿拉伯沙漠,行走于沿南阿拉伯海岸港口城市,因而这一地区在公元前3世纪至公元2世纪商客云集,极其繁荣。2005年,拥有众多遗迹的香料之路——内盖夫沙漠中的城市(Incense Route-Desert Cities in the Negev)作为文化遗产被联合国教科文组织世界遗产委员会列入《世界遗产名录》。

2. 圣地——米吉多、夏琐和贝尔谢巴

位于以色列北部加利利的米吉多(Megiddo)和夏琐(Hazor),以及南部内盖夫沙漠最大的城市——贝尔谢巴(Beersheba,又译为别是巴),是《圣经》时代的经济、政治及军事中心。这些地区留存大量的古代战争、商业及民众日常生活的遗迹,有些是《圣经》中提到的原型。2005年,圣地——米吉多、夏琐和贝尔谢巴(Biblical Tels-Megiddo, Hazor, Beersheba)作为文化遗产被联合国教科文组织世界遗产委员会列入《世界遗产名录》。

3. 马萨达

马萨达(Masuda)是犹太人的圣地,位于犹地亚沙漠与死海谷地交界处。公元73年,马萨达的城池被围攻数年的罗马军队攻破,城中最后一批居民全部自杀。马萨达是2 000多年前的犹太人在这片土地上陷落的最后一个城堡,使它扬名的并不是高山上的城堡,而是犹太人以坚毅与勇气写成的宁为玉碎、不为瓦全的惨烈历史。2001年,马萨达作为文化遗产被联合国教科文组织世界遗产委员会列入《世界遗产名录》。

4. 阿卡古城

阿卡古城(Old City of Acre)位于以色列西北部,是世界上最古老的城市之一。自腓尼基时代起就一直有人类定居在这里,现在的城市是土耳其人在18世纪之后建立的,拥有完好的城堡、清真寺、商栈和土耳其浴室等建筑,生动再现了中世纪耶路撒冷十字军王国的城市规划和城市结构。2001年,阿卡古城作为文化遗产被联合国教科文组织世界遗产委员会列入《世界遗产名录》。

第十七节　哈萨克斯坦

一、国家概况

国名:哈萨克斯坦共和国(The Republic of Kazakhstan)
面积:272.49万平方公里[1]
人口:1 801.42万(2017年)[2]
首都:阿斯塔纳(Astana)
语言:哈萨克语为国语,通用俄语
民族:有131个民族,其中哈萨克族占总人口的58.6%,俄罗斯族占26.1%,其余为乌克兰族、乌兹别克族、日耳曼族、鞑靼族等[3]
宗教:主要信奉伊斯兰教,此外还有东正教、佛教等
货币:坚戈
国庆:12月16日
国花:郁金香
国歌:《我的哈萨克斯坦》
主要城市:阿拉木图、希姆肯特、阿克套
行政区划:分为14个州和2个直辖市

二、自然地理

哈萨克斯坦位于亚洲中部。北邻俄罗斯,南与乌兹别克斯坦、土库曼斯坦、吉尔吉斯斯坦接壤,西濒里海,东接中国,是世界最大的内陆国。全境处于平原向山地的过渡地带,荒漠和半荒漠占国土面积的一半以上。地形由西向东逐渐升高,西部为里海沿岸低地和图兰平原,中部为哈萨克丘陵,东部和东南部为阿尔泰山和天山,北部为西西伯利亚平原南缘。境内有大小河流7 000多条,主要河流有额尔齐斯河、锡尔河、乌拉尔河、恩巴河等,大部分注入内陆湖泊。湖泊众多,主要湖泊有巴尔喀什湖、斋桑泊、阿拉湖、田吉兹湖。

哈萨克斯坦属典型大陆性气候,温差大,干旱少雨。

---

[1] http://www.fmprc.gov.cn/chn/pds/gjhdq/gj/yz/1206_11/
[2] http://www.fmprc.gov.cn/web/gjhdq_676201/gj_676203/yz_676205/1206_676500/1206x0_676502/
[3] http://www.fmprc.gov.cn/chn/pds/gjhdq/gj/yz/1206_11/

三、历史

6世纪中叶至8世纪建立突厥汗国。9世纪至12世纪,曾建奥古兹国、哈拉汗国。12世纪至13世纪先后为契丹人、蒙古鞑靼人所征服。15世纪末建立了哈萨克汗国,分大、中、小三帐。18世纪小帐和中帐并入俄国,19世纪起全境被俄罗斯统治。1917年,建立苏维埃政权。1920年,建立吉尔吉斯苏维埃社会主义自治共和国。1925年4月19日,改称哈萨克苏维埃社会主义自治共和国,隶属俄罗斯联邦。1936年12月5日,成为苏联加盟共和国之一。1990年10月25日通过《主权宣言》。1991年12月10日更名为哈萨克斯坦共和国,同年12月16日正式宣布独立。为总统制共和国。

四、外交

1. 对外关系

哈萨克斯坦奉行多元平衡外交方针,重视发展与俄罗斯、中国、美国、欧盟、中亚邻国和伊斯兰国家的关系。主张国际社会应团结一致,积极应对来自国际恐怖主义、宗教极端主义和有组织犯罪的威胁与挑战。截至2006年底,哈萨克斯坦共与116个国家建立了外交关系。

2. 与中国的关系

1991年12月27日,中国承认哈萨克斯坦独立。1992年1月3日,中哈正式建交。2005年7月,中哈建立战略伙伴关系。中国是哈萨克斯坦对外政策优先方向之一。

五、经济

1. 自然资源

哈萨克斯坦矿产资源丰富,锌矿、钨矿和铀矿储量均居世界前列。其他主要矿产还有铁矿、锰矿、铬矿、铜矿等。哈萨克斯坦境内的石油、天然气储量也很丰富。

2. 农业

哈萨克斯坦的可耕地占国土面积的1/3。出产小麦、大麦、玉米等粮食作物;经济作物主要是棉花、烟草、甜菜和油料,为世界主要棉花产区;畜牧业以养羊为主,并有牛、马、骆驼等。

3. 工业

哈萨克斯坦的工业产值占国内生产总值的60%以上。2007年,哈萨克斯坦工业总产值约合628.6亿美元,与上年相比增长4.5%。① 目前,哈萨克斯坦已建立起一个以能源、采矿业为主的基础工业体系。

4.经济发展

哈萨克斯坦是典型的资源经济型国家,矿产资源的开采、加工和出口在国民经济中占据主导地位。哈萨克斯坦政府高度关注国民经济中产业结构严重失衡的现象,采取一系列措施,调整产业结构,提高加工工业和高科技产业在国民经济中所占的比重和高附加值产品的出口比重;借鉴国外经验建立技术园区,以提高国家的整体竞争力。近年来,哈萨克斯坦经济持续保持较快增长。

5.中哈经贸

中哈直接的经贸联系始于1992年。近年来,通过中哈双方政府部门和企业界的共同努力,中哈经贸关系得到了较大的发展。目前,中国在哈萨克斯坦有石油、汽车组装、银行等大型经贸企业和合作项目。中方正在积极配合哈方,一方面优化贸易结构;另一方面鼓励中国企业对哈萨克斯坦非能源和非原材料领域进行投资,共同推动实施一批经济技术合作项目。

六、文化和艺术

哈萨克斯坦历史上曾出现过一些著名的思想家和哲学家,其中法拉比(Al-Farabi,870—950)在自然科学领域造诣极深,在哲学和心理学方面也有诸多著述,被誉为"东方的亚里士多德"。

七、教育

哈萨克斯坦教育基础较好,全国基本无文盲。随着教育改革力度的不断加大,除中小学义务教育外,国立高校采取奖学金制和收费制两种方式。同时私立大学不断增多。哈萨克斯坦主要大学有哈萨克国立阿利法拉比大学、欧亚大学、哈萨克国立阿拜师范大学(阿拉木图国立大学)、哈萨克技术大学和哈萨克经济大学等。

八、民俗风情

1.礼仪和习俗

哈萨克族为哈萨克斯坦的主体民族。哈萨克族自古为游牧民族,由于特定的自然条件和社会环境,形成了自己独特的风俗民情。哈萨克族传统居所是圆顶毡房。哈萨克人无论男女老少,皆擅长骑术,且能歌善舞。哈萨克族人在牧羊人节、开春节等都要举行骑术比赛和叼羊比赛。每逢节假日都搞各种文体活动,如弹唱、

---

① http://www.fmprc.gov.cn/chn/pds/gjhdq/gj/yz/1206_11/

对唱、跳舞、踢毽子、摔跤、射箭等。

哈萨克族的传统服饰以毛皮为主,极有特色。哈萨克姑娘和少妇一般穿袖子带花、下摆多皱的连衣裙,可以通过女子所戴的头饰判断出她们出嫁以及生孩子与否。

哈萨克人都很热情好客,招待来客总是拿出最好的食物,并宰羊杀畜。哈萨克族人不吃猪肉,不食动物血。在哈萨克族人家做客应注意,在毡房内席地盘腿而坐,不脱鞋,不得把两腿伸直,不能跨过拴牲畜的绳子,不能跨过吃饭用的餐巾。

2. 主要节日

新年(1月1日)、纳乌鲁斯节(3月22日)、祖国保卫者日(5月7日)、胜利日(5月9日)、宪法日(8月30日)、共和国日(10月25日)、国庆节(12月16日)。此外还有开斋节、肉孜节和古尔邦节等伊斯兰传统节日。

3. 美食

从事畜牧业的哈萨克人主要的食物是奶类和肉食,特别是冬天,哈萨克人要宰牛、宰马、宰羊,将这种过冬肉叫"索古姆",还制作马肠、香肠等。面食有馕、包尔沙克(油炸面疙瘩)、别斯巴尔马克(肉菜拌面片)、抓饭等。

九、旅游业

自从独立以后,哈萨克斯坦就特别重视旅游业的发展。1990年7月,哈萨克斯坦通过了《旅游法》,同年加入世界旅游组织。1998年发布《复兴"丝绸之路"历史中心,保存和继承发展突厥语国家文化,布局旅游基础设施》的总统令。为充分利用"丝绸之路"发展旅游业,国家还成立了"哈萨克斯坦—丝绸之路"国家公司,每年举办一次"哈萨克斯坦—丝绸之路"旅游博览会。在哈萨克斯坦,旅游业发展被总统纳扎尔巴耶夫阐释为哈萨克斯坦步入世界50个最具竞争力国家的一项重要的优先策略。由此可见哈萨克斯坦政府及各级部门对旅游业发展的重视。

按照哈萨克斯坦相关部门确定的《2007~2011年旅游发展规划》,哈萨克斯坦还准备花大力气建设和维修公路干线,并且引进各种安全、舒适的客运工具,改善旅游基础设施,制订偏远地区的旅游业发展计划,为国家建立一个富有魅力的旅游形象。国家预算为此规划投资4.6亿美元,目前正在建设的旅游综合设施有30个。其中最为重要的有阿拉木图州的卡普恰盖镇的扎纳-伊犁大型旅游中心(Zhana Ile)、阿克莫拉州休钦斯克-博罗夫斯克疗养旅游基地(Shuchinsk-Burabai)和曼格斯套州的肯杰尔利旅游基地(Kenderli)。国家还准备建设10~15个山地滑雪场,开发拜科努尔的"哈萨克航天港"和"丝绸之路"国际旅游活动。

经过十多年的发展,哈萨克斯坦目前有权组织旅游活动的旅游公司有700多家,与近80个国家有旅游方面的合作关系。各类旅行社为游客提供了知识游、生态游、休闲游、野外宿营、狩猎、探险等旅游活动,开辟了 700 多条通往全国各地的旅游线路。到哈萨克斯坦访问和旅游的外国人数也在逐年增加。2000 年哈萨克斯坦的入境旅游人数为 147.1 万人次,2003 年为 241 万人次,2004 年为 307.3 万人次[1]。据世界旅游组织统计,2010 年哈萨克斯坦的入境旅游人数为 299.1 万人次,2014 年为 456.0 万人次(UNWTO Tourism Highlights:2017 Edition)。

1995 年哈萨克斯坦的入境旅游收入为 1.22 亿美元,2000 年为 3.56 亿美元,2003 年为 5.64 亿美元,2004 年为 7.06 亿美元,2005 年为 6.85 亿美元[2]。2010 年哈萨克斯坦的入境旅游收入为 10.05 亿美元,2014 年为 14.67 亿美元,2015 年为 15.34 亿美元,2016 年为 15.49 亿美元(UNWTO Tourism Highlights:2017 Edition)。

哈中山水相依,同处在"丝绸之路"上。中国在西汉时期,张骞出使西域就到过如今的哈萨克斯坦境内。中哈两国有着约 1 700 公里的共同边界。20 世纪 90 年代以来,中哈两国旅游关系日益发展。2005 年中哈签署了《关于建立和发展战略伙伴关系的联合声明》,声明中明确重申了要推动两国包括科学、文化、教育、体育和旅游在内的人文文化领域的交往。同时,哈萨克斯坦也是中国主要客源国之一。2006 年哈萨克斯坦公民来华旅游人数达 27.04 万人次,比 2005 年增长 44.9%[3]。2007 年,哈萨克斯坦公民来华旅游人数达 43.89 万人次,比 2006 年增长 62.29%[4]。2008 年,哈萨克斯坦公民来华旅游人数达 30.07 万人次,比 2007 年减少 31.48%[5]。2009 年,哈萨克斯坦公民来华旅游人数达 27.99 万人次,比 2008 年减少 6.94%[6]。2010 年,哈萨克斯坦公民来华旅游人数达 38.03 万人次,比 2009 年增长 35.89%[7]。2011 年哈萨克斯坦来华旅游入境人数为 50.62 万人次,2012 年为 49.14 万人次,2013 年为 39.35 万人次,2014 年为 34.36 万人次,2015 年为 24.15 万人次。

中国国家旅游局统计数字显示,2008 年 1~12 月哈萨克斯坦公民来华旅游人数达 30.07 万人次,其中会议和商务旅游 3.31 万人次、观光和休闲 16.85 万人次、服务员工 6.69 万人次、其他 3.22 万人次。[8] 2009 年 1~12 月哈萨克斯坦公民来华旅游人数达 27.99 万人次,其中会议和商务旅游 2.12 万人次、观光和休闲 16.75 万人次、服务员工 6.22 万人次、其他 2.89 万人次[9]。2010 年 1~12 月哈萨克斯坦公民来

---

[1] World Tourism Organization (UNWTO): Tourism Market Trends, 2005 Edition
[2] World Tourism Organization (UNWTO): Tourism Market Trends, 2006 Edition
[3] 邵琪伟.中国旅游统计年鉴[M].北京:中国旅游出版社,2007:16.
[4] http://www.cnta.gov.cn/html/2008-6/2008-6-2-14-53-10-325.html
[5] http://www.cnta.gov.cn/html/2009-2/2009-2-18-9-34-95871.html
[6] http://www.cnta.gov.cn/html/2010-1/2010-1-19-10-48-20174.html
[7] http://www.cnta.gov.cn/html/2011-3/2011-3-25-10-15-28226.html
[8] http://www.cnta.gov.cn/html/2009-2/2009-2-18-9-36-18403.html
[9] http://www.cnta.gov.cn/html/2010-1/2010-1-19-10-52-93858.html

华旅游人数达 38.03 万人次,其中会议和商务旅游 1.70 万人次、观光和休闲 25.45 万人次、服务员工 7.12 万人次、其他3.75万人次①。2014 年 1~12 月哈萨克斯坦来华旅游入境人数为 34.36 万人次,其中会议和商务旅游 4.39 万人次、观光和休闲 15.48 万人次、探亲访友 0.59 万人次、服务员工 6.55 万人次、其他 7.35 万人次。2015 年 1~12 月哈萨克斯坦来华旅游入境人数为 24.15 万人次,其中会议和商务旅游 1.63 万人次、观光和休闲 12.24 万人次、探亲访友 0.58 万人次、服务员工 5.37 万人次、其他 4.33 万人次。

中哈两国是友好邻邦,在经济、科技、文化、贸易以及反恐等方面两国合作已取得了可喜成绩,两国旅游合作发展空间将会更大。

十、旅游资源

哈萨克斯坦位于欧亚大陆的中心地带,地域辽阔,旅游潜力很大,旅游资源丰富多样。境内既有阿尔泰山、天山等高山峻岭、冰川雪峰,也有终年干旱少雨的莫因库姆、萨雷耶西克阿特劳等沙漠景观,还有广袤无垠的大草原和莽莽苍苍的原始森林;既有里海、咸海、巴尔喀什湖等大型内陆湖泊,也有马尔卡科尔湖、斋桑泊等山间湖泊或水库,还有阿拉木图郊区和拉赫曼诺夫等矿泉。伟大的"丝绸之路"北支线也穿越了哈萨克斯坦境内。

(一)旅游城市

1.阿斯塔纳

阿斯塔纳(Astana)位于哈萨克斯坦中部偏北的平原丘陵地带,伊希姆河绕城而过,四季气候宜人,生态环境良好。阿斯塔纳在历史上曾是军事要塞,1997 年,哈萨克斯坦政府迁都于此。随后,阿斯塔纳进行了大规模的城市改建和扩建工程,市内遍布着花坛、草坪、微型公园和城市广场。阿斯塔纳正成为中亚地区一座美丽的现代化大都市。

2.阿拉木图

阿拉木图(Almaty)位于哈萨克斯坦东南部,为全国最大城市,是哈萨克斯坦的原首都,三面环山,有"苹果之城"的美誉。阿拉木图历史悠久,古代中国通往中亚的丝绸之路就经过这里。市区布局整齐,满目苍翠,有宽阔平坦的林荫道,是中亚地区最美的城市之一。市内建筑物把哈萨克斯坦的民族风格与现代化美学融为一体,其中东正教大教堂(Orthodox Church Cathedral)是世界现存的第二高木结构建筑。

① http://www.cnta.gov.cn/html/2011-3/2011-3-25-10-15-28226.html

3. 希姆肯特

希姆肯特(Shymkent)位于哈萨克斯坦南部,是哈萨克斯坦最古老的城市之一,曾是12世纪"丝绸之路"上的重镇。只有城堡从希姆肯特的老城留存下来,它就像一座高达25米的山丘,其周围4公顷的区域被防御墙和沟渠围绕着。希姆肯特建有大量的公园、广场、文化宫殿、博物馆,是休闲、娱乐、欣赏哈萨克和俄罗斯戏剧、观看特色展览的最佳场所。

(二)主要名胜

1. 科尔加尔辛自然保护区

科尔加尔辛自然保护区(Korgalzhyn State Natural Reserve)是哈萨克斯坦最大的保护区,位于阿斯塔纳市西南部130公里处。该保护区由两大湖泊田吉兹湖与科尔加尔辛湖连接起来。水域为15.9万公顷,比日内瓦湖区大两倍。在水里(含盐非常低的)有金鲫鱼和银鲫鱼、梭子鱼、圆腹雅罗鱼、河鲈鱼及其他鱼类。这里有大约350种植物,其中90%是牧草植物。这里还是火烈鸟最北端的栖息地。在保护区的湖泊区有40多种哺乳动物,其中有一半是啮齿类哺乳动物。在夏季,还有从哈萨克斯坦南部地区来这里的草原高鼻羚羊。

2. 泰姆格里考古景观岩刻

泰姆格里考古景观岩刻(Petroglyphs within the Archaeological Landscape of Tamgaly)位于哈萨克斯坦东南部辽阔而干旱的楚河、伊犁河之间的山脉中,多达5 000多件,创作年代跨越公元前1000年到20世纪初的整整3 000年。这些作品大多数散布在远古人类居住的建筑和坟墓的遗址里,反映当地人耕种、社会组织、宗教仪式等情况。2004年,泰姆格里考古景观岩刻作为文化遗产被联合国教科文组织世界遗产委员会列入《世界遗产名录》。

3. 巴尔喀什湖

巴尔喀什湖(Lake Balkhash)位于哈萨克斯坦东部的巴尔喀什-阿拉凹地,是一个内陆冰川堰塞湖。它是哈萨克斯坦第三大湖,面积约为1.82万平方公里。其东部是盐湖,西部是淡水湖。

巴尔喀什湖地区的大自然令人惊异。巴尔喀什盆地的水库是动植物最重要的水源。这里的鱼类区系包括草鱼、鲢鱼、鲤鱼、鲇鱼等。巴尔喀什腹鱼和河鲈被列入了《国际红皮书》。在巴尔喀什湖南部的芦苇区和沿岸的河边林地有数千种鸟类,包括《哈萨克斯坦红皮书》里的约20种鸟类。这里还有许多野猪、麝鼠和赛加羚羊。巴尔喀什湖地区以其独特的自然景观及丰富的动物资源享誉世界。

4. 萨亚尔-哈萨克斯坦北部草原和湖泊

萨亚尔-哈萨克斯坦北部草原和湖泊(Saryarka-Steppe and Lakes of Northern Kazakhstan)由瑙尔祖姆(Naurzum)国家自然保护区和科尔加尔辛(Korgalzhyn)国

中国旅游客源国概况

家自然保护区组成,总面积为45.034 4公顷。萨亚尔拥有对迁徙水鸟而言极为重要的湿地,这些水鸟中包括世界级濒危鸟类,如极为珍稀的西伯利亚白鹤、卷羽鹈鹕和海鸬鹚。在萨亚尔还有多个淡水湖和咸水湖。2008年,萨亚尔-哈萨克斯坦北部的草原和湖泊作为自然遗产被联合国教科文组织世界遗产委员会列入《世界遗产名录》。

思考与练习

1. 日本的旅游业有何特点?
2. 简述日本的主要城市和旅游景点。
3. 简述韩国的旅游业发展现状。
4. 简述韩国的主要旅游城市及特征。
5. 简述朝鲜的礼仪和习俗。
6. 简述蒙古的民俗风情和文化艺术特点。
7. 简述蒙古的旅游业发展现状。
8. 越南的旅游资源特色是什么?
9. 简述缅甸的旅游业发展现状及其旅游资源特色。
10. 菲律宾的旅游资源特色是什么?
11. 简述菲律宾的主要旅游城市及特征。
12. 简述新加坡的旅游业发展现状。
13. 简述马来西亚的主要旅游城市及特征。
14. 简述印度尼西亚的旅游业发展现状。
15. 印度尼西亚的旅游资源特色是什么?
16. 简述印度的旅游业发展现状。
17. 印度的旅游资源特色是什么?
18. 简述印度的主要旅游城市及特征。
19. 巴基斯坦的主要名胜有哪些?
20. 简述土耳其的旅游业发展现状及其主要旅游城市。
21. 简述伊朗的旅游城市。
22. 简述以色列的民俗风情。
23. 简述以色列的主要旅游城市及特征。
24. 简述哈萨克斯坦的礼仪与习俗。
25. 简述哈萨克斯坦的旅游业发展现状及中哈旅游发展前景。

第三章 欧洲旅游区

引言

欧洲全称欧罗巴洲,简称欧洲。整个欧洲共44个国家和1个地区,面积1 016万平方公里(包括岛屿),约占世界陆地总面积的6.8%,是世界第六大洲。

欧洲拥有灿烂的文化和艺术以及复杂多样的自然环境,名胜古迹众多,为人类留下了丰富多彩的自然和文化遗产,是世界著名的旅游胜地。

欧洲旅游业在国际上一直处于领先地位,早在1950年欧洲接待国际旅游人数就达1 680万人次,居世界各大洲之最。目前,欧洲仍然是世界最主要的旅游目的地,2016年吸引了6.16亿游客,占全球入境游客总人数的50%以上。欧洲国际旅游收入一直居世界首位。同时,欧洲也是全球客源相对集中和出游规模较大的客源区域。2015年和2016年,法国在全球入境旅游人数排名中位居第一。

本章学习目标

1. 了解欧洲各国的国家概况
2. 熟悉欧洲各国的地理和历史概况
3. 熟悉欧洲各国文化艺术和民俗风情
4. 掌握欧洲各国旅游业发展现状和趋势
5. 了解欧洲各国旅游资源和主要名胜

第一节 意大利

一、国家概况

国名: 意大利共和国(The Republic of Italy)
面积: 30.131 8万平方公里

人口:6 080万[1]

首都:罗马(Roma)

语言:意大利语

民族:94%以上的居民为意大利人,其他为法兰西人、撒丁人、日耳曼人、弗留利人等

宗教:90%以上的居民信仰天主教

货币:欧元

国庆:6月2日

国花:雏菊

国歌:《马梅利之歌》

主要城市:米兰、佛罗伦萨、威尼斯、那波利(那不勒斯)

行政区划:全国划分为20个行政区

二、自然地理

意大利位于欧洲南部,包括亚平宁半岛以及西西里岛、撒丁岛等岛屿,北以阿尔卑斯山为屏障自西向东分别与法国、瑞士、奥地利、斯洛文尼亚接壤,东、南、西三面临地中海的属海亚得里亚海、伊奥尼亚海和第勒尼安海。海岸线长约7 200公里。全境4/5为山丘地带。境内有阿尔卑斯山脉和亚平宁山脉;意、法边境的勃朗峰海拔4 810米,居欧洲西部第一;有著名的维苏威火山和欧洲最大的活火山——埃特纳火山。最大河流是波河。较大湖泊有加尔达湖、马焦雷湖等。

意大利大部分地区属亚热带地中海式气候。年平均气温1月2~10℃,7月23~26℃,四季分明而温和。地区间气候差异较大。11月至次年4月的冬季雨水多,年降水量500~1 000毫米;5月至10月间,气候宜人。

三、历史

公元前509年至前28年为罗马共和时期。前27年罗马帝国成立,395年,罗马帝国分为东西两部分。476年,西罗马帝国灭亡。962年,意大利受神圣罗马帝国统治。12至13世纪,意大利分裂成许多王国、公国、自治城市和小封建领地。16世纪起先后被法国、西班牙、奥地利占领。1861年3月建立意大利王国。1870年,意大利王国军队攻克罗马,完成国家统一,罗马成为首都。1915年,意大利参与第一次世界大战。1922年10月31日墨索里尼上台,实行了长达20余年的法西斯统治;第二次世界大战中同德国、日本结成同盟,成为战败国。1946年6月2日成立

---

[1] http://www.fmprc.gov.cn/web/gjhdq_676201/gj_676203/oz_678770/1206_679882/1206x0_679884/

意大利共和国。

四、外交

1. 对外关系

对外政策的基本点是立足欧洲,积极参加欧盟建设,促进欧洲一体化进程,强调欧盟政治联盟和经济联盟并进、东扩与南下并举;重视同美国的传统关系,谋求同美建立"特殊盟友关系";强调建立公正合理的国际新秩序,主张世界多极化和加强地区性合作;支持欧盟和美国向中、东欧国家开放,主张进一步发展南北对话并增加对第三世界国家的援助;积极开拓与拉美国家之间的关系,强调拉美南方共同市场是欧盟重要的对话伙伴;重视发展同亚太地区国家的关系,加强同东南亚国家的经济合作;积极加强同非洲国家关系,发展经贸合作,保持援助规模,促进非洲民主化进程。意大利已同120多个国家建立外交关系。

2. 与中国的关系

1970年11月6日中意建交。多年来,两国关系发展顺利,交往频繁。

五、经济

1. 自然资源

矿产资源贫乏,蕴藏天然气、大理石、汞、硫黄等资源,还有少量铅、铝、锌和铝矾土等。水力和地热资源丰富。森林覆盖率为21%。

2. 农业

意大利主要农作物有小麦、玉米、甜菜、油橄榄、葡萄、柑橘等。意大利是欧洲最大的园圃蔬菜生产国之一和世界三大油橄榄生产国之一。意大利是继法国之后世界第二大葡萄酒生产国。

3. 工业

意大利是发达工业国家之一,经济规模居世界第七位。意大利以加工业为主,机械制造业占GDP的1/4和整个出口产品和服务业出口的3/4。[①] 主要工业部门有机械工业和食品工业以及纺织、服装、制鞋、皮革业。意大利的原油加工能力居世界第六位,钢产量居欧洲第三位、世界第七位。塑料工业、拖拉机制造业、电力工业等也位居世界前列。近几年,意大利注意开发以电子工业为主的新兴科技产业。信息和通信技术行业占国民生产总值的6.2%。

4. 中意经贸

意大利是中国在欧盟的重要贸易伙伴。1970年两国贸易额仅为1.2亿美元;

---

① http://www.fmprc.gov.cn/chn/pds/gjhdq/gj/oz/1206_44/

中国旅游客源国概况

2007年双边贸易额为313.8亿美元,达历史最高水平,同上年相比增长27.7%,其中我国出口211.7亿美元,进口102.1亿美元。中意经济技术合作发展迅速,截至2007年年底,我国从意引进技术2 880项,金额达127.6亿美元;意在华投资项目共计3 733个,合同外资金额86.7亿美元,实际投入38.5亿美元。①

六、文化和艺术

古罗马文化是世界古典文化中的瑰宝,它继承了古希腊等文化,在哲学、文学、建筑等方面,为全人类创造了巨大的精神财富。14至16世纪欧洲文艺复兴运动始于意大利,后扩大到法国、德国、英国等其他欧洲国家。意大利成为这个运动的中心,当时在意大利,绘画、雕刻、建筑、诗歌、音乐等取得了突出的成就。早期的文艺复兴是以佛罗伦萨为中心,因此佛罗伦萨城被当作"新罗马",在公共场所艺术作品到处可见。15世纪末到16世纪中叶,文艺复兴达到全盛时期。诗人但丁和作家薄伽丘是意大利文学的奠基人,也是文艺复兴运动的先驱。文艺复兴的鼎盛时期孕育了世界艺术史上的一些最为杰出的艺术大师,如达·芬奇、米开朗琪罗(Michelangelo)、拉斐尔(Raphael)、提香(Titian)、桑德罗·波堤切利(Shandro Botticelli)等。意大利还是歌剧艺术的故乡,18世纪,意大利的歌剧作曲家遍布欧洲重要的文化中心,他们把意大利的歌剧艺术传播到整个欧洲,推动了欧洲歌剧艺术的发展。

截至2018年7月,意大利被联合国教科文组织世界遗产委员会列入《世界遗产名录》的世界遗产就有54项。今日的意大利有看不完的名胜古迹、听不完的音乐、踢不完的足球、尝不完的美味佳肴。

此外,意大利还拥有丰富的非物质文化遗产,如西西里木偶戏(Sicilian Puppet Theatre)、撒丁岛牧歌(Sardinian Pastoral Songs)。

七、教育

意大利的国民教育体制分幼儿学校、小学、初中、高中和高等学校。意大利现有中小学7 550所,高中3 209所,大学81所。著名大学有罗马大学、米兰理工大学、都灵理工大学、波伦亚大学、帕多瓦大学、那不勒斯大学、比萨大学、佛罗伦萨大学等。②

八、民俗风情

1.礼仪和习俗

意大利人天性热情奔放、浪漫多情,待人接物彬彬有礼。在意大利,相互熟悉

---

① http://www.fmprc.gov.cn/chn/pds/gjhdq/gj/oz/1206_44/
② http://www.fmprc.gov.cn/chn/pds/gjhdq/gj/oz/1206_44/

的人见面时总是非常热情,表情特别丰富,讲话滔滔不绝,还爱打手势。比较亲近的朋友相见,有相互拥抱的习惯。意大利人到友人家里做客、出席宴会或庆祝重要节日,有赠送礼品的习惯,人们把送礼看成是对主人的尊重的表示。

意大利人在正式社交场合一般是着西式服装。在婚礼上,新娘喜欢穿黄色的结婚礼服。在一些节庆活动中,常举行规模盛大的化装游行,从小孩到老年人都穿各式各样的奇装异服。

2. 主要节日

元旦(1月1日)、主显节(1月6日)、狂欢节(一般在2月)、解放日(4月25日)、劳动节(5月1日)、国庆日(6月2日)、圣母升天节(8月15日)、万圣节(11月1日)、圣诞节(12月25日)。其他节日还有威尼斯狂欢节、威尼斯国际电影节、锡耶纳赛马节、米兰歌剧节、维罗纳夏季歌剧节、佛罗伦萨历史性足球赛和国际音乐节等。

3. 美食

意大利是一个美食之国,各地都有其独具特色的菜肴。罗马的特色菜肴是烤乳猪、烤羊羔、海鲜拼盘,此外还有肉桂酸牛肉片、沙丁鱼酱通心粉、花椰菜意大利面条等。佛罗伦萨的特色菜以牛排而著称。米兰有什锦蔬菜汤、茄汁烩肉烩饭和米兰风味的炸肉饼。威尼斯有章鱼、墨鱼、沙丁鱼和螃蟹沙拉等。西西里则有橄榄及茄汁调味的海鲜及面食,还有奶酪水果巧克力蛋糕及奶油甜馅煎饼卷。那不勒斯的特色美味佳肴是章鱼、鱿鱼、龙虾、番茄海鲜酱面和原汁原味的比萨饼。意大利最著名的甜点是冰激凌,也是世界上最好吃的冰激凌,其中奶油冰激凌和威士忌冰激凌是最为普遍的口味。意大利通心粉品种繁多,是广受喜爱的食品之一。葡萄酒、咖啡是意大利餐桌上最常见的饮料。

九、旅游业

意大利旅游业历史悠久,作为一个成熟的产业已有100多年的历史。意大利旅游资源丰富多样,近几十年,一直是世界旅游大国,国际旅游外汇收入是其重要的外汇来源。意大利丰厚的文化艺术遗产是发展旅游业取之不尽、用之不竭的源泉。得天独厚的地理位置和气候条件、四通八达的海陆空交通网、完善的旅游资源配套服务设施每年都吸引数以千万计的外国游客前往意大利。

相关数据显示,2006年意大利旅游业的就业人数为77.2万人,其中男性占42.1%,女性占57.9%;64.5%为全职就业,35.5%为临时就业。意大利有旅行社5 436家,工作人员3万人。[①]

---

① 王兴斌.中国旅游客源国概况[M].北京:旅游教育出版社,2006:166.

中国旅游客源国概况

1990年意大利的入境旅游人数为2 667.9万人次,1995年为3105.2万人次,2000年为4 118.1万人次,2003年为3 960.4万人次,2004年为3 707.1万人次,2005年为3 651.3万人次①,2006年达到4 105.8万人次②。据世界旅游组织统计,2010年意大利的入境旅游人数为4 362.6万人次,2014年为4 857.6万人次,2015年为5 073.2万人次,2016年为5 237.2万人次(UNWTO Tourism Highlights:2017 Edition)。

1990年意大利的入境旅游收入为164.58亿美元,1995年为287.31亿美元,2000年为274.93亿美元,2003年为312.45亿美元,2004年为356.56亿美元,2005年为353.98亿美元③,2006年为381.29亿美元④。2010年意大利的入境旅游收入为387.86亿美元,2014年为454.88亿美元,2015年为394.49亿美元,2016年为402.46亿美元(UNWTO Tourism Highlights:2017 Edition)。

1995年意大利出境旅游消费为148亿美元,2000年为157亿美元,2004年为205亿美元,2005年为224亿美元,2006年为231亿美元⑤。

意大利入境旅游者主要来自欧洲地区,德国、法国、奥地利、瑞士是意大利的主要客源国。美国是意大利跨区域的主要客源国,日本是意大利在亚太地区的主要客源国。在意大利的入境旅游者中,以休闲、娱乐和度假为目的的旅游者比例略高于以商务和专业活动为目的的旅游者。

中国国家旅游局统计数字显示,2008年1~12月意大利公民来华旅游人数达19.44万人次,其中会议和商务旅游7.38万人次、观光和休闲9.05万人次、探亲访友0.01万人次、服务员工0.92万人次、其他2.08万人次⑥。2009年1~12月意大利公民来华旅游人数达19.14万人次,其中会议和商务旅游6.82万人次、观光和休闲8.79万人次、探亲访友0.01万人次、服务员工0.92万人次、其他2.60万人次⑦。2010年1~12月意大利公民来华旅游人数达22.92万人次,其中会议和商务旅游7.98万人次、观光和休闲10.73万人次、探亲访友0.02万人次、服务员工1.02万人次、其他3.17万人次⑧。2013年1~12月意大利来华旅游入境人数为25.12万人次,其中会议和商务旅游8.97万人次、观光和休闲8.91万人次、探亲访友0.08万人次、服务员工1.54万人次、其他5.63万人次。2014年1~12月意大利来华旅游

---

① World Tourism Organization (UNWTO): Tourism Market Trends, 2006 Edition
② World Tourism Organization (UNWTO): UNWTO, 2007
③ World Tourism Organization (UNWTO): Tourism Market Trends, 2006 Edition
④ World Tourism Organization (UNWTO): UNWTO, 2007
⑤ World Tourism Organization (UNWTO): UNWTO June 2007
⑥ http://www.cnta.gov.cn/html/2009-2/2009-2-18-9-36-18403.html
⑦ http://www.cnta.gov.cn/html/2010-1/2010-1-19-10-52-93858.html
⑧ http://www.cnta.gov.cn/html/2011-3/2011-3-25-10-15-28226.html

入境人数为25.31万人次,其中会议和商务旅游6.54万人次、观光和休闲8.56万人次、探亲访友0.26万人次、服务员工2.04万人次、其他7.91万人次。2015年1～12月意大利来华旅游入境人数为24.61万人次,其中会议和商务旅游6.46万人次、观光和休闲7.81万人次、探亲访友0.33万人次、服务员工2.59万人次、其他7.42万人次。

从2004年9月起,意大利成为中国公民出境旅游目的地国家。意大利政府通过增加人力、尽量缩短签证时间、积极进行市场拓展等举措提升意大利旅游的竞争力,力争吸引更多中国游客前往意大利。

十、旅游资源

意大利,一个古老的国度,一个欧洲文明的摇篮,一个涵盖了欧洲文明发展全部历史的国家。意大利拥有众多历史文化名城,从古罗马时代到文艺复兴,保留下来的古迹数不胜数,这些古迹包括古罗马时代的庞大斗兽场、浴场、神庙、凯旋门、功德柱等,文艺复兴时代的教堂、宫殿、雕塑等。受天主教的深刻影响,教堂之多、装饰之华丽非意大利莫属,这些教堂内外装饰有华丽的雕塑和绘画。意大利三面环海,沿岸拥有众多欧洲著名的海滨度假胜地。北部阿尔卑斯山区有著名的冬季滑雪场,山区的湖泊很多自古就是达官贵人的首选度假地。游客可以在古罗马废墟中漫步,在文艺复兴时期的艺术品前凝思,在阿尔卑斯山滑雪,在偏远山区探访中世纪时期的小山镇,在威尼斯探索水城的奥秘和参观美丽而古老的教堂。总之,意大利以其丰富的旅游资源吸引着世界各国的游客。

(一)旅游城市

1.罗马

意大利首都罗马(Roma),位于亚平宁半岛的中南部西侧、台伯河下游的丘陵平原上,西距第勒尼安海25公里,城市面积200余平方公里。它是全国政治和文化的中心,也是世界著名的历史和文化名城。罗马城是古罗马帝国的发祥地和都城。公元前753年建城,时至今日已有2 700多年的悠久历史,留下了许许多多的名胜古迹。罗马还是一座艺术宝库、文化名城,古城就像露天博物馆,记录着罗马的光辉历史。罗马到处都遍布着文艺复兴时期的精美建筑和艺术精品,宏伟的宫殿、教堂、博物馆、大理石雕像和喷泉随处可见。罗马这座"永恒之城",每一座矗立的千年建筑、每一处静寂的废墟遗址都记录着深远浩繁的历史,都是艺术巨匠们聪明才智的展现。

2.米兰

米兰(Milano)位于意大利西北部,是意大利的第二大城市,伦巴第大区的首府,面积182平方公里,人口130多万。米兰是意大利经济、金融、时装业的代名词,是意大利的"经济首都"。

在米兰不仅有达·芬奇的世界著名绘画作品《最后的晚餐》,还有许多著名的古建筑和旅游景点,如斯卡拉歌剧院(Teatro alla Scala)和闻名于世的米兰大教堂(Duomo)。米兰悠久的历史和众多的名胜古迹使其成为意大利著名的旅游城市之一。

3. 佛罗伦萨

佛罗伦萨(Firenze)位于意大利中部的阿尔诺河畔,有着悠久的历史。早在欧洲中世纪早期,佛罗伦萨就成为一个独立的城市国家,纺织、印染和金融业发达。1860年,佛罗伦萨并入意大利王国。佛罗伦萨是文艺复兴的发祥地,是早期文艺复兴的中心。诗人但丁出生于佛罗伦萨,他的长诗《神曲》被视为不朽之作。

博物馆、美术馆、宫殿、教堂等古建筑遍布佛罗伦萨的大街小巷,向世人展示着这座艺术之都的永恒魅力。1982年,佛罗伦萨古城区(Historic Centre of Florence)作为文化遗产被联合国教科文组织世界遗产委员会列入《世界遗产名录》。

4. 比萨

比萨(Pisa)位于意大利的西北部,是一个古老而美丽的城市。公元前1世纪,比萨就已成为一个重镇。中世纪时,比萨一度是经济空前繁荣的海港。比萨曾作为城市共和国,有着威震八方的历史。1860年,比萨并入意大利王国。比萨时至今日仍保持中世纪古城的风貌。著名的比萨斜塔就位于城区,比萨城也因此塔而闻名于世。同时,比萨还是著名科学家伽利略的故乡。

5. 威尼斯

威尼斯(Venezia)位于意大利东北部的亚得里亚海海滨,始建于5世纪,由118个小岛组成,10世纪成为当时一个主要的航运枢纽。威尼斯是世界上唯一没有汽车的城市,世界独一无二的美丽水城。这座城市不仅是马可·波罗的故乡,也是被列入世界文化遗产名录的名城。威尼斯,这座历史文化名城,每年吸引着成千上万来自世界各地的游人。众多的名胜古迹、古老的建筑、超凡绝伦的雕塑、大大小小的岛屿、曲折蜿蜒的水道和一座又一座的小桥、运河上穿梭着的轻舟"贡多拉"、罗曼蒂克的异域风情,让游人流连忘返。

6. 维罗纳

维罗纳(Verona)位于意大利北部,是一座历史悠久的历史名城,又是意大利历史上一座重要的军事要塞。时至今日,维罗纳这座古老的城市仍保留着传统的古罗马城镇的格局。维罗纳不仅是一座美丽的城市,也是一座永恒的爱情之城。莎士比亚以维罗纳13世纪末14世纪初两个家族间的仇恨为背景创作了永留于世的爱情剧作《罗密欧与朱丽叶》,此剧作自1595年公演以来,经久不衰,风靡全世界。维罗纳的朱丽叶故居成了全世界青年男女心中的圣地,这里每天都有来自世界各地的众多游人缅怀朱丽叶，向往美好的爱情。罗密欧与朱丽叶的忠贞爱情故事是这个城市永恒的主题。

7. 那不勒斯

那不勒斯(Naples)又称为那波利(Napoli)，位于意大利南部，是一座历史悠久、风光秀丽的海滨城市。自从公元前470年前后那不勒斯被希腊移民始建直到今天，城市不断接纳和保留了出现在欧洲和地中海盆地的文化印记。

在这座城市里，不仅有著名的那波利国立考古博物馆(Museo Archeologico Nazionale di Napoli)等许多名胜古迹，还有建于1537年的欧洲最古老的音乐学府。著名的维苏威火山和庞贝古城遗址就在那不勒斯的东面。这座具有悠久历史的古老城市，让每一位到过这里的人都能感受到它独特的魅力。

8. 锡耶纳

锡耶纳(Siena)位于意大利中部，建于公元前29年，历史上曾是贸易、金融和艺术中心，现为意大利锡耶纳省的首府。锡耶纳这座城市建在3座丘陵的会合点上，是意大利最完美的中世纪城市之一，在此完好地保留了12至15世纪哥特式建筑的风貌，位于城中心的坎波广场(Piazza del Campo)被誉为意大利最美丽的广场之一。锡耶纳这座古城不仅保持了中世纪的古城风貌，而且还继承了中世纪的传统节庆，闻名世界的锡耶纳帕力奥(Palio)赛马节，是意大利场面最壮观的盛会之一。

（二）主要名胜

1. 庞贝

庞贝(Pompei)位于那不勒斯湾地区维苏威火山(Vesuvio)附近。昔日的庞贝古城是世界上最美丽繁华的城市之一，是连接古罗马帝国与世界各地的海上通商贸易往来的要地。但不幸的是，公元79年8月24日，维苏威火山突然爆发，强烈的火山活动喷出的岩浆、火山碎屑物质和气态喷出物把山下的庞贝城全部淹没，一座原本充满生机的城市顷刻之间被极其灼热的岩浆和火山灰凝固，瞬间成了一座死亡之城，生与死犹如昙花一现。直到18世纪，庞贝古城遗址随着考古发掘而重见天日。庞贝古城遗址不仅有雄伟壮观的建筑群，如神庙、竞技场、剧场等，还分布着许多街区、宅第、市场、浴场、客栈、商店、酒店等。庞贝古城遗址是世界上最负盛名的古遗址发掘地，它再现了古罗马时期的文化、经济和生活。

1997年，庞贝、赫库兰尼姆和托雷安农齐亚塔考古区(Archaeological Areas of Pompei, Herculaneum and Torre Annunziata)作为文化遗产被联合国教科文组织世界遗产委员会列入《世界遗产名录》。

2. 阿马尔菲海岸

阿马尔菲海岸(Amalfi Coast)位于意大利坎帕尼亚区(Campania)、那不勒斯南部，是意大利最美丽的一段海岸，也是一处绝妙的自然美景和自然多样性地区。这里有诸如阿马尔菲和拉韦洛这样一些颇具意义的建筑和城镇。阿马尔菲(Amalfi)小镇建于4世纪,与威尼斯、比萨和热那亚均为沿海共和国,后来发展成为商业中心。镇上著名的景点是建于9世纪的圣安德烈亚大教堂(St. Andrea Church)。拉韦洛(Ravello)是意大利最美丽的小镇之一,它坐落在有梯田的陡峭山坡上。这里有茂盛的花园、宁静的小巷和古老的建筑。小镇中心是一座大教堂和鲁佛洛别墅(Villa Rufolo)。大教堂因12世纪的青铜大门而著名,鲁佛洛别墅曾接待过教皇。这一地区的城镇拥有许多杰出的建筑和艺术作品,在城镇周围,既有低矮的山坡果园,也有广阔的丘陵牧场,从19世纪末开始,这里美丽的自然风光和独特的中世纪小镇景观吸引了越来越多的游客。

1997年,阿马尔菲海岸作为文化景观遗产被联合国教科文组织世界遗产委员会列入《世界遗产名录》。

3. 蒙特城堡

蒙特城堡(Castel del Monte)位于意大利南部的巴里(Bari)附近,是一座建在山顶上的城堡。城堡建于1229~1240年。当国王腓特烈二世在13世纪建造这座城堡时,就赋予了这座城堡以符号意义,这些符号意义反映在建筑设计的位置、数学和天文学上的精确度以及完美规则的外形上。城堡的每一处都展示数字上的和谐一致,特别是与数字8有关,八角形的建筑布局、八角形的庭院、8座八角形钟楼。城堡中的八边设计格局为极具规则的几何图形。作为中世纪一座具有独特风格的军事建筑,蒙特城堡无疑是古典建筑、东方伊斯兰建筑和北欧的哥特式修道会建筑多种风格的完美结合体。

1996年,蒙特城堡作为文化遗产被联合国教科文组织世界遗产委员会列入《世界遗产名录》。

4. 瓦尔卡莫尼卡岩画

瓦尔卡莫尼卡岩画(Rock Drawings in Valcamonica)是意大利瓦尔卡莫尼卡峡谷一些山岩上的远古岩画。这一峡谷位于意大利北部伦巴第区的阿尔卑斯山区。在峡谷中的2 400块巨大岩石上,共刻有14万幅内容极为丰富的石刻画。这些标记和图案刻在岩石上已有8 000年之久,这些图案描绘了当时的农业、航海、战争和魔法。瓦尔卡莫尼卡岩画是关于人类祖先活动的宝贵记录,反映了当时人类的经济、社会、文化和宗教的演变,为研究早期人类的习俗、日常生活和思想提供了极为宝贵的资料。

1979年,瓦尔卡莫尼卡岩画作为文化遗产被联合国教科文组织世界遗产委员会列入《世界遗产名录》。

5. 西西里岛

西西里岛(Sicilia)位于意大利南部,是地中海最大的岛屿。西西里岛是意大利的一个大区,它的首府和最大的城市是巴勒莫(Palermo)。巴勒莫也是意大利最充满生机和最富艺术氛围的城市之一。西西里岛作为连接欧非大陆的桥梁,是地中海文明的交会处,它以奇特的地理位置而闻名于世。位于西西里岛的埃特纳火山,海拔3 323米,是欧洲最高的火山,也是世界为数不多的活火山之一。

第二节 西 班 牙

一、国家概况

国名:西班牙王国(The Kingdom of Spain)
面积:50.592 5万平方公里[①]
人口:4 647万[②]
首都:马德里(Madrid)
语言:西班牙语是官方语言和全国通用语言,少数民族语言在本地区亦为官方语言
民族:主要是卡斯蒂利亚人(西班牙人),少数民族有加泰罗尼亚人、加利西亚人和巴斯克人
宗教:96%的居民信奉天主教
货币:欧元
国庆:10月12日
国花:石榴
国歌:《皇家进行曲》
主要城市:巴塞罗那、巴伦西亚、塞维利亚、科尔多瓦、托莱多
行政区划:全国划分为17个自治区、50个省,另在摩洛哥境内有休达和梅利利亚两块飞地

二、自然地理

西班牙位于欧洲西南部的伊比利亚半岛,西邻葡萄牙,东北与法国、安道尔接壤,北濒比斯开湾,南隔直布罗陀海峡与非洲的摩洛哥相望,东和东南临地中海。海岸线长约3 900公里。地形以高原和山地为主。其北部有东西绵延的坎塔布连山脉和比利牛斯山脉;南部为安达卢西亚山脉;中部为梅塞塔高原。平原面积不大。主要河流有塔霍河和埃布罗河。

---

① http://www.fmprc.gov.cn/chn/pds/gjhdq/gj/oz/1206_41/
② http://www.fmprc.gov.cn/web/gjhdq_676201/gj_676203/oz_678770/1206_679810/1206x0_679812/

中国旅游客源国概况

西班牙中部高原属温带大陆性气候,北部和西北部沿海属温带海洋性气候,南部和东南部属地中海型亚热带气候,加那利群岛基本上属于南亚热带气候。

三、历史

公元前8世纪起,伊比利亚半岛先后遭外族入侵,长期受罗马人、西哥特人和摩尔人的统治。西班牙人为反对外族侵略进行了长期斗争,1492年"光复运动"胜利后,建立统一的西班牙封建王朝。此后西班牙逐渐成为海上强国,在欧、美、非、亚各洲均有殖民地。1588年"无敌舰队"被英国击溃,西班牙开始衰落。1873年建立第一共和国。1931年建立第二共和国。1936~1939年西班牙爆发内战。1947年,佛朗哥宣布西班牙为君主国,自任终身国家元首。1975年11月,佛朗哥病逝,胡安·卡洛斯一世国王登基。1976年7月胡安·卡洛斯一世国王任命原国民运动秘书长阿·苏亚雷斯为首相,西班牙开始向西方议会民主政治过渡。1982年,工人社会党首次在大选中获胜组阁,西班牙进入民主时代。

四、外交

1. 对外关系

主张在处理国际事务中采取务实有效的多边主义政策,强调联合国的主导作用,倡导不同文明之间开展对话,建立世界文明联盟。把奉行"欧洲主义"作为重点;大力巩固和加强与拉美国家的友好合作关系;努力恢复和发展同北非地区国家的关系,推动地中海地区的安全与合作;主张欧盟和北约在东扩同时兼顾南下;重视在亚太地区政治和经济的发展,重点发展与中、日、韩及东南亚国家的关系。西班牙与近200个国家和地区有外交、领事和商务关系。

2. 与中国的关系

1973年3月9日,西班牙同我国建交。建交以来,两国在政治、经贸、文化、科技、教育等领域的友好合作关系不断发展。2005年11月,胡锦涛主席访西班牙期间,两国宣布建立全面战略伙伴关系。近年来,中西关系继续保持良好发展势头。

五、经济

1. 自然资源

西班牙主要矿产储藏量为煤88亿吨,铁19亿吨,黄铁矿5亿吨,铜400万吨,锌190万吨,汞70万吨。森林总面积1 437万公顷。[①]

2. 农业

2007年,西班牙农、林、渔业产值占国内生产总值的2.6%。农业占地3 310万

---

① http://www.fmprc.gov.cn/chn/pds/gjhdq/gj/oz/1206_41/

公顷,其中已用地 2 490 万公顷,可耕地 1 620 万公顷。① 主要农产品有小麦、大麦、葡萄、柑橘、番茄、橄榄等。

3. 工业

西班牙是发达的资本主义工业国,2007 年工业产值占国内生产总值的 26.7%。② 主要工业部门有造船、钢铁、汽车、水泥、采矿、建筑、纺织、化工、皮革、电力等行业,其中汽车生产量居世界第七位,列韩国之后,汽车出口占西班牙对外出口的 1/4。

4. 中西经贸

中西建交后,经贸关系发展迅速,贸易额不断增长。2007 年,双边贸易额为 209.7 亿美元,同上年相比增长 44.7%。③ 中国对西班牙主要出口商品是纺织品、服装、鞋类、机电产品、家用电器、旅行用品及箱包、陶瓷、药品等。从西班牙主要进口商品是机械设备、钢材、塑料、化工、医药制品等。西班牙是欧盟第六大对华投资国,行业涉及金融、能源、电信和运输等。中国在西班牙设立约 20 家合资或独资企业,主要集中在贸易、渔业等领域。中西双方的主要合作领域是电力、化工、机械、城建、环保等。

六、文化和艺术

西班牙有着源远流长的古代文明,著名的"阿尔塔米拉洞穴绘画文化"是其典型代表。文艺复兴以来更涌现出一大批文学巨匠和艺术大师。塞万提斯的小说《堂吉诃德》、格列柯的绘画作品《奥尔加斯伯爵的葬礼》、剧作家维加的经典巨著《羊泉村》、委拉斯开兹的名画《纺织女》和《宫娥图》、戈雅的代表性绘画作品《查理四世一家》以及 20 世纪最富有创造性和影响力的西班牙艺术大师毕加索的《阿维尼翁的少女》《格尔尼卡》等,都是举世瞩目的伟大作品。

弗拉门戈舞是安达卢西亚吉普赛人(弗拉门戈人)的舞蹈,它充满艺术性与历史感,如今已成为西班牙最具代表性的民间舞蹈,是西班牙歌舞艺术表演的象征。斗牛是西班牙传统民族文化,是最具代表性的民族体育项目,风靡全国,享誉世界。西班牙埃尔切的神秘剧是表现圣母马利亚死亡、加冕等故事的一种音乐剧,反映了巴伦西亚人的语言和文化特性。2001 年,埃尔切的神秘剧(The Mystery Play of Elche)被联合国教科文组织世界遗产委员会列入第一批《人类非物质文化遗产代表作名录》。

---

① http://www.fmprc.gov.cn/chn/pds/gjhdq/gj/oz/1206_41/
② http://www.fmprc.gov.cn/chn/pds/gjhdq/gj/oz/1206_41/
③ http://www.fmprc.gov.cn/chn/pds/gjhdq/gj/oz/1206_41/

七、教育

西班牙政府对教育十分重视,目前中小学实行免费义务教育(6~16岁),小学为6年,中学为4年,大学4~5年。全国现有高等院校300所,著名的高等学府有马德里孔普鲁腾塞大学、马德里自治大学、萨拉曼卡大学、巴塞罗那大学、西班牙加泰罗尼亚理工大学等。

八、民俗风情

1. 礼仪和习俗

西班牙人友善热情,少有种族偏见,喜欢舞蹈、音乐、喝酒,酷爱艺术,生性乐观。

西班牙巴斯克人的婚礼沿袭着一套传统的习俗。人们习惯上认为星期二是"吉日",因此婚礼一般选在这一天举行。典礼要在教堂里按天主教教会规定的仪式进行。随后还要举办宴会和舞会。

就像西班牙人的热情开朗,西班牙的传统服饰色彩丰富且对比强烈。较为人们所熟知的是南部安达卢西亚地区弗拉门戈舞舞者,身着色彩艳丽的有大波浪裙摆及袖口的传统服饰。另外,加利西亚自治区有着最多样化的传统服饰,当地妇女为方便于工作,穿着不是很长的裙子和饰有丝带或玻璃珠的围裙,裙子以红色、绿色、棕色或紫色居多,大多为呢料。

2. 主要节日

国庆节(10月12日)、宪法日(12月6日)、狂欢节(每年2月)、庭院节(每年5月6~19日)、奔牛节(7月7日)等。

3. 美食

西班牙海鲜饭很出名,它源于西班牙东部沿海的巴伦西亚省,一般分鸡肉、兔肉、海鲜三大类,堪称是西班牙的国菜;从巴塞罗那五星级酒店到任何一个小村庄的餐馆都可以见到它的踪影,黄澄澄的饭粒出自名贵的香料藏红花,香糯温软,还有鲜嫩的大虾、黑蚬、蛤、牡蛎、花枝、鱿鱼……色彩斑斓,清新诱人,散发出的幽香令人不能拒绝。雪利酒和火腿也是西班牙餐饮的两大特色。

九、旅游业

西班牙政府高度重视本国旅游业的发展与规划,市场多样化是西班牙旅游业的重要战略。悠久的历史和丰富多彩的文化是西班牙旅游资源的重要组成部分和主打产品。"文化旅游"越来越得到旅游部门的重视,"外语游"和"会议旅游"是西班牙近些年新开发的旅游产品。此外,西班牙旅游部门还与一些俱乐部合作,开发体育运动特色旅游。同时西班牙也是世界旅游预算最多的国家。如 2000~2006 年,政府对旅游和旅游相关行业投入 266.6 亿美元,平均每年达 38 亿美元。2007 年西班牙内阁决定 2008 年至 2020 年间年均投入 15 亿欧元,用于促进旅游业发展。目前,全国拥有旅行总社 2 812 家,分社 3 378 家;星级饭店 9 792 家,客房近 60 万间,床位 100 多万个,还有各种低档饭店 12.46 万家,并有大量家庭旅店和简易帐篷供游客使用。[①]

1990 年西班牙的入境旅游人数为 3 408.5 万人次,1995 年为 3 492.0 万人次,2000 年为 4 789.8 万人次,2004 年为 5 557.7 万人次[②],2005 年为 5 591.4 万人次,2006 年达到 5 845.1 万人次[③]。据世界旅游组织统计,2010 年西班牙的入境旅游人数为 5 267.7 万人次,2014 年为 6 493.9 万人次,2015 年为 6 851.9 万人次,2016 年为 7 556.3 万人次(UNWTO Tourism Highlights:2017 Edition)。

1990 年西班牙的入境旅游收入为 184.84 亿美元,1995 年为 252.52 亿美元,2000 年为 299.68 亿美元,2004 年为 452.48 亿美元[④],2005 年为 479.70 亿美元,2006 年为 511.15 亿美元[⑤],相当于同期 GDP 的 12%。2010 年西班牙的入境旅游收入为 546.41 亿美元,2014 年为 651.1 亿美元,2015 年为 564.68 亿美元,2016 年为 603.46 亿美元(UNWTO Tourism Highlights:2017 Edition)。

西班牙旅游收入的 79% 来自休闲度假游客,11% 来自商务游客。入境的游客 90% 集中在加泰罗尼亚、巴利阿里群岛、加那利群岛、安达卢西亚、巴伦西亚和马德里,形成了地域特色鲜明的六大国际入境旅游接待区。来自英国、德国和法国的游客占总人数的 63%。

同时,西班牙的出境旅游也呈逐年递增趋势。1999 年出境旅游人数为 351.9 万人次,2000 年为 410.0 万人次,2001 年为 413.9 万人次,2002 年为 387.1 万人次,2003 年为 409.4 万人次,2004 年为 512.1 万人次[⑥]。

1995 年西班牙出境旅游消费为 45 亿美元,2000 年为 60 亿美元,2004 年为 122 亿美元,2005 年为 151 亿美元,2006 年为 167 亿美元[⑦]。

随着中西两国友好合作关系的全面发展,中西旅游关系越来越向着健康、稳定的方向迈进。为了帮助提高中国旅游部门官员及旅游企业人员的专业素质,并促进中西两国旅游合作关系的进一步发展,2004 年 2 月 26 日,西班牙驻华大使在京

---

① 杨载田.旅游客源国概论[M].北京:科学出版社,2008:128.
② World Tourism Organization(UNWTO):Tourism Market Trends, 2005 Edition
③ World Tourism Organization(UNWTO):UNWTO, 2007
④ World Tourism Organization(UNWTO):Tourism Market Trends, 2006 Edition
⑤ World Tourism Organization(UNWTO):UNWTO, 2007
⑥ 张凌云.世界旅游市场分析与统计手册[M].北京:中国旅游出版社,2008:263.
⑦ World Tourism Organization(UNWTO):UNWTO June 2007

中国旅游客源国概况

向中国国家旅游局转交了金额为 11.25 万欧元的支票,用于对海滨旅游业培训、乡村旅游培训及旅游贸易和旅游产品促销培训等三个项目的支持。根据西班牙颁布的旨在加强与中国发展经济贸易关系的"中国计划",在 2005~2007 年的 3 年间,西班牙政府投资 6.9 亿欧元来鼓励和支持西班牙企业在中国发展投资、贸易和旅游事业,并打算在 3 至 5 年的时间内吸引 15 万~20 万中国游客。2004 年 9 月,西班牙成为中国全面开放的出境旅游目的地国家。

同时,西班牙来华旅游人数也在增加。2006 年西班牙公民来华旅游人数达 129 252 人次,比 2005 年增长 12.6%,在中国的旅游客源国排名中居第二十二位[1],已成为中国重要的远程客源国之一。中国国家旅游局统计数字显示,2008 年 1~12 月西班牙公民来华旅游人数达 11.22 万人次,其中会议和商务旅游 3.25 万人次、观光和休闲 6.82 万人次、服务员工 0.15 万人次、其他 1 万人次。[2]

2009 年 1~12 月西班牙公民来华旅游人数达 11.45 万人次,其中会议和商务旅游 2.86 万人次、观光和休闲 7.13 万人次、探亲访友 0.01 万人次、服务员工 0.18 万人次、其他 1.28 万人次[3]。2010 年 1~12 月西班牙公民来华旅游人数达 13.83 万人次,其中会议和商务旅游 3.36 万人次、观光和休闲 8.21 万人次、探亲访友 0.01 万人次、服务员工 0.24 万人次、其他 2.01 万人次[4]。2013 年 1~12 月西班牙来华旅游入境人数为 13.24 万人次,其中会议和商务旅游 3.93 万人次、观光和休闲 5.40 万人次、探亲访友 0.06 万人次、服务员工 0.74 万人次、其他 3.11 万人次。2014 年 1~12 月西班牙来华旅游入境人数为 14.10 万人次,其中会议和商务旅游 3.04 万人次、观光和休闲 5.23 万人次、探亲访友 0.27 万人次、服务员工 0.79 万人次、其他 4.77 万人次。2015 年 1~12 月西班牙来华旅游入境人数为 13.63 万人次,其中会议和商务旅游 3.10 万人次、观光和休闲 4.74 万人次、探亲访友 0.35 万人次、服务员工 0.91 万人次、其他 4.54 万人次。

中国和西班牙都是世界旅游大国,两国的交流与合作对于进一步发展两国旅游业显得尤为重要。西班牙先进的旅游管理模式和手段以及旅游推广策略都值得中国借鉴,而中国巨大的旅游市场也是西班牙不容忽视的。在未来,两国的旅游合作一定会更加密切。

十、旅游资源

西班牙有"旅游王国"之称,是世界旅游业最发达的国家之一。西班牙拥有十

---

[1] 邵琪伟.中国旅游统计年鉴[M].北京:中国旅游出版社,2007:16.
[2] http://www.cnta.gov.cn/html/2009-2/2009-2-18-9-36-18403.html
[3] http://www.cnta.gov.cn/html/2010-1/2010-1-19-10-52-93858.html
[4] http://www.cnta.gov.cn/html/2011-3/2011-3-25-10-15-28226.html

分优越的旅游资源,其大部分国土气候温和,山清水秀,阳光明媚,风景绮丽。在 3 900 多公里蜿蜒曲折的海岸线上,遍布着许多天然的海滨浴场,其中包括闻名遐迩的三大海滨旅游区。同时,西班牙还拥有许多王宫、教堂和城堡。截至 2018 年 7 月,西班牙被联合国教科文组织列入《世界遗产名录》的世界遗产共计 47 项,其中文化遗产 41 项、自然遗产 4 项、文化和自然双遗产 2 项。

(一)旅游城市

1. 马德里

马德里(Madrid)位于伊比利亚半岛中部的山间盆地,为西班牙的首都以及经济、文化和政治中心,以气候宜人、阳光灿烂而成为著名的旅游胜地。马德里也是著名的历史名城,名胜古迹遍及全城,拥有众多的博物馆、美术馆和艺术中心。马德里老城区大部分 18 世纪的建筑保存了原有的风貌,广场、喷泉、雕塑遍布城区。

2. 巴塞罗那

巴塞罗那(Barcelona)是加泰罗尼亚自治区的首府,西班牙第二大城市和最大的港口,也是一座著名的海滨旅游城市。这座城市在其规划中融合了罗马风格、中世纪风格和现代主义风格,因而成为一座世界性的城市。悠久的历史和旺盛的经济活力使巴塞罗那成为一处让人印象深刻的文化宝藏。1992 年,巴塞罗那成功举办第 25 届夏季奥林匹克运动会,更使其闻名全球。

漫步于巴塞罗那的人行道上,惊奇会接踵而至。老城区的步行街、绿化带和具备现代化设施的海岸反映了这个城市的包容性。该市优良的通信网络、地中海气候和不胜枚举的旅游景点使它成为一座商业重镇。

3. 塞维利亚

塞维利亚(Sevilla)坐落在瓜达尔基维尔河右岸,为全国第四大城市,南部地区第一大城市,也是西班牙唯一有内河港口的城市。塞维利亚城建于公元前 1 世纪中叶。11 世纪,摩尔人的一个部落在此建立独立王国,现存大部分古代建筑系该时期遗迹。瓜达尔基维尔河从城中穿流而过。塞维利亚曾是一个重要的港口,当年西班牙的船队从新大陆运来的大批黄金、白银,就是经过塞维利亚转运往欧洲各地的。耸立在瓜达尔基维尔河畔的建于 1220 年的十二等边形"金塔",显示出当时塞维利亚的繁荣。今天,塞维利亚是西班牙南部经济、贸易、旅游和文化重镇,有汽车、机械制造等工业。

4. 科尔多瓦

科尔多瓦(Cordoba)位于西班牙南部,曾是科尔多瓦王国的首都,8~13 世纪初为伊斯兰教主要都市之一。在其鼎盛时期,与巴格达、君士坦丁堡并列为"世界三大文化中心"。当时市内清真寺林立,数以百计,文化灿烂辉煌,盛极一时。现在为工业城市,并且是附近小麦、橄榄、葡萄等农产品的集散地。

5.格拉纳达

格拉纳达(Granada)位于西班牙南部的安达卢西亚自治区的东部。地理和自然景观的多样性是这里的主要特点,沿海地区气候温暖,山区气候寒冷,伊比利亚半岛上的最高峰——穆拉森山便坐落其中。特殊的历史背景赋予了这座城市丰富的艺术财富,这里既有摩尔人修建的宫殿,也有文艺复兴时期基督教的建筑瑰宝。这里曾是阿拉伯人在伊比利亚半岛上的最后一个王国的首都,格拉纳达因此而成为具有伟大象征意义的城市。

(二)主要名胜

1.卡塞雷斯古镇

卡塞雷斯古镇(Old Town of Cáceres)位于西班牙西部,现为卡塞雷斯省省会所在地,12世纪时为伊斯兰教的一个据点。历史上摩尔人和基督徒的争斗反映在卡塞雷斯城的建筑中,罗马式、伊斯兰式、北哥特式和意大利文艺复兴式的建筑风格在这里和谐地融为一体。城中现存有大约30座穆斯林时期建造的高塔建筑,其中布哈科塔最为著名。1986年,卡塞雷斯古镇作为文化遗产被联合国教科文组织世界遗产委员会列入《世界遗产名录》。

2.加拉霍艾国家公园

加拉霍艾国家公园(Garajonay National Park)位于加那利群岛中的戈梅拉岛屿上。丰富的降水量使得岛屿上的植物生长得非常茂盛。其中全球所存无几的月桂树林在此珍藏并保存下来,形成了月桂树奇观。中部平原上盛行的信风从海洋上带来大量的水汽,使得这片被保护的土地成为令人瞩目的淡水储存区。公园千奇百怪的地貌是由于曾经有熔岩流过而形成的,现在都已经固化。同时,加拉霍艾国家公园的无脊椎动物种类也很丰富。1986年,加拉霍艾国家公园作为自然遗产被联合国教科文组织世界遗产委员会列入《世界遗产名录》。

第三节 葡萄牙

一、国家概况

国名:葡萄牙共和国(The Portuguese Republic)
面积:9.221 2万平方公里
人口:1 037万(2016年)[①]
首都:里斯本(Lisbon)

---

① http://www.fmprc.gov.cn/web/gjhdq_676201/gj_676203/oz_678770/1206_679570/1206x0_679572/

语言：官方语言为葡萄牙语
民族：葡萄牙人占总人口的99%以上，其余为西班牙人等
宗教：97%以上居民信奉天主教
货币：欧元
国庆：6月10日
国花：雁来红、薰衣草
国歌：《葡萄牙人》
主要城市：波尔图、法鲁、辛特拉
行政区划：18个行政区，2个自治区（亚速尔群岛和马德拉群岛）

二、自然地理

葡萄牙位于欧洲伊比利亚半岛（Iberian Peninsula）西南部，东部和北部与西班牙接壤，西部和南部濒临大西洋，南与非洲大陆隔海相望。葡萄牙处于英吉利海峡、北海、波罗的海与地中海之间的海路要道上，海岸线长832公里。地形北高南低，多为山地和丘陵。北部是梅塞塔高原；中部山区平均海拔800~1 000米，埃什特雷拉山（Estrela Mountain）海拔1 993米，为全国最高山峰；南部和西部分别为丘陵和沿海平原。主要河流有特茹河（Tejo）、杜罗河（Douro）等。

葡萄牙北部属海洋性温带阔叶林气候，南部属亚热带地中海式气候，西部沿海受大西洋湿润的海洋气流的影响，干旱季节较短。

三、历史

葡萄牙是欧洲古国之一。10世纪以前长期受罗马人、日耳曼人和摩尔人的统治。1143年，葡萄牙成为独立王国。15至16世纪，先后在亚洲、非洲、美洲建立了大量的殖民地，成为海上强国。从1517年起，葡萄牙与中国通商，1557年后，窃据澳门为殖民地。1580~1640年葡萄牙被西班牙统治，1703年沦为英国附属国，1891年成立第一共和国，1910年成立第二共和国。1926年军政府执政，1932年，萨拉查建立法西斯独裁政权。1974年的"武装部队运动"推翻了独裁政权，葡萄牙开始了民主化进程。1986年，葡萄牙加入欧共体，1999年成为首批加入欧元区的国家之一。

四、外交

1. 对外关系

主张在平等互利基础上同世界各国普遍发展友好合作关系。注重加强同北约的关系，保持同美国的传统关系是其对外政策的基石；立足欧盟，支持并积极参与

欧洲一体化建设;着力加强同非洲和拉美地区国家的传统关系;日益重视发展同亚洲国家平等互利的合作关系。截至2009年7月,葡萄牙已与世界上180个国家和地区建立外交关系。

2. 与中国的关系

中国和葡萄牙于1979年2月8日建交。同年9月,两国互派大使。建交以来,两国不断发展在政治、经贸、文化、科技、军事等各个领域的友好合作关系。1987年4月,中葡两国政府通过平等协商解决了历史遗留的澳门问题,达成协议并签署了关于澳门问题的联合声明,中国于1999年12月20日恢复对澳门行使主权。2005年12月,两国宣布建立全面战略伙伴关系。2007年11月,葡萄牙总理索克拉特斯以欧盟轮值主席身份率欧盟代表团来华,与中方领导人举行第十次中欧领导人会晤。

五、经济

1. 自然资源

葡萄牙矿产资源较丰富,主要有钨、铜、黄铁、铀、赤铁、磁铁矿和大理石,钨储量为西欧第一位。森林覆盖率为36%。

2. 农业

葡萄牙农业经济发达,盛产葡萄、油橄榄和无花果等经济作物。葡萄园遍及全国各地,葡萄产量占农业生产总值的1/4。波尔图(Porto)的葡萄久负盛名,酿造的葡萄酒味美醇厚,远销欧洲和世界各地。油橄榄产量居世界第四位。柑橘和杏仁等生产量较大,是世界上主要的柑橘生产国之一。

3. 工业

葡萄牙主要工业部门有纺织、服装、制鞋、食品、化工、造纸、电子器械、陶瓷、酿酒、软木等。

4. 经济发展

葡萄牙是欧盟中等发达国家,工业基础较薄弱。纺织、制鞋、酿酒、旅游等是国民经济的支柱产业。软木产量占世界总产量的一半以上,出口位居世界第一。1986年葡萄牙加入欧共体后,经济发展较快。20世纪90年代初,因受欧洲经济衰退的影响,其经济增长率逐年下降,1995年开始复苏。1997～2001年,年平均经济增长率达2.9%,高于欧盟平均水平,1998年更高达4.6%。葡萄牙经济从2002年起有所下滑,2003年经济负增长率为1.3%。2007年,葡萄牙第一产业、第二产业和第三产业分别占国内生产总值的7.9%、25.9%和66.2%。2006年国内生产总值为1 552.89亿欧元,经济增长率为1.3%。2007年国内生产总值为1 629亿欧元,经济增长率为1.9%。[1]

5. 中葡经贸

据我国海关统计,2007年中葡双边贸易额为22.11亿美元,比2006年增长29%,其中我国出口18.26亿美元,进口3.85亿美元,分别比2006年增长了34%和9%。[2] 中国对葡萄牙出口商品主要有电机电气设备、纺织品、服装、鞋类、塑料制品、音响音像设备、玩具、旅行用品及箱包、地毯、钢材、陶瓷制品、照明器材等。进口商品主要有电容器及零件、初级塑料、纸及纸板、医药品、纺织品、矿产品等。

六、文化和艺术

葡萄牙拥有悠久的历史和丰富的文化与艺术成就。葡萄牙最早的文学创作可上溯到12世纪末的民间抒情歌谣。这些歌谣多属口头相传,带有明显的乡土特色,由民间行吟歌手配上乐曲进行说唱。葡萄牙现在保存下来的最早诗歌集是13世纪末编的《阿儒达歌集》和14世纪编的《梵蒂冈歌集》与《科洛克西-布兰库蒂歌集》。到了14世纪,其他体裁的文学作品相继出现。葡萄牙最早的小说是14世纪的骑士小说《阿马迪斯·德·高拉》。15世纪初,宫廷是文学创作的中心,编辑了多种宗教、伦理和教育方面的书籍,如若昂一世编写的《骑术》,爱德华国王编写的《真诚的训诫者》,以及佩德罗亲王编写的《真德善行》等。15世纪末到16世纪中期,各种体裁的作品,尤其是戏剧和史诗,都达到了鼎盛状态。

马赛克(Mosaic)是葡萄牙典型的装饰艺术,也是17世纪的主要建筑装饰特征之一。在葡萄牙,随处可以看到各种各样的马赛克装饰,如教堂、宫殿、私人住宅、公共建筑甚至公园里的长凳上。

七、教育

葡萄牙实行12年义务教育,包括基础教育(小学4年,中学预备班2年,初中3年)和中等教育(3年,相当于我国高中)。大学4~5年。主要高等院校有里斯本大学、科英布拉大学、波尔图大学、米尼奥大学等。

八、民俗风情

1. 礼仪和习俗

葡萄牙人相见时,男子间习惯热情拥抱并互拍肩膀为礼,女子在熟人之间相见时则以亲吻对方的脸颊为礼。在与外国友人相见时,他(她)们有时也行握手礼。葡萄牙人待人热情,如有客人来访,他们总是早早地到门口迎接,客人离去时,他们

---

[1] http://www.fmprc.gov.cn/chn/pds/gjhdq/gj/oz/1206_32/
[2] http://www.fmprc.gov.cn/chn/pds/gjhdq/gj/oz/1206_32/

总要亲自送到门口。

葡萄牙人与人交谈时,坐姿端正,尤其是女子,入座时注意双腿并拢。葡萄牙人不喜欢久久盯视别人,如果有人这样做,在他们看来,是一种不良的表现。在这个国家里,圣母马利亚和圣者们,比基督更受人尊敬,人们以各种形式敬拜圣母马利亚。

2. 主要节日

复活节(春分月圆后的第一个星期日)、自由纪念日(4月25日)、国庆日(6月10日)、基督圣体节(6月22日)、圣母升天节(8月15日)、共和纪念日(10月5日)、万圣节(11月1日)、圣诞节(12月25日)等。

3. 美食

葡萄牙人以面食为主,喜食面包,有时也吃米饭,爱吃牛肉、猪肉及水产品,常吃土豆、胡萝卜等。饮酒颇有讲究,有名的波尔图酒及当地酿造的葡萄酒不容错过。葡萄牙菜喜欢用橄榄油、大蒜、香草、番茄及海盐来调味,但香料用得不多。葡萄牙海鲜料理丰富多样,有墨鱼、鲽鱼、鳕鱼、旗鱼、章鱼、鳗鱼、贝类、花枝等。

九、旅游业

旅游业是葡萄牙外汇收入的重要来源和弥补外贸赤字的重要手段。葡萄牙在促进本国旅游发展上频出新招,除保留让游客参观名胜古迹等传统做法外,还在旅游形式多样化方面下了大功夫,主要有开展"第三年纪旅游",即把60岁以上的老人编组进行旅游,尽量为他们提供周到的服务;推崇"怀古性旅游";大搞"节日旅游",如组织游客参加"民间歌舞节""朝圣节""葡萄酒节""海鲜节"和"水果节"等;组织"农业旅游""时尚农村旅游"。这些旅游项目深得"偷得半日闲"的闹市中人的欢心。在这些丰富多彩的旅游项目中,最吸引人的当属"葡萄酒节"和"怀古性旅游"。

从1990年至2006年,葡萄牙的入境旅游收入一直保持稳定增长的态势。1990年葡萄牙的入境旅游收入为35.55亿美元,1995年为48.31亿美元,2000年为52.43亿美元,2003年为66.16亿美元,2004年为78.46亿美元,2005年为79.31亿美元[1],2006年为83.49亿美元[2]。据世界旅游组织统计,2010年葡萄牙的入境旅游收入为100.77亿美元,2014年为138.08亿美元,2015年为127.05亿美元,2016年为140.36亿美元(UNWTO Tourism Highlights:2017 Edition)。

葡萄牙的入境游客主要来自英国、德国、西班牙、荷兰、法国、爱尔兰、意大利、瑞典、美国和比利时等国。1990年葡萄牙的入境旅游人数为802万人次,1995年

---

[1] World Tourism Organization (UNWTO):Tourism Market Trends, 2006 Edition
[2] World Tourism Organization (UNWTO):UNWTO, 2007

为951.1万人次,2000年为1 209.7万人次,2003年为1 170.7万人次,2004年为1 161.7万人次[1],2005年为1 061.2万人次,2006年达到1 128.2万人次[2]。2010年葡萄牙的入境旅游人数为683.2万人次,2014年为927.7万人次,2015年为1 014.0万人次,2016年为1 142.3万人次(UNWTO Tourism Highlights:2017 Edition)。

1995年葡萄牙出境旅游消费为21亿美元,2000年为22亿美元,2004年为28亿美元,2005年为31亿美元,2006年为33亿美元[3]。

2004年9月,葡萄牙成为中国全面开放的出境旅游目的地国家。中国国家旅游局统计数字显示,2008年1~12月葡萄牙公民来华旅游人数4.39万人次,其中会议和商务旅游0.61万人次、观光和休闲3.19万人次、服务员工0.3万人次、其他0.29万人次[4]。2009年1~12月葡萄牙公民来华旅游人数4.36万人次,其中会议和商务旅游0.55万人次、观光和休闲3.18万人次、服务员工0.29万人次、其他0.34万人次[5]。2010年1~12月葡萄牙公民来华旅游人数4.77万人次,其中会议和商务旅游0.67万人次、观光和休闲3.35万人次、服务员工0.31万人次、其他0.43万人次[6]。2013年1~12月葡萄牙来华旅游入境人数为4.94万人次,其中会议和商务旅游0.78万人次、观光和休闲2.90万人次、探亲访友0.00万人次、服务员工0.48万人次、其他0.77万人次。2014年1~12月葡萄牙来华旅游入境人数为5.23万人次,其中会议和商务旅游0.66万人次、观光和休闲2.84万人次、探亲访友0.04万人次、服务员工0.60万人次、其他1.09万人次。2015年1~12月葡萄牙来华旅游入境人数为5.34万人次,其中会议和商务旅游0.68万人次、观光和休闲2.97万人次、探亲访友0.05万人次、服务员工0.58万人次、其他1.05万人次。

十、旅游资源

葡萄牙,欧洲大陆边缘的美丽国度,被称为"欧洲之角"。独特的海滩风光,红色屋顶、白色墙面的建筑以及拥有辉煌中世纪历史的古老街道、城堡,使它显现出异样的风格。

(一)旅游城市

1.里斯本

葡萄牙首都里斯本(Lisbon)为欧洲大陆最西端的城市,迄今已有2 000多年的历史。整个城市呈方格状布局,保持着古老城市的风格。

---

[1] World Tourism Organization (UNWTO):Tourism Market Trends, 2006 Edition
[2] World Tourism Organization (UNWTO):UNWTO, 2007
[3] World Tourism Organization (UNWTO):UNWTO June 2007
[4] http://www.cnta.gov.cn/html/2009-2/2009-2-18-9-36-18403.html
[5] http://www.cnta.gov.cn/html/2010-1/2010-1-19-10-52-93858.html
[6] http://www.cnta.gov.cn/html/2011-3/2011-3-25-10-15-28226.html

里斯本有许多纪念塔和纪念碑。位于大西洋岸边的贝伦塔,建于16世纪初期,涨潮时,似浮在水面上,景色动人。塔前的热罗尼莫斯修道院,是流行于16世纪初期的曼努埃尔式建筑的典型,气魄宏伟,雕刻华丽。修道院内有全国知名人士的墓地,葡萄牙航海家达·伽马和著名诗人卡蒙恩斯(约1524—1580)就长眠于此。附近的航海纪念碑,造型优美,宏伟壮观,远看好像航行在碧波万顷中的巨型帆船。碑上的浮雕,再现了当年葡萄牙航海家周游世界、搏击风浪的英雄壮举。广场的水泥地上,能工巧匠们制作的一幅巨大的世界地图,清晰地标出了葡萄牙航海家远航世界各地的年代、地点和航线,使游人对葡萄牙航海史一目了然。

2.波尔图

波尔图(Porto)位于葡萄牙西北部的杜罗河(Douro River,又译为多鲁河)北岸,是葡萄牙的第二大城市和重要海港。市内宫殿、教堂、博物馆、纪念碑、雕塑群像比比皆是,著名的有12世纪罗马建筑风格的波尔图大教堂和早期哥特式圣马丁教堂,以及圆柱山修道院和僧侣塔。波尔图有色彩柔和的城墙和宜人的阳光,这个欧洲国家的北方城市有着花岗岩的教堂塔楼、冷色调的暗色建筑、狭窄的街道和隐藏的巴洛克风格的建筑珍品。另外,波尔图素有"酒市"之称,波尔图的葡萄久负盛名,全市有十几家酒厂,酿造的葡萄酒味美醇厚。

3.辛特拉

辛特拉(Sintra)是一座葡萄牙中西部城镇,在距离里斯本西北19公里处的辛特拉山北坡;辛特拉山上覆盖了非常丰富的植被,是辛特拉自然公园的一部分。辛特拉市是阿拉伯贵族和葡萄牙王室的夏宫所在地,位于山脚下,是一个美丽的地方。这一带山峦起伏,宫殿、城堡、别墅就坐落在碧水连天之中,人文景观与自然景观调和在一起。辛特拉独特的风景和文化使联合国教科文组织世界遗产委员会于1995年将其作为文化遗产列入《世界遗产名录》。

(二)主要名胜

1."欧洲之角"——罗卡角

罗卡角(Cabo da Roca)位于欧洲大陆的最西点。在人们还不知道地球形状的古代,这里理所当然地被看成是天涯海角,故又有"欧洲之角"之称。罗卡角三面环海,这里崖高壁陡,风急浪高,四周是茫茫荒野和光秃秃的岩石。葡萄牙诗人卡蒙恩斯曾在此留下著名诗句:"陆地止于此,海洋始于斯。"游人纷至沓来,享受这里的阳光、沙滩,体验这座城市的神秘风情。

2.马德拉和亚速尔

除本土之外,葡萄牙在海上还有马德拉群岛(Madeira Islands)和亚速尔群岛(Azores Islands)。

马德拉位于非洲西北海岸的北大西洋上,由4个小岛组成,这些海岛由于它们的特殊地理位置和群山地貌,平均气温稳定,并且湿度也保持在一个合适的水平,体现出一种亚热带气候的特点。群岛的海水温度也很温和,冬暖夏凉,非常适合于旅游度假。1999 年,马德拉岛的阔叶常绿乔木群落(Laurisilva of Madeira)作为自然遗产被联合国教科文组织世界遗产委员会列入《世界遗产名录》。

亚速尔群岛位于大西洋中,整个群岛由 9 个岛屿组成,其中最大的岛屿是圣米格尔岛,岛上火山湖极多,湖水清澈碧绿,十分迷人。亚速尔群岛地震频繁,所以多火山锥、火山湖、热泉水、矿泉、泥泉、间歇泉等,是著名的旅游胜地。各岛山势崎岖,峰峦壮美。因为受到墨西哥暖流的影响,亚速尔群岛气候宜人、风和日丽,是大西洋中一处著名的"人间天堂"。

第四节　希　腊

一、国家概况

国名:希腊共和国(The Hellenic Republic)
面积:13.195 7 万平方公里,其中 15% 为岛屿
人口:1 079 万[①]
首都:雅典(Athens)
语言:希腊语
民族:98% 以上的居民为希腊人,其余为穆斯林
宗教:97.6% 的居民信奉东正教
货币:欧元
国庆:3 月 25 日
国花:油橄榄
国歌:《自由颂》
主要城市:塞萨洛尼基、帕特雷、拉里萨、纳夫普利翁
行政区划:全境划分为 13 个大区,52 个州,州下设市镇

二、自然地理

希腊位于欧洲东南部的巴尔干半岛南端,北部与保加利亚、马其顿、阿尔巴尼亚接壤,东北与土耳其欧洲部分接壤,西南濒伊奥尼亚海,东临爱琴海,南隔地中海与非洲大陆相望。爱琴海、伊奥尼亚海与地中海于东、西、南三方环绕。希腊多半

---

① http://www.fmprc.gov.cn/web/gjhdq_676201/gj_676203/oz_678770/1206_679834/1206x0_679836/

岛、岛屿,最大半岛是伯罗奔尼撒半岛,最大岛屿为克里特岛。海岸线长约 15 021 公里,领海宽度为 6 海里。希腊多山,谷地和平原少,品都斯山脉纵贯西部,中部为色萨利盆地,盆地东北部的奥林波斯山海拔 2 917 米,是希腊最高峰。

三、历史

希腊是西方文明的发祥地,创造过灿烂的古代文化,在音乐、数学、哲学、文学、建筑、雕刻等方面都曾取得过巨大成就。公元前 3000 年至公元前 1100 年,克里特岛曾出现米诺斯文化。公元前 1600 年至公元前 1050 年,伯罗奔尼撒半岛出现迈锡尼文化。公元前 800 年形成奴隶制城邦国家,公元前 5 世纪为鼎盛时期。公元前 146 年并入罗马帝国,15 世纪中期被奥斯曼帝国统治。1821 年 3 月 25 日,希腊爆发反土侵略军的独立战争,同时宣布独立。1832 年成立王国,1834 年定都雅典,1843 年实行君主立宪体制。第二次世界大战期间,希腊被德、意军占领。1944 年全国解放,恢复独立。1974 年通过全民公投改为共和制,1981 年加入欧盟。

四、外交

1. 对外关系

希腊强调维护民族利益和国家安全是外交政策的基本原则之一。保持同美国和欧洲联盟的密切关系、改善和发展同巴尔干邻国的关系是希腊外交的重点。希腊积极发展同美和北约的关系,主张北约与欧盟在维护和平与安全上共同发挥作用,支持欧盟组建欧洲多国快速反应部队。希腊积极发挥在联合国及其他国际组织的作用,倡导东南欧合作进程机制化,积极推动建立东南欧自贸区,鼓励和促进本地区国家融入欧洲。希腊重视与包括中国和印度在内的亚太国家关系,希望通过加强经贸合作,从中、印等国经济快速发展中获益。

2. 与中国的关系

1972 年 6 月 5 日,中国与希腊建立大使级外交关系。建交以来,两国关系发展顺利。2006 年,两国建立全面战略伙伴关系。近年来,两国高层互访频繁,贸易发展较快,中希关系发展势头良好。

五、经济

1. 自然资源

希腊主要矿产有铝矾土、褐煤、镍、铬、镁、石棉、铜、铀、金、石油、大理石等。森林覆盖率为 17%。

2. 农业

希腊属丘陵地区,可耕种地面积占国土面积的 30%,其中灌溉农业面积占

37%。64%的耕地面积种植粮食作物，其他为果树、橄榄树和蔬菜等。希腊主要农产品都能自给自足，水果、蔬菜可批量出口欧洲等地，只进口少量肉、奶及调剂类农产品。希腊出口的农产品还有烟草、棉花、橄榄油、葡萄酒、水果、甜菜等。

3. 工业

希腊工业基础较薄弱，规模较小，技术较落后，主要工业有采矿、冶金、食品加工、纺织、造船、建筑等。

4. 经济发展

希腊属欧盟经济欠发达国家之一，经济基础较薄弱，工业制造业较落后。海运业发达，与旅游、侨汇并列为希腊外汇收入三大支柱。农业较发达，工业主要以食品加工和轻工业为主。近年来，希腊政府积极推行经济和社会福利改革，鼓励外来投资，取得一定效果。2002年加入欧元区。2009年底以来深陷主权债务危机。2010年5月，欧元区同国际货币基金组织（IMF）宣布启动救助机制。2012年3月，欧元区财长会议批准向希腊提供总额1300亿欧元第二轮救助贷款协议。2015年齐普拉斯政府上台后，继续与国际债权人进行债务谈判。2016年5月，欧元集团特别财长会同意视希腊履行改革承诺的情况分两期向希腊提供103亿欧元阶段性救助贷款。

5. 中希经贸

"一带一路"促使中希经贸往来密切。2017年上半年，中希双边货物贸易额同比增长9.7%，达到18.1亿美元，中国成为希腊第五大进口来源地。作为中国资本进入欧洲的重要支点，希腊投资潜力不断提升。

六、文化和艺术

希腊文化经过几千年的演变：从迈锡尼文化到最辉煌的古典希腊文化时期，之后受到罗马帝国和拜占庭帝国的影响。希腊是世界古代历史上文明发达最早的国家之一。古希腊文化在世界文化艺术殿堂中熠熠生辉。无论是在音乐、数学、哲学、文学，还是在建筑、雕刻等方面，希腊人都曾取得巨大成就。公元前5世纪至公元前4世纪，是希腊艺术的全盛时期。这一时期产生了米隆、菲迪亚斯、波利克里托斯、斯科帕斯、普拉克西特列斯等艺术家和帕提侬神庙、宙斯祭坛等建筑艺术，还有不朽的《荷马史诗》，以及众多的文化伟人，诸如喜剧作家阿里斯托芬，悲剧作家埃斯库罗斯、索福克勒斯、欧里庇得斯，哲学家苏格拉底、柏拉图，数学家毕达哥拉斯、欧几里得等。19世纪末20世纪初，希腊文学发展进入鼎盛时期，出现了许多著名的诗人和作家，诗人乔治·塞夫利斯（George Seferis, 1900—1971）和奥德修斯·艾利提斯（Odysseus Elytis, 1911—1996）分别于1963年和1979年获诺贝尔文学奖。希腊还是奥林匹克运动会的发源地。

七、教育

希腊实行9年制义务教育。公立中小学免费,大学实行奖学金制。全国共有21所大学,著名大学有雅典大学、萨洛尼卡大学、克里特大学、佩特雷大学、雅典工学院等。

八、民俗风情

1. 礼仪和习俗

一般来说,希腊人在社交场合与客人相见时以握手为礼,但在许多情况下他们也以拥抱、亲吻来表示自己的友好之情。希腊人在路上与他人相遇时,即便素不相识,也会向对方问候,以示友好。

希腊人的婚礼仍保持着浓郁的传统色彩:婚礼一般在星期日举行,由神父主持;新郎新娘身着结婚礼服,新娘头上还蒙着一块淡红色的面纱。

希腊人忌讳13和星期五,认为它们是不吉祥的;他们不喜欢黑色,也不喜欢猫。

2. 主要节日

元旦(1月1日)、主显节(1月6日)、国庆节(也称"独立日",3月25日)、劳动节(5月1日)、圣诞节(12月25日)等。

3. 美食

希腊的美食具有独特的地中海风情,全麦面包、地中海蔬果、新鲜渔获、羊肉、奶酪等自然食材,再搭配橄榄油、葡萄酒及外来的香料,在各种美味菜肴中展露无遗。希腊人以面食为主,有时也吃米饭。他们喜欢吃牛肉、羊肉,常吃的蔬菜有番茄、土豆等。希腊人传统上偏爱羔羊肉或山羊肉,而不太喜欢小牛肉或大牛肉。羊肉先以各式香草、柠檬汁及橄榄油腌渍后,再烹调。饭后当然少不了会品尝丰富的奶酪、葡萄酒和甜点。

九、旅游业

作为欧洲文明的摇篮,希腊是一个旅游业十分发达的国家。旅游业是希腊的支柱产业之一,为该国贡献了将近20%的国内生产总值(GDP)。

希腊金融危机以来,传统国家的游客明显地在递减,2010年游客的数量比2009年减少大约10%。而新兴国家的游客依然还在增加,增长15%~20%。新兴经济体国家的发展能够弥补传统国家旅游人数的短缺。

据世界旅游组织统计,2010年希腊入境旅游人数为1 500.7万人次,2014年为2 203.3万人次,2015年为2 359.9万人次,2016年为2 479.9万人次(UNWTO

Tourism Highlights：2017 Edition)。

2010年希腊入境旅游收入为127.42亿美元,2014年为177.93亿美元,2015年为156.73亿美元,2016年为146.18亿美元(UNWTO Tourism Highlights：2017 Edition)。

2015年后,希腊的旅游政策基于五大战略支柱：延长正式夏季,开辟新的活力源市场,引进新目的地,开发主题旅游,吸引新的高附加值旅游投资。

数据显示,2015年希腊国际到达人数超过2 600万,2016年超过2 800万。据报道,"蓬勃发展的旅游业为希腊这个饱受债务危机困扰的国家带来了可观的收入"。目前,旅游业已经成为希腊经济增长的主要动力,同时也是希腊唯一的支柱产业。

2017年是希腊旅游业发展具有里程碑意义的一年。据报道,入境游客人数超过3 000万人,实现两位数增长,连续第四年增速超过7%,旅游收入大幅上升。其中,来自德国、法国、美国、加拿大、俄罗斯、中国的游客人数上升明显。

十、旅游资源

希腊文明有5 000年的历史。在漫长的岁月里,先人们创造了光辉灿烂的古典文化,为今天的希腊人留下了大量的宝贵文化遗产。丰厚的文化底蕴、旖旎的自然风光使希腊的旅游资源得天独厚。希腊海岸线曲折,蔚蓝的爱琴海,天然港湾和岛屿,吸引着世界各地的游人。希腊拥有数不胜数的名胜古迹。雅典是著名的文化遗址,博物馆世界驰名,是全世界旅游爱好者的度假胜地。

(一)旅游城市

1.雅典

雅典(Athens)是希腊的首都和最大的城市,位于巴尔干半岛南端。雅典被称作"西方文明的摇篮"。公元前5世纪至公元前4世纪,雅典在文化和政治上的成就对欧洲以及世界文化产生了重大影响。苏格拉底、柏拉图、亚里士多德被并称为"希腊三贤"。苏格拉底出生于雅典,被后人广泛认为是西方哲学的奠基者。公元前5世纪,雅典产生三大喜剧诗人：克拉提努斯、埃乌波利斯和阿里斯托芬。雅典至今仍保留了很多历史遗迹和大量的艺术作品,其中最著名的是雅典卫城的帕提侬神庙——被视为西方文化的象征。

雅典卫城是希腊最杰出的古建筑群,距今已有近3 000年的历史。卫城建在一座四面陡峭的山丘上。公元前5世纪这里就成为宗教活动的中心。卫城拥有众多的历史古迹,其中包括帕提侬神庙(Parthenon)、山门(Propylaea)、厄瑞克修姆神庙(Erechtheon)和雅典娜胜利女神庙(Temple of Athena Nike)。帕提侬神庙是卫城最著名的建筑,是希腊全盛时期建筑与雕刻的主要代表,有"希腊国宝"之称,也是人类艺术宝库中一颗璀璨的明珠。

1987年,雅典卫城(Acropolis, Athens)作为文化遗产被联合国教科文组织世界遗产委员会列入《世界遗产名录》。

2. 纳夫普利翁

纳夫普利翁(Nafplion)是位于希腊伯罗奔尼撒半岛东北部爱琴海边的一个港口小镇。纳夫普利翁小镇是希腊历史上的第一个首都,土耳其人、罗马人、阿拉伯人先后在此登陆。因此,这里历史上又是最重要的军事要塞,至今,在帕拉米蒂山和港湾中的小岛上,依然耸立着当年的要塞和城堡。小镇依山傍海,街道古朴而又整洁,建筑古老而又精致。温馨的小酒店、古朴的咖啡馆和纪念品商店令游人流连忘返。

3. 科孚

科孚(Corfu)古城起源于公元前8世纪,位于希腊西海岸的科孚岛。老城的三座要塞由威尼斯著名工程师设计,在400多年里被威尼斯共和国用来保护海上贸易利益,抵抗土耳其帝国。小镇的建筑是融合了文艺复兴、巴洛克和古典文化于一身的当地艺术传统。19世纪英国统治时期,要塞历经多次修缮,并部分重建。老城的新古典主义风格建筑当中,有一部分建于威尼斯统治时期,另有一部分是后建的,主要为19世纪建筑。作为地中海的港口要塞,科孚城区和港口以高度的完整性和真实性闻名于世。

2007年,科孚古城(Old Town of Corfu)作为文化遗产被联合国教科文组织世界遗产委员会列入《世界遗产名录》。

(二) 主要名胜

1. 圣托里尼

希腊著名岛屿美丽的圣托里尼(Santorini),就像一颗璀璨明珠镶嵌在爱琴海上。这里有世界上最美的落日、最壮阔的海景、湛蓝的天空与海水,还有童话般的白色建筑和圣洁的蓝顶教堂……

费拉(Fira)是圣托里尼岛的商业中心和旅游中心。这是一个传统的居民居住点,房屋依火山断崖而建,层层相连,高低错落,形成一种独特的城市景观。小镇不大,十分适合步行慢慢游览。小镇风光秀丽,镇上的小巷布局考究,纵横交错,曲折蜿蜒。小巷中布满了传统服饰与手工艺品店、餐馆、咖啡厅、书店等。在圣托里尼,有数不胜数的蓝顶白教堂,其中最闻名的当数曾经在美国《国家地理》杂志封面上刊登过的费拉圣母马利亚蓝顶教堂。蓝顶白教堂,是费拉的标志建筑。

伊亚(Oia)是圣托里尼岛上的一个小镇,是岛上最耀眼的明珠,被誉为世界上最美的小镇,也是一个拥有全世界最美的日落的地方。

2. 科林斯运河

科林斯运河(Corinth Canal)在希腊南部科林斯地峡上,是横穿科林斯地峡的一条运河,它将伯罗奔尼撒半岛与希腊大陆分割开来,使得伯罗奔尼撒半岛实际上成为一个岛。科林斯运河是潮汐水道。连接科林斯湾和萨罗尼克湾,接通伊奥尼亚海和爱琴海。科林斯运河长6.3公里,深80多米,河面宽24米。它开凿于1881年,于1893年竣工。科林斯运河建成前,船要航行400公里绕过伯罗奔尼撒半岛。该运河的开通,使得从亚德里亚海到比雷埃夫斯的航程缩短320公里。

3. 埃皮达鲁斯考古遗址

埃皮达鲁斯(Epidaurus)考古遗址位于伯罗奔尼撒半岛的一个小山谷里,距希腊首都雅典140公里。埃皮达鲁斯考古遗址曾是古希腊的政治与文化中心,对欧洲文化和现代文明的发展具有重要的历史意义。公元前6世纪,阿斯克勒庇俄斯医药神的祭仪首先从这里开始,但其主要建筑,尤其是剧场,是从公元前4世纪才出现的,它被认为是希腊建筑最完美的杰作之一。埃皮达鲁斯剧场,是希腊古典建筑中最著名的露天剧场之一。这座古剧场是公元前4世纪,由古希腊著名建筑师阿特戈斯和雕刻家波利克里托斯创造的杰作。古剧场坐落在埃皮达鲁斯东南的斜坡上,是传统的圆形露天剧场,周围绿荫环绕,风景幽美。它依山而建,结构奇特,一排排大理石座位逐级升高,如同一把巨大的折扇展现在人们面前。全场能容纳1.5万余名观众。在埃皮达鲁斯剧场中,无论在剧场的哪个角落,都能听到舞台上的低语,音响效果堪称奇迹,被誉为"古希腊建筑运用声学原理的典范"。

1988年,埃皮达鲁斯考古遗址(Archaeological Site of Epidaurus)作为文化遗产被联合国教科文组织世界遗产委员会列入《世界遗产名录》。

4. 迈锡尼和梯林斯的考古遗址

迈锡尼和梯林斯的考古遗址位于伯罗奔尼撒东北部,是迈锡尼文明的两座最伟大都城的遗址。这两座城市还与《荷马史诗》——《伊利亚特》和《奥德赛》有着密切的关联,而这两部史诗对欧洲艺术和文学的影响则持续了3 000多年。公元前15世纪至公元前12世纪,在古希腊文化的发展中发挥了重要作用的迈锡尼文明,盛行于地中海东部。迈锡尼文明是希腊青铜时代晚期的文明,它由伯罗奔尼撒半岛的迈锡尼城而得名。迈锡尼古城耸立在圣伊利亚斯山,这里曾屹立着希腊最强大的迈锡尼王国。迈锡尼古城遗址西北角的"狮子门",为古城据险御敌之要冲。该门由独石建成门柱,上覆以巨石门楣,门楣之上又有一整块巨石并镌刻两头雌狮的浮雕,"狮子门"因此得名。进入城门,就可看到城堡内的建筑:以当年迈锡尼国王的皇宫为主体并设圣火祭坛、国王的珍宝室、墓葬群等废墟。迈锡尼古城有一座坚固的防御城堡,城墙规模宏大。在《荷马史诗》中,它被描述成一座"遍地黄金,建筑巍峨"的都城。

《荷马史诗》中的阿伽门农就是迈锡尼国王——希腊诸王之王。据说,在迈锡尼发现的一个金面具,就是《荷马史诗》——《伊利亚特》和《奥德赛》中所说的统率希腊军队的阿伽门农的。

在希腊神话传说中,梯林斯是赫拉克勒斯出发完成他著名的十二项伟绩的地方。此处于新石器时代晚期开始有人居住,青铜时代逐渐繁荣。在青铜时代晚期修建了一座宫殿,是希腊大陆上保存最完好的遗迹之一。该城以城墙坚实著称,荷马因此给它以"铜墙铁壁"的称号。

1999年,迈锡尼和梯林斯考古遗址(Archaeological Sites of Mycenae and Tiryns)作为文化遗产被联合国教科文组织世界遗产委员会列入《世界遗产名录》。

第五节 法 国

一、国家概况

国名:法兰西共和国(The Republic of France)

面积:55.160 2万平方公里

人口:6 699万(2017年1月,含海外领地)[①]

首都:巴黎(Paris)

语言:法语

民族:法兰西人为主(占总人口90%),还有布列塔尼人、巴斯克人、科西嘉人、日耳曼人、斯拉夫人等少数民族

宗教:居民中64%的人信奉天主教,3%信奉伊斯兰教,2.1%信奉基督教新教,0.6%信奉犹太教,27%的人自称无宗教信仰

货币:欧元

国庆:7月14日

国花:鸢尾

国歌:《马赛曲》

主要城市:里昂、马赛、里尔、斯特拉斯堡、波尔多、尼斯

行政区划:法国本土共划分为22个大区、96个省,另有4个海外省、6个海外领地和1个特别海外领土[②]

二、自然地理

法国位于欧洲西部。整个国土形状,除科西嘉岛外,略呈六边形。其国土三面临海,西北隔拉芒什海峡与英国相望,西端紧靠大西洋的比斯开湾,东南濒临地中

---

① http://www.fmprc.gov.cn/web/gjhdq_676201/gj_676203/oz_678770/1206_679134/1206x0_679136/

② http://www.fmprc.gov.cn/chn/pds/gjhdq/gj/oz/1206_14/

海。六边形的另外三边是法国的陆界,自东北至西南共与8个国家接壤,分别是比利时、卢森堡、德国、瑞士、意大利、摩纳哥、西班牙和安道尔。

法国地形东南高西北低,中部是中央高原,北部是巴黎盆地。全国有80%的领土是平原丘陵。主要山脉有阿尔卑斯山脉、比利牛斯山脉、汝拉山脉等。法国最大的岛屿是科西嘉岛,位于地中海。河流较多,主要有塞纳河(Seine)、罗讷河(Rhône)、加龙河(Garonne)、卢瓦尔河(Loire)等。

法国西部属海洋性气候,南部属地中海式气候,中部和东部属大陆性气候。不同的气候赋予了各地区不同的气候特征:东部地区冬季寒冷,夏季炎热而干燥;西部地区冬暖夏凉,终年湿润多雨;南部地区冬季温暖多雨,夏季炎热干燥。

三、历史

法国的历史悠久,源远流长。早在公元前11世纪,在法国这块美丽富饶的土地上生活着克尔特人(古罗马人称他们为高卢人)。公元前2世纪,罗马帝国两次入侵高卢;公元前51年,罗马大将恺撒占领高卢全境。5世纪时,随着罗马帝国的衰败,法兰克人建立法兰克王国。8世纪,查理大帝创建加洛林王朝(Carolingian)。1337~1453年,英法之间爆发"百年战争"。15世纪末到16世纪初形成中央集权国家。17~18世纪路易十四统治时期是法国封建社会的鼎盛时代。1789年法国爆发大革命,1792年宣布成立法兰西第一共和国。1804年,拿破仑称帝,建立了法兰西第一帝国。1848年2月爆发革命,建立第二共和国。1851年路易·拿破仑·波拿巴发动政变,于1852年成立第二帝国。第二帝国在1870年至1871年的普法战争中战败后灭亡。1871年到1940年间为第三共和国时期。1940年法国贝当政府投降德国,至此法兰西第三共和国覆没。1946年,法兰西第四共和国成立。法国的经济有了前所未有的繁荣和增长,但政局动荡不安,政权更迭频繁。1958年,第五共和国宣告成立,戴高乐就任总统。从此,法国历史翻开了崭新的一页。

四、外交

1. 对外关系

欧盟是法国外交的立足之本。法国致力于推动欧洲建设,将欧盟建设成真正独立的一极,发挥法国在其中的核心作用;推动多极化发展,加强欧亚等区域间合作,并协调与大国的关系,争取有利地位;保持并发展与非洲国家的传统关系,推动发达国家增加对非援助;积极参与中东和平进程及有关热点事务;加强同亚洲、拉美的政治、经济关系。截至2009年7月,法国已同190个国家建立了外交关系。

2. 与中国的关系

1964年1月27日,法国同中国建交。法国是西方大国中第一个与新中国建立大使级外交关系的国家。双方在政治、经济、科技、文化等各个领域的合作富有成果。近年来,两国高层互访不断。

五、经济

1. 自然资源

铁矿蕴藏量约10亿吨,但品位低、开采成本高,所需铁矿石完全依赖进口。煤储量几近枯竭。有色金属储量很少,几乎全部依赖进口。能源主要依靠核能,水力和地热资源的开发比较充分。森林覆盖面积1 485.3万公顷,覆盖率为27.4%。[①]

2. 农业

法国农业很发达,农牧结合,综合发展,主要农产品有小麦、大麦、玉米、甜菜、马铃薯、烟草、葡萄、苹果、蔬菜和花卉等。葡萄酒产量居世界首位。机械化是法国提高农业生产率的主要手段,法国已基本实现了农业机械化。目前,法国已经是欧盟最大的农业生产国,也是世界主要农产品和农业食品出口国。2007年农业产值655亿欧元,约占国内生产总值的3.4%。现有农业人口约82.2万,农业用地面积5 491.9万公顷,其中农业耕地2 955.57万公顷。[②]

3. 工业

法国主要工业有汽车制造、造船、机械制造、纺织、化学、电器、日常消费品、食品加工和建筑业等。核能、石油化工、海洋开发、航空和宇航等新兴工业部门近年来发展较快,在工业产值中所占比重不断提高。核电设备能力、石油和石油加工技术居世界第二位,仅次于美国;航空和宇航工业仅次于美国和俄罗斯,居世界第三位。钢铁工业、纺织业居世界第六位。但工业中占主导地位的仍是传统的工业部门,其中钢铁、汽车、建筑为三大支柱。工业在国民经济中的比重有逐步减少的趋势。第三产业在法国经济中所占比重逐年上升。其中电信、信息、旅游服务和交通运输部门业务量增幅较大。

4. 经济发展

法国是最发达的工业国家之一,国内生产总值仅次于美、日、中、德,居世界第五位。法国与世界各大地区和100多个国家有贸易往来。2007年进出口总额达8 394亿欧元,其中进口额为4 393亿欧元,出口额为4 001亿欧元,贸易逆差达392亿欧元。[③] 近年来,法政府把促进出口作为带动经济增长的主要因素,在保持和扩大原有国际市场的同时,积极开发拉美、亚太等地区的新市场。法国作为世界第四大经济强国,在核电、航空航天、高速铁路及通信技术等方面都名列世界前茅,与中

---

① http://www.fmprc.gov.cn/chn/pds/gjhdq/gj/oz/1206_14/
② http://www.fmprc.gov.cn/chn/pds/gjhdq/gj/oz/1206_14/
③ http://www.fmprc.gov.cn/chn/pds/gjhdq/gj/oz/1206_14/

国的经贸往来及科技合作日益广泛。

5. 中法经贸

2007年中法双边贸易额为336.7亿美元,同上年相比增长33.7%,其中中方出口额为203.3亿美元,同比增长46.1%,进口额为133.4亿美元,同比增长18.3%。法国在华投资主要集中在能源、汽车、化工、轻工、食品等领域,大部分为生产性企业。截至2007年,法国在华投资项目3 539个,实际投资金额82.7亿美元。[①]

六、文化和艺术

法国拥有悠久的历史和灿烂的文化,从中世纪以来法国就是各种思维创造活动的中心。数以百计的法国哲学家、散文家、作家、历史学家和社会学家在人类思想史上留下了他们的印迹,难以计数的艺术家的作品成为整个人类文明的宝贵遗产。自从16世纪以来,法兰西文学界群星璀璨。16世纪有蒙田、拉伯雷等,17世纪有莫里哀、拉封丹等,18世纪有博马舍、卢梭、伏尔泰等,19世纪有巴尔扎克、波德莱尔、大仲马、福楼拜、雨果、司汤达、左拉等,20世纪有纪德、加缪等。《巴黎圣母院》《红与黑》《高老头》《基度山伯爵》《悲惨世界》和《约翰·克利斯朵夫》《局外人》等文学作品,已被翻译成多种语言,在世界各国广为流传。

法国在绘画、雕塑等方面的贡献也令世人刮目相看。谈到雕塑,人们不能忘记让·古戎、罗丹;谈到绘画,不能不提及弗拉戈纳尔、德拉克洛瓦、德加、塞尚、马奈和莫奈等印象派画家。

戛纳国际电影节是世界五大电影节之一,每年5月在法国东南部海滨小城戛纳举行,它是世界上最早、最大的国际电影节之一,为期两周左右。最高奖为"金棕榈奖"。

七、教育

法国的教育体制由幼儿教育、初等教育、中等教育和高等教育构成。各等级教育制度又分为公立和私立学校。在法国6~16岁为义务教育。公立小学和中学实行免费教育。高等教育分为综合性大学、高等专业学院、工程学院大学和一些高级技师学校。

据法国教育部、法国国家经济研究与统计局数据:2014~2015学年,法拥有37 009所小学、11 343所中学、83所大学以及226所名校,各类在校生人数1 538.6万人,其中小学生678.9万、中学生549.7万、大学生247.1万。2014年全国教职人员共118万,其中教师92.6万、行政技术人员25.4万。2017年教育预算924.9亿

---

① http://www.fmprc.gov.cn/chn/pds/gjhdq/gj/oz/1206_14/

欧元。

法国著名高校有巴黎大学、格勒诺布尔第一大学、斯特拉斯堡第一大学、里尔第一大学、里昂第一大学以及综合理工学校、国家行政学院、巴黎高等商业学校、巴黎高等师范学校等。其中,巴黎大学是法国历史最悠久、规模最大的综合性大学。

八、民俗风情

1. 礼仪和习俗

法国是一个讲文明礼貌的国家。对妇女谦恭、礼貌是法国人引以为自豪的传统。法国人见面打招呼,最常见的方式莫过于握手。不过,握手时一是握的时间不应过长,二是没有必要握住人家的手使劲晃动。一般是女子向男子先伸手,年长者向年幼者先伸手,上级向下级先伸手。

法国人重礼仪,温文尔雅的法国人待人接物彬彬有礼而不失浪漫。在日常生活中,除了握手礼外,贴面礼是法国人最常见的打招呼方式之一。一般来讲,这种招呼方式限于熟人或者虽不熟悉但感到亲切的人之间。具体做法是:两人先右侧面颊相贴,然后换成左侧面颊。贴脸时嘴唇不是真的接触对方的脸,但要发出声音,而且声音越响,表示你越和对方亲近。

法兰西人是极富艺术创造力的民族,法国时装闻名于世,总是领导世界新潮流。法国人穿着打扮讲究个性化,其穿着给人以清新、别致、洒脱、优雅的感觉。在日常生活中,法国人喜欢穿得休闲一些,尽管如此也穿得别具一格,优雅洒脱,体现张扬的个性。

2. 主要节日

国庆节(7月14日)、元旦(1月1日)、国际劳动日(5月1日)、圣母升天节(8月15日)、万圣节(11月1日)、圣诞节(12月25日)等。

3. 美食

法国是世界三大烹饪王国之一,享有"美食之国"之称。法国人烹调以煎、炸、煮、烤、熏为主。法国的鹅肝、奶酪和葡萄酒闻名遐迩。法国的特色美味佳肴有炸牛排、薯条牛排、鹅肝、鲑鱼、烤蜗牛等。各地也有自己独具特色的美食,例如勃艮第地区的葡萄酒煮鸡、图卢兹的白四季豆炖猪肉、奥弗涅地区的菜煲、马赛的海鲜汤、阿尔萨斯地区的腌酸菜。

九、旅游业

法国的旅游业由政府、旅游部和国家联盟管理和管辖。政府负有监督和赋予权利的职责;旅游部负责政策制定、实施与管理整个国家旅游系统;而国家联盟属于非政府机构,是一个组织,它履行着协助与执行的职能,主要负责组织与接待,是法国旅游业的旗帜。

法国是全球第一旅游大国,拥有 3 000 多家旅行社。旅行社经营的范围很广:提供咨询,预订机票、火车票,组织团体和个人旅游等。旅行社既组织食宿条件优越的消费型"豪华游",也组织条件从简、价格优惠的"经济游"。旅行社推出的各种特色度假旅游,如登山、垂钓、骑马、参观古城堡等,价格不一,选择余地很大。

1990 年法国的入境旅游人数为 5 249.7 万人次,1995 年为 6 003.3 万人次,2000 年为 7 719.0 万人次,2003 年为 7 504.8 万人次,2004 年为 7 512.1 万人次,2005 年为 7 600.1 万人次[1],2006 年达到 7 908.3 万人次[2]。据世界旅游组织统计,2010 年法国的入境旅游人数为 7 764.8 万人次,2014 年为 8 370.1 万人次,2015 年为 8 445.2 万人次,2016 年为 8 260.0 万人次(UNWTO Tourism Highlights:2017 Edition)。

1990 年法国的入境旅游收入为 201.84 亿美元,1995 年 275.87 亿美元,2000 年为 307.57 亿美元,2003 年为 365.93 亿美元[3],2004 年为 452.89 亿美元,2005 年为 440.18 亿美元,2006 年为 463.42 亿美元[4]。2010 年法国的入境旅游收入为 470.15 亿美元,2014 年为 581.47 亿美元,2015 年为 448.58 亿美元,2016 年为 424.81 亿美元(UNWTO Tourism Highlights:2017 Edition)。

1995 年法国出境旅游消费为 163 亿美元,2000 年为 178 亿美元,2004 年为 288 亿美元,2005 年为 305 亿美元,2006 年为 312 亿美元[5]。

2006 年法国全球入境旅游人数世界排名第一,全球入境旅游收入排名第三,全球出境旅游消费排名第四。2015 年和 2016 年,法国全球入境旅游人数世界排名第一。

2007 年,法国吸引全球游客 8 200 万人次,创历史新高并保持了世界第一旅游目的地国地位。但其旅游收入低于美国和西班牙,位居世界第三。法国政府大力倡导国民对游客友善、微笑,以促进国内旅游业复兴。法国政府还成立了一个"旅游战略委员会",旨在寻找对策提高法国旅游产品的吸引力,以保持法国世界第一旅游目的地国地位。

2004 年 9 月,法国成为中国公民出境旅游目的地国家。法国是中国的主要旅游客源国之一,2006 年法国公民来华旅游人数达 40.22 万人次,比 2005 年增长 8.12%[6]。2007 年,法国公民来华旅游人数达 46.34 万人次,比 2006 年增长

---

[1] World Tourism Organization (UNWTO): Tourism Market Trends, 2006 Edition
[2] World Tourism Organization (UNWTO): UNWTO, 2007
[3] World Tourism Organization (UNWTO): Tourism Market Trends, 2006 Edition
[4] World Tourism Organization (UNWTO): UNWTO, 2007
[5] World Tourism Organization (UNWTO): UNWTO June 2007
[6] http://www.cnta.gov.cn/html/2008-6/2008-6-2-14-52-59-212.html

中国旅游客源国概况

15.2%[①]。2008年,法国公民来华旅游人数达43万人次,比2007年减少7.21%[②]。2009年,法国公民来华旅游人数达42.48万人次,比2008年减少1.2%[③]。2010年,法国公民来华旅游人数达51.27万人次,比2009年增长20.7%[④]。2011年法国来华旅游入境人数为49.31万人次,2012年为52.48万人次,2013年为53.35万人次,2014年为51.70万人次,2015年为48.69万人次。

中国国家旅游局统计数字显示,2008年1~12月法国公民来华旅游人数达42.99万人次,其中会议和商务旅游10.04万人次、观光和休闲23.13万人次、探亲访友0.05万人次、服务员工3.06万人次、其他6.72万人次[⑤]。2009年1~12月法国公民来华旅游人数达42.48万人次,其中会议和商务旅游8.85万人次、观光和休闲22.86万人次、探亲访友0.05万人次、服务员工2.84万人次、其他7.87万人次[⑥]。2010年1~12月法国公民来华旅游人数达51.27万人次,其中会议和商务旅游11.07万人次、观光和休闲26.75万人次、探亲访友0.07万人次、服务员工2.89万人次、其他10.49万人次[⑦]。2014年1~12月法国来华旅游入境人数为51.70万人次,其中会议和商务旅游9.50万人次、观光和休闲16.91万人次、探亲访友1.11万人次、服务员工3.55万人次、其他20.62万人次。2015年1~12月法国来华旅游入境人数为48.69万人次,其中会议和商务旅游9.29万人次、观光和休闲15.43万人次、探亲访友1.49万人次、服务员工3.71万人次、其他18.78万人次。

法国拥有丰富的旅游资源、悠久的历史文化和众多的文物古迹。近年来,法国旅游部门和相关行业注意旅游市场的开发,增强市场竞争力,将旅游产品拉开档次,以吸引更多的游客,使旅游业得到了新的发展。

十、旅游资源

法国旅游资源丰富,世界遗产众多,历史悠久,文化内涵深厚,名胜古迹及乡野风光迷人。法国是哥特式建筑的发源地,很多哥特式建筑闻名全球。圣米歇尔山和卢尔德是欧洲著名的宗教朝圣地。

(一) 旅游城市

1. 巴黎

巴黎(Paris)是法国的首都,法国的政治、经济和文化中心。巴黎有2 000多年

---

① http://www.cnta.gov.cn/html/2008-9/2008-9-10-11-35-98624.html
② http://www.cnta.gov.cn/html/2009-9/2009-9-28-9-30-78465.html
③ http://www.cnta.gov.cn/html/2010-10/2010-10-20-10-43-69972.html
④ http://www.cnta.gov.cn/html/2011-11/2011-11-1-9-50-68041.html
⑤ http://www.cnta.gov.cn/html/2009-2/2009-2-18-9-36-18403.html
⑥ http://www.cnta.gov.cn/html/2010-1/2010-1-19-10-52-93858.html
⑦ http://www.cnta.gov.cn/html/2011-3/2011-3-25-10-15-28226.html

的悠久历史,自6世纪法兰克王国定都于此后,便成为历代王朝都城和历届共和国首都。巴黎位于风光秀丽的塞纳河两岸,一向以美丽而著称,有"梦幻之都"之美誉。在20世纪初期,巴黎即被公认为世界现代艺术中心,人类近代文化的摇篮,养育和造就了许许多多的文学家和艺术家。巴黎有数以百计的博物馆和美术馆、豪华百货商店、时髦的时装店、富丽堂皇的歌剧院、通宵达旦的夜总会、遍及全城的咖啡馆和酒吧、美丽的园林和古朴典雅的街区。巴黎拥有全世界最伟大的博物馆——卢浮宫;香榭丽舍大街被视为世界上最美丽的林荫大道之一;位于夏尔·戴高乐广场的凯旋门是世界最大的凯旋门;埃菲尔铁塔是巴黎的象征,是世界著名的建筑物之一。整个巴黎,不仅自然景色优美宜人,而且到处都散发着浓郁的艺术气息和神秘的色彩。

2. 里昂

里昂(Lyons)位于法国东南部,在罗讷河(Rhône)和索恩河(Saône)交汇处。这座历史悠久的城市曾在欧洲政治、文化和经济发展中扮演了重要的角色。里昂,罗马时期是军事重镇,15世纪成为全欧洲的印刷中心,16世纪成为世界丝绸中心。

索恩河的西岸是旧城区,东岸是新城区。旧城区保存有15~17世纪的建筑物,位于旧城区的圣让首席大教堂(Primatiale St. Jean)建于1180~1480年,是罗马式和哥特式建筑风格的完美结合。弗维耶山丘(Fourvière)高耸着建于19世纪的弗维耶圣母大教堂(Basilique Notre-Dame de Fourvière),以大理石和彩绘玻璃装饰,内有精美的壁画和镶嵌画。

3. 马赛

马赛(Marseille)位于地中海北岸,始建于公元前6世纪,是法国最古老的城市和法国最大海港城市。马赛濒地中海,水深港阔,无急流险滩,万吨级轮船可畅通无阻;西部有罗讷河及平坦河谷与北欧联系,地理位置得天独厚。马赛是法国的一个重要工业中心,这里集中了法国40%的石油加工业。

1792年法国大革命期间,马赛人高唱《莱茵河战歌》进军巴黎,激昂的歌声鼓舞着人们为自由而战。这首歌后来成为法国国歌,被称为《马赛曲》。第二次世界大战期间,聚集在港内的法国军舰拒绝向纳粹德国屈服,全部壮烈自沉,马赛又一次震撼了世界。如今的马赛每年接待游客达300多万人次,是法国接待游客人数最多的城市之一。在老港口北岸的老城区,人们可以发现马赛最古老的历史遗迹。

4. 斯特拉斯堡

斯特拉斯堡(Strasbourg)是阿尔萨斯大区的首府,法国第六大城市,是一座具有2 000多年历史的古城,名胜古迹众多。它不仅是法国重镇,亦是欧洲议会的所在地。自古罗马时代开始,斯特拉斯堡一直都是欧洲贸易及政治中心,在法国经济、文化、艺术和教育上都占有重要地位。

5. 波尔多

波尔多(Bordeaux)是法国西南部的港口城市,位于加龙河下游,距大西洋98公里。作为一座艺术与文化之城,波尔多已有2 000多年的历史,这座城市的格局主要是在18世纪形成的,市区保持了优雅的古典式风貌。

2007年,波尔多的月亮港(Bordeaux, Port de la Lune)作为文化遗产被联合国教科文组织世界遗产委员会列入《世界遗产名录》。

6. 尼斯

尼斯(Nice)位于法国东南部,是法国第五大城市,蔚蓝海岸的中心点,著名的旅游胜地。在公元1世纪前后的漫长岁月里,它先后被古希腊和古罗马交替统治。1706年,尼斯第一次成为法国的领土,但1713年,尼斯被割让给西西里王国,1860年,尼斯重新回到法国的版图。"二战"前,尼斯是欧洲贵族的最爱,造访名单中包括沙皇尼古拉一世遗孀和英国维多利亚女王。另外,野兽画派灵魂人物马蒂斯和俄裔法籍画家夏加尔的美术馆,让尼斯更散发出浓郁的艺术魅力。如今尼斯已成为全欧洲最具魅力的度假胜地。

(二) 主要名胜

1. 比利牛斯山

比利牛斯山脉位于法国和西班牙两国交界处,东西走向,海拔多在2 000米以上,以海拔3 352米的佩尔杜山峰(Le Mont Perdu)为中心,面积达3.063 9万公顷。比利牛斯山以蔚为壮观的山体、裸露的岩层、深邃的河谷、湍急的瀑布、恬静的田园风光和特有的珍稀野生生物而著称。比利牛斯山脉自然风光独特,夏有温泉,冬可滑雪,是著名的旅游胜地。

旧石器时代,居民就已经开始在这里居住。比利牛斯山脉在法国和西班牙的长期交往中起着重要的作用,在文化传统和农业生产等方面该地区两国居民具有极大的相似性。这个地区所拥有的田园风光反映出地处欧洲高地的人们从前普遍的农业生活方式,但现在这种农业生活方式仅仅在比利牛斯山脉这一地区得以延续。因而,村庄、农场、原野、高地牧场和山路这些独特的景观成为回顾久远的欧洲社会的特殊见证。

1997年,比利牛斯-佩尔杜山(Pyrénées-Mont Perdu)作为文化和自然双重遗产被联合国教科文组织世界遗产委员会列入《世界遗产名录》。

2. 圣米歇尔山

圣米歇尔山位于法国诺曼底(Normandy)和布列塔尼(Brittany)之间,坐落在巨大沙洲中部的岩石小岛上,被誉为"西方的奇观"(Wonder of the West)。圣米歇尔山高高耸立,依临潮水,岛的顶部是哥特式建筑的修道院。这座修道院建于11~16世纪,堪称技术和艺术完美结合的杰作。

圣米歇尔山与周围独特的自然环境融为一体,如同一个童话世界:周围是碧海白沙,四周的沙滩在潮水中若隐若现,神圣而令人神往。在中世纪,圣米歇尔山成为成千上万信徒的朝圣地。著名的圣米歇尔山还有无数动人的美丽传说。

1979年,圣米歇尔山及其海湾(Mont-Saint-Michel and Its Bay)作为文化遗产被联合国教科文组织世界遗产委员会列入《世界遗产名录》。

3.南运河

南运河(Canal du Midi)位于法国南方,修筑于1667~1694年的工业革命时期。这一蜿蜒流淌360公里的通航水路运河网穿越328座建筑物(船闸、沟渠、桥梁、隧道等)与地中海和大西洋相连,是现代史上最辉煌的土木工程奇迹之一。运河设计师皮埃尔·保尔·里凯(Pierre-Paul Riquet)创造性的构思,将技术成果转变为艺术作品,使运河与周边环境和谐地融为一体。

1996年,南运河作为文化遗产被联合国教科文组织世界遗产委员会列入《世界遗产名录》。

4.加尔桥

加尔桥(Pont du Gard)位于法国南部城市尼姆附近。这座桥是由古罗马的建筑师和水利工程师建造的,建造这座桥梁是为了使水道横跨加尔河,为尼姆城提供用水。加尔桥的整个桥身微呈弧线形,可抵御洪水的冲击。桥长为275米,高约50米,分三层,最底的一层有6个半圆形拱,中间的一层有11拱,最上面的一层有35拱,水渠从最上层穿过。

1985年,加尔桥作为文化遗产被联合国教科文组织世界遗产委员会列入《世界遗产名录》。

第六节　英　国

一、国家概况

国名: 大不列颠及北爱尔兰联合王国(The United Kingdom of Great Britain and Northern Ireland)

面积: 24.41万平方公里(包括内陆水域)[1]

人口: 6 558万(2016年)[2]

首都: 伦敦(London)

语言: 官方语言为英语

---

[1] http://www.fmprc.gov.cn/chn/pds/gjhdq/gj/oz/1206_45/

[2] http://www.fmprc.gov.cn/web/gjhdq_676201/gj_676203/oz_678770/1206_679906/1206x0_679908/

民族：英格兰人、苏格兰人、威尔士人、爱尔兰人
宗教：居民主要信奉基督教新教，其次为天主教、佛教、印度教、犹太教、伊斯兰教等
货币：英镑
国庆：6月的第二个星期四
国花：玫瑰
国歌：《上帝保佑女王》
主要城市：伯明翰、利物浦、曼彻斯特、爱丁堡、牛津
行政区划：全英分英格兰、苏格兰、威尔士和北爱尔兰四部分

二、自然地理

英国是位于欧洲西部的岛国，由大不列颠岛、爱尔兰岛东北部及附近许多小岛屿组成，东濒北海，同比利时、荷兰、德国、丹麦和挪威相望，西邻爱尔兰，横隔大西洋与美国、加拿大遥遥相对，北过大西洋可达冰岛，南穿多佛尔海峡行33公里就到法国。全境地形分为英格兰东南部平原区、中西部山区、苏格兰山区、北爱尔兰高原和平原区。威尔士境内多山，地势崎岖，坎布里亚山脉纵贯南北。苏格兰全境均属山岳地带，格兰扁山脉主峰本内维斯山海拔1 344米，为全国最高峰。英格兰自西向东分为四部分：以塞文河流域为中心的米德兰平原，海拔200米左右的高地，伦敦盆地，威尔德丘陵。北爱尔兰隔爱尔兰海与大不列颠岛相望，大部分为高地，冰碛广布，湖泊较多，内伊湖面积居全国之首，沿湖为平原。塞文河是大不列颠第一长河，长354公里；泰晤士河终年不冻，长346公里。

英国属海洋性温带阔叶林气候。通常最高气温不超过32℃，最低气温不低于−10℃。每年2月至3月最为干燥，10月至来年1月最为湿润。

三、历史

公元前700年前后，欧洲西部的克尔特人移居不列颠群岛。公元1~5世纪，大不列颠岛东南部受罗马帝国统治。后盎格鲁、撒克逊、朱特人相继入侵。7世纪开始形成封建制度。829年英格兰统一，史称"盎格鲁-撒克逊时代"。1066年，被诺曼底人征服并建立诺曼底王朝。1640年爆发资产阶级革命，1649年5月19日宣布为共和国。1660年王朝复辟。1688年发生"光荣革命"，确定了君主立宪制。1707年英格兰与苏格兰合并，1801年又与爱尔兰合并。18世纪60年代至19世纪30年代成为世界上第一个完成工业革命的国家。1914年，占有的殖民地比本土大111倍，是第一殖民大国，自称"日不落帝国"。1921年，爱尔兰南部26郡成立"自由邦"，北部6郡仍归英国。"一战"后英国开始衰落，其世界霸权地位逐渐被美国

取代。"二战"则严重削弱了英国的经济实力。随着1947年印度和巴基斯坦相继独立,英殖民体系开始瓦解。目前,英在海外仍有13块领地。1973年1月加入欧共体。

四、外交

1. 对外关系

英国开展全方位外交,利用自身广泛的国际联系,在国际舞台上发挥"枢纽作用",把与美国的特殊关系作为外交政策的核心。积极参与欧盟建设,倡导建立欧盟快速反应部队,协调欧美建立紧密伙伴关系。重视发展同中、俄、日、印等大国关系。加强与英联邦国家的合作,改善与发展中国家的关系。重视对非洲的发展援助。推动建立自由贸易体系。

2. 与中国的关系

1954年6月17日,中英达成互派代办的协议。1972年3月13日,两国签订升格为大使级外交关系的联合公报。1984年底,中英两国政府发表了关于香港问题的联合声明。1997年7月1日,中国顺利恢复对香港行使主权。

五、经济

1. 自然资源

英国是欧盟中能源资源最丰富的国家,主要有煤、石油、天然气、核能、水力等。

2. 农业

英国农业以畜牧业为主,种植业次之,多为私人经营的中小农场。大麦、小麦、甜菜产量大,饲料和饲草用于喂养乳牛和肉牛及培育良种牲畜。

3. 工业

英国的主要工业有采矿、冶金、化工、机械、电子、电子仪器、汽车、航空、食品、饮料、烟草、轻纺、造纸、印刷、出版、建筑等。生物制药、航空和国防是英工业研发的重点,也是英最具创新力和竞争力的行业。

4. 中英经贸

英国是欧盟最大的对华投资国和第三大对华贸易伙伴。中英两国经贸交往与合作发展迅速。2007年中英双边贸易额394.4亿美元,与上年相比增长28.6%,其中中国出口316.6亿美元,增长31%;进口77.8亿美元,增长19.5%。[①] 两国经贸合作呈多样化发展趋势。英国在中国优先发展的交通、能源、化工、机械制造领域及信息、生物工程等高新技术方面具有优势,同时也是中国机电、纺织、化工、金属制

---

① http://www.fmprc.gov.cn/chn/pds/gjhdq/gj/oz/1206_45/

品、服装以及初级产品的重要市场。

六、文化和艺术

英国文学源远流长。14世纪的乔叟是第一个反映英国本土社会生活的诗人,其代表作是《坎特伯雷故事集》。威廉·莎士比亚是文艺复兴时期最伟大的作家,一生留下《哈姆雷特》《罗密欧与朱丽叶》《威尼斯商人》等37部悲喜剧和历史剧。18世纪的笛福著有《鲁滨孙漂流记》与《女混混》两部小说,被称作"现代小说之祖"。19世纪出现了浪漫主义诗人拜伦、批判现实主义小说家狄更斯和主要在英国从事文艺创作的戏剧家兼评论家萧伯纳等一批文学巨匠。近年来,英国最著名的小说家是罗琳,她是《哈利·波特》系列小说的作者。

英国人对音乐会、戏剧、歌剧、舞剧和室内音乐等有广泛的兴趣。流行音乐、民间音乐和爵士音乐也有大批听众。许多城镇都举行音乐节,如目前世界上最大的户外草地音乐节——格拉斯顿伯里(Glastonbury)音乐节等。

七、教育

英国实行5~16岁义务教育制度。英国约有150所大学(不包括开放大学),凡有能力的学生都可以进入大学就读。著名的高等学府有牛津大学、剑桥大学、伦敦大学、爱丁堡大学等。英国是基础科学研究最先进的国家之一。从16世纪以来,英国出现了许多著名的科学家。至2004年,获诺贝尔奖的英国籍科学家就达89人次之多。英国在原子能、航空、电子技术、化工、医学等领域都具有国际先进水平。

八、民俗风情

1. 礼仪和习俗

英国人习惯以握手表示友谊。尊重女性,女士优先,是英国男子绅士风度的主要表现之一。保持克制,耐心行事,是英国人性格特征之一。在一般情况下,明显流露出烦躁情绪或发火会被认为欠修养。

在社交场合,忌用菊花、杜鹃花、石竹花和黄色的花献给客人。忌讳用人像、大象、孔雀做服饰图案和商品装潢。在英国购物,最忌讳的是砍价,英国人认为这是很丢面子的事情。

英国人十分注重穿着,在重大场合,男子穿西服套装,打领带。帽子是英国人服饰的一大特点,传统英国绅士要戴圆顶硬礼帽,英语叫"波乐"(bowler)帽。由于英国天气多变,随时可能下雨,手持雨伞的形象在外国人眼中成为英国人的另一特征。

2. 主要节日

圣帕特里克节(3月17日)、复活节(春分月圆后的第一个星期日)、五朔节(5月1日)、国庆节(6月的第二个星期四)、圣诞节(12月25日)等。

3. 美食

英国家庭一般是一日三餐加茶点,上午茶点一般为咖啡或茶加饼干或点心;下午茶点以茶为主,同时吃些糕点;晚餐为一天中的正餐,食物丰盛,有炸鱼、土豆片、烤炙肉食等,往往饮酒。英国人自古酷爱饮酒,从传统上说,英国人的饮料是啤酒。一般人最喜欢喝的是苦啤酒,其他还有淡啤酒、黑啤酒等。此外,杜松子酒加唐尼克汽水也是典型的英国饮料,还有一种世界知名的英国酒就是苏格兰威士忌。

九、旅游业

英国旅游业发达,旅游业是英国最重要的经济部门之一,产值占国内生产总值的5%,从业人员210万。周到、优良的服务是英国旅游业的一大特点。全国共有旅行社7 000余家,负责组织游客住宿、游览等各种事宜。导游人员训练有素,他们不仅熟悉当地的风土人情,还能巧妙地回答客人提出的各种问题。全国现有饭店2万多家,已有近150家饭店集团,拥有2 000家饭店和14.6万间(套)客房。

在旅游发展战略和实施措施上,英国一直是引导世界旅游潮流的前瞻性国家之一。在旅游发展中注重协议化服务和量化管理,在市场推广中注意与电子旅游结合的运作,在旅游目的地管理中注重可持续性发展战略。这些有力的措施促使英国长期位居世界十大旅游客源国和十大旅游接待国之列。2006年,英国入境旅游人数在世界排名第六,入境旅游收入排名第六,同时出境旅游消费排名第三。

在英国的入境旅游者中,约2/3来自西欧国家,接近1/5来自北美洲。1990年英国的入境旅游人数为1 801.3万人次,1995年为2 353.7万人次,2000年为2 520.9万人次,2004年为2 997.0万人次[1],2005年为2 803.9万人次,2006年达到3 065.4万人次[2]。据世界旅游组织统计,2010年英国的入境旅游人数为2 829.6万人次,2014年为3 261.3万人次,2015年为3 443.6万人次,2016年为3 581.4万人次(UNWTO Tourism Highlights:2017 Edition)。

1990年英国的入境旅游收入为153.75亿美元,1995年为205.00亿美元,2000年为218.57亿美元,2004年为282.21亿美元[3],2005年为306.75亿美元,2006年为336.95亿美元[4]。2010年英国的入境旅游收入为328.92亿美元,2014年为

---

[1] World Tourism Organization (UNWTO):Tourism Market Trends, 2005 Edition
[2] World Tourism Organization (UNWTO):UNWTO, 2007
[3] World Tourism Organization (UNWTO):Tourism Market Trends, 2006 Edition
[4] World Tourism Organization (UNWTO):UNWTO, 2007

中国旅游客源国概况

465.39亿美元,2015年为454.62亿美元,2016年为396.15亿美元(UNWTO Tourism Highlights: 2017 Edition)。

英国人的假期较多,除20个工作日的带薪假期外,还有复活节等节假日,夏季学生放暑假两个月,这是英国人出国旅游的黄金时段。英国人平均每年休假4~5周,出国旅游1~2次。多次出国旅游者一般首选为海滩度假,主要为放松身心;其次是冬季去瑞士等国家滑雪;然后才是观光型度假。英国出国旅游流向主要是欧洲,其次是北美和亚洲。主要目的国是法国、西班牙、美国、爱尔兰、德国、希腊和意大利。英国旅游者的亚洲目的国和地区,主要是中国香港、印度、日本、泰国、中国内地和新加坡。

1999年英国出境旅游人数为5 388.1万人次,2000年为5 683.7万人次,2004年为6 419.4万人次。①

1995年英国出境旅游消费为10亿美元,2000年为27亿美元,2004年为48亿美元,2005年为60亿美元,2006年为74亿美元。②

英国是最早与中国发展旅游关系的西方国家之一。20世纪60年代便有大批游客来华,英国许多上层人士在20世纪70年代以旅游名义访华,为加强中英友好关系作出了贡献。改革开放以来,中国赴英国的出境人数日益增多。目前,中国每年赴英的总人数约15万人次,其中游客人数约7万人次,为英国带来超过1亿英镑的收入。2005年,英国成为中国全面开放的出境旅游目的地国家。2006年1月20日,中英签署了《中国公民赴英旅游谅解备忘录》。中国国家旅游局在伦敦设有旅游办事处。作为中国在欧洲的主要客源国,2006年英国公民来华旅游人数达55.26万人次,比2005年增长10.6%。③ 2007年,英国公民来华旅游人数达60.51万人次,同比增长9.5%。④ 2008年,英国公民来华旅游人数达55.15万人次,比2007年减少8.85%。⑤ 2009年,英国公民来华旅游人数达52.88万人次,比2008年减少4.1%。⑥ 2010年,英国公民来华旅游人数达57.50万人次,比2009年增长8.7%。⑦ 2011年英国来华旅游入境人数为59.57万人次,2012年为61.84万人次,2013年为62.50万人次,2014年为60.47万人次,2015年为57.96万人次。

中国国家旅游局统计数字显示,2008年1~12月英国公民来华旅游人数达55.15万人次,其中会议和商务旅游18.59万人次、观光和休闲26.47万人次、探亲

---

① 张凌云.世界旅游市场分析与统计手册[M].北京:中国旅游出版社,2008:173-174.
② World Tourism Organization (UNWTO): UNWTO June 2007
③ http://www.cnta.gov.cn/html/2008-6/2008-6-2-14-52-59-212.html
④ http://www.cnta.gov.cn/html/2008-9/2008-9-10-11-35-98624.html
⑤ http://www.cnta.gov.cn/html/2009-9/2009-9-28-9-30-78465.html
⑥ http://www.cnta.gov.cn/html/2010-10/2010-10-20-10-43-69972.html
⑦ http://www.cnta.gov.cn/html/2011-11/2011-11-1-9-50-68041.html

访友 0.04 万人次、服务员工 3.03 万人次、其他 7.02 万人次。① 2009 年 1~12 月英国公民来华旅游人数达 52.88 万人次,其中会议和商务旅游 16.87 万人次、观光和休闲 26.07 万人次、探亲访友 0.04 万人次、服务员工 2.84 万人次、其他 7.06 万人次。② 2010 年 1~12 月英国公民来华旅游人数达 57.50 万人次,其中会议和商务旅游19.11万人次、观光和休闲 27.18 万人次、探亲访友 0.05 万人次、服务员工2.97 万人次、其他 8.18 万人次。③ 2014 年 1~12 月英国来华旅游入境人数为 60.47 万人次,其中会议和商务旅游 15.52 万人次、观光和休闲 19.04 万人次、探亲访友 1.97 万人次、服务员工 4.24 万人次、其他 19.70 万人次。2015 年 1~12 月英国来华旅游入境人数为 57.96 万人次,其中会议和商务旅游 14.78 万人次、观光和休闲 17.97 万人次、探亲访友 2.69 万人次、服务员工 4.40 万人次、其他 18.13 万人次。

十、旅游资源

英国历史悠久,旅游资源以人文资源最为丰富、最具特色,众多的古城堡和遗址令人神往。英国是最早进行工业革命的国家,在各地乡间随处可见的传统磨坊使我们得以窥见一个逝去的时代的生活生产方式,而布莱纳文工业景观、德文特河谷工业区、康沃尔和西德文矿区景观则是那个时期最好的见证。英国四面环海,在绵延万里的海岸线上处处可见不同历史时期的灯塔、古老的港口码头以及不同形制与大小的船只,而巨石阵、哈德良长城、多塞特和东德文海岸等世界遗产以其迷人的风光和独特的景观吸引着世界各国的游客。

(一) 旅游城市

1.伦敦

伦敦(London)是英国的政治、经济、文化和交通中心,也是世界上最大的城市之一。它位于英格兰东南部的平原上,跨泰晤士河两岸,距离泰晤士河入海口 88 公里。泰晤士河从西到东把伦敦分为南北两大部分,在河的北岸、全市的中央是著名的伦敦城,以城为界,其东为东伦敦,其西为西伦敦;河的南岸为南区,港口指伦敦塔桥至泰晤士河河口之间的地区。伦敦历史悠久,名胜古迹众多,拥有很多世界一流的博物馆、美术馆和著名建筑,是世界著名的旅游胜地。白金汉宫(Buckingham Palace)、伦敦塔(Tower of London)、威斯敏斯特宫(Westminster Palace)、威斯敏斯特教堂(Westminster Abbey)、大英博物馆(British Museum)等都极负盛名。

2.利物浦

利物浦(Liverpool)为英国第二大贸易港,位于伦敦西北 325 公里处。利物浦

---

① http://www.cnta.gov.cn/html/2009-2/2009-2-18-9-36-18403.html
② http://www.cnta.gov.cn/html/2010-1/2010-1-19-10-52-93858.html
③ http://www.cnta.gov.cn/html/2011-3/2011-3-25-10-15-28226.html

是英国国家旅游局认定的英国最佳旅游城市,还获得了 2008 年"欧洲文化之都"的称号。每年都吸引着数百万的游客到此观光游览。

皇家利弗大楼、丘纳德大楼和码头办公大楼为利物浦市内著名的三大地标。默西塞得郡博物馆内的水族馆、港口发展馆、造船历史馆等也反映了这个海港城市的特色。市内最引人注目的建筑是两座风格各异的现代化教堂建筑:一是英国国教利物浦教堂,二是罗马天主教大都会教堂。

3. 爱丁堡

爱丁堡(Edinburgh)是英国著名的文化古城,位于苏格兰中部,是苏格兰的首府及其政治、文化和金融中心。美丽的自然景色和优雅的建筑为其赢得了"北方雅典"的美称。爱丁堡依山傍水,地貌多姿,风光绮丽。气候温暖湿润,夏秋两季绿树成荫,鲜花盛开。古代宫殿、教堂和城堡点缀其间,文化遗产丰富。

1995 年,联合国教科文组织世界遗产委员会把爱丁堡的旧城和新城(Old and New Towns of Edinburgh)作为文化遗产列入《世界遗产名录》。

4. 斯特拉特福

斯特拉特福(Stratford)是莎士比亚的故乡,著名旅游胜地。它位于英格兰中部,人口仅 2 万,但游客每年达 150 万人次。人们来此的主要目的是目睹莎士比亚诞生、工作、生活和安息的地方。莎士比亚的故居坐落在亨利街,是一幢典型的都铎式的两层木房,古雅庄重。房子的右侧是"莎士比亚中心",既是图书馆也是档案馆。莎士比亚婚后住的房子叫"安妮·赫舍薇的茅舍",房内布置仍仿照当年模样。

5. 牛津和剑桥

牛津和剑桥(Oxford and Cambridge)是两座令人神往的传统大学城。英国历史上许多重要的政治人物和科学家均出自这两个地方。

牛津是英格兰南部的文化古城。牛津大学几乎占城区一半,是英国历史最悠久的大学。在大学众多学院建筑中,默顿学院的建筑最为古老,而莫德林学院的钟楼最为有名。

剑桥位于伦敦北约 100 公里处,是英国剑桥郡首府,剑桥大学所在地,"英国唯一的大学城"。剑桥环境幽美,绿草如茵,著名的有"耶稣"草坪、"绵羊"草坪等。

(二) 主要名胜

1. 斯塔德利皇家公园和喷泉修道院遗址

斯塔德利皇家公园和喷泉修道院遗址(Studley Royal Park Including the Ruins of Fountains Abbey)位于英格兰东北部约克郡的北部,建于 1716 年到 1781 年。斯塔德利皇家公园是迄今为止仍保持原来建筑风格的极少数英国皇家园林建筑之一,它包括各种各样的人造湖、池塘、雕塑、塔、教堂、新哥特式风格的宫殿以及饭店、门房等建筑。斯塔德利皇家公园中还有喷泉修道院及圣马利亚教堂。1986

年,斯塔德利皇家公园和喷泉修道院遗址作为文化遗产被联合国教科文组织世界遗产委员会列入《世界遗产名录》。

2. 巨石阵

巨石阵是欧洲著名的史前时代文化神庙遗址,位于英格兰南部的威尔特郡索尔兹伯里平原,约建于公元前 4000~公元前 2000 年新石器时代末期至青铜时代。这个巨大的石建筑群位于一个空旷的原野上,占地大约 11 公顷,主要由许多整块的蓝砂岩组成,每块约重 50 吨。巨石阵不仅在建筑学史上具有重要的地位,在天文学上也同样有着重大的意义。巨石阵最不可思议的是石阵中心的巨石,这些巨石最高的有 8 米,平均重量近 30 吨,然而,人们惊奇地发现,有不少重达 7 吨的巨石是横架在两根竖着的石柱上的。这也使得只要是去英国的游客就想去巨石阵看个究竟。1986 年,巨石阵、埃夫伯里和相关遗址(Stonehenge, Avebury and Associated Sites)作为文化遗产被联合国教科文组织世界遗产委员会列入《世界遗产名录》。

3. 哈德良长城

哈德良长城(Hadrian's Wall)是 122 年罗马帝国皇帝哈德良命令在英格兰和苏格兰边界上修筑的一条长约 118 公里的长城。哈德良长城是当时的军事设施,反映了当时罗马人的技术水平、战略思想和地质学的发展。哈德良长城至今仍然宏伟地逶迤在陡峭险崖之巅,成为大不列颠最引人入胜的景观之一。1987 年,哈德良长城作为文化遗产被联合国教科文组织世界遗产委员会列入《世界遗产名录》,2005 年和 2008 年两次扩展该遗产,扩展后的哈德良长城成为跨国(德国和英国)遗产罗马帝国防线(Frontiers of the Roman Empire)的一部分。

4. 彭布罗克郡海岸国家公园

彭布罗克郡海岸国家公园(Pembrokeshire Coast National Park)位于威尔士的西南部,是英国唯一的海岸公园。这里拥有英国最美最好的沙滩。芭拉芬德湾曾经是贵族的私家海湾,如今被英国最有名的旅游杂志《美好假日指南》誉为"英国最美的海湾"。

第七节　比 利 时

一、国家概况

国名:比利时王国(The Kingdom of Belgium)
面积:陆地面积 3.052 8 万平方公里,领海及专属经济区 0.346 2 万平方公里①

---

① http://www.fmprc.gov.cn/chn/pds/gjhdq/gj/oz/1206_6/

中国旅游客源国概况

人口:1 121 万(2015 年)①
首都:布鲁塞尔(Bruxelles)
语言:官方语言为法语和荷兰语
民族:佛拉芒族占 59.3%,瓦隆族占 40.1%,日耳曼族占 0.6%
宗教:90%的比利时人信奉天主教
货币:欧元
国庆:7 月 21 日
国花:虞美人
国歌:《布拉班人之歌》
主要城市:安特卫普、根特、布鲁日
行政区划:全国分为 10 个省

二、自然地理

比利时位于欧洲西北部,东邻德国,北连荷兰,南和西南与法国交界,东南与卢森堡接壤,西北隔多佛尔海峡与英国相望。海岸线长 66 公里。境内东南高西北低,2/3 的土地是丘陵和平原。东南部为高原区,海拔 200~460 米。博特朗日山为全国最高点,海拔 694 米。主要河流是斯海尔德河和默兹河。

比利时属温带海洋性气候,温和湿润,年平均气温 10℃左右,年降水量 800 多毫米。

三、历史

公元前,克尔特人和比利其人在此居住。公元前 57 年起长期为罗马人、高卢人、日耳曼人分割统治。9~14 世纪被各诸侯国割据。14~15 世纪建立了勃艮第王朝。随后又先后被西班牙、奥地利、法国和荷兰统治。1815 年维也纳会议将比利时并入荷兰。1830 年 10 月 4 日独立,定为世袭君主立宪王国。两次世界大战中均被德国占领,"二战"后加入北约。1958 年加入欧洲共同体,并与荷兰、卢森堡结成经济联盟。1993 年 2 月 6 日,众议院通过宪法修正案,正式决定比利时由中央集权的君主立宪制改为联邦制。比利时是北大西洋公约组织创始国,也是欧洲联盟的成员国。

四、外交

1.对外关系

比利时主张加快欧洲一体化建设步伐;支持和参与联合国维和行动与人道主

---

① http://www.fmprc.gov.cn/web/gjhdq_676201/gj_676203/oz_678770/1206_678940/1206x0_678942/

义援助;重视与美国的关系;主张加强与独联体和东欧国家的交往;在积极推动发展中国家民主化进程的同时,注意缓和与它们的关系。

2.与中国的关系

1971年10月25日,中比两国建交。几十年来,两国关系发展顺利。1998年年底,比利时首相德阿纳访华;2002年,比利时首相伏思达访华。2004年5月,温家宝总理对比利时进行正式访问,中比签署《关于加强政治对话的联合声明》。2005年6月,比利时国王阿尔贝二世对中国进行国事访问。

五、经济

1.自然资源

比利时煤蕴藏量较为丰富,此外尚有少量铁、锌、铅、铜等。森林占全国面积的20%。

2.农业

比利时种植业发达,以园艺业为主,盛产蔬菜和花卉。谷物、玉米、甜菜是重要的农产品。农业以畜牧业为主,畜牧业以养牛、养猪和家禽为主。比利时肉类产品自给有余,粮食的自给率在90%左右。

3.工业

比利时的工业产值约占国内生产总值的30%,主要工业有钢铁、机械、有色金属、化工、纺织、玻璃、煤炭等行业。工业就业人口占总劳动力的27%。

4.中比经贸

比利时是中国在欧盟的第七大贸易伙伴。2007年,双边贸易额为176.5亿美元,同上年相比增长24.2%,其中我国出口126.8亿美元,进口49.7亿美元,同比分别增长28%和15.5%。2008年1~10月,双边贸易额为170.66亿美元。我国从比利时主要进口钻石、机电设备、塑料制品、纺织机械、医药制品等,我国向比利时主要出口机电产品、纺织品、服装及珠宝、家具等。[①]

六、文化和艺术

比利时在欧洲文化发展的历史长河中扮演着重要角色。比利时文化中保留着浓郁的日耳曼文化、罗马文化相互交融的印迹,同时又拥有其鲜明的个性色彩。比利时著名画家鲁本斯(1577—1640)的作品被许多世界著名的博物馆收藏。在比利时的文学宝库中,人们可见诺贝尔文学奖得主莫里斯·梅特林克(Maurice Maeterlinck,1862—1949)的大名。布鲁塞尔皇家莫奈剧院,是欧洲大陆最著名的歌剧院

---

① http://www.fmprc.gov.cn/chn/pds/gjhdq/gj/oz/1206_6/

之一,也是比利时音乐的点睛之作。创立于1663年,以历史悠久而著称的安特卫普皇家艺术学院培养了一批又一批轰动世界的年轻设计师。

七、教育

比利时实行6~18岁免费义务教育制。教育由地区政府管理。比利时著名的高等学府有鲁汶天主教大学(荷语)、鲁汶天主教大学(法语)、布鲁塞尔自由大学(荷语)、布鲁塞尔自由大学(法语)、国立列日大学(法语)、国立根特大学(荷语)等。

八、民俗风情

1. 礼仪和习俗

在比利时,如果应邀参加宴会,可以带鲜花或是糖果作为礼物,等女主人入座之后客人再坐下,而且要等女主人先用餐;如果主人不提起商务话题的话,你不要谈论这些。在用餐的时候,谈论食物或是酒都是不错的话题。

在与比利时人交往中,一是要切记比利时的民族和语言问题,对瓦隆人和佛拉芒人一视同仁,万万不可把自己与比利时的民族矛盾纠缠在一起;二是要避免谈论比利时的宗教和政治问题。比利时人认为,用食指指着别人是不礼貌的行为。比利时人忌蓝色,视蓝色为不祥之兆,所以在招待宾客或喜庆宴席上都不用蓝色装饰。

比利时多集市和地方性节日。比利时的班什(Binche)狂欢节是与法国尼斯、德国科隆和意大利威尼斯的狂欢节齐名的欧洲四大著名狂欢节之一,其盛名已蜚声世界,每年都吸引着来自欧洲和世界各国的游人前往参加和观看。

2. 主要节日

新年节(1月1日)、国际劳动节(5月1日)、圣母升天节(8月15日)、瓦隆节(9月27日)、万圣节(11月1日)、国王日(11月15日)、圣诞节(12月25日)等。

3. 美食

比利时是美食王国,以各式海鲜贝类最著名。典型的比利时菜肴有炸牛排、海蚌和炸土豆条,其他特产还有奶油葡萄面包和以糖、米及奶酪为原料制成的馅饼。比利时的名菜有比利时式焖牛肉、龙须菜、淡菜、大虾、比利时大杂烩。此外,油煎酸黄瓜与腌鳝鱼配合更是别具风味。比利时甜点——蛋糕和巧克力也闻名遐迩。

九、旅游业

比利时不仅是欧盟成员国之一,也是申根国之一,旅游业发展较快。1995年比利时的入境旅游人数为556.0万人次,2000年为645.7万人次,2004年为671.0

万人次,2005 年为 674.7 万人次①,2006 年达到 699.5 万人次②。据世界旅游组织统计,2010 年比利时的入境旅游人数为 718.6 万人次,2014 年为 788.7 万人次,2015 年为 835.5 万人次,2016 年为 747.9 万人次(UNWTO Tourism Highlights:2017 Edition)。

1995 年比利时的入境旅游收入为 45.48 亿美元,2000 年为 65.92 亿美元,2004 年为 92.33 亿美元,2005 年为 98.63 亿美元③,2006 年为 115.35 亿美元④。2010 年比利时的入境旅游收入为 114.25 亿美元,2014 年为 139.29 亿美元,2015 年为 119.68 亿美元,2016 年为 118.39 亿美元(UNWTO Tourism Highlights:2017 Edition)。

1995 年比利时出境旅游消费为 81 亿美元,2000 年为 94 亿美元,2004 年为 140 亿美元,2005 年为 149 亿美元,2006 年为 172 亿美元⑤。

2000 年至 2004 年,比利时的出境旅游人数分别为 793.2 万人次、657.0 万人次、677.3 万人次、726.8 万人次和 878.3 万人次。⑥ 前往比利时的入境旅游者的旅游方式以休闲、娱乐和度假为主,其次为商务、专业活动等。

中国国家旅游局统计数字显示,2008 年 1~12 月比利时公民来华旅游人数达 6.14 万人次,其中会议和商务旅游 1.61 万人次、观光和休闲 3.46 万人次、服务员工 0.29 万人次、其他 0.78 万人次。⑦

2009 年 1~12 月比利时公民来华旅游人数达 6.08 万人次,其中会议和商务旅游 1.23 万人次、观光和休闲 3.67 万人次、探亲访友 0.01 人次、服务员工 0.29 万人次、其他 0.88 万人次⑧。2010 年 1~12 月比利时公民来华旅游人数达 7.62 万人次,其中会议和商务旅游 1.68 万人次、观光和休闲 4.55 万人次、探亲访友 0.01 万人次、服务员工 0.35 万人次、其他 1.04 万人次⑨。2014 年 1~12 月比利时来华旅游入境人数为 6.74 万人次,其中会议和商务旅游 1.75 万人次、观光和休闲 2.27 万人次、探亲访友 0.20 万人次、服务员工 0.35 万人次、其他 2.16 万人次。2015 年 1~12 月比利时来华旅游入境人数为 6.52 万人次,其中会议和商务旅游 1.69 万人次、观光和休闲 2.18 万人次、探亲访友 0.26 万人次、服务员工 0.38 万人次、其他 2.01 万人次。

---

① World Tourism Organization (UNWTO):Tourism Market Trends, 2006 Edition
② World Tourism Organization (UNWTO):UNWTO, 2007
③ World Tourism Organization (UNWTO):Tourism Market Trends, 2006 Edition
④ World Tourism Organization (UNWTO):UNWTO, 2007
⑤ World Tourism Organization (UNWTO):UNWTO June 2007
⑥ 张凌云.世界旅游市场分析与统计手册[M].北京:中国旅游出版社,2008:186.
⑦ http://www.cnta.gov.cn/html/2009-2/2009-2-4-14-28-16730.html
⑧ http://www.cnta.gov.cn/html/2010-1/2010-1-19-10-52-93858.html
⑨ http://www.cnta.gov.cn/html/2011-3/2011-3-25-10-15-28226.html

中国旅游客源国概况

2004年9月,比利时成为中国公民出境旅游目的地国家。2006年,中国和比利时建交35周年,海南航空公司开通了直飞布鲁塞尔航线,此次海航开通的"上海—北京—布鲁塞尔"航线是国内唯一一条直航布鲁塞尔的航线,为中比人民的交流搭建了一座更为便捷的"空中桥梁"。

十、旅游资源

比利时是一个田园风光和古城风貌交相辉映的美丽国家,拥有丰富的旅游资源。比利时还拥有多项世界遗产,非物质文化遗产班什的狂欢节(The Carnival of Binche)、比利时和法国的巨人和巨龙游行(Processional Giants and Dragons in Belgium and France)(与法国共有)被联合国教科文组织世界遗产委员会列入《人类非物质文化遗产代表作名录》。

(一)旅游城市

1.布鲁塞尔

布鲁塞尔(Bruxelles)位于比利时中部,是比利时的首都,全国政治、经济、文化中心,也是西欧经济与文化的汇聚点。1830年,比利时独立后在此定都。布鲁塞尔拥有优越的地理位置、发达的交通和通信,目前有几百个国际组织或办事机构总部设在这里,是世界闻名的国际活动中心,欧盟和北大西洋公约组织总部所在地,素有"欧洲之都"之誉。

2.安特卫普

安特卫普(Antwerpen)位于布鲁塞尔北部,是比利时的第二大城市和最大的港口城市。斯海尔德河从城中穿过。优越的地理位置使它成为西欧重要的贸易港口和繁荣的商业中心城市。安特卫普曾是欧洲的艺术中心,著名画家马塞斯、鲁本斯和法国画家普朗坦都曾在此居住过,他们的许多作品至今仍珍藏在城里的博物馆和教堂之中。安特卫普还是世界著名的钻石加工和交易中心。

3.根特

根特(Ghent)位于布鲁塞尔西北部,是东佛兰德省省会,历史上曾经是佛兰德地区的首都。古罗马时代,根特一带就有人居住。最早在7世纪时,围绕当地的城堡逐渐发展成城市。13世纪成为重要的商业贸易城市和纺织业中心。如今,城市保留了很多中世纪和文艺复兴时期的古老建筑。

4.布鲁日

布鲁日又译作"布吕赫"(Brugge,Bruges),是比利时西佛兰德省首府,位于比利时的西北部,是一座美丽的小城。这里仍保持着中世纪城镇的风貌。9世纪时为了抵御海盗的攻击,当地的统治者佛拉芒伯爵修建了城堡,城市就是以城堡为基础发展起来的。由于布鲁日地处欧洲的"十字路口"(crossroads)的特定地理位置,在13~15世纪,它已成为欧洲最为繁荣的贸易港之一,也是世界上最富有的城市之一。

如今的布鲁日是欧洲著名的旅游城市,被誉为比利时的"威尼斯",不仅风光秀丽,而且还有许许多多的名胜古迹。老城区完整地保存了中世纪城市的古朴风貌,教堂、民居、街巷、护城河、河道、城墙、风车,使游客仿佛置身于中世纪。

(二) 主要名胜

图尔奈的圣母大教堂(Notre-Dame Cathedral in Tournai)位于比利时西南部的图尔奈市(Tournai),建于12~13世纪,教堂里珍藏着许多艺术品。大教堂的后翼耸立着5座哥特式塔楼。整座大教堂被认为是罗马式和哥特式两种建筑风格完美融合的代表作。

2000年,图尔奈的圣母大教堂作为文化遗产被联合国教科文组织世界遗产委员会列入《世界遗产名录》。

第八节 荷 兰

一、国家概况

国名:荷兰王国(The Kingdom of the Netherlands)

面积:4.152 8万平方公里

人口:1 701.6万(2016年)[①]

首都:阿姆斯特丹,政府所在地海牙

语言:官方语言为荷兰语

民族:90%以上为荷兰族,此外还有弗里斯族

宗教:天主教、基督教新教

货币:欧元

国庆:4月30日

国花:郁金香

国歌:《威廉颂》

主要城市:海牙、鹿特丹、乌得勒支

行政区划:全国划分为12个省,另有荷属阿鲁巴和安的列斯两块海外领土

二、自然地理

荷兰位于欧洲西部,东邻德国,南接比利时,西、北濒临北海。海岸线长1 075

---

① http://www.fmprc.gov.cn/web/gjhdq_676201/gj_676203/oz_678770/1206_679234/1206x0_679236/

公里。荷兰地势低平,是世界著名的低地之国。境内60%以上的地区海拔不超过1米,38%的土地低于海平面,最低点为-6.7米,最高处也只有321米。13世纪以来共围垦约7 100平方公里的土地,相当于全国陆地面积的1/5。西部沿海为低地,东部是波状平原,中部和东南部为高原。南部由莱茵河、马斯河、斯海尔德河的三角洲连接而成。

荷兰的气候属海洋性温带阔叶林气候,冬温夏凉,月平均气温为1月2~3℃,7月18~19℃。

三、历史

约公元前11世纪,一些日耳曼和克尔特部族在此定居,公元前1世纪前后沦为罗马帝国的一个边疆省份。5~9世纪,为法兰克王国的一部分。11~14世纪,荷兰分为许多独立的封建领地,其中占统治地位的是荷兰伯爵领地。15世纪,荷兰被勃艮第大公占领。1477年,荷兰归哈布斯堡王朝统治。16世纪,荷兰又处在西班牙的统治之下。1568年,荷兰爆发延续80年的反抗西班牙统治的战争。1581年,北部七省成立荷兰共和国(正式名称为"尼德兰联合省共和国")。1648年,西班牙正式承认荷兰独立。17世纪,荷兰成为海上殖民强国。18世纪后,荷兰殖民体系逐渐瓦解。1795年法军入侵。1810年并入法国。1814年脱离法国,翌年成立荷兰王国。1848年成为君主立宪国。"一战"期间保持中立。"二战"初期宣布中立。1940年5月遭德军入侵,王室和政府迁至英国,成立流亡政府。战后放弃中立政策,加入北约和欧共体(欧盟)。

四、外交

1. 对外关系

荷兰认为欧洲一体化进程不可逆转,支持欧盟和北约双东扩;视美国为传统盟友,认为世界上任何重大问题的解决均离不开美国的合作,美在欧洲的存在是实现欧洲安全与稳定的保证;重视联合国等国际组织的作用,支持联合国改革;重视发展与亚洲国家的关系。

2. 与中国的关系

中国与荷兰的人员和经济交往可追溯到17世纪初。随着中国改革开放的深化和投资环境的日益改善,中荷经贸关系有了较大发展。双方政府先后签订了包括海运、航空、经济、技术、文化在内的多种双边协定和协议。荷兰也是最早承认中国的西方国家之一。

1954年11月19日,荷兰与中国建立代办级外交关系,1972年5月18日升格为大使级外交关系,1981年5月5日降格为代办级,1984年2月1日恢复大使级外交关系。近年来,两国友好交往增加,经贸关系也有较大发展。

五、经济

1. 自然资源

荷兰自然资源相对贫乏,但天然气储量丰富。

2. 农业

荷兰农业高度集约化,农产品出口额居世界前列。畜牧业、园艺业、农产品加工业非常发达。主要农畜产品有小麦、玉米、马铃薯、甜菜、蔬菜、水果、肉类、蛋类等。荷兰的乳、肉产品供应国内有余,是世界主要蛋、乳出口国之一。在农业构成中,畜牧业占50%,园艺业占38%,农田作物占12%。[①] 花卉是荷兰的支柱性产业。

3. 工业

荷兰工业发达,主要工业部门有食品加工、石油化工、冶金、机械制造、电子、钢铁、造船、印刷、钻石加工等,原料和销售市场主要依靠国外。工业门类齐全,其乳品加工、人造黄油、家用电器、电子仪器、特种船舶等在国际上享有盛誉。近20年来荷兰重视发展空间、微电子、生物工程等高科技产业。

4. 经济发展

荷兰是西方十大经济强国之一,经济属外向型,80%的原料靠进口,60%以上的产品供出口。对外贸易的80%在欧盟内实现。商品与服务的出口约占国民生产总值的67.2%,进口占62.4%。[②] 荷兰是世界主要造船国家之一,在环境、能源、信息和材料科学领域居于世界领先地位。

5. 中荷经贸

中荷经贸关系发展较快,从2003年起,荷兰已连续4年成为中国在欧盟的第二大贸易伙伴。2006年,双边贸易额为345.1亿美元,中国已成为荷兰第四大贸易伙伴。2007年1~7月,双边贸易额为237.1亿美元。[③]

六、文化和艺术

荷兰文学同世界各国文学一样,随着朝代的变更和历史的发展而发展。欧洲文艺复兴以前,荷兰文学大多是道德与哲学的对话、寓言、神话等。而荷兰在17世纪获得独立后,资产阶级革命促进了荷兰文学和艺术的繁荣,到了19世纪,荷兰文学则充满了宗教思想,但同时也出现了一些现实主义的文学作品。

荷兰的绘画在世界上享有盛名,并造就了一批世界著名画家。15世纪凡·艾

---

① http://www.fmprc.gov.cn/chn/pds/gjhdq/gj/oz/1206_18/
② http://www.fmprc.gov.cn/chn/pds/gjhdq/gj/oz/1206_18/
③ http://www.fmprc.gov.cn/chn/pds/gjhdq/gj/oz/1206_18/

克兄弟的《根特祭坛画》,反映的虽是宗教生活,但对生活、风景和人物性格真实、生动的描写却体现了人文主义思想,是欧洲油画史上的重要作品。16世纪鲁本斯的《智者朝圣画》《劫夺列其普的女儿》《亚马孙之战》等作品,气势磅礴、色彩富丽,对后来的欧洲绘画产生了重大影响。17世纪,大画家伦勃朗的《夜巡》《戴金盔的人》《磨坊》等作品,则运用复杂的浓淡衬托和鲜明的色调,含蓄而深刻地表现了人物的心理活动,具有独特的艺术风格,深受人民的喜爱。霍贝玛(M. Hobbema, 1638—1709)是荷兰17世纪风景画家的杰出代表,他的《林间小道》被誉为风景画的典范之作。19世纪中叶,荷兰出了位世界著名画家凡·高,这位印象派画家所画的《向日葵》《星月夜》等成为传世佳作。

七、教育

荷兰实行5~16岁义务教育制度。中小学校分为公立和私立两类。高等教育中有两大主流:一是由综合大学所提供的大学教育,二为由高等专业教育大学所提供高等专业教育。荷兰现有13所重点大学,其中9所为综合性大学,1所为理工大学、1所为农业大学。著名高等院校有莱顿大学、乌得勒支大学、阿姆斯特丹自由大学、格罗宁根大学、鹿特丹伊拉斯谟大学、代尔夫特理工大学和瓦格宁根农业大学等。

八、民俗风情

1. 礼仪和习俗

荷兰流行"女士优先"的礼仪,所以不管在什么场合,男子都要处处为女士提供方便。荷兰人时间观念强,出席各种活动会准时赴约。

荷兰人喜欢鲜花,几乎家家户户都在宅前院后种植鲜花,美化环境。按照传统,荷兰的青年男女在订婚时,新郎要送给新娘一双漂亮的木鞋,作为定情之物。风车、木鞋、奶酪、郁金香号称"荷兰四宝"。

2. 主要节日

新年(1月1日)、主显节(1月6日)、耶稣受难日(4月1日)、解放日(5月5日)、耶稣升天节(5月25日)、万圣节(11月1日)、独立日(12月6日)、圣诞节(12月25日)等。

3. 美食

荷兰人习惯将去骨肉蒸、煎,一般不炒不烤。比如,他们喜欢的"奶油煎牛排",就是将牛排放在平底锅里略微煎一下就拿出来,放在盘子里,再加上精盐、胡椒粉、番茄酱等调味品;牛排切开时必须带血丝才认为是上品。荷兰的鲱鱼世界著名。奶酪是荷兰的特产,荷兰人喜欢把干奶酪切成片夹入面包,有时则把奶酪研成粉末放入汤中。荷兰人的甜食主要是牛奶蛋糊、薄饼、苹果馅饼等。

九、旅游业

荷兰是著名的旅游国度,旅游业发达。1990年荷兰的入境旅游人数为579.5万人次,1995年为657.4万人次,2000年为1 000.3万人次,2005年为1 001.2万人次①,2006年达到1 073.9万人次②。据世界旅游组织统计,2010年荷兰的入境旅游人数为1 088.3万人次,2014年为1 392.6万人次,2015年为1 500.7万人次,2016年为1 582.8万人次(UNWTO Tourism Highlights：2017 Edition)。

1990年荷兰的入境旅游收入为41.55亿美元,1995年为65.78亿美元,2000年为72.17亿美元,2003年为91.59亿美元③,2005年为104.75亿美元,2006年为115.16亿美元④。2010年荷兰的入境旅游收入为117.32亿美元,2014年为147.04亿美元,2015年为131.76亿美元,2016年为140.54亿美元(UNWTO Tourism Highlights：2017 Edition)。

1995年荷兰出境旅游消费为117亿美元,2000年为122亿美元,2004年为164亿美元,2005年为162亿美元,2006年为171亿美元⑤。

从2000年至2004年荷兰的出境旅游人数分别为1 389.6万人次、1 421.4万人次、1 675.8万人次、1 646.3万人次和1 713.0万人次。⑥

2007年赴荷兰的外籍游客数量达到创纪录的1 100万人次。2007年旅游业产值占荷兰国内生产总值的3%。统计资料显示,游客开销最大的一项是食宿费用。2007年在荷游客总开支的38%花在住宿和餐饮上,近20%用于交通,15%用于购买博物馆、游乐场等门票。其他开销还包括租用车辆、野营设备、体育用品、购物等。

2004年9月,荷兰成为中国公民出境旅游目的地国家。中国国家旅游局统计数字显示,2008年1~12月荷兰公民来华旅游人数达18.09万人次,其中会议和商务旅游3.85万人次、观光和休闲10.54万人次、探亲访友0.01万人次、服务员工1.67万人次、其他2.02万人次⑦。2009年1~12月荷兰公民来华旅游人数达16.69万人次,其中会议和商务旅游2.52万人次、观光和休闲10.73万人次、探亲访友

---

① World Tourism Organization (UNWTO)：Tourism Market Trends, 2006 Edition
② World Tourism Organization (UNWTO)：UNWTO, 2007
③ World Tourism Organization (UNWTO)：Tourism Market Trends, 2006 Edition
④ World Tourism Organization (UNWTO)：UNWTO, 2007
⑤ World Tourism Organization (UNWTO)：UNWTO June 2007
⑥ 张凌云.世界旅游市场分析与统计手册[M].北京：中国旅游出版社,2008：197.
⑦ http://www.cnta.gov.cn/html/2009-2/2009-2-18-9-36-18403.html

中国旅游客源国概况

0.01万人次、服务员工1.45万人次、其他1.98万人次[①]。2010年1~12月荷兰公民来华旅游人数达18.91万人次,其中会议和商务旅游3.00万人次、观光和休闲12.10万人次、探亲访友0.02万人次、服务员工1.59万人次、其他2.20万人次[②]。2014年1~12月荷兰来华旅游入境人数为18.04万人次,其中会议和商务旅游4.51万人次、观光和休闲4.83万人次、探亲访友0.82万人次、服务员工1.88万人次、其他6.00万人次。2015年1~12月荷兰来华旅游入境人数为18.18万人次,其中会议和商务旅游4.37万人次、观光和休闲4.86万人次、探亲访友0.90万人次、服务员工1.98万人次、其他6.07万人次。

民俗旅游是荷兰吸引游客的主要旅游产品。近年来,荷兰大力发展以休闲度假为主的特色旅游,如文化旅游、生态旅游和农业旅游。荷兰旅游局将加大在经济快速增长国家的旅游宣传力度,包括俄罗斯、中国和印度等。这些国家的"新贵"一族不但消费力强,而且可能在荷兰进行贸易投资,带来各种商机。目前,荷兰旅游业相关部门共同改善旅游服务质量,把宣传、合作、开拓和新技术当作旅游业未来追求的目标。

十、旅游资源

荷兰地势低平,因此缺少自然风景,但却拥有河网、堤坝和圩田,构成荷兰的独特景观,其中位于荷兰西北部的比姆斯特尔圩田(Beemster Polder)被列入世界文化遗产。阿姆斯特丹是荷兰最吸引游客的城市,最为著名的国家博物馆收藏有伦勃朗的名画,凡·高博物馆(Van Gogh Museum)收藏有荷兰著名画家凡·高的200多幅油画作品和珍贵资料。郁金香是荷兰的国花,荷兰库肯霍夫(Keukenhof)郁金香花园是世界上最大的鳞茎花卉公园,以种植郁金香而闻名,每年4~5月的花季吸引来众多游人。荷兰有建造历史达四五百年的古老风车,风车是荷兰的标志之一,被保留下来的风车仅作为荷兰传统的人文景观,是荷兰特色旅游的景点。

(一)旅游城市

1. 阿姆斯特丹

阿姆斯特丹(Amsterdam)是荷兰的首都,也是其最大的城市。13世纪,河口附近的平地开始有人居住,并筑起了堤坝,后来发展成现在的阿姆斯特丹。17世纪上半叶,随着荷兰经济、政治实力的壮大,阿姆斯特丹发展成为欧洲最大的港口、最繁荣的商业中心和金融中心之一。19世纪初,阿姆斯特丹成为荷兰王国的首都,但只是王宫的所在地,政府机构多数设在海牙。

阿姆斯特丹是座水城,河网交错,河道纵横,有大小165条人工开凿或修整的

---

① http://www.cnta.gov.cn/html/2010-1/2010-1-19-10-52-93858.html
② http://www.cnta.gov.cn/html/2011-3/2011-3-25-10-15-28226.html

运河道。河道上泊有2 000多家"船屋",虽然是船屋但设施齐全。游人可乘玻璃船游览阿姆斯特丹,体会水城的独特韵味。游船穿行在著名的河道间,河道两旁是典型的荷兰传统民居建筑。

2. 海牙

海牙(Den Haag)是荷兰的第三大城市,中央政府所在地。这里最初是荷兰贵族们的狩猎地。13世纪成为皇家行宫,后来为总督的驻地。16世纪尼德兰联合省共和国成立后,联省议会就设在海牙,海牙由此成为荷兰的政治中心。19世纪初,荷兰的首都迁往阿姆斯特丹,但皇家官邸、议会、首相府和中央各部仍设在这里。每年这里都要举行大型化装游行盛会、音乐节和芭蕾舞节。海牙被称为"欧洲最大的美丽村庄"。

3. 鹿特丹

鹿特丹(Rotterdam)是荷兰的第二大城市,也是欧洲最大的港口城市。鹿特丹的名字最早出现在1283年,意思是"鹿特河(Rotte)上的水坝",那时鹿特丹还只是一个小渔村。鹿特丹14世纪开发成港口,17世纪成为继阿姆斯特丹后荷兰的第二大商业城市。第二次世界大战期间被德国占领,城中心及港口遭到严重的破坏。战后经过重建,鹿特丹成为世界上最大的港口之一,大量的现代化建筑拔地而起,是荷兰高楼大厦最多的城市。

4. 乌得勒支

乌得勒支(Utrecht)位于荷兰中部,是荷兰第四大城市,重要港口和铁路枢纽。也是乌得勒支省的省会,有2 000年的建城历史。乌得勒支旧城区仍保留着数百年前的风韵,处处弥漫着幽静古朴的气息。乌得勒支的运河充满诗意。由运河堤防的阶梯而下,站在码头上,远望河流蜿蜒穿过一座座的拱桥、古老的建筑,听悠扬的教堂钟声,美不胜收。乌得勒支拥有荷兰最高的钟塔——主教塔(Domtoren),钟塔建于1321～1382年,塔高112米。这座钟塔不仅是乌得勒支最显眼的地标,更凸显了乌得勒支历史发展与宗教的密切关系。城区有古老的大教堂、乌得勒支大学(建于1636年)、中央博物馆、大学博物馆等。

2000年,乌得勒支的里特瓦尔德设计的施勒德尔住宅(Rietveld Schröder House)作为文化遗产被联合国教科文组织世界遗产委员会列入《世界遗产名录》。

(二) 主要名胜

1. 阿姆斯特丹的防线

阿姆斯特丹的防线(Defence Line of Amsterdam)在阿姆斯特丹四周延伸135公里,建成于1883～1920年,是唯一一座为控制水量而建成的防御工程。自从16世纪起,荷兰人民为了防御目的,运用水力工程技术人员特有的知识,为确保国家中心部分的安全,在坝上建起了45个堡垒,并配有大炮用来防洪,还设有渠和水闸系统。阿姆斯特丹防线成为保卫荷兰王国的最后一道防线。

1996年,阿姆斯特丹的防线作为文化遗产被联合国教科文组织世界遗产委员会列入《世界遗产名录》。

2.金德代克-埃尔斯豪特的风车

众所周知,荷兰的风车是世界闻名的。在世界范围内,没有任何一个其他地方比荷兰的金德代克的风车还要多。金德代克位于鹿特丹附近,至今仍保存着19个建造于1740年左右的风车。在这儿建造风车的目的就是将多余的水抽出,然后排放到河流中。如今,在夏季到来的一段时间里,风车再次得以"使用"。不过,风车这时候主要用于旅游者的观光,而不是抽水了。游客们还可以沿着运河和河流散步,到近处细细观看这些巨大的风车,欣赏这儿美丽如画的风景。

1997年,金德代克-埃尔斯豪特的风车(Mill Network at Kinderdijk-Elshout)作为文化遗产被联合国教科文组织世界遗产委员会列入《世界遗产名录》。

第九节 德 国

一、国家概况

国名:德意志联邦共和国(The Federal Republic of Germany)

面积:35.737 6万平方公里

人口:8 220万(2015年12月)[①]

首都:柏林(Berlin)

语言:德语

民族:德意志人占90%以上,另有少数丹麦人和索布族人等

宗教:居民约33%信仰天主教,32%信仰基督教新教,其余信奉伊斯兰教、犹太教等

货币:欧元

国庆:10月3日(1990年德国重新统一日)

国花:矢车菊

国歌:《德意志之歌》

主要城市:慕尼黑、汉堡、科隆、法兰克福、波恩、莱比锡

行政区划:分为联邦、州、地区三级,共有16个州

[①] http://www.fmprc.gov.cn/web/gjhdq_676201/gj_676203/oz_678770/1206_679086/1206x0_679088/

二、自然地理

德国位于欧洲中部,东邻波兰、捷克,南接奥地利和瑞士,西与荷兰、比利时、卢森堡和法国相邻,北与丹麦接壤并临北海和波罗的海与北欧国家隔海相望。海岸线全长2 389公里。德国地形复杂,连绵的山峦、起伏的丘陵、纵横的河流湖泊以及辽阔的平原,使这片秀丽的土地充满迷人的魅力。北自北海和波罗的海沿岸,南到阿尔卑斯山,整个地势南高北低。楚格峰,海拔2 963米,是德国的最高峰。境内河流很多,主要河流有莱茵河、多瑙河、易北河、奥得河、威悉河和埃姆斯河等。

德国处于大西洋和东部大陆性气候之间的凉爽的西风带,温度大起大落的情况很少。降雨分布在一年四季,冬季平均温度在1.5℃(低地)和-6℃(山区)之间,7月份低地平均温度大约在18℃,南方有屏障的山谷为20℃左右。

三、历史

德意志民族是古代日耳曼族中的一些部落经过长期融合形成的。公元前5世纪左右境内就居住着日耳曼人。公元2~3世纪,在莱茵河与易北河之间生活的20多个日耳曼部落从彼此孤立散居状态逐渐形成了萨克森、法兰克、巴伐利亚、图林根、黑森、弗里斯等一些较稳定的部落。10世纪形成德意志早期封建国家。962年,德意志民族的神圣罗马帝国诞生。13世纪中期走向封建割据。18世纪初,奥地利和普鲁士崛起。1815年,组成了德意志邦联。1848年,德国各地爆发革命,普鲁士于1866年击败奥地利,次年建立北德意志联邦。1871年,统一的德意志帝国建立。1914年挑起第一次世界大战,1919年2月建立魏玛共和国。1939年发动第二次世界大战,1945年5月8日战败投降。战后分别由美、英、法、苏四国占领。1949年5月23日,西部成立了德意志联邦共和国(西德)。同年10月7日,东部成立了德意志民主共和国(东德)。德国从此正式分裂为两个主权国家。1990年10月3日,民主德国正式加入联邦德国,德国实现统一。

四、外交

1.对外关系

德国奉行与西方结盟的外交政策,外交政策的重点依次是:推动深化和扩大欧盟,巩固与北约的关系并致力于建立欧洲独立安全和防务体系,保持同美国的紧密联盟,保持和发展与俄罗斯的关系,大力开拓中、东欧,加强与发展中国家的关系,谋求在国际组织中发挥更大作用,在经济上大力开拓中、东欧新兴市场,加强与中国、印度等有国际影响力的发展中国家的关系,谋求在以联合国为框架的国际组织中发挥更积极的作用。

2. 与中国的关系

1972年10月11日,联邦德国与中国建立外交关系(1949年10月27日,民主德国与中国建交)。近年来,中德两国在各领域的互利友好合作不断取得新进展,在国际事务中的磋商与合作日益加强。

五、经济

1. 自然资源

德国自然资源贫乏,除硬煤、褐煤和盐的储量丰富之外,其他矿产资源还有石油、天然气、铝、锌、铀矿等。森林覆盖率约30%。

2. 农业

德国农业发达,机械化程度很高,以畜牧业为主。农业用地约占德国国土面积的一半。盛产麦类、马铃薯、甜菜等农产品。

3. 工业

德国的工业以重工业为主,汽车、机械制造、化工、电气等占全部工业产值的40%以上。食品、纺织与服装、钢铁加工、采矿、精密仪器、光学以及航空与航天工业也很发达。中小企业多,工业结构布局均衡。德国是最早研制成功磁悬浮铁路技术的国家。

4. 服务业

服务业包括商业、交通运输、电信、银行、保险、房屋出租、旅游、教育、文化、医疗卫生等部门。2007年,服务业就业人数为2 878.3万,占总就业人口的72.4%。[①]

5. 经济发展

德国是高度发达的工业国,经济总量位居欧洲首位,世界第四,2003年至2007年连续五年保持世界头号出口大国的地位。2007年国内生产总值24 230亿欧元。2008年以来,受国际金融危机负面影响,德国经济步入衰退。[②]

6. 中德经贸

30多年来,德国一直是我国在欧洲的最大贸易伙伴。2002年我国首次超过日本成为德国在亚洲的最大贸易伙伴。2008年1~11月,双边贸易额为1 059.5亿美元,同上年相比增长24.8%。其中,我国对德国出口546.2亿美元,增长23.7%,我国从德国进口513.3亿美元,增长32.9%。我国从德国主要进口机电设备、铁路、汽车、船舶等运输设备,化学、光学、医疗仪器等。我国对德国主要出口电器、机械设

---

① http://www.fmprc.gov.cn/chn/pds/gjhdq/gj/oz/1206_12/

② http://www.fmprc.gov.cn/chn/pds/gjhdq/gj/oz/1206_12/

备、纺织原料、化学品、玩具等。①

六、文化和艺术

德国有"诗人和哲人的国度"之称。德国文学18世纪走向顶峰,歌德、海涅、席勒、莱辛和格林兄弟都是杰出的代表。20世纪最著名的作家有亨利希·伯尔和君特·格拉斯,他们分别于1972年和1999年获得诺贝尔文学奖。康德是古典哲学的创始人,著名哲学家还有黑格尔、叔本华、费尔巴哈、尼采等。

音乐是德国人生活中不可缺少的组成部分。德国造就了不同时期的音乐大师,如巴赫、贝多芬、韦伯、门德尔松、舒曼等。贝多芬的《第九交响曲》《英雄》《月光》等已成为传世之作。柏林爱乐乐团更是享誉世界。教堂、宫殿和古堡是德国重要的文化遗产。德国有3 000多座博物馆,收藏内容十分丰富。此外,每年都举行各种艺术节、博览会和影展等。

七、教育

德国实行12年制的义务教育,公立学校学费全免,教科书等学习用品部分减免。高等学校享有一定自主权,原则上实行自由入学,对部分学科采取名额限制。职业教育实行"双元制",即职业学校理论学习和企业中的实践相结合,职业教育发达。成人教育和业余教育普及。教师为终身公职人员,必须受过高等教育。德国著名大学有科隆大学、慕尼黑大学、明斯特大学、法兰克福大学、柏林自由大学、洪堡大学、柏林工业大学、海德堡大学等。

八、民俗风情

1. 礼仪和习俗

德国人时间观念强,非常守时,约定好的时间,无特殊情况,绝不轻易变动。如果你受邀到德国人家中做客,通常宜带鲜花去,鲜花是送给女主人的最好礼物,但必须要单数,如5朵或7朵。德国人不习惯送重礼,所送礼物多为价钱不贵,但有纪念意义的物品,以此来表示慰问、致贺或感谢之情。

在德国,人们忌讳蔷薇,认为它是为悼念亡者而设的,所以在餐厅布置和铺台摆设中从不出现这种花卉。德国人还忌讳茶色和深红色。

2. 主要节日

新年(1月1日)、复活节(春分月圆后的第一个星期日)、劳动节(5月1日)、国庆节(10月3日)、慕尼黑啤酒节(每年9月底到10月上旬)、圣诞节(12月25

---

① http://www.fmprc.gov.cn/chn/pds/gjhdq/gj/oz/1206_12/

日)、狂欢节等。

3. 美食

德国人烹调肉食的方法有红烧、煎、煮、清蒸,还有特制的汤等。德国人爱吃马铃薯、色拉等;德国人吃起马铃薯来简直不厌其多,他们种出来的马铃薯,味道之佳,有口皆碑。德国人喜欢吃猪肉,德国的食品最有名的是红肠、香肠及火腿,都是猪肉制品;德国香肠的种类极为繁多,使用各种不同作料制作而成的不同味道的香肠共有1 450多种。德国人常吃的肉类还有牛肉、鸡、鸭、野味。咸猪脚酸菜、烤鹅苹果酿馅、鞑靼沙司等是德国的传统名菜;德国人一般常吃的菜肴有什锦小吃、鸡肉沙拉、烤猪肉卷、干肠、炸鸡串、烤鸡、烤鸭、焖牛肉卷、奶油鸡卷、奶油汤、番茄汤等。德国人酷爱喝啤酒,德国是世界上啤酒消耗量最大的国家,德国人称其为"液体面包",因此德国形成了一种特殊的"啤酒文化";慕尼黑人更以饮啤酒著称,每年从9月最后一个星期到10月的第一个星期是传统的"慕尼黑啤酒节",人们聚集在一起,饮酒、唱歌、跳舞,庆祝节日。

九、旅游业

德国以其多姿多彩的旅游资源而闻名于世,旅游业高度发达。德国的博览会历史悠久,每年有许多世界博览会在德国举行,是举世公认的博览会大国。数量众多的博览会每年为德国旅游业吸引了大量的游人,创造了高额的旅游收入。柏林音乐享誉世界,拥有许多世界知名音乐家和乐团,德国爱乐乐团更是享誉世界,音乐旅游已成为德国的一大特色旅游。"慕尼黑啤酒节""柏林国际电影节"等每年也吸引大批来自世界各地的游人。此外,德国的工业旅游闻名遐迩,每年吸引许多来自世界各地的游人。

目前,德国国家旅游局在国外有29个办事处。1996年7月,德国旅游局香港办事处成立,德国旅游局北京办事处于2001年11月正式成立。

1990年德国的入境旅游人数为1 704.5万人次,1995年为1 483.8万人次,2000年为1 899.2万人次,2004年为2 013.7万人次,2005年为2 150.0万人次[1],2006年达到2 356.9万人次[2]。据世界旅游组织统计,2010年德国的入境旅游人数为2 687.5万人次,2014年为3 300.5万人次,2015年为3 497.1万人次,2016年为3 557.9万人次(UNWTO Tourism Highlights:2017 Edition)。

1990年德国的入境旅游收入为142.45亿美元,1995年为180.01亿美元,2000年为186.93亿美元,2004年为276.68亿美元[3],2005年为291.73亿美元,2006年

---

[1] World Tourism Organization(UNWTO):Tourism Market Trends,2006 Edition
[2] World Tourism Organization(UNWTO):UNWTO,2007
[3] World Tourism Organization(UNWTO):Tourism Market Trends,2006 Edition

为 327.60 亿美元①。2010 年德国的入境旅游收入为 346.79 亿美元,2014 年为 433.21 亿美元,2015 年为 369.08 亿美元,2016 年为 374.33 亿美元(UNWTO Tourism Highlights:2017 Edition)。

1995 年德国出境旅游消费为 602 亿美元,2000 年为 530 亿美元,2004 年为 716 亿美元,2005 年为 744 亿美元,2006 年为 748 亿美元②。

从 2000 年至 2004 年德国的出境旅游人数分别为 7 440 万人次、7 640 万人次、7 330 万人次、7 460 万人次和 7 230 万人次。③

2006 年,德国入境旅游人数在世界排名第七,入境旅游收入排名第七,出境旅游消费排名第一。

2003 年,德国成为中国公民出境旅游主要目的地国家。德国是中国的主要旅游客源国之一,2006 年,德国公民来华旅游人数达 50.06 万人次,比 2005 年增长 10.05%④。2007 年,德国公民来华旅游人数达 55.67 万人次,比 2006 年增长 11.2%⑤。2008 年,德国公民来华旅游人数达 52.89 万人次,比 2007 年减少 4.99%⑥。2009 年,德国公民来华旅游人数达 51.85 万人次,比 2008 年减少 2.0%⑦。2010 年,德国公民来华旅游人数达 60.86 万人次,比 2009 年增长 17.4%⑧。2011 年德国来华旅游入境人数为 63.70 万人次,2012 年为 65.96 万人次,2013 年为 64.93 万人次,2014 年为 66.26 万人次,2015 年为 62.34 万人次。

中国国家旅游局统计数字显示,2008 年 1~12 月德国公民来华旅游人数达 52.89万人次,其中会议和商务旅游 19.92 万人次、观光和休闲 21.17 万人次、探亲访友 0.04 万人次、服务员工 4.55 万人次、其他 7.21 万人次⑨。2009 年 1~12 月德国公民来华旅游人数达 51.85 万人次,其中会议和商务旅游 19.05 万人次、观光和休闲 20.16 万人次、探亲访友 0.04 万人次、服务员工 3.97 万人次、其他 8.63 万人次⑩。2010 年 1~12 月德国公民来华旅游人数达 60.86 万人次,其中会议和商务旅游 23.65 万人次、观光和休闲 22.43 万人次、探亲访友 0.05 万人次、服务员工 3.94 万人次、其他 10.80 万人次⑪。2014 年 1~12 月德国来华旅游入境人数为 66.26 万

---

① World Tourism Organization (UNWTO):UNWTO, 2007
② World Tourism Organization (UNWTO):UNWTO, 2007
③ 张凌云.世界旅游市场分析与统计手册[M].北京:中国旅游出版社,2008:190.
④ http://www.cnta.gov.cn/html/2008-6/2008-6-2-14-52-59-212.html
⑤ http://www.cnta.gov.cn/html/2008-9/2008-9-10-11-35-98624.html
⑥ http://www.cnta.gov.cn/html/2009-9/2009-9-28-9-30-78465.html
⑦ http://www.cnta.gov.cn/html/2010-10/2010-10-20-10-43-69972.html
⑧ http://www.cnta.gov.cn/html/2011-11/2011-11-1-9-50-68041.html
⑨ http://www.cnta.gov.cn/html/2009-2/2009-2-4-14-28-16730.html
⑩ http://www.cnta.gov.cn/html/2010-1/2010-1-19-10-52-93858.html
⑪ http://www.cnta.gov.cn/html/2011-3/2011-3-25-10-15-28226.html

人次,其中会议和商务旅游 21.69 万人次、观光和休闲 13.12 万人次、探亲访友 1.82 万人次、服务员工 4.14 万人次、其他 25.50 万人次。2015 年 1~12 月德国来华旅游入境人数为 62.34 万人次,其中会议和商务旅游 21.19 万人次、观光和休闲 11.73 万人次、探亲访友 2.28 万人次、服务员工 3.99 万人次、其他 23.14 万人次。

近年来,德国加强了对中国出境旅游市场的研究,在开发市场、人员培训等方面加强与中方的合作。德国旅游业界专门请长期从事中国研究的教授举办培训班,介绍中国旅游市场的特点及发展趋势。

十、旅游资源

德国的旅游资源丰富,世界遗产众多。莱茵河两岸气候宜人,盛产葡萄,是德国著名的葡萄酒产地。这一地区景色宜人,一座座小村庄点缀在山水之间,犹如世外桃源,令人陶醉。如今,这里的旅游业十分发达。

黑森林之名来自德语的 Schwarzwald,意思是"黑色的森林",是德国西南部著名的自然风景区。在南北长 160 公里,东西宽 20~60 公里连绵起伏的山区内,密布着大片的森林。黑森林主要的旅游项目除了其自然风光外,还因这里拥有丰富的地热资源,使得山中的很多小镇都成了温泉度假胜地。冬季这里还有很多的滑雪场,是德国冬季运动的中心地区之一。

波罗的海海岸一部分是平缓的沙滩,一部分是多岩的陡峭海岸。北海与波罗的海之间是被称为"荷尔斯泰因的瑞士"的低矮丘陵地,这里有着翠绿的森林、美丽的湖泊以及隐没其间的渔村、浴场、垂钓场,是人们旅游度假的理想之地。

德国中部地区历史上是帝王侯爵称雄争霸之地,也是德国文化的发源地。这里古堡、宫殿鳞次栉比、宏伟壮观,是游览名胜古迹的好去处。

(一)旅游城市

1. 柏林

柏林(Berlin)位于德国东北部,是著名的欧洲古都,始建于 1237 年。柏林是欧洲的旅游胜地,这里有很多古典建筑和现代建筑群,这两种建筑艺术互相映衬、相得益彰,体现了德意志建筑艺术的特色。但柏林也曾是德国纳粹希特勒在第二次世界大战中的大本营。1945 年,纳粹战败后,苏、美、英、法 4 个战胜国分区占领了柏林。此后随着民主德国和联邦德国的成立,柏林便分东、西两个城市,1961 年,德意志民主共和国修建了柏林墙,将东西两区隔离。1990 年 10 月 3 日,两个德国统一,东、西柏林也再次合并为一个城市。次年 6 月德国联邦议院决定,柏林为德国统一后的首都和政府所在地。

2. 法兰克福

法兰克福(Frankfurt)是德国重要的工商、金融和交通中心,黑森州最大城市,位于中部莱茵河的支流美因河下游两岸。欧洲银行总部和德国证券交易所都设在法兰克福,为此法兰克福市被称为"美因河畔的曼哈顿"。14~18世纪为德意志皇帝选举及加冕处。法兰克福是一座文化名城,是世界文豪歌德的故乡。法兰克福还是一个具有800年历史传统的著名的博览会城市。每逢展览季节,法兰克福都呈现出一片繁忙的景象,市区街道更显得生气勃勃。参加博览会的人数平均每年超过100万,博览会已成为人们了解世界及世界了解德国的一个重要窗口。

3. 波恩

波恩(Bonn)位于莱茵河畔,是一个典雅幽静、风光秀丽的城市。波恩是一座拥有2 000多年历史的文化古城。公元1世纪初,罗马军团曾在这里设立兵营,"波恩"即意为"兵营"。13~18世纪,波恩作为科隆选帝侯国(有权选举帝王的侯国)的首府长达500年之久,曾经一度被法国占领,于1815年并入普鲁士。1949年9月成为德意志联邦共和国首都。1990年10月德国实现统一后,议会和政府由波恩逐步迁往柏林。

波恩是著名音乐家贝多芬的故乡。波恩大学是德国著名的大学,为德国最大和最古老的大学之一,成立于1786年。马克思1835~1836年在此学习,诗人海涅也曾在这所大学就读。昔日的王宫和宫殿前的大草坪已是这座著名学府的主楼和校园。

4. 科隆

早在2 000年前,罗马人便沿着莱茵河岸修建了科隆(Köln)。从那时起,科隆一直是欧洲的艺术之都。今日的科隆是德国第四大城市,是一座历史悠久且充满现代生机的大都市,以科隆大教堂闻名于世。科隆宏大的哥特式教堂、中世纪的建筑、古朴典雅的博物馆、繁华的商业区都给人留下深刻的印象。科隆的狂欢节在德国最有名气,规模最大,是德国历年狂欢节的中心,各种集会、化装舞会、游行彩车使整个城市呈现一派喜气洋洋和五彩缤纷的热闹景象。

科隆大教堂于1248年开始破土动工,1880年完工,其建筑期长达630多年,堪称世界之最。科隆大教堂是哥特式的建筑风格,高达157米,长144米,宽86米,是一座天主教堂,也是德国最大的教堂。它以其雄伟壮观和高耸的两塔尖顶闻名于世,是建筑史上最杰出的成就之一。科隆大教堂与巴黎的圣母院和梵蒂冈的圣彼得大教堂并称为欧洲三大宗教建筑。

1996年,科隆大教堂(Cologne Cathedral)作为文化遗产被联合国教科文组织世界遗产委员会列入《世界遗产名录》。

5. 慕尼黑

慕尼黑(München)位于德国南部,是巴伐利亚州的首府,德国第三大城市。1158年慕尼黑开始建城,1806年成为拜恩王国的都城;此后在国王路德维希一世时代兴建了大量古典风格的建筑,使慕尼黑成为欧洲著名的城市。1871年,德国统一后,仍然作为王都直到1918年。"二战"后,慕尼黑成为德国南部最大的城市。慕尼黑还是德国非常著名的文化城市。慕尼黑大学是德国第二大规模的大学,建立于1472年,有着540多年的历史。慕尼黑还拥有众多的博物馆、歌舞剧院等。这里曾在1972年举办过第20届奥运会,位于城中的现代化奥林匹克公园便是这一盛会留下的永久纪念物。另外,德国西门子、宝马汽车等大公司的总部也设在这里。

6. 特里尔

特里尔(Trier)位于德国西部的摩泽尔河畔。1世纪是古罗马的殖民地,到了2世纪成为一个大贸易中心,3世纪末成为古罗马帝国辖区的都城之一,当时被称作"第二罗马"。众多的建筑遗迹是古罗马文明史的有力证据。特里尔还是马克思的故乡,马克思1818年就出生在这座城市。

(二) 主要名胜

1. 莱茵河

莱茵河(Rhein)发源于瑞士东南部的阿尔卑斯山北麓,流经奥地利、法国、德国、荷兰,在荷兰的鹿特丹附近注入北海,全长1 320公里。莱茵河在德国境内有865公里,是德国最长的河流。莱茵河畔曾是克尔特人、罗马人、勃艮第人和法兰克人的生息之地。在莱茵河畔的沃尔姆斯和美因茨(Mainz)耸立着许多中世纪时建造的大教堂。

莱茵河沿岸风景最美的一段在中游的莱茵河谷段,从德国的美因茨到科布伦茨(Koblenz)之间。中莱茵河河谷是一处杰出的文化景观,这里不但环境优美、风景如画,而且积聚了两千多年的丰厚文化底蕴,人们的传统生活方式、民居、运输设施、土地使用都有浓厚的文化色彩。沿河两岸山坡上遍布葡萄园,点缀着古老的城堡,是集自然与人文浑然一体的景观。两千年来,中莱茵河河谷作为欧洲最重要的运输线路之一,一直促进着地中海地区和北方之间的文化交流。

2002年,中上游莱茵河谷(Upper Middle Rhine Valley)作为文化遗产被联合国教科文组织世界遗产委员会列入《世界遗产名录》。

2. 德累斯顿易北河谷

德累斯顿易北河谷(Dresden Elbe Valley)文化景观主要由古老的牧场、宫殿、纪念碑、公园和19~20世纪郊区的别墅、花园和旖旎的自然风光组成。至今,河谷边一些沿着河倾斜的梯田仍然被用于葡萄种植,一些古老的村庄仍然保留着原始风貌和工业革命时期的建筑。

2004年,德累斯顿易北河谷作为文化遗产被联合国教科文组织世界遗产委员会列入《世界遗产名录》。2009年,因新建工程破坏景观而被世界遗产委员会从《世界遗产名录》中除名。

3. 麦塞尔化石遗址

麦塞尔化石遗址(Messel Pit Fossil Site)位于法兰克福南部,在达姆施塔特(Dramstadt)附近。在麦塞尔化石遗址发掘出的哺乳动物、鱼类、鸟类、昆虫化石等,数不胜数。这处化石遗址中哺乳动物化石颇为丰富且保存完好,包括有袋类动物、奇蹄类动物、啮齿类动物等。此外,化石产地中还发现有卷柏科、紫萁科、海金砂科等一些植物化石。麦塞尔化石遗址对于了解始新世的生物生活环境和这个时期关于哺乳动物的早期进化具有重要的意义。

1995年,麦塞尔化石遗址作为自然遗产被联合国教科文组织世界遗产委员会列入《世界遗产名录》。

第十节 瑞 士

一、国家概况

国名:瑞士联邦(Swiss Confederation)
面积:4.128 4万平方公里[①]
人口:839.2万(2016年12月)[②]
首都:伯尔尼(Bern)
语言:德语、法语、意大利语和拉丁罗曼语共同属于官方语言
宗教:居民中信奉天主教的占41.8%,基督教新教35.3%,其他宗教11.8%,不信教的占11.1%[③]
货币:瑞士法郎
国庆:8月1日
国花:火绒草
国歌:《瑞士诗篇》
主要城市:苏黎世、日内瓦、巴塞尔、洛桑、圣加仑
行政区划:瑞士的行政区划分为三级,即联邦、州、市镇,全国由26个州组成

二、自然地理

瑞士是位于欧洲中部的多山内陆国,东界奥地利、列支敦士登,南邻意大利,西接法国,北连德国。全境分中南部的阿尔卑斯山脉(占全国总面积的60%)、西北

[①] http://www.fmprc.gov.cn/chn/pds/gjhdq/gj/oz/1206_37/
[②] http://www.fmprc.gov.cn/web/gjhdq_676201/gj_676203/oz_678770/1206_679618/1206x0_679620/
[③] http://www.fmprc.gov.cn/chn/pds/gjhdq/gj/oz/1206_37/

部的汝拉山脉(占10%)、中部高原(占30%)三个自然地形区。平均海拔约1 350米,最高点是接近意大利的杜富尔峰(Dufour Peak,海拔4 634米),最低点是位于提契诺州的马焦雷湖(Lake Maggiore,海拔193米)。[①] 瑞士是欧洲大陆三大河流的发源地,有"欧洲水塔"之称。主要河流有莱茵河、阿勒河、罗讷河。湖泊共有1 484个,其中最大的是莱芒湖(又名日内瓦湖)。瑞士的河湖面积达1 726平方公里,占全国面积的4.2%。

瑞士地处北温带,受海洋性气候和大陆性气候交替影响,气候变化较大,年平均气温9℃。

三、历史

公元前58年,居住在现瑞士国土上的赫尔维西亚(Helvetia)人被古罗马人征服。5世纪阿勒曼尼人和勃艮第人入侵。7~8世纪勃艮第和阿勒曼尼居住区先后成为法兰克王国的一部分,1033年起受神圣罗马帝国统治。1291年8月1日,乌里、施维茨和下瓦尔登3个州为反对奥地利哈布斯堡王朝的侵犯结成了防御联盟。此后,联盟由3个州扩大为8个州。1370年,8个州结成联邦。1388年最终击败哈布斯堡王朝的入侵。1513年,联邦由8个州扩大为13个州。1648年摆脱了神圣罗马帝国的统治,瑞士正式独立,并宣布执行中立政策。1798年拿破仑一世侵吞瑞士。1803年,瑞士恢复联邦。1815年,维也纳会议确认瑞士为永久中立国。1848年瑞士制定了新宪法,成为统一的联邦制国家。在第一、第二次世界大战中,瑞士一直保持中立。

四、外交

1.对外关系

瑞士为永久中立国,自1815年以来一直奉行中立政策。在新的国际形势下,为更好地维护自身利益,瑞士正在调整其外交政策,由传统保守的中立向"积极的中立"过渡。自2002年9月加入联合国以来,瑞士外交政策更加突出人权和人道主义色彩,力图在国际事务中发挥独特作用,扩大瑞士的国际影响。瑞士已同世界上191个国家建立外交关系。瑞士迄今为止并未加入欧盟,但瑞欧双边联系十分密切。瑞士与欧盟关于人员自由往来、消除技术壁垒等7个领域的双边协议已于2002年6月生效。

2.与中国的关系

1950年9月14日,瑞士与中国建交,并互派公使。1956年1月和1957年4月

---

① http://ch.mofcom.gov.cn/aarticle/ddgk/zwdili/200705/20070504636542.html

中瑞各自将公使馆升格为大使馆。2003年11月,瑞士联邦主席帕斯卡尔·库什潘对中国进行工作访问。从1982年起至2007年,我国昆明市、长沙市、北海市、上海市先后分别与瑞士的苏黎世市、弗里堡市、卢加诺市和巴塞尔市建立友好城市关系。

五、经济

1. 自然资源

瑞士矿产资源匮乏,但水力资源丰富,利用率达95%。森林面积127.1万公顷,森林覆盖率为30.8%。[①]

2. 农业

瑞士主要农作物有小麦、燕麦、马铃薯和甜菜。瑞士畜牧业相当发达,在农业中的地位也最为重要,所占比例高达75%;农业用地中3/4用于种植牧草与饲料。目前,瑞士牛奶及奶制品除自给外还供应出口,占农业产品出口的2/3,肉类基本自给。瑞士农业从业人员的月收入大体相当于普通工人的收入,比欧盟国家农民收入高出约四成,是世界上农民收入最高的国家。[②]

3. 工业

瑞士主要工业有机械制造、化工、医药、钟表、食品和纺织等。99.6%的企业为雇员250人以下的中小企业,500人以上的大企业只占0.1%。[③]但它同时也有雀巢、ABB、诺华等数十家世界闻名的大型跨国公司。

4. 经济发展

瑞士是高度发达的资本主义工业化国家,2006年国内生产总值达3 772.4亿美元,同上年比增长2.7%,且为连续6年来最高涨幅。外贸在瑞士经济中占重要地位,95%的原料、能源和60%的消费品依靠进口,工业产品的70%~90%外销。瑞士的人均国民生产总值2005年为4.64万美元,月人均工资3 969美元,可以说是世界上最富的国家之一。但瑞士同时也是世界上物价水平最高的国家,高于工业国家平均水平约40%。[④]

5. 中瑞经贸

1974年12月,中国同瑞士签订《中瑞贸易协定》并成立了中瑞贸易混合委员会。瑞士在华投资项目主要集中在电气、机械、医药化工、食品等领域,投资区域主要在沿海城市和经济特区。瑞士还是我国引进技术的主要来源国之一。2003年11月,中瑞签署了《中瑞科研合作谅解备忘录》。根据中国外经贸部的统计,截至

[①] http://www.fmprc.gov.cn/chn/pds/gjhdq/gj/oz/1206_37/
[②] http://ch.mofcom.gov.cn/aarticle/ddgk/zwjingji/200705/20070504638823.html
[③] http://ch.mofcom.gov.cn/aarticle/ddgk/zwjingji/200705/20070504636541.html
[④] http://ch.mofcom.gov.cn/aarticle/ddgk/zwjingji/200705/20070504636541.html

2006年年底,瑞士在华投资项目总数已达949个,累计总金额37.6亿美元,实际投入资金25.01亿美元,投资涉及贸易、工业、金融、服务、科研等领域。2006年中瑞签订技术引进合同达161个,合同金额3.1亿美元。[1]

六、文化和艺术

受4种语言——德语、法语、意大利语和拉丁罗曼语的影响,瑞士文化也呈现出独特的多样性。在艺术上,日内瓦交响乐团和苏黎世音乐厅交响乐团在国内外享有一定声誉;瑞士电影发展规模虽然不大,但在其历史上也有光辉的一页。阿兰·塔奈尔执导的故事片《光明年代》于1981年获法国戛纳电影节评委会特别奖,使瑞士电影在国内外知名度大增。艾克萨维尔·科莱尔则是获奥斯卡奖的第一个瑞士人(叙事片《希望的跋涉》)。瑞士的建筑艺术也是国际建筑史上的一颗璀璨的明珠。

而在文学上,瑞士的4个语言区各有不同文化传统,没有统一的民族文学。瑞士德语文学代表人物有19世纪70年代最受读者欢迎的德语作家戈特弗里德·凯勒(1819—1890)、小说家康拉特·斐迪南·迈耶(1825—1898)等;法语区从16世纪宗教改革开始才有独立的精神生活和文学创作,其代表人物有让·加尔文(1509—1564)和让·雅克·卢梭等;意大利语区的文学代表人物有弗兰契斯科·基耶扎(1871—1973)和被誉为现代意大利语最优秀诗人的乔尔吉奥·奥雷里(1921—);拉丁罗曼语作为文学语言初次出现是在16世纪中期,在1938年拉丁罗曼语被法定为瑞士的第四种国语之后,增进了同欧洲其他地区文学的交流。

七、教育

瑞士很重视教育事业,教育经费在各级政府的预算中均占很大的比重(在联邦政府预算中占8%,在州和市镇预算中约占25%)。[2] 全国实行9年义务教育制,理论上消除了文盲。瑞士教育的特点是:初中教育普及;高中比重小、职业学校比重大;大学教学质量高。

瑞士人口虽少,但却拥有密集的高教网,有13所高等院校,其中苏黎世高等工业大学和洛桑高等工业大学直属联邦。瑞士的高等职业教育也较发达。

八、民俗风情

1. 礼仪和习俗

瑞士人习惯行握手礼,握手时两眼注视对方。亲朋好友见面,有时也施拥抱

---

[1] http://ch.mofcom.gov.cn/aarticle/zxhz/zhxm/200312/20031200155365.html
[2] http://www.fmprc.gov.cn/chn/pds/gjhdq/gj/oz/1206_37/

礼,女子则施吻面礼。在瑞士进行商业会晤最好事先安排,并要严守约会时间,受到邀请到瑞士商人家中做客,通常送的礼物是鲜花,但不要送红玫瑰,因为它是浪漫的象征。接受礼品时,应当场打开包装观看礼品。

在瑞士人的发祥地施维茨,男性一般穿过膝的长裤、袖子宽大的衬衫和短夹克;女性着丝质上衣、长裙、天鹅绒背心。在瑞士,无论是参加宗教葬礼还是非宗教葬礼,人们都习惯着黑色衣服。瑞士人不喜欢饰有猫头鹰图案的物品,也不喜欢黑色,他们不在阳台上晒衣服,认为这会影响市容。

2. 主要节日

国庆节(8月1日)、卢加诺的葡萄酒节(10月的第一周开幕)、阿尔卑斯山的感恩节(10月底11月初)、瑞士日内瓦攻城节(12月11日)。此外,还有卢塞恩狂欢节、复活节、耶稣受难日、圣诞节等传统的西方节日。

3. 美食

瑞士最具特色的一道菜肴叫"许勃利克",产于苏黎世近郊,是一种特大号的猪肉肠。瑞士的一种葱头汁小牛肉肠也颇为有名,与肉肠齐名的还有一种风干生牛肉。

奶酪是瑞士最典型的健康美食,是一种深受人们喜爱的美味食品。奶酪小火锅是瑞士著名的特色饮食,按地区、奶酪种类和配合方式不同,其味道也有很大差别。吃奶酪火锅时,适合饮用有助于消化的白葡萄酒。

九、旅游业

瑞士的旅游业历史悠久,经过200多年的开发,旅游业已成为国民经济的支柱产业,是仅次于机械制造和化工医药工业的第三大创汇行业。

瑞士旅游业发达固然因为具有雄伟壮丽的山川、波澜壮阔的河流和独具特色的历史人文文化,但发展旅游业的优秀理念更是制胜的法宝。瑞士十分注重旅游资源的可持续发展,可以说无处不在的可持续发展理念已经深深地融入了瑞士旅游业的方方面面,如瑞士国家公园内的原生植被区和某些冰川区游人只可以从远处观看;许多景区的计数装置可以对游客的数量和景区的容量进行宏观的控制;在景区的许多登山路中,步行和自行车路是就地取材铺的小细碎石路,而非我们所常见的水泥路面,既省钱又保证与自然环境的和谐。此外,瑞士人在开发旅游产品时十分重视对传统的挖掘和保护。瑞士拥有许多专题博物馆,如世界上最大规模的钟表博物馆,既吸引了游人、提高了旅游收入,同时又宣传了瑞士的历史文化,一举两得。

瑞士是旅游强国,每年吸引大量的游客到访。1995年瑞士的入境旅游人数为

中国旅游客源国概况

690万人次,2000年为780万人次,2005年为720万人次,2006年为786.3万人次[①]。2007年入境旅游者人数更是在2006年的基础上增加70%,达到1 336.71万人次。据世界旅游组织统计,2010年,瑞士的入境旅游人数为862.8万人次,2014年为915.8万人次,2015年为930.5万人次,2016年为1 040.2万人次(UNWTO Tourism Highlights:2017 Edition)。游客主要来自德国、英国、美国、法国和意大利。主要旅游点是日内瓦、卢塞恩和洛桑等地。

瑞士的入境旅游收入呈现持续增长的势头,1995年瑞士入境旅游收入为95亿美元,2000年为78亿美元,2004年为106亿美元[②],2005年为110亿美元,2006年为118亿美元[③]。2010年瑞士的入境旅游收入为147.24亿美元,2014年为177.90亿美元,2015年为163.61亿美元,2016年为159.37亿美元(UNWTO Tourism Highlights:2017 Edition)。

近年来,瑞士的出境旅游也呈现出稳定增长势头。1995年瑞士出境旅游消费为74亿美元,2000年为63亿美元,2004年为88亿美元,2005年为93亿美元,2006年为101亿美元[④]。

2007年,瑞士公民来华旅游人数达6.46万人次[⑤]。中国国家旅游局统计数字显示,2008年1~12月瑞士公民来华旅游人数达6.34万人次,其中会议和商务旅游2.22万人次、观光和休闲2.93万人次、服务员工0.38万人次、其他0.81万人次[⑥]。2009年1~12月瑞士公民来华旅游人数达6.26万人次,其中会议和商务旅游2.09万人次、观光和休闲2.91万人次、服务员工0.41万人次、其他0.85万人次[⑦]。2010年1~12月瑞士公民来华旅游人数7.43万人次,其中会议和商务旅游2.39万人次、观光和休闲3.61万人次、探亲访友0.01万人次、服务员工0.44万人次、其他0.98万人次[⑧]。2014年1~12月瑞士来华旅游入境人数为7.95万人次,其中会议和商务旅游1.89万人次、观光和休闲2.73万人次、探亲访友0.22万人次、服务员工0.74万人次、其他2.37万人次。2015年1~12月瑞士来华旅游入境人数为7.27万人次,其中会议和商务旅游1.80万人次、观光和休闲2.49万人次、探亲访友0.27万人次、服务员工0.70万人次、其他2.00万人次。

瑞士是欧洲第一个在中国设立旅游机构的国家,1998年就在中国设立了旅游

---

① World Tourism Organization (UNWTO):UNWTO,2007
② World Tourism Organization (UNWTO):Tourism Market Trends, 2006 Edition
③ World Tourism Organization (UNWTO):UNWTO,2007
④ World Tourism Organization (UNWTO):UNWTO June 2007
⑤ http://www.cnta.gov.cn/html/2008-6/2008-6-2-21-29-3-317.html
⑥ http://www.cnta.gov.cn/html/2009-2/2009-2-4-14-28-16730.html
⑦ http://www.cnta.gov.cn/html/2010-1/2010-1-19-10-52-93858.html
⑧ http://www.cnta.gov.cn/html/2011-3/2011-3-25-10-15-28226.html

办事处。瑞士旅游界看好中国市场,并相信中国游客将成为瑞士入境旅游的新亮点。2004年6月,中国与瑞士签署了旅游目的地协议,当年前往瑞士的中国游客就突破了10万人次,达到近12万人次。而在瑞士的过夜数首次达到23万,同上年比增长了近120%。

十、旅游资源

瑞士虽是一个欧洲中部的内陆小国,但以其秀美壮观的高峡平湖、保存完好的古堡钟楼、融合自然的牛群木屋,以及滑雪胜地的名气,每年吸引着大量的游客前往。

(一)旅游城市

1. 伯尔尼

伯尔尼市(Bern)位于瑞士国土中间偏西,又称为"联邦城",1848年联邦宪法将其定为瑞士首都,同时也是伯尔尼州的首府,全国政治和外交中心。城市名来源于熊,熊也是伯尔尼市的城徽,进而又成为伯尔尼州的标志。伯尔尼市有些古建筑上至今仍留有熊的雕塑。伯尔尼宁静安详,极具欧洲小城的风貌。伯尔尼主要是联邦和州的行政中心和银行业中心,同时也是一个文化和旅游城市。市内有多处名胜古迹,其中伯尔尼钟楼、阶梯大教堂和被列为世界文化遗产的伯尔尼老城区等更是不可错过的景点。

2. 苏黎世

苏黎世市(Zürich)是苏黎世州首府,坐落在苏黎世湖畔北岸,是瑞士第一大城市,已有2 000年的历史。苏黎世是全国最大的金融和商业中心,重要的文化城市,交通和服务业也居全国首位。100家瑞士最大的企业中,有85家总部设在苏黎世地区。全球最大的美世人力资源咨询公司的"最适宜居住城市"调查显示,苏黎世被认为是世界上生活质量整体指标最高的城市。苏黎世是瑞士有名的旅游城市,市内有著名的购物大道班霍夫大道、大教堂和林登霍夫山丘等景点。

3. 日内瓦

日内瓦市(Geneva)是日内瓦州的首府,坐落在风景宜人的莱芒湖畔。北、西、南三面与法国交界,依山傍水,景色秀丽,夏无酷暑,冬无严寒。日内瓦早在12世纪已是欧洲的一个重要商业中心,目前是瑞士第二大金融市场,拥有120多家银行。日内瓦尤以国际组织所在地和国际会议城市著称于世,是继纽约之后联合国机构和国际组织最多的城市。著名的万国宫原是"国际联盟"的所在地,而今是联合国驻欧洲总部,已成为重要的多边外交活动中心之一。

日内瓦是瑞士有名的游览胜地,有许多名胜古迹。法国启蒙思想家卢梭就诞生在老城一座古老的住宅里。英国诗人拜伦1816年曾住在科洛尼区一栋名为"迪奥大迪"的别墅里。在这别墅不远处,是英国浪漫诗人雪莱的旧居。日内瓦湖区更是有许多不容错过的精彩,从西庸城堡到洛桑的奥林匹克博物馆等世界上独一无二的著名景点,代表着该地区传统与现代的融合。

4.洛桑

洛桑(Lausanne)是沃州的首府,位于莱芒湖畔,是瑞士第五大城市。洛桑有瑞士联邦最高法院、洛桑大学、洛桑酒店管理学院等,文化艺术氛围十分浓厚。具有特色的美术馆、博物馆,还有众多的历史遗迹,使得整个城市都充盈着一种高雅的气息。洛桑由于是国际奥林匹克委员会和奥林匹克博物馆所在地,也被人们称为"奥林匹克之都"。洛桑气候温和,依山傍水,风景宜人,是瑞士的游览胜地之一,旅游业是该地收入的重要来源。洛桑的著名旅游景点有圣母大教堂、奥林匹克博物馆和阿尔布吕特美术馆等。

(二)主要名胜

1.贝林佐纳的三座城堡

贝林佐纳是通向圣贝尔纳迪诺和圣哥达山口的交通要塞,从罗马时代就已开始繁荣。15世纪初建造的三个城堡:卡斯特尔·格朗德(Castel Grande)、卡斯特罗·蒙特贝罗(Castello di Montebello)、卡斯特罗·萨索·科尔巴洛(Castello di Sasso Corbaro),以及周边的城塞成为阿尔卑斯唯一残存的中世纪要塞建筑。现在仍然保留着1480年的模样。2000年,贝林佐纳的三座城堡(Three Castles, Defensive Wall and Ramparts of the Market-Town of Bellinzona)作为文化遗产被联合国教科文组织世界遗产委员会列入《世界遗产名录》。

2.少女峰-阿莱奇-比奇峰地区

在海拔约4 000米、总面积约470平方公里的广阔地域内,拥抱着艾格峰、僧侣峰、少女峰三座名峰的是瑞士最长的冰河——阿莱奇冰河。除此之外,独一无二的壮丽宏伟的山河也可谓是阿尔卑斯创造的理想的自然艺术。从自然保护的角度出发,1930年在阿莱奇地区设立的森林保护区,在瑞士保护生态平衡运动中起了先驱作用。当然,保存完好的阿尔卑斯特有的高山植物和动物的生态系统也值得一提。

2001年,少女峰-阿莱奇-比奇峰地区(Jungfrau-Aletsch-Bietschhorn)作为自然遗产被联合国教科文组织世界遗产委员会列入《世界遗产名录》。

第十一节　奥　地　利

一、国家概况

国名:奥地利共和国(The Republic of Austria)

面积:8.387 8万平方公里

人口：869.7万（2015年12月）①

首都：维也纳（Vienna）

语言：官方语言为德语

民族：奥地利人占98%以上，另有少数斯洛文尼亚人、克罗地亚人和匈牙利人等

宗教：78%的居民信奉罗马天主教

货币：欧元

国庆：10月26日

国花：火绒草

国歌：《让我们拉起手来》

主要城市：格拉茨、林茨、萨尔茨堡、因斯布鲁克

行政区划：全国划为9个州

二、自然地理

奥地利位于欧洲的中部，北靠德国、捷克，东与斯洛伐克和匈牙利相邻，南部与斯洛文尼亚、意大利接壤，西部是瑞士和列支敦士登，是中欧大陆从南到北、从西到东的交通枢纽。奥地利西部和南部是山区，占总面积的2/3，著名的阿尔卑斯山由西向南，一直延伸到维也纳盆地；北部和东部是平原和丘陵地带。奥地利境内的最高峰为大格洛克纳山（Grossglockner），海拔3 797米；最重要的河流是多瑙河。

奥地利属海洋性向大陆性过渡的温带阔叶林气候。平均气温1月为-2℃，7月为19℃。

三、历史

古代奥地利地区曾先后被古罗马人、匈奴人、法兰克人等占领，10世纪又归属于神圣罗马帝国，12世纪中叶形成公国，成为独立国家。1278年，奥地利开始了哈布斯堡王朝长达500多年的统治。1815年维也纳会议后成立了以奥地利为首的德意志邦联，1866年在普奥战争中失败，邦联解散。1867年与匈牙利签约，成立奥匈帝国。1918年第一次世界大战结束后，帝国解体，成立共和国。1938年3月被希特勒德国吞并。1945年4月成立第二共和国。1955年5月，美、英、法、苏四个占领国同奥地利签订《重建独立和民主的奥地利国家条约》，宣布尊重奥地利的主权和独立；同年10月占领军撤出，奥地利重新获得独立。1995年奥地利加入欧盟，1998年成为申根条约国。

---

① http://www.fmprc.gov.cn/web/gjhdq_676201/gj_676203/oz_678770/1206_678868/1206x0_678870/

四、外交

1. 对外关系

奥地利对外关系发展平稳。坚持以欧盟为外交依托,积极推动欧盟深化和东扩,大力巩固和发展与中、东欧国家关系。欧盟东扩后,奥地利从昔日"冷战"前沿和欧盟东部边界转而成为欧洲的中心地带。主张欧盟与美消除分歧,建立新型的平等伙伴关系。同时,还积极推动欧盟与俄发展长期稳定的战略伙伴关系。

2. 与中国的关系

中国与奥地利于1971年5月28日正式建交。1974年4月,奥地利外交部长基希施莱格访华,这是两国建交初期奥方来访的最重要代表团。20世纪80年代,中国实行改革开放后,把加强同奥地利在内的欧洲国家的合作作为对外政策的重要组成部分。90年代,两国关系呈现良好发展势头,各领域合作发展加快。2001年5月,双方隆重庆祝了中奥建交30周年,奥地利总统克莱斯蒂尔第二次访华。2007年,奥地利议会奥中议员小组和中国全国人大中奥议员友好小组相继成立。

五、经济

1. 自然资源

奥地利矿产主要有石墨、镁、褐煤、铁、石油、天然气等。森林、水力资源丰富。森林覆盖率46.3%,有林场400万公顷,木材蓄积量约9.9亿立方米。[①]

2. 农业

奥地利可耕地面积占全国面积的16.4%,牧场占17.2%。农业发达,机械化程度高,农产品自给有余。2007年农林业产值为43.5亿欧元,占国内生产总值的1.6%。农林业从业人数52万。[②] 主要农产品有小麦、黑麦、玉米、马铃薯和甜菜,主要畜牧产品是猪和牛。

3. 工业

奥地利主要工业部门有化学、采矿、钢铁、机械制造、电子和汽车发动机制造等。2007年工业产值1 250亿欧元,占国内生产总值的45%。工业从业人员为41.6万。[③]

六、文化和艺术

谈起奥地利,无人不知其音乐和歌剧。奥地利历史上产生了众多名扬世界的音乐家:海顿、莫扎特、舒伯特、约翰·施特劳斯,还有出生于德国但长期在奥地利

---

① http://www.fmprc.gov.cn/chn/pds/gjhdq/gj/oz/1206_3/
② http://www.fmprc.gov.cn/chn/pds/gjhdq/gj/oz/1206_3/
③ http://www.fmprc.gov.cn/chn/pds/gjhdq/gj/oz/1206_3/

生活的贝多芬等。这些音乐大师在两个多世纪中,为奥地利留下了极其丰厚的文化遗产,形成了独特的民族文化传统。奥地利萨尔茨堡音乐节是世界上历史最悠久、水平最高、规模最大的古典音乐节之一。一年一度的维也纳新年音乐会可谓世界上听众最多的音乐会。建于1869年的皇家歌剧院(现名维也纳国家歌剧院)是世界最有名的歌剧院之一,而维也纳爱乐乐团则是举世公认的全世界首屈一指的交响乐团。

奥地利像一个建筑博物馆,尤以巴洛克式建筑居多。这一风格在教堂、修道院和宫殿建筑方面得到突出表现。其他建筑风格如哥特式在维也纳也有较好表现。

19世纪末,奥地利的绘画艺术达到了鼎盛时期,"分离派"运动将奥地利的"青年艺术风格"推向了高峰。

七、教育

在奥地利,学龄儿童享受9年义务教育,学费、书费和上学交通费由国家负担。凡持有高中毕业文凭者可免试上大学。2008年奥地利教育预算66亿欧元,占总预算支出的9.4%。2006~2007年有各类中小学、职业学校6 319所,在校学生122.7万人,各类大学189所,大学生25.96万人。[1] 著名的维也纳大学创立于1365年,系德语区最古老的大学之一。

八、民俗风情

1. 礼仪和习俗

奥地利人在官方场合与客人相见时,一般以握手为礼。女性与男宾相见时,也惯施屈膝礼,同时还礼貌地将右手伸向对方,以使对方回敬吻手礼。在奥地利,到友人家做客或应邀赴宴,可着深色装,也可着浅色装;较正式的重要场合(例如有较重要的人物参加)应着深色装,以示庄重,参加婚礼或生日庆祝活动可着浅色装;听音乐会、看歌剧须着深色装。节庆时,男子爱穿白色礼服,女子多穿红色衣裙。

2. 主要节日

元旦(1月1日)、主显节(1月6日)、莫扎特音乐节(每年1月)、古典音乐节(每年6月24日至7月30日)、狂欢节等。

3. 美食

奥地利的菜肴十分丰富,有很多是奥匈帝国时留下的风味菜,如维也纳炸牛排、烤排骨、肝丸子汤等。咖啡是一种文化,在奥地利这一点更被凸显出来。奥地利人除了咖啡外,还爱喝酒,一般都是干白葡萄酒和低度的果酒,维也纳森林等葡

---

[1] http://www.fmprc.gov.cn/chn/pds/gjhdq/gj/oz/1206_3/

中国旅游客源国概况

萄园种植的大量葡萄为这些优质果酒提供了上好原料。奥地利特别是维也纳的甜点如苹果卷、奶酪卷、巧克力等非常有名,其中产于萨尔茨堡的"莫扎特"牌巧克力,是享誉全球的小甜品,它是一种巧克力加杏仁糖制成的巧克力球。

九、旅游业

奥地利是欧洲最早发展旅游业的国家之一。早在19世纪后期,奥地利就已经是世界各地旅游者所喜爱的旅游目的地,而且从那时候起,奥地利就开始利用一些大家喜闻乐见的主题,诸如健康、城市、文化娱乐、展览等,开展旅游活动。

奥地利的旅游管理组织发展至今经历了120多年的历史。奥地利在联邦经济事务与劳动部下设旅游与历史遗址司(Department of Tourism and Historical Sites),作为全国旅游的主管部门,负责制定旅游总体政策和战略,而地方政府设立相应机构负责行政管理和相关政策的制定。

奥地利以其独特的历史与文化享誉世界,各州、市的旅游部门充分发挥文化的优势,开发出多种多样的主题旅游项目,吸引来自世界各地的游客。如电影《茜茜公主》在世界许多国家家喻户晓,"茜茜公主"简直成了奥地利的旅游大使,首都维也纳推出的"茜茜之旅"半日游几乎成了所有到维也纳的外国游人必定参加的游览项目。美丽的风景、优良的服务,使奥地利旅游业一百多年来稳定发展,其入境旅游者人数一直位居世界前列。2006年,奥地利入境旅游收入在世界排名第十,入境旅游人数排名第九。

1995年奥地利的入境旅游人数为1 720万人次,2000年为1 800万人次,2004年为1 940万人次[1],2005年为2 000万人次,2006年达到2 030万人次[2]。据世界旅游组织统计,2010年奥地利的入境旅游人数为2 200.4万人次,2014年为2 529.1万人次,2015年为2 672.8万人次,2016年为2 812.1万人次(UNWTO Tourism Highlights:2017 Edition)。

1995年奥地利的入境旅游收入为129亿美元,2000年为99亿美元,2004年为156亿美元[3],2005年为160亿美元,2006年为167亿美元[4]。2010年奥地利的入境旅游收入为185.96亿美元,2014年为208.24亿美元,2015年为182.18亿美元,2016年为193.00亿美元(UNWTO Tourism Highlights:2017 Edition)。

1995年奥地利出境旅游消费为104亿美元,2000年为85亿美元,2004年为83

---

[1] World Tourism Organization (UNWTO): Tourism Market Trends, 2005 Edition
[2] World Tourism Organization (UNWTO): UNWTO, 2007
[3] World Tourism Organization (UNWTO): Tourism Market Trends, 2006 Edition
[4] World Tourism Organization (UNWTO): UNWTO, 2007

亿美元,2005 年为 85 亿美元,2006 年为 93 亿美元[1]。

2007 年奥地利接待游客 3 110.9 万人次,其中外国游客 2 074.3 万人次。全国有各类旅馆 6.69 万家,共有床位 104.1 万张。[2] 主要旅游点是蒂罗尔州、萨尔茨堡州、克恩滕州、施泰尔马克州和维也纳州。游客主要来自德国、荷兰、瑞士、英国、比利时和卢森堡等国。

2007 年,奥地利公民来华旅游人数达 6.33 万人次[3]。中国国家旅游局统计数字显示,2008 年 1~12 月奥地利公民来华旅游人数达 5.63 万人次,其中会议和商务旅游 1.97 万人次、观光和休闲 2.43 万人次、服务员工 0.57 万人次、其他 0.65 万人次[4]。2009 年 1~12 月奥地利公民来华旅游人数达 5.62 万人次,其中会议和商务旅游 1.92 万人次、观光和休闲 2.47 万人次、服务员工 0.52 万人次、其他 0.71 万人次[5]。2010 年 1~12 月奥地利公民来华旅游人数达 6.73 万人次,其中会议和商务旅游 2.30 万人次、观光和休闲 3.04 万人次、探亲访友 0.01 万人次、服务员工 0.51 万人次、其他 0.87 万人次[6]。2014 年 1~12 月奥地利来华旅游入境人数为 6.48 万人次,其中会议和商务旅游 1.99 万人次、观光和休闲 1.60 万人次、探亲访友 0.32 万人次、服务员工 0.54 万人次、其他 2.07 万人次。2015 年 1~12 月奥地利来华旅游入境人数为 6.08 万人次,其中会议和商务旅游 1.94 万人次、观光和休闲 1.40 万人次、探亲访友 0.38 万人次、服务员工 0.54 万人次、其他 1.82 万人次。

自 2004 年 2 月欧盟与中国签署《旅游目的地国地位谅解备忘录》以来,中国旅游团到欧盟国家的入境手续大大简化。2004 年 9 月,奥地利成为中国全面开放的出境旅游目的地国家。

十、旅游资源

奥地利是个精致的欧洲小国,其音乐、建筑、历史文化无不令人流连忘返。奥地利以其 2 000 多年的悠久历史、阿尔卑斯山的雪峰、碧波荡漾的蓝色多瑙河、维也纳森林,充满各种风格古建筑的城市以及由莫扎特、约翰·施特劳斯、海顿等著名音乐大师所造就的音乐圣地,以及 10 项世界遗产(截至 2018 年 7 月)吸引着全世界的游客。

---

[1] World Tourism Organization(UNWTO):UNWTO June 2007
[2] http://www.fmprc.gov.cn/chn/pds/gjhdq/gj/oz/1206_3/
[3] http://www.cnta.gov.cn/html/2008-6/2008-6-2-21-29-3-317.html
[4] http://www.cnta.gov.cn/html/2009-2/2009-2-4-14-28-16730.html
[5] http://www.cnta.gov.cn/html/2010-1/2010-1-19-10-52-93858.html
[6] http://www.cnta.gov.cn/html/2011-3/2011-3-25-10-15-28226.html

中国旅游客源国概况

（一）旅游城市

1. 维也纳

奥地利首都维也纳(Vienna)位于奥地利东北部，三面环山，多瑙河穿城而过，四周环绕着著名的维也纳森林。虽然维也纳的面积只占全国领土的0.5%，但是全奥地利的人口有1/5集中在这里。维也纳是奥地利政治、经济、文化中心，西欧至巴尔干半岛的铁路枢纽，多瑙河港口。如果把奥地利称为"欧洲的心脏"，那么，维也纳就是"奥地利的心脏"。自古以来，维也纳就是联结东西欧的交通枢纽和来往于波罗的海和亚得里亚海之间的重要通道。

维也纳是享誉世界的文化名城，既有"音乐之都"的盛名，又有以精美绝伦、风格各异的建筑而赢得的"建筑博览会"之美誉。维也纳的新年音乐会已成为国际性的音乐盛会。维也纳是往日奥匈帝国的首都，昔日的豪华气派尚存。维也纳旅游景点众多，无论是被列入世界文化遗产的维也纳老城、昔日的王宫——美泉宫，还是音乐的圣殿——金色大厅，都是驰名世界、令游客流连忘返的游览胜地。

2. 萨尔茨堡

萨尔茨堡(Salzburg)位于奥地利的西部，是继维也纳、格拉茨和林茨之后的奥地利第四大城市。据史料记载，萨尔茨堡是现今奥地利管辖地域内历史最悠久的城市之一。因是伟大音乐家莫扎特和指挥家卡拉扬的出生地，萨尔茨堡被誉为"世界舞台"，每年有多场文化活动，最重要的是萨尔茨堡艺术节。此外，萨尔茨堡在冬季还是滑雪胜地，每年会接待众多从欧洲各地飞来的滑雪者。萨尔茨堡城内巴洛克式的建筑风格具有独特的魅力，主要代表是萨尔茨堡天主教堂和米哈贝尔花园。整个萨尔茨堡老城于1996年12月5日入选联合国教科文组织世界遗产委员会的《世界遗产名录》。

3. 因斯布鲁克

因斯布鲁克(Innsbruck)位于奥地利西部，是世界著名的旅游和冬季滑雪运动胜地。它在历史上的发展主要归功于所处的地理位置，它是德国到意大利贸易的必经之路，也是奥地利从西到东的枢纽。今天的因斯布鲁克不仅是一个充满活力的现代化生活中心，而且是大学城和奥林匹克城，这座小山城因曾经于1964年和1976年两次举办冬季奥运会而载入体育盛会的史册。

因斯布鲁克是个迷人的小城，至今仍然保持着中世纪城市的风貌，它的观光客人数居奥地利之冠。因斯布鲁克是哈布斯堡家族（统治奥匈帝国及后来奥地利帝国的皇族）的主要住所，也可以说是哈布斯堡家族的权力与版图开始走向巅峰的地方。因此，在这里可以看到很多昔日皇亲贵戚留下来的宫殿、墓地与建筑群。因斯布鲁克的主要景点有阿姆布拉斯宫、金顶屋、宫廷城堡和施华洛世奇水晶世界等。

（二）主要名胜

1. 格拉茨老城区

格拉茨（Graz）位于奥地利东南部，是奥地利第二大城市。这座文艺复兴时期兴起的城市是公认的中欧保护最完善的古城之一。格拉茨城中的建筑风格丰富多样，哥特式、巴洛克式等众多建筑保存完好。著名的景点有约翰大公喷泉、青铜喷泉、市政厅、方济会教堂、兰德宫、拱廊庭园、青铜井、骑士堂等。兰德宫南边有一座建于1645年的4层楼高的巨大兵器库，收藏了许多古代兵器，是全世界规模最大的古代兵器收藏馆。1999年，格拉茨老城区（City of Graz-Historic Centre）作为文化遗产被联合国教科文组织世界遗产委员会列入《世界遗产名录》。

2. 新锡德尔湖/费尔特湖文化景观

新锡德尔湖位于奥地利和匈牙利的边境，是欧洲内陆最大的平原湖。湖面海拔113米，面积323平方公里。新锡德尔湖本属匈牙利，1922年将2/3的湖区划归奥地利。新锡德尔湖的匈牙利名为"费尔特湖"。由于地貌所致，新锡德尔湖是鸟类的天堂，有250多种鸟类在这片自然保护区内自由自在地生活。湖畔主要城镇有新锡德尔、鲁斯特、莫尔比施，其中鲁斯特种植葡萄已有2 000年的历史，是葡萄酒集散地。而新锡德尔湖沿岸的布尔根兰州，居然保留了68座城堡，很多城堡都记载着一段段传说和故事。2001年，新锡德尔湖/费尔特湖文化景观（Neusiedlersee/Fertö Cultural Landscape）作为奥地利与匈牙利的共同文化遗产被联合国教科文组织世界遗产委员会列入《世界遗产名录》。

第十二节 捷 克

一、国家概况

国名：捷克共和国（The Czech Republic）

面积：78 866平方公里

人口：1 057万（2016年9月）[①]

首都：布拉格（Prague）

语言：捷克语

民族：90%以上为捷克族，斯洛伐克族占2.9%，德意志族占1%，此外还有少量波兰族和罗姆族（吉普赛人）

宗教：主要宗教为罗马天主教

---

① http://www.fmprc.gov.cn/web/gjhdq_676201/gj_676203/oz_678770/1206_679282/1206x0_679284/

货币:捷克克朗
国庆:10月28日
国花:玫瑰
国歌:《我的家乡在哪里》
主要城市:布尔诺、俄斯特拉发、比尔森、卡罗维发利等
行政区划:全国共划分为14个州级单位,其中包括13个州和首都布拉格市

二、自然地理

捷克地处欧洲中部,东靠斯洛伐克,南邻奥地利,西接德国,北毗波兰。捷克处在三面隆起的四边形盆地,土地肥沃。主要河流有拉贝河(中下游称易北河)、伏尔塔瓦河和摩拉瓦河。

捷克属海洋性向大陆性气候过渡的温带气候。四季分明,夏季平均气温约25℃,冬季平均气温约-5℃。气候湿润,年均降水量674毫米。

三、历史

5~6世纪,斯拉夫人西迁到今天的捷克和斯洛伐克地区,830年在该地区建立了大摩拉维亚帝国。9世纪末、10世纪上半叶,在今捷克地区成立了捷克公国。1419~1437年,捷克地区爆发了反对罗马教廷、德意志贵族和封建统治的胡斯运动。1620年,捷克王国(波希米亚王国)被哈布斯堡王朝吞并,1867年后为奥匈帝国所统治。第一次世界大战后奥匈帝国瓦解,捷克与斯洛伐克联合,于1918年10月28日成立捷克斯洛伐克共和国。1939~1945年被纳粹德国占领。1945年获得解放。1960年改国名为捷克斯洛伐克社会主义共和国。1990年更名为捷克和斯洛伐克联邦共和国。1992年底联邦解体。1993年1月1日起,捷克和斯洛伐克分别成为独立主权国家。

四、外交

捷克系北约、欧盟成员国,奉行经济靠欧盟、安全靠美国的对外政策,积极参与欧盟共同外交和安全政策及北约行动,并将"经济外交"和"人权外交"作为重点。捷与斯洛伐克保持"超常"关系,重视与德国、奥地利开展睦邻合作。积极倡导次区域合作,努力加强维谢格拉德集团(波兰、匈牙利、捷克、斯洛伐克)在地区事务中的作用与影响。捷现已与195个国家建立了外交关系并加入了联合国、欧安组织、国际货币基金组织及世界银行等国际组织。

1993年1月1日与中国建交。

五、经济

1. 自然资源

捷克褐煤、硬煤和铀矿蕴藏丰富,石油、天然气和铁砂储量甚小,依赖进口。其他矿物资源有锰、铝、锌、萤石、石墨和高岭土等。森林面积 265.1 万公顷,约占全国总面积的 34%。

2. 农业

捷克农业人口 14.2 万,农业用地面积 247.7 万公顷,其中耕地面积 142.8 万公顷。农业正面临有史以来最严重的劳动力短缺,务农人员及农业专科生的数量都已降至历史最低点。

3. 工业

捷克"二战"后重点发展钢铁和重型机械工业,有化工、冶金、电力、食品、木材加工、玻璃制造等重要工业部门,纺织、制鞋、啤酒酿造均闻名于世。

4. 经济发展

捷克于 2006 年被世界银行列入发达国家行列。在东部欧洲国家中,捷克拥有高水平的人类发展指数。2009 年受国际金融危机影响经济下滑,2010 年和 2011 年实现恢复性增长,2012 年和 2013 年经济再次下滑。2014 年起实现缓慢复苏。

5. 中捷经贸

近 20 年来,中捷贸易规模不断扩大。目前,捷克是中国在中东欧地区的第二大贸易伙伴国,是欧盟国家仅次于德国、斯洛伐克、比利时和匈牙利的第五大对华出口国。中国也发展成为捷克第四大贸易伙伴国、第二大进口来源国。近年来,中捷两国秉持互利共赢原则,在"一带一路"建设框架下不断深化经贸合作,取得了丰硕成果。

六、文化和艺术

谈及捷克文化,必须提到捷克文学,因为这里诞生了卡夫卡、哈谢克、塞弗尔特、昆德拉等世界级文学巨匠。

捷克成文的文学始于 9 世纪。大摩拉维亚帝国君主从拜占庭请来基里尔和麦托迪两位传教士,创造了古斯拉夫文字——捷克 9 至 11 世纪时的书面语言。早期捷克文学除《圣经》和一些拜占庭文学著作外,还有许多用古斯拉夫文字写的传说、故事和宗教赞美诗。

20 世纪捷克出现了许多文学大家。比如人们熟知的雅罗斯拉夫·哈谢克(Jaroslav Hašek, 1883—1923)、卡雷尔·恰佩克(Karel Capek, 1890—1938)、弗拉迪斯拉夫·万楚拉(Vladislav Vančula, 1891—1942),还有曾经获得诺贝尔文学奖的诗人雅罗斯拉夫·塞弗尔特(Jaroslav Seifert,1901—1986),以及著名作家米兰·昆德拉(Milan Kundela,1929—   )。

捷克被联合国教科文组织列入《人类非物质文化遗产代表作名录》的有:斯洛伐克新兵舞(Slovácký Verbuňk, Recruit Dances)、赫林奈科地区村庄的挨家串户的忏悔节假面游行(Shrovetide door-to-door processions and masks in the villages of the Hlinecko area)、捷克东南部地区国王的骑兵队(Ride of the Kings in the south-east of the Czech Republic)等。

七、教育

捷克实行9年制义务教育。高中、大学实行自费和奖学金制,但国家对学生住宿费给予补贴。根据1990年颁布的有关法律,允许成立私立和教会学校。著名大学有查理大学、捷克技术大学、马萨里克大学、布拉格经济大学和帕拉茨基大学。2013年,捷克共有71所大学,其中26所公立大学、45所私立大学。大学在校生36.8万,其中外国留学生4万。

八、民俗风情

1. 礼仪和习俗

捷克人在穿着上比较讲究,正式场合都是西装或长大衣。天气寒冷时,还戴帽,围较长较宽的漂亮的围巾。妇女爱穿具有传统风格的黑色或深红色裙。

捷克人认为可以没有好衣服,但不可没有好风度。在与别人打交道时谈吐文雅,彬彬有礼。

现代捷克人绝大多数只有一个姓和一个名,即姓、名各一词或一节。为了与自己同名同姓而且身份又相近者相区别,有人还要加一个中间名。

捷克人视"13"和"星期五"为不祥的数字和日期。他们忌讳交叉式握手和交叉式的谈话。人们普遍忌讳红三角图案。受欢迎的谈话内容是体育运动等,不受欢迎的话题是政治问题和家庭琐事等。

2. 主要节日

元旦(1月1日)、复活节星期一(具体日期每年有变化)、劳动节(5月1日)、解放日(5月8日)、国庆节(10月28日)、圣诞节(12月25~26日)等。

3. 美食

捷克人习惯吃西餐。他们吃早餐时,要有麦粥;而吃晚餐时,一般都要有汤。特别爱吃用奶油做的各种点心。一般说来,他们在口味上与法国人相似,喜食以炸、焖方法烹制的菜肴。

捷克人的饮食以猪肉为主,捷克的国菜,可以说就是烤猪肉。日常民族饭菜是猪肉排、甜酸菜和馒头片。捷克人喜饮啤酒,人均年消费量160升,居世界首位。捷克民众喜欢用鲜花、葡萄酒、威士忌和法国白兰地作礼物。

九、旅游业

旅游是捷克经济收入的重要来源。据世界旅游组织统计,2010年捷克入境旅游人数为862.9万人次,2014年为1 061.7万人次,2015年为1 161.9万人次,2016年为1 209.0万人次(UNWTO Tourism Highlights:2017 Edition)。

2010年捷克入境旅游收入为71.72亿美元,2014年为68.22亿美元,2015年为60.57亿美元,2016年为63.09亿美元(UNWTO Tourism Highlights:2017 Edition)。

2013年捷克旅游业产值约120亿美元。游客主要来自德国、俄罗斯、荷兰、丹麦、英国、西班牙等国。近年来,中国旅客赴捷克旅行人数逐年上升。2015年,捷克年度入境游客数量达2780万,同比增长8%。其中,中国游客的数量为28.5万人次,较2014年增长约30%,中国由此成为捷克第八大海外客源国。

捷克统计局公布数据显示,2017年赴捷克旅游的中国游客人数达到49.2万,同比增长38.2%。数据显示,近5年来,中国赴捷克旅游的人数累计增长了221.6%,每年增幅均在30%以上。据统计,2017年外来旅游者消费能力最强的也是中国游客,人均消费17 907克朗。旅游合作已成为中捷交流合作的一张亮丽名片。捷克已经成为中国游客憧憬和向往的旅游目的地。

2018年,捷克旅游将更加注重游客的旅游体验,着力推进药用温泉、节日庆典、美食和美酒等特色旅游项目。

十、旅游资源

捷克是个古老文明的国家,有许多珍贵的历史文化遗迹,有许多著名的世界名城、古镇、古城堡、教堂、古村落、温泉等。同时,这里拥有优质的自然旅游资源,适宜骑马、滑雪、骑行等旅行方式。在捷克,旅行是体验波希米亚风情的最好方式。捷克绝对是最受人喜爱的旅游国度之一,无数优美的风景名胜和建筑古迹,加上丰富的人文艺术气息,让人流连忘返。截至2018年7月,捷克被联合国教科文组织世界遗产委员会列入《世界遗产名录》的世界遗产有12项。

(一)旅游城市

1. 布拉格

布拉格(Prague)是捷克的首都和最大的城市,位于该国的中波希米亚州伏尔塔瓦河流域。历史上的布拉格是艺术、贸易和宗教中心。布拉格历史中心建于11~18世纪,是一个充满中世纪风情的古老城市。老城、外城和新城,自中世纪起就以其建筑和文化上的巨大影响而著称于世。这里有罗马式、哥特式、巴洛克式、文艺复兴等各个历史时期的建筑。

主要景点有：布拉格城堡（Prague Castle）、圣维特大教堂（St Vitus Cathedral）、查理大桥（Charles Bridge）、黄金巷（Golden Lane）、旧城广场（Old Town Square）等。

1992年，布拉格历史中心（Historic Centre of Prague）作为文化遗产被联合国教科文组织世界遗产委员会列入《世界遗产名录》。

2. 库特纳霍拉

库特纳霍拉（Kutná Hora）是捷克的一座中世纪的古城，中世纪以银矿开采驰名欧洲。这座城市有14世纪的哥特式建筑、17世纪的巴洛克式建筑和博物馆，还有14至15世纪的王宫和造币厂。13世纪初，因在库特纳山发现银矿而建镇，整个城镇随银矿开采业成长而发展，多栋象征着城市繁荣与兴盛的建筑杰作使其在14世纪成为一座皇城。库特纳霍拉在14和15世纪就已成为波希米亚最重要的文化、政治和经济中心之一。16世纪初，这个城市因银矿资源逐渐枯竭而被人们废弃。

圣芭芭拉教堂是晚期哥特式建筑风格的一颗璀璨明珠，是库特纳霍拉的建筑杰作，始建于1380年，却迟至16世纪才完成兴建。教堂有巨大的网状肋梁及装饰细致的玫瑰窗，教堂两侧有装饰性的27座尖塔耸立于飞拱壁之上，是独特的波希米亚哥特式设计。教堂前面巴尔波尔斯卡街是一条笔直的下坡路，左侧是耶稣会修道院，右侧是圣人石雕像的围墙，嵌在30米高的山脊上，向右远眺可见圣詹姆士教堂、意大利庭院。

1995年，库特纳霍拉历史中心及圣芭芭拉教堂和塞德莱茨的圣母大教堂（Kutná Hora: Historical Town Centre with the Church of St Barbara and the Cathedral of Our Lady at Sedlec）作为文化遗产被联合国教科文组织世界遗产委员会列入《世界遗产名录》。

3. 卡罗维发利

卡罗维发利（Karlovy Vary）小城，建于1349年，位于布拉格以西约120公里处。这里森林茂密，流水淙淙，静静的特普拉河穿城而过，温泉散发出的袅袅热气给冬日的小城平添了些朦胧迷离的色彩。小城坐落于山谷之间，沿河两侧依山而建，一幢幢漂亮的楼房在绿树的掩映下，尽显巴洛克式、洛可可式、拜占庭式和新古典主义时期建筑的风格。在翠柏丛生、四季常青的山坡上，筑有层层楼阁亭台。建筑物依山傍水，错落有致，尖塔、绿树、红瓦和白墙相互映衬，雕像和纪念碑处处可见。

卡罗维发利是著名的矿泉疗养地，素有"温泉小镇"之称。卡罗维发利已有600多年的历史。相传波希米亚国王查理四世到此猎鹿，偶然发现了温泉，泉水清澈甘甜，于是修建了自己的狩猎山庄，并以自己的名字将这里的温泉命名为"查理的温泉",捷克语发音为"卡罗维发利"。与很多地方不同,镇上的温泉不是用来洗浴的,而是用来饮用的。据说,泉水对多种疾病都有很好的疗效。几百年间,许多王公贵族、名人雅士都对卡罗维发利的泉水赞叹不已。马克思、歌德、普希金、果戈理、屠格涅夫、席勒、贝多芬、肖邦以及沙俄彼得大帝都曾到此游览和疗养。

卡罗维发利国际电影节(Karlovy Vary International Film Festival),创办于1946年,是世界上历史最久的电影节之一。中国曾多次参加这一电影盛会,1988年中国影片《芙蓉镇》获得该电影节最高奖。

4.捷克克鲁姆洛夫

捷克克鲁姆洛夫(Český Krumlov)位于捷克南部,距首都布拉格约160公里,是一座位于伏尔塔瓦河畔的小镇。它是中欧中世纪小镇的杰出典范:围绕一座13世纪的城堡而建,融合了哥特式、文艺复兴式和巴洛克式风格。经历5个多世纪的发展,其建筑格局完好地被保留下来。

该镇位于南波希米亚地区,被誉为世界上最美丽的小镇。13世纪,南波希米亚维特克家族(Vitkovici family)在此建造城堡,小镇由于处于一条重要的贸易通道上而逐渐繁盛。大部分建筑建于14~17世纪,多为哥特式和巴洛克式风格。经过数百年的扩建,城堡连绵不绝。登上古堡最高城塔,整个小镇就在眼下。河岸四周的房屋,错落有致,中间便是高耸的教堂。小镇仿佛独立于尘世之外,保留下了文艺复兴与巴洛克相互融合的建筑风格。小镇的所有道路皆由小石头和石板铺成,满城红色的屋顶充溢着中世纪古典优雅的情调。

捷克克鲁姆洛夫也是捷克重要的文化中心之一,每年都会举办一些庆祝或者纪念活动。其中最著名的是"五瓣玫瑰花节"——每年夏至日的那个周末举办。

1992年,捷克克鲁姆洛夫历史中心(Historic Centre of Český Krumlov)作为文化遗产被联合国教科文组织世界遗产委员会列入《世界遗产名录》。

(二)主要名胜

1.莱德尼采-瓦尔季采文化景观

莱德尼采-瓦尔季采文化景观位于捷克东南部,靠近与奥地利的边界。17~20世纪,列支敦士登的统治者们将其南摩拉维亚的领地建成了一处引人注目的景观。它是莱德尼采和瓦尔季采城堡与巴洛克式、古典式、新哥特式风格相融合的一处景观,带有英国浪漫主义景观建筑风格的乡村景观格调。这处景观占地200平方公里,是欧洲最大的人工景观之一。如今带有罗马风格的要塞和风景如画的村庄,特别是那些风格式样各异的建筑与壮美的自然风景交会在一起,组成了令人叹为观止的自然和人文景观。

1996年,莱德尼采-瓦尔季采文化景观(Lednice-Valtice Cultural Landscape)作为文化遗产被联合国教科文组织世界遗产委员会列入《世界遗产名录》。

2. 霍拉索维采历史村落

捷克的霍拉索维采历史村落保护区是完美无缺地保留下来的欧洲中部传统村落的一个罕见例证,它拥有自18世纪以来以闻名的南波希米亚民间巴洛克风格建起的大批质量上乘的本土建筑,犹如一张始自中世纪的珍藏本蓝图。

霍拉索维采是18世纪南波希米亚乡村环境的独特典范,在整个南波希米亚的乡村巴洛克式建筑中展现了自身最独特的魅力。它是一座颇具特色的村落,田园风光点缀着的房屋住宅和农场建筑物在整体上给人留下至深的印象。优美的线条,加上风格迥异、丰富多彩的装饰物,使乡村建筑愈加焕发其独特的风采。

1998年,霍拉索维采历史村落保护区(Holašovice Historical Village Reservation)作为文化遗产被联合国教科文组织世界遗产委员会列入《世界遗产名录》。

3. 图根德哈特别墅

图根德哈特别墅位于捷克第二大城布尔诺,是由著名的德国建筑师密斯·范·德·罗厄(Mies van der Rohe,1886—1969)在1928年设计,1930年建成的。图根德哈特别墅是现代主义建筑的一座里程碑,被誉为国际现代建筑中具有突破性的建筑。外观简约大方,为独立的3层楼,面向西南。建筑师利用了精致的材料和20世纪早期的现代技术,如落地窗、室内暖气设备、室内空气循环系统等。别墅主人图根德哈特,是一位犹太裔纺织企业家,夫妇二人在别墅中只住了8年。1938年他们去了委内瑞拉,从此永远离开了这栋别墅。第二次世界大战期间,别墅被德国纳粹盖世太保们所接管。1944年,别墅因炸弹而毁损,室内家具几乎完全毁坏。1945年第二次世界大战结束后,苏联红军部队曾驻扎在这里。直到1983年,别墅才有机会被重修,1985年完工。这座建筑被视为布尔诺这座城市的标志。这栋别墅被转让给布尔诺城市的博物馆管理,现在面对公众开放。

2001年,图根德哈特别墅(Tugendhat Villa in Brno)作为文化遗产被联合国教科文组织世界遗产委员会列入《世界遗产名录》。

第十三节　匈牙利

一、国家概况

国名:匈牙利(Hungary)

面积:93 030平方公里

人口:987.7万(2014年1月)[①]

[①] http://www.fmprc.gov.cn/web/gjhdq_676201/gj_676203/oz_678770/1206_679858/1206x0_679860/

首都：布达佩斯（Budapest）

语言：匈牙利语

民族：匈牙利（马扎尔）族约占 90%，其余为斯洛伐克、罗马尼亚、克罗地亚、塞尔维亚、斯洛文尼亚、德意志等族

宗教：66.2% 的居民信奉天主教，17.9% 信奉基督教

货币：福林

国庆：8月20日

国花：郁金香

国歌：《上帝保佑匈牙利人》

主要城市：米什科尔茨、德布勒森、佩奇、塞格德等

行政区划：全国划分为首都和 19 个州，共有 23 个州级市，州以下设市、乡

二、自然地理

匈牙利为中欧内陆国，东邻罗马尼亚、乌克兰，南自西向东分别接斯洛文尼亚、克罗地亚、塞尔维亚，西靠奥地利，北连斯洛伐克。边界线全长 2 246 公里。西部是阿尔卑斯山脉，东北部是喀尔巴阡山。著名的多瑙河，从斯洛伐克南部流入匈牙利，将匈牙利截成东、西两部分。全境以平原为主，80% 的国土海拔不足 200 米，属多瑙河中游平原。多瑙河以东的匈牙利大平原，面积约 5 万平方公里，还有西北部的小平原，大部海拔 100～150 米。山地不足 1/5，北部为喀尔巴阡山脉的一部分，海拔 300～1 000 米。

匈牙利属大陆性气候，凉爽湿润。

三、历史

匈牙利国家的形成起源于东方游牧民族——马扎尔游牧部落。896 年，马扎尔游牧部落从乌拉尔山西麓和伏尔加河湾一带移居多瑙河盆地。1526 年土耳其入侵，匈封建国家解体。1541 年匈一分为三，分别由土耳其苏丹、哈布斯堡王朝和埃尔代伊大公统治。1699 年起全境由哈布斯堡王朝统治。1848 年爆发革命，1849 年 4 月建立匈牙利共和国。1867 年同奥组成奥匈帝国。1919 年 3 月建立匈牙利苏维埃共和国。1949 年 8 月 20 日宣布成立匈牙利人民共和国。1989 年 10 月 23 日改称匈牙利共和国。2012 年 1 月，匈通过新宪法，改国名为匈牙利。

四、外交

匈牙利主要的外交目标和任务是：保障国民安全，服务国内经济发展和改善民生；高效应对全球化挑战；加强中欧地区合作，积极参与欧洲一体化建设；加强匈族

人团结。在国际金融危机影响的情况下,匈致力于成为亚欧贸易桥梁,视中国、俄罗斯、印度为经济外交重点。目前,匈同170多个国家建立了外交关系。1999年3月加入北约,2004年5月加入欧盟。2007年12月21日正式加入申根协定。

1949年10月6日与中国建交。

五、经济

1. 自然资源

匈牙利自然资源比较贫乏,主要矿产资源是铝矾土,蕴藏量居欧洲第三位。此外有少量褐煤、石油、天然气、铀、铁、锰等。森林覆盖率为20.6%。

2. 农业

匈牙利农业基础较好,农业在国民经济中占重要地位,不仅为国内市场提供丰富的食品,而且为国家挣取大量外汇。主要农产品有小麦、玉米、甜菜、马铃薯等。匈牙利生产的有机农产品涉及农产品的各个领域,主要有谷物、油料、蔬菜、水果、蜂产品、乳制品、畜产品等以及加工的各类产品,其中80%的产品用于出口。

3. 工业

汽车工业是匈牙利的支柱产业,占匈牙利出口总额的20%。制药业历史悠久,是匈牙利最富竞争力的产业之一。匈牙利是中东欧地区最大的药品生产和出口国,出口额占该地区的30%左右。匈牙利还是中东欧地区最大的电子产品生产国和世界电子工业主要生产基地,年产值保持在100亿欧元左右。

4. 经济发展

匈牙利经济属中等发达国家,经合组织(OECD)成员国。经济目标是建立以私有制为基础的福利市场经济。匈经济转轨顺利,私有化基本完成,市场经济体制已经确立。目前,匈私营经济的产值约占GDP的86%。2016年国内生产总值(GDP)为978亿欧元,同比增长2%。2017年匈牙利经济保持良好态势。

5. 中匈经贸

2016年,中匈双边贸易额达88.9亿美元,同比增长10.1%。匈牙利继续保持中国在中东欧地区第三大贸易合作伙伴地位,中国也是匈牙利在欧盟外第一大贸易合作伙伴。匈牙利是中国在中东欧地区最大的进口来源国。

六、文化和艺术

匈牙利最早的文学活动中心是修道院和宫廷。文学作品以手抄本传播,其内容大多是有关东方的故事。在匈牙利文学中,采用匈牙利文和拉丁文写作的现象,一直延续到18世纪启蒙运动时期。到19世纪末才出现大量的匈牙利文的文学作品。

14世纪安茹时期,文化和艺术得到发展。这个时期骑士文化最为盛行。这一时期建立了许多壮观的城堡。1367年在佩奇还建立了大学。中世纪,匈牙利人民的文化生活十分丰富,这不仅由许多的罗马式、哥特式的辉煌建筑、绘画、雕塑得以证明,还通过中世纪匈牙利的文学发展得到了证明。

19世纪匈牙利浪漫主义文学的先驱是基什法鲁迪·卡洛伊(Kisfaludy Károly,1788—1830)。而著名诗人裴多菲·山陀尔(Petöfi Sándor,1823—1849)则是浪漫主义的代表诗人,其著名诗作有:抒情《反对国王》《民族之歌》《自由与爱情》。另一位浪漫主义诗人是奥洛尼·亚诺什(Janos Arany,1817—1882),他将浪漫主义文学推向顶峰。奥洛尼·亚诺什是匈牙利最伟大的叙事诗人,有"匈牙利的莎士比亚"之称。其诗作大多取材于民间创作,具有民主思想和革命热情,形式多样,有歌谣、长诗、讽刺诗等。浪漫主义文学出现在19世纪,浪漫主义作家们主张发展祖国文化、争取民族独立和社会改革,反对古典主义的束缚。

匈牙利民间舞蹈分为两个部分:一部分是旧式民间舞蹈,另一部分是新式民间舞蹈。旧式民间舞蹈主要出现于中世纪,而新式舞蹈则主要出现和形成于18~19世纪。旧式舞蹈主要是武器、斧头和棍棒舞,这主要与战争、耕作和放牧有关,今天一些牧羊人和吉普赛人还跳这类舞蹈。

匈牙利民族音乐文化的发展,受其他民族音乐文化的影响很深。李斯特·弗伦茨(Liszt Ferenc,1811—1886),为匈牙利钢琴演奏家和作曲家,浪漫主义音乐的主要代表人物之一。他是位伟大的音乐革新家,并在历史上对改善音乐家地位、推动新生音乐风格起到相当大的作用。

匈牙利有非常珍贵的民族艺术史。装饰丰富的民族传统服饰、用品表现了浓厚的民族艺术色彩。一年一度的匈牙利最有名和最大的艺术节庆显出匈牙利文化的多样和丰富性。有歌剧、舞蹈、古典与现代音乐、电影欣赏等多种表演艺术,不仅有匈牙利艺术家的演出,同时也邀请国外各种表演艺术的艺术家共襄盛举。

2009年,莫哈奇的冬末面具狂欢节习俗(Busó Festivities at Mohács:Masked End-of-winter Carnival Custom)被联合国教科文组织列入《人类非物质文化遗产代表作名录》。

七、教育

匈牙利实行12年制义务教育,幼儿免费入托。学制:小学8年,中学(包括职业中学)4年,大学4~6年,医科大学7年。除公办学校外,还有教会学校、私立学校和基金会学校。匈牙利著名大学有塞格德大学、匈牙利罗兰大学、德布勒森大学、布达佩斯经济技术大学、佩奇大学等。

八、民俗风情

1. 礼仪和习俗

匈牙利人举止文雅、谈吐礼貌、性情幽默、爱开玩笑、处世认真、待人真诚。在正式社交场合,匈牙利人着装很注意整洁,男子多穿保守式样的西服,也有的穿双排扣西服;女子则多是裙子配上衣,也有的穿款式新颖的连衣裙。在平时,人们穿着较为随便,对衣服的颜色和衣料质量也不怎么讲究。

匈牙利人在社交场合与客人相见时,一般是以握手为礼,有时也行拥抱礼,妇女则通常行屈膝礼。

2. 主要节日

1月1日是匈牙利的传统年节,此前离家的人回到家中与亲人团聚。3月15日是革命纪念日,以纪念1848年3月15日匈牙利独立革命。8月20日,是匈牙利第一个国王圣伊斯特万登基的日子。10月23日是1989年匈牙利共和国成立的日子。3月27日是复活节,复活节也是宗教节日中比较重要的节日之一。12月25~26日是圣诞节。

3. 美食

匈牙利人以面食为主,喜欢吃猪肉、牛肉等。蔬菜中喜食白菜、洋葱等。肉类取自牛、猪、羊、鹿、家禽等。匈牙利美食的特色是,使用简单的菜色调制出美味,以多样化的肉类为主,搭配当地盛产的水果、蔬菜及调味料。

九、旅游业

旅游业已经成为匈牙利主要经济增长引擎,在 GDP 中占比超过 9%。匈牙利是欧盟首个与中国签署实施"一带一路"伟大构想的国家,布达佩斯更是"16+1 合作"的发起地。近年来,中国游客赴匈牙利旅游人数快速增长,呈现出广阔的发展前景。

据世界旅游组织统计,2010 年匈牙利入境旅游人数为 951.0 万人次,2014 年为 1 213.9 万人次,2015 年为 1 431.6 万人次,2016 年为 1 525.6 万人次(UNWTO Tourism Highlights:2017 Edition)。

2010 年匈牙利入境旅游收入为 56.28 亿美元,2014 年为 58.72 亿美元,2015 年为 53.26 亿美元,2016 年为 56.53 亿美元(UNWTO Tourism Highlights:2017 Edition)。

自 2003 年正式实施我国公民组团赴匈牙利旅游以来,两国双边人员互访稳步上升,旅游合作势头良好。据中方统计,2014 年,匈牙利来华旅游人数 2.08 万人次,同比增长 11.3%。

2016 年中国赴中东欧出境游人次同比上涨 229%,波兰、捷克、匈牙利、塞尔维亚、斯洛伐克位列中国游客人次增长最快的五大目的地。

近年来,随着中国的旅游市场不断增长,西欧、北美的旅游线在国内已经司空见惯,中国的游客正在寻找新的目的地。匈牙利正在成为中国游客最新的度假胜地。

十、旅游资源

匈牙利山河秀美,温泉遍布,旅游资源丰富。坐落在多瑙河畔的首都布达佩斯是欧洲著名的古城,风光无限,有"多瑙河上的明珠"之美誉。欧洲著名的淡水湖巴拉顿湖也是吸引大批游客的一个亮点。另外,匈牙利的葡萄美酒也为这个国家增光添彩,以其历史悠久、酒味醇香闻名于世。匈牙利独特的自然风光和人文景观使其成为旅游大国。

(一)旅游城市

1.布达佩斯

布达佩斯(Budapest)地处欧亚大陆交通线的十字路口,位于匈牙利平原和喀尔巴阡山的交会点之间。整座城市位于多瑙河沿岸,多瑙河将城市一分为二:河西岸称为布达(Buda),东岸称为佩斯(Pest)。布达佩斯原是隔多瑙河相望的一对姐妹城市——布达和佩斯,1873年这两座城市正式合并。蓝色的多瑙河从西北蜿蜒流向东南穿越市中心,9座别具特色的铁桥飞架其上,一条地铁隧道横卧其底,将这对姐妹城市紧紧地连为一体。

布达,1世纪建市,1361年成为都城,匈牙利历代皇朝均在此建都。它依山而建,群山环绕,丘陵起伏,林木苍翠。这里有富丽堂皇的旧王宫、建筑精致的渔人堡以及大教堂等著名建筑群。

佩斯,始建于3世纪初叶,地势平坦,是行政机关、工商企业和文化机构集中地。这里有各式各样的古今高大建筑群,如议会大厦、国家博物馆、英雄广场等。诗人裴多菲和大音乐家李斯特都曾在这里留下了足迹。

主要景点:皇宫(Royal Palace)、国会大厦(Parliament Building)、马伽什教堂(Matthias Church)、渔人堡(Fishmen's Bastion)、链子桥(Chain Bridge)、英雄广场(Heroes' Square)等。

1987年,布达佩斯,包括多瑙河沿岸、布达城堡区和安德拉什大街(Budapest, including the Banks of the Danube, the Buda Castle Quarter and Andrássy Avenue)作为文化遗产被联合国教科文组织世界遗产委员会列入《世界遗产名录》。

2.米什科尔茨

米什科尔茨(Miskolc)为匈牙利第二大城市,包尔绍德-奥包乌伊-曾普伦州首府。位于布达佩斯东北144公里处。城市始建于15世纪,现为仅次于布达佩斯的工业城市。主要有黑色冶金工业,还有重型机器制造、水泥、玻璃、纺织、造纸等工业。附近农业发达,山麓葡萄园散布。为全国重要农业区之一。匈牙利东北部的铁路与公路枢纽,与布达佩斯有电气化铁路相通。城内有建于17世纪的古老行政大厦、博物馆、哥特式教堂、巴洛克式的东正教教堂、国家剧院等。附近有茂密山林,多温泉,为休养旅游胜地。

3. 佩奇

佩奇(Pécs)坐落于匈牙利的西南部,为匈牙利第五大城市,巴兰尼亚州首府,与埃森与伊斯坦布尔并列为2010年欧洲文化之都。佩奇是匈牙利最古老的城市之一,早在匈牙利人定居前,这里已经有日耳曼人和法兰克人居住。佩奇在多瑙河和德拉瓦河之间,气候宜人,景色优美。1367年,匈牙利的第一所大学就创建于此。土耳其人占领佩奇后,在这里建了一些清真寺;在哈布斯堡王朝时期,这里又建成了巴洛克式建筑。这里有一座琼特瓦利博物馆。蒂沃道尔·科斯特卡·琼特瓦利(Tivadar Kosztka Csontváry)是著名的匈牙利画家,被称为"匈牙利的凡·高"。佩奇城中多博物馆,故有"博物院之都"的美称。

这座迷人的城市拥有悠久的历史,想要深切体味这座城市的历史,就得去那些遗留的名胜古迹游览一番。佩奇的早期基督教陵墓建于4世纪,墓地不仅有地下墓室,而且地面上还有礼拜堂,墓室里的装饰以基督为主题,创作精美细腻,在人类建筑史和艺术史上都占有一席之地。

佩奇不但是历史名城,而且还是匈牙利的艺术名城。它是除布达佩斯之外,匈牙利文艺复兴运动的另一中心,以音乐、歌剧、芭蕾闻名,历史上曾涌现许多有名的艺术家。佩奇的节日十分丰富,其中最盛大的是春季艺术节,有音乐会、文学之夜、传统舞蹈演出、艺术展和电影展。

2000年,佩奇的早期基督教徒墓地[Early Christian Necropolis of Pécs (Sopianae)]作为文化遗产被联合国教科文组织世界遗产委员会列入《世界遗产名录》。

(二) 主要名胜

1. 圣安德烈

圣安德烈(Szentendre)是一座风景如画的古镇,中国人称"山丹丹",距首都布达佩斯20公里,坐落在多瑙河畔,是匈牙利最重要的旅游城镇之一,也是该国现代艺术流派的"博览馆"。小城不大,但各式教堂、工艺品店、画廊、作坊、博物馆、酒吧、咖啡厅鳞次栉比,彩色的民居风味浓厚,蜿蜒的石子小街更让人们感受到一种传统的浪漫气息。

1690年秋,查诺耶维奇·阿塞大主教带领的塞尔维亚族难民来到这里,重建了这座城市,兴建了东正教堂。城内有7座尖塔教堂,构成城市的格局。高耸的教堂、鳞次栉比的民居、曲径通幽的小巷和色彩斑斓的店铺,让这个小镇成为游客心目中最美的地方。19世纪末,众多的匈牙利画家涌向这座风味十足的小镇,使这里成为远近闻名的"画家之乡",甚至还形成了一个风格独特的独立画派。如今圣安德烈镇街边的画廊依旧林立。这里日益增多的博物馆为越来越多的旅游者提供了丰富的文化内容。另外,这里一年到头举办展览、艺术节和各种演出。尽管小镇的游客不少,但小镇内依旧宁静,让人们仿佛一下子回到过去。圣安德烈,一座艺术气息浓郁的小镇,定会让你难忘。

2. 霍洛克村

霍洛克村(Hollókö)位于匈牙利东北部,距离布达佩斯约100公里,堪称匈牙利最具魅力的村庄。霍洛克是被精心保护下来的传统民居的一个典型范例。这个村落主要是在17和18世纪发展起来的,是20世纪农业革命前乡村生活的生动写照。如今,这里已成为匈牙利的传统保护区,是一座集旅游和文化保护为一体的民俗村。这是一座不足百人的小村,人们终日为生计而不停地忙碌,有的手中持着干草叉,有的人则挎着蔬菜篮,固守着世代沿袭的传统生活方式。小村的魅力或许是因为这里至今仍保留着完好的民俗。这里的女人们最喜欢戴着绣着花的白色头巾,身上经常穿着红或蓝的印花套裙。如今,当你走在村落中,如果碰巧与这些美丽的村姑相遇时,她们还会以欧洲古典的屈膝礼迎接你的到来,优雅地用手提起裙角,轻轻地一曲膝,风情万种。这里的民居极其漂亮,白色围墙的房子的正面由雕刻精美的木质栏杆点缀着,是匈牙利北部地区的典型建筑风格。在村落附近,分布着几个葡萄庄园、蔬菜园、庄稼地和牧场。恬淡而优雅的田园风光为这个小村落增添了几分妩媚。

1987年,霍洛克古村及其周围环境(Old Village of Hollókö and its Surroundings)作为文化遗产被联合国教科文组织世界遗产委员会列入《世界遗产名录》。

3. 托考伊

托考伊(Tokaj)葡萄酒产区位于匈牙利东北部。托考伊葡萄酒产区代表了当地独特的葡萄栽培传统,这种传统世代延续,至今已有1 000多年的历史,却依旧保持着原汁原味。这里产的葡萄酒酒味甜润醇美,色泽晶莹剔透,是匈牙利的"国酒"。这里良好的自然生态环境是优质葡萄生长和葡萄酒酿制的有利条件。托考伊葡萄酒产区充分展示了匈牙利葡萄酒生产的悠久历史和灿烂文化。整个托考伊地区既是葡萄和葡萄酒的产区,同时也是自然和人文景观完美结合的游览胜地。这里从12世纪就开始人工种植葡萄,被认为是世界最早的葡萄种植园和葡萄酒加工地之一。在这里,农舍、种植园、酒窖和教堂全部被保护起来。托考伊地区每年都举办葡萄节、品酒会等民间活动,形成了极具当地文化特色的品牌,吸引了众多的国内外游人。

2002年,托考伊葡萄酒产区历史文化景观(Tokaj Wine Region Historic Cultural

Landscape)作为文化遗产被联合国教科文组织世界遗产委员会列入《世界遗产名录》。

4. 格德勒

格德勒(Godollo)是匈牙利佩斯州所属的一座小城,距首都布达佩斯只有30多公里。这座小城风景如画,又因19世纪奥匈帝国的约瑟夫国王与伊丽莎白皇后(茜茜公主)的行宫而名声大噪。建于1735~1749年,原属于贵族格拉萨科维茨(Grassalkovich)家族的这座古堡庄园,于1867年被作为礼物送给约瑟夫国王与伊丽莎白皇后,但常常只有茜茜公主居住。格德勒皇家庄园(Godolloi Royal Palace)是欧洲除了凡尔赛宫外最大的巴洛克式建筑,整座建筑典雅大气,也是茜茜公主生前最爱的度假行宫。

这座巴洛克式建筑风格的宫殿共有136个房间,皇室寝宫和典礼大厅位于主楼。进入宫殿后,可以从主楼开始参观。现在看到的宫内陈设尽可能地还原了当年的装饰,精致典雅。由于茜茜最爱紫罗兰色,所有居室都被漆成了淡雅的紫罗兰色,如紫罗兰的墙壁、紫罗兰的窗帘。行宫里还保存了许多茜茜公主当年的用品以及许多珍贵的肖像油画。

行宫后的大花园里,有一大片开阔的绿地,间歇种植了薰衣草、风信子、雏菊等花卉,非常美丽。

5. 埃格尔

埃格尔(Eger)是匈牙利北部的一座历史悠久的古城,位于布达佩斯东北130公里处,临埃格尔河。这里有匈牙利北部高地最美丽的景区。11世纪时,匈牙利第一个国王伊斯特万一世在此建立主教管区。1241年蒙古兵西侵,全城被毁后又重建。15世纪时,成为匈牙利文艺复兴时期的重要文化中心。土耳其占领时,又再度遭到严重破坏,直到18世纪得到全面修复。

现今城内古迹仅次于布达佩斯和肖普朗,有"匈牙利艺术珍宝"和"匈牙利雅典"之称。古城共有175座保护建筑及遗迹。从建于13世纪的埃格尔城堡上,可以眺望整个城市。城中还有许多宗教景点,特别是埃格尔大教堂(Eger Cathedral)最具盛名。

第十四节 波 兰

一、国家概况

国名:波兰共和国(The Republic of Poland)
面积:31.267 9万平方公里

人口:3 843 万(2016 年)①
首都:华沙(Warsaw)
语言:波兰语为官方语言
民族:波兰族占人口的 98%
宗教:90%的居民信奉天主教
货币:兹罗提
国庆:5 月 3 日
国花:三色堇
国歌:《波兰没有灭亡》
主要城市:罗兹、克拉科夫、格但斯克、波兹南
行政区划:全国共设 16 个省

二、自然地理

波兰位于欧洲中部,东邻俄罗斯、立陶宛、白俄罗斯、乌克兰,西邻德国,南接捷克、斯洛伐克,北濒波罗的海。海岸线长 528 公里。地势北低南高,中部下凹。约 75%的国土在海拔 200 米以下。海拔超过 2 000 米的塔特拉山是喀尔巴阡山的最高山脊,而海拔 2 499 米的塔特拉山西峰雄踞波兰境内。较大河流有维斯瓦河(Vistula)和奥得河(Oder)。最大的湖泊是希尼亚尔德维湖,面积 113.8 平方公里。

波兰全境属于由海洋性向大陆性气候过渡的温带阔叶林气候,自西而东,自北而南,海洋性渐减,大陆性递增。平均气温 1 月 -5~-1℃,7 月 17~19℃。

三、历史

波兰族是欧洲最古老的民族之一,属西斯拉夫系,自古就在维斯瓦河、奥得河和瓦尔塔河流域居住。约 10 世纪末建立封建王朝,约 15 世纪进入鼎盛时期,17 世纪后逐渐衰落。18 世纪遭到俄国、普鲁士和奥地利的三次瓜分。1918 年恢复独立,成立资产阶级共和国。1939 年被纳粹德国占领。"二战"后建立波兰人民共和国。1952 年取消总统制。1989 年实行总统和议会制,同年改名为波兰共和国。

四、外交

1. 对外关系

波兰奉行以亲美融欧为引擎,以睦邻周边和全方位外交为两个车轮的外交政

---

① http://www.fmprc.gov.cn/web/gjhdq_676201/gj_676203/oz_678770/1206_679012/1206x0_679014/

策。于1999年3月12日加入北约,2004年5月1日加入欧盟。波兰力主欧盟、北约继续扩大;强化与美的战略伙伴关系,准备在波兰建立美反导基地。波兰力图改善与德、俄关系;充分利用"魏玛三角"合作机制,深化波、法、德三国合作。重视维谢格拉德集团(波兰、捷克、匈牙利、斯洛伐克)的区域合作,全面发展同波罗的海三国的关系,加强与中国、印度、日本和韩国等亚洲国家的合作。截至2009年7月,波兰与182个国家建立了外交关系。

2. 与中国的关系

1949年10月7日,中波建立大使级外交关系。中波两国有着传统的友好关系,早在1950年两国就签署了第一个政府间贸易协定。1997年11月,克瓦希涅夫斯基总统对中国进行国事访问,这是近40年来波兰国家元首首次对中国进行国事访问。2004年6月,胡锦涛主席对波兰进行国事访问,双方签署了联合声明。

五、经济

1. 自然资源

波兰主要矿产有煤、硫黄、铜、锌、铅、铝、银等。琥珀储量丰富,是世界琥珀生产大国。2007年森林面积904.9万公顷,森林覆盖率28.9%。[①]

2. 农业

波兰主要种植谷物(小麦、大麦、黑麦、燕麦)、马铃薯和甜菜等。畜牧业发达,主要养猪、牛、羊。2006年,农业就业人数约占就业总数的16%。[②]

3. 工业

波兰工业发达,以采煤、机器制造、造船、汽车和钢铁为主。

4. 经济发展

波兰属中等发达国家。1989年剧变后,"休克疗法"使经济一度下滑。1992年起,波兰经济止跌回升,成为中、东欧地区经济发展最快的国家之一。加入欧盟后,波兰经济快速增长,但面临公共财政赤字持续增加、劳动人口大量流失、失业率较高等问题。2007年,波兰国内生产总值增长率为6.5%,吸引外资约190亿欧元[③],为中、东欧地区吸引外资最多的国家。

5. 中波经贸

1950~1990年两国贸易采用政府协议项下记账方式。1986年两国贸易额曾高达10亿美元。1990年双方将记账贸易改为现汇贸易,两国贸易额一度大幅下降,由1990年的3.22亿美元降至1991年的1.44亿美元。经过双方的共同努力,

---

① http://www.fmprc.gov.cn/chn/pds/gjhdq/gj/oz/1206_9/

② http://www.fmprc.gov.cn/chn/pds/gjhdq/gj/oz/1206_9/

③ http://www.fmprc.gov.cn/chn/pds/gjhdq/gj/oz/1206_9/

1992年中波贸易开始回升。2004年双边贸易额为23.3亿美元,2005年为31.5亿美元,2006年为46.7亿美元。2007年双边贸易额达76.6亿美元,同比增长64%,其中中方出口65.5亿美元,进口11.1亿美元。[①]

六、文化和艺术

16世纪是波兰文学的"黄金时期",在波兰语言和文学方面获得了辉煌的发展。扬·科哈诺夫斯基(Jan Kochanowski,1530—1584)是16世纪波兰最伟大的诗人和作家,其代表作《挽歌》,是欧洲文艺复兴时期一部划时代的作品。19世纪前半期,出现了亚当·密茨凯维支(Adam Mickiewicz,1798—1855)、尤利斯·斯沃瓦茨基(Juliusz Slowacki,1809—1849)等浪漫主义文学家。前者主要作品有《青春颂》《先人祭》和《塔杜施先生》,后者的主要作品有《柯尔第安》《里拉·威尼拉》等。19世纪后半期,在文坛上崛起了一批优秀的现实主义作家,如亨利克·显克微支(Henryk Sienkiewicz,1846—1916)的《你往何处去》和瓦迪斯瓦夫·雷蒙特(Wladyslaw Reymont,1868—1925)发表的反映1905年革命前后沙俄占领下的波兰农村状况的长篇小说《农民》,都曾获得诺贝尔文学奖,且前者是波兰历史上第一位获得诺贝尔文学奖的作家。

最能代表波兰音乐的重要的作曲家,可以说是浪漫主义作曲家兼钢琴家弗里德里克·肖邦(Fryderyk Chopin,1810—1849),他给波兰和世界音乐留下了上百首各种形式的波洛奈兹舞曲、马祖卡舞曲、华尔兹舞曲、前奏曲、幻想曲、叙事曲等。

七、教育

波兰从1999年9月1日开始实行新的教育体制。新体制分为小学6年,中学3年,高中3年。波兰高等教育制度允许国立和非国立高等教育院校的共同存在。目前波兰高校总数近400所,学制一般为4年或5年。著名的高等学府有克拉科夫雅盖隆大学、华沙大学、华沙工业大学等。

八、民俗风情

1.礼仪和习俗

在波兰,最常用的见面礼节有握手礼和拥抱礼。在波兰民间,吻手礼则十分通行。一般而言,吻手礼的行礼对象应为已婚妇女,行礼的最佳地点为室内。在行礼时,男士宜双手捧起女士的手在其指尖或手背上象征性地轻吻一下。

波兰人普遍爱花,他们最喜欢三色堇,并将其定为国花。给波兰人送花时,宜

[①] http://www.fmprc.gov.cn/chn/pds/gjhdq/gj/oz/1206_9/

送由一种鲜花所组成的单数花,但不宜送双数花。

2.主要节日

新年(1月1日)、劳动节(5月1日)、国庆节(5月3日)、圣马利亚节(8月15日)、万圣节(11月1日)、独立日(11月11日)、圣诞节(12月25日)等。

3.美食

波兰人的饮食比较清淡,食物多用炸、烧、煎、卤等法烹制。以肉类、马铃薯和奶油为主食,喜食用奶制的蛋糕、饼类食物。波兰人酒量大,饭前常饮烈性酒,饭后饮用甜酒。

九、旅游业

旅游业是波兰新兴产业之一。20世纪90年代初,波兰开始将旅游业作为国民经济的一个产业进行规划和发展。1995年,波兰开始建立旅游统计体系,并于2000年出台了《波兰2001~2006年旅游发展规划》,将旅游业列为政府重点推动和支持的行业之一,规划到2006年使波兰旅游业总产值达到575亿兹罗提(约185亿美元),占GDP的比重将为6%~7%。

根据国内一些报刊对欧洲部分国家旅游业发展情况的报道,欧洲一些主要旅游国家旅游业占GDP的比重超过7%,如克罗地亚(33%)、意大利(12%)、匈牙利(10%)、法国(7%),波兰旅游业占GDP的比重虽然低于上述国家,但高于捷克(5%)、罗马尼亚(4.8%)等大部分中、东欧国家,波兰2005年旅游业总产值占GDP的比重已相当于我国2004年发展水平(5.1%)。

1990年波兰的入境旅游收入为3.58亿美元,1995年猛增至66.14亿美元,2000年为56.77亿美元,2003年回落到40.69亿美元,2004年恢复增长至58.33亿美元[1],2005年为62.74亿美元,2006年为72.39亿美元[2]。据世界旅游组织统计,2010年波兰的入境旅游收入为95.76亿美元,2014年为118.48亿美元,2015年为104.74亿美元,2016年为109.77亿美元(UNWTO Tourism Highlights:2017 Edition)。

1995年波兰的入境旅游人数为1 921.5万人次,2000年为1 740万人次,2003年为1 372万人次,2004年为1 429万人次,2005年为1 520万人次[3],2006年达到1 567万人次[4]。2010年波兰的入境旅游人数为1 247万人次,2014年为1 600万人次,2015年为1 672.8万人次,2016年为1 746.3万人次(UNWTO Tourism Highlights:2017 Edition)。

---

[1] World Tourism Organization(UNWTO):Tourism Market Trends,2006 Edition
[2] World Tourism Organization(UNWTO):UNWTO,2007
[3] World Tourism Organization(UNWTO):Tourism Market Trends,2006 Edition
[4] World Tourism Organization(UNWTO):UNWTO,2007

1995 年波兰出境旅游消费为 55 亿美元,2000 年为 33 亿美元,2004 年为 38 亿美元,2005 年为 43 亿美元,2006 年达到 57 亿美元[①]。

波兰已于 2004 年 9 月 1 日成为中国公民旅游目的地国。目前中波旅游尚处于基础合作阶段,但波兰旅游学会有关人士认为,中国是世界上最大的旅游客源输出国,波兰政府非常重视开发中国旅游市场,视中国为波兰未来最具潜力的旅游市场,将加大促销力度,吸引更多的中国游客来波兰,同时也促成更多的波兰游客去中国。

十、旅游资源

波兰有着多种多样的地貌特征,如北部的波罗的海海滨、东北部的马祖里湖区、南部的滑雪胜地和众多的国家级森林公园等,这些丰富的旅游资源为波兰发展旅游业提供了优越条件,但波兰旅游业更为突出的特点却是其丰富的文化资源。

(一) 旅游城市

1. 华沙

波兰首都华沙(Warsaw)位于波兰中部平原上,坐落在维斯瓦河中游西岸。作为全国第一大城市,华沙是波兰的工业、贸易和最大科学文化中心及最大的交通运输枢纽。华沙这座世界名城,始建于 13 世纪,当时是维斯瓦河渡口上的一个市镇。1611 年,华沙正式成为波兰首都。在第二次世界大战中,华沙这座美丽的古城遭到严重破坏,几乎被夷为平地。1945 年,华沙摆脱战争后,便按原样重建城市,不仅保持了中世纪古城的风貌,而且兴建新市区,从而使城市超过了战前的规模和水平。

2. 克拉科夫

克拉科夫(Krakow)位于波兰南部维斯瓦河上游左岸,距华沙约 250 公里。它是中世纪古都、波兰第三大城市、重要的铁路枢纽,以历史名城和文化中心而闻名。克拉科夫是在 7 世纪左右建成的,比华沙约早 600 年。11 世纪以后的 600 年间,克拉科夫一直是波兰首都,相当繁荣。如今的克拉科夫城内布满古旧典雅的建筑物,鹅卵石街道、传统的粉色房子到处可见,有人甚至称之为"永恒之城",以赞扬它千百年来不变的面貌。这里也是波兰古迹最为集中的地方,为波兰最大的旅游城市之一,每年游客达 200 多万人。

(二) 主要名胜

1. 奥斯威辛集中营

奥斯威辛是波兰南部一个只有 4 万多居民的小镇,位于克拉科夫市西 50 余公

---

① World Tourism Organization (UNWTO):UNWTO June 2007

里处。第二次世界大战期间,德国法西斯在这里设立了其最大的集中营,这个小镇因此闻名于世。1947年7月,波兰政府把奥斯威辛集中营改为殉难者纪念馆,展出揭露希特勒党卫军在集中营犯下的种种罪行的实证和图片,包括他们从囚徒身上掠夺的财物,以及囚徒在集中营进行地下斗争的各种实物和资料。为了让后人记住这段历史,使这类罪恶的行径不再重演,1979年,奥斯威辛-比克瑙——德国纳粹集中营(1940~1945)(Auschwitz Birkenau German Nazi Concentration and Extermination Camp)作为文化遗产被联合国教科文组织世界遗产委员会列入《世界遗产名录》。

2.马尔堡的条顿骑士团城堡

马尔堡的条顿骑士团城堡(Castle of the Teutonic Order in Malbork)位于波兰北部的港口城市格但斯克的南部,是中世纪砖制城堡的杰出代表。这个城堡属于当时的条顿骑士团,当国王的居所于1309年从威尼斯移到这里后,这个城堡也得以扩建和重修。在以后的数百年里,城堡日渐衰败,到19世纪和20世纪初期,早期的文物保护者,运用了相当精湛的技艺和文物修复技巧,恢复了城堡的原貌。该城堡在"二战"时期又被严重毁坏,但是后人根据第一次修复时留下来的详细资料再次修复了这个文化遗产。1997年,马尔堡的条顿骑士团城堡作为文化遗产被联合国教科文组织世界遗产委员会列入《世界遗产名录》。

3.圣十字山溶洞

圣十字山溶洞位于圣十字省凯尔采市(Kielce)郊区,坐落在波兰中部风景旖旎的圣十字山脉西南的马里克山中,是一个典型的喀斯特溶洞。溶洞长240米,洞内湿度很高,达100%。洞顶保留着明显的地质构造地缝,证明这里存在过喀斯特河流地下径流。溶洞中钟乳石分布的面积大,而且最为集中。平整光滑得如同水泥板的地面上堆积着千姿百态的大小石块,到处都是闪闪发亮的钟乳石。

第十五节 挪 威

一、国家概况

国名: 挪威王国(The Kingdom of Norway)
面积: 38.515 5万平方公里(包括斯瓦尔巴群岛、扬马延岛等属地)[1]
人口: 525万(2016年)[2]
首都: 奥斯陆(Oslo)
语言: 官方语言为挪威语,通用语为英语

---

[1] http://www.fmprc.gov.cn/chn/pds/gjhdq/gj/oz/1206_31/
[2] http://www.fmprc.gov.cn/web/gjhdq_676201/gj_676203/oz_678770/1206_679546/1206x0_679548/

民族：96%为挪威人，有萨米族约3万人①

宗教：90%的国民信奉基督教路德宗②

货币：挪威克朗

国庆：5月17日

国花：石楠花

国歌：《是的，我们热爱祖国》

主要城市：卑尔根、特隆赫姆、斯塔万格

行政区划：全国设1市18郡

二、自然地理

挪威位于北欧斯堪的纳维亚半岛的西部，东部与瑞典为邻；东北部与俄罗斯、芬兰接壤；南部濒临北海，隔斯卡格拉克海峡同丹麦遥遥相望；西部濒临大西洋；北部濒临北冰洋。挪威三面临海，海岸线曲折，海岸线长达2.1万公里，多天然良港，近海岛屿达15万多个。挪威有1/3的区域处在北极圈内，全境多山，斯堪的纳维亚山脉纵贯全境，高原、山地、冰川约占全境的2/3，海拔高度不足150米的地区仅占1/5。挪威的河流短小湍急，水量充足，水力资源丰富。

挪威的气候因为受到北大西洋暖流的影响，较同纬度其他地区温暖，大部分海面冬季不结冰，属温带海洋性气候。

三、历史

挪威于9世纪形成统一的王国。12~13世纪，挪威曾不断向外扩张，进入了它的鼎盛时期，这一时期被认为是挪威历史上的"黄金时代"。14世纪中叶开始衰落。1397年与丹麦和瑞典组成联盟，受丹麦统治。1814年被丹麦割让给瑞典。1905年，挪威脱离瑞挪联盟独立，并选丹麦王子卡尔为国王，称哈康七世。第一次世界大战期间中立。第二次世界大战中被法西斯德国占领，哈康国王及他的政府流亡英国。1945年，挪威获得解放。1949年，挪威加入北大西洋公约组织。1959年，挪威加入欧洲自由贸易联盟。

四、外交

1.对外关系

挪威以同北约的合作为外交和安全政策的基础。积极发展与欧盟及北欧的合作，同时与邻国俄罗斯维持睦邻关系。近年来，挪威进一步加强与欧盟、美国、俄罗斯

---

① http://www.fmprc.gov.cn/chn/pds/gjhdq/gj/oz/1206_31/

② http://www.fmprc.gov.cn/chn/pds/gjhdq/gj/oz/1206_31/

及周边国家的关系,更加重视发展与亚太国家的联系,努力拓展外交空间,通过联合国积极参与国际事务。截至2009年7月,挪威已与140多个国家建立了外交关系。

2. 与中国的关系

挪威于1954年10月5日同中国建立外交关系。建交以后,两国关系有较大发展。1996年和1997年,江泽民主席和挪威国王哈拉尔五世实现互访。2001年6月,挪威前工党政府出台了"对华关系新战略"。2007年3月,斯托尔滕贝格首相对中国进行了正式访问。

五、经济

1. 自然资源

挪威的自然资源丰富,是铝、硅、铁和镁的主要生产国,其中镁的产量居世界第二。挪威的化肥产量极高,是世界上主要的化肥生产国之一。

2. 农业

挪威的农业在国民经济中所占的比重非常有限,其中50%的食品消费来自进口,主要为果蔬和面粉等。除了奶酪、黄油和肉,挪威的农产品出口量极低,近年来,由于谷物产量不断增长,食品自给程度已有一定提高。

3. 工业

挪威的工业在国民经济中占有重要地位,主要传统工业部门有机械、水电、冶金、化工、造纸、木材加工、鱼产品加工和造船。20世纪70年代兴起的近海石油工业已成为国民经济的重要支柱,挪威现已成为北欧最大的产油国及世界第三大石油出口国。

4. 经济发展

挪威是拥有现代化工业的发达国家。20世纪70年代经济发展速度较快,80年代有起有落,90年代初因取消石油生产限额,收入剧增,外贸顺差大幅度增加。近年来,由于石油连年高产,出口获巨额收益,经济复苏加快,失业率下降,通货膨胀率维持在较低水平。

5. 中挪经贸

中挪贸易开始于19世纪初。自挪威1954年10月5日同我国建立外交关系以来,双边贸易额不断增长。我国对挪威出口产品主要有服装、纺织品、轻工业产品和机电产品;进口产品主要有机械仪器、化肥、原油、鱼类等。

六、文化和艺术

挪威有着悠久的历史、灿烂的文化以及丰富的旅游资源。从9世纪的海盗文化到易卜生的世界名著,从挪威仙境般的吕瑟峡湾(Lysefjorden)到壮丽的北角,从独特的奥斯陆人体雕塑公园到著名的港口城市特隆赫姆(Trondheim),无不体现了挪威人的聪明智慧和灿烂文化。

从4世纪的古碑文开始,挪威在文学方面就展现了自己独特的魅力,并在音乐、戏剧、绘画、建筑等方面为人类留下了宝贵的财富,在这些方面的代表人物有,诺贝尔文学奖获得者克努特·汉姆生(Knut Hamsun)、诺贝尔化学奖获得者奥德·哈塞尔(Odd Hassel)、诺贝尔经济学奖获得者拉格纳·弗里希(Ragnar Frisch)与特里夫·哈维默(Trygve Haavelmo)、戏剧之父亨利克·易卜生(Henrik Ibsen)、现代表现主义绘画巨匠爱德华·蒙克(Edvard Munch)、建筑大师斯维勒·费恩(Sverre Fehn)等。1956年开始,挪威政府设立"文化基金",对作家给予经济上的支持,在一定程度上促进了挪威文学创作的繁荣。挪威最著名且成为大多数游客停留第一站的则是博物馆林立的比格迪半岛,它堪称挪威文化和艺术的精华。

七、教育

挪威1998年起实行10年制义务教育。学校大多数为公立,中央负责高等教育,地方负责中等和初等教育。挪威的少数民族萨米民族居住区或其他符合规定的地区采用特别的萨米民族教材。这使得萨米民族学生能够了解到本民族的文化,学习本民族的语言并加强他们的民族感,也为他们将来参加社会活动和继续接受各级教育打下基础。挪威有多所著名高等学府,其中以奥斯陆大学最为著名。它成立于1813年,是挪威最大的综合性大学。此外,还有卑尔根大学、挪威科技大学、特罗姆瑟大学、挪威商学院、挪威农学院等学府。

八、民俗风情

1.礼仪和习俗

挪威的风俗礼仪涉及挪威人生活的方方面面。首先挪威人性格稍显内向,所以在谈话时,习惯双方的距离稍远一些,最好在1.2米左右,超越或不足都被看作不礼貌的举动,会使谈话气氛冲淡或出现不愉快的拘谨。挪威是个不提倡吸烟的国家,在许多公共场合是禁止吸烟的。室内不戴帽子,也是挪威的习俗。挪威服饰最流行的是红色,女孩的大衣、儿童的滑雪衫或是男人毡帽的镶边全是红色。

2.主要节日

劳动节(5月1日)、国庆日(5月17日)、复活节(春分月圆后的第一个星期日)、解放日(5月8日)、圣诞节(12月25日)等。

3.美食

挪威的国土有1/3位于北极圈内,因此分量充足又能提供热能的饮食便成为日常生活的餐饮模式。早餐分量充足,主要有熏鲑鱼、鸡蛋、麦片、面包、咖啡、红茶等,午餐用得不多,晚餐常可以品尝到烧烤驯鹿肉或雷鸟肉。水产品三文鱼是挪威上等的美食。

九、旅游业

挪威利用其独特的自然条件和自身的历史文化,挖掘旅游资源,使旅游业成为国民经济中重要的组成部分。

挪威尤其著名的是萨米族。萨米(Sami)是欧洲最后的土著民族,有3万多人生活在挪威。萨米人以前为游牧民族,他们生活在冰天雪地里,一方面和恶劣的自然天气抗争;另一方面以放养驯鹿、狩猎和捕鱼为生。萨米族以其独特的生活方式吸引了大批的游客前来参观。

奥斯陆以其典型的北欧风光,吸引着来自世界各地的游客。奥斯陆的旅游业十分兴旺,每年到此观光的游客多达数十万人。每年一度的诺贝尔和平奖在奥斯陆颁发,更增加了奥斯陆的知名度。

挪威的极光也是一处吸引游客的看点。在东西方的神话故事中,极光都被认为是神明的化身,这主要是因为极光实在是绚丽得超出人们的想象,而位于北极圈内的挪威斯瓦尔巴群岛,就一向以极光景观闻名,每年都会吸引很多游客。

挪威的旅游业近些年来发展迅速,来访游客逐年增多,旅游业收入也连年升高。1990年挪威的入境旅游人数为195.5万人次,1995年为288万人次,2000年为310.4万人次,2005年为385.9万人次,2006年为392.5万人次[①]。2010年挪威的入境旅游人数为476.7万人次,2014年为485.5万人次,2015年为536.1万人次(UNWTO Tourism Highlights:2017 Edition)。

1990年挪威的入境旅游收入为15.70亿美元,1995年为22.38亿美元,2000年为20.50亿美元,2005年为34.41亿美元,2006年为29.43亿美元[②]。据世界旅游组织统计,2010年,挪威的入境旅游收入为47.07亿美元,2014年为55.75亿美元,2015年为48.93亿美元,2016年为52.05亿美元(UNWTO Tourism Highlights:2017 Edition)。

1999年挪威的出境旅游人数为227.1万人次,2000年为239.4万人次,2001年为234.8万人次,2002年为262.9万人次,2003年为258.8万人次[③]。

2000年挪威出境旅游消费为45.58亿美元,2001年为43.63亿美元,2002年为51.21亿美元,2003年为66.05亿美元,2004年为83.83亿美元[④]。

2004年9月,挪威成为中国全面开放的出境旅游目的地国家。随着挪威旅游

---

① World Tourism Organization (UNWTO):UNWTO November 2006
② World Tourism Organization (UNWTO):UNWTO November 2006
③ World Tourism Organization (UNWTO):UNWTO June 2007
④ World Tourism Organization (UNWTO):UNWTO June 2007

部门的大力推广和中国经济的发展,前往挪威旅游的中国游客人数必将不断增长。

中国国家旅游局统计数字显示,2008 年 1~12 月挪威公民来华旅游人数达 4.95 万人次,其中会议和商务旅游 1.48 万人次、观光和休闲 2.53 万人次、服务员工 0.20 万人次、其他 0.74 万人次①。2009 年 1~12 月挪威公民来华旅游人数达 4.77 万人次,其中会议和商务旅游 1.44 万人次、观光和休闲 2.37 万人次、服务员工 0.17 万人次、其他 0.78 万人次②。2010 年 1~12 月挪威公民来华旅游人数达 5.35 万人次,其中会议和商务旅游 1.54 万人次、观光和休闲 2.62 万人次、服务员工 0.16 万人次、其他 1.03 万人次③。2014 年 1~12 月挪威来华旅游入境人数为 4.79 万人次,其中会议和商务旅游 1.09 万人次、观光和休闲 1.27 万人次、探亲访友 0.22 万人次、服务员工 0.15 万人次、其他 2.06 万人次。2015 年 1~12 月挪威来华旅游入境人数为 4.11 万人次,其中会议和商务旅游 1.06 万人次、观光和休闲 1.25 万人次、探亲访友 0.23 万人次、服务员工 0.13 万人次、其他 1.44 万人次。

十、旅游资源

挪威是欧洲最美丽的国家之一,无论是从高山到大海,还是从海湾到森林,无不体现挪威自然风景的壮观。挪威的旅游资源丰富。截至 2018 年 7 月,挪威被联合国教科文组织世界遗产委员会列入《世界遗产名录》的世界遗产有 8 项,包括文化遗产 7 项和自然遗产 1 项。其中,最著名的是位于松恩-菲尤拉讷郡的乌尔内斯(Urnes)木结构教堂,它是挪威现存的 30 余座古木板教堂中最著名的一座。它之所以举世闻名,不仅因为建造年代久远,而且由于其建造质量好,装饰漂亮,它向人们揭示了关于所谓"黑暗木头"建筑艺术的情况。除此之外,挪威还有峡湾、岩画、文化景观等著名旅游景点。

(一)旅游城市

1. 奥斯陆

奥斯陆(Oslo)位于挪威南部,坐落在奥斯陆峡湾北端的山丘上,是挪威首都和第一大城市。奥斯陆是欧洲著名的历史古城,始建于 1050 年,从 1814 年起成为挪威首都。城市濒临曲折迂回的奥斯陆湾,背倚巍峨耸立的霍尔门科伦山,苍山绿海相辉映,使城市既有海滨都市的旖旎风光,又有依托高山密林所展示的雄浑气势。

2. 卑尔根

卑尔根(Bergen)位于挪威西南海岸中段,为挪威第二大城市。卑尔根腹地广

---

① http://www.cnta.gov.cn/html/2009-2/2009-2-4-14-28-16730.html
② http://www.cnta.gov.cn/html/2010-1/2010-1-19-10-52-93858.html
③ http://www.cnta.gov.cn/html/2011-3/2011-3-25-10-15-28226.html

阔,地理位置优越,是座风光明媚的港湾之城。卑尔根的美丽可谓艳冠北欧,这里不仅以清丽的风光取胜,更以悠久的历史与丰富的人文令人惊羡。

卑尔根城中最古老的地方是位于北方的瓦根湾,这是一个旧城区,拥有很多古老的木屋,大约于18世纪早期建成,即1702年大火后重建的木屋,风格比较像火灾前的中世纪风格。圣马利亚教堂是卑尔根最古老的建筑物,部分建筑于1130年建成。另外两间教堂——大教堂和十字架教堂都是中世纪的建筑。卑尔根胡斯城堡有不少有趣的建筑,包括著名的哈孔皇家礼堂和罗森克兰塔都是十分有特色的景点。

(二) 主要名胜

1. 阿尔塔岩画

阿尔塔岩画(Rock Drawing of Alta)位于挪威北部北极边缘的芬马克郡,它分布在5 000米长的临海斜坡上,共有45处。岩画形成于公元前4200年至公元前500年之间。岩画内容十分丰富,有人物、动物、几何图形、狩猎的场面等。这些图画都有一定的象征意义,如鱼象征渔业发达,人的形象则被认为是消灭敌人的符咒。数千幅岩画证明了早在史前时代北极地区就有人居住和生活。现在,岩画在阿尔塔市内的阿尔塔博物馆展示。1985年,阿尔塔岩画作为文化遗产被联合国教科文组织世界遗产委员会列入《世界遗产名录》。

2. 维加群岛

维加群岛(The Vega Archipelago)位于北极圈的南部,由几十个岛屿组成,该地区总面积达10万平方公里,其中岛屿面积6 930平方公里。恶劣的自然环境和生活在这里的居民融合在一起,形成当地独特的人文景观。维加群岛最引人注目的是当地居民1 500年来始终如一的古朴的生活方式和他们的传统民族工艺。当地居民在相对封闭的环境中,依靠捕鱼和加工当地特有的鸭绒毛为生。岛上拥有渔村、码头、仓库、农庄和灯塔,也拥有早在石器时代人类生存和居住遗留下的痕迹。2004年,维加群岛作为文化遗产被联合国教科文组织世界遗产委员会列入《世界遗产名录》。

第十六节 芬 兰

一、国家概况

国名: 芬兰共和国(The Republic of Finland)
面积: 33.814 5万平方公里[①]

---

① http://www.fmprc.gov.cn/chn/pds/gjhdq/gj/oz/1206_17/

人口：549 万[①]

首都：赫尔辛基（Helsinki）

语言：芬兰语和瑞典语

民族：芬兰族占 91.5%，瑞典族占 5.5%，还有少量萨米人[②]

宗教：82.5%的居民信奉基督教路德宗，1.1%信奉东正教[③]

货币：欧元

国庆：12 月 6 日

国花：铃兰

国歌：《祖国》

主要城市：坦佩雷、图尔库、埃斯波、万塔

行政区划：全国划分为 5 个省和 1 个自治区

二、自然地理

芬兰位于欧洲北部，东面与俄罗斯为邻，南临芬兰湾和波罗的海，西北与瑞典为邻，北面与挪威为邻。芬兰海岸线长 1 100 公里。全境地势东北高，西南低，多丘陵平原。芬兰有 1/3 的区域处于北极圈内。北部为海拔 200~700 米的曼塞尔凯丘陵，中部为 200~300 米的冰碛丘陵，沿海地区为海拔 50 米以下的平原。芬兰是内陆湖最多的国家，有"千湖之国"之称。海滩、湖泊、海岛、森林、富饶的土地等构成了一幅极为美丽的图画。

芬兰属温带海洋性气候。平均气温冬季-14~3℃，夏季 13~17℃。年均降水量 600 毫米。

三、历史

芬兰在 12 世纪以前一直是一个宗教上及政治上比较闭塞的国家，居民主要进行狩猎、采集和农耕等，依靠国内湖泊的丰富资源自给自足地生活。12 世纪中叶，瑞典人以在芬兰异教徒中传播基督教为借口，逐步吞并芬兰领土。1581 年，芬兰成为瑞典统治下的一个公国。1809 年，俄、瑞战争后，芬兰又成为俄国统治下的大公国，由沙皇兼任芬兰大公。1917 年 12 月 6 日，芬兰获得独立。1919 年 7 月 17 日，成立芬兰共和国。1955 年加入联合国。1995 年，芬兰加入欧盟。

---

① http://www.fmprc.gov.cn/web/gjhdq_676201/gj_676203/oz_678770/1206_679210/1206x0_679212/

② http://www.fmprc.gov.cn/chn/pds/gjhdq/gj/oz/1206_17/

③ http://www.fmprc.gov.cn/chn/pds/gjhdq/gj/oz/1206_17/

四、外交

1. 对外关系

芬兰在"二战"后奉行"积极的和平中立政策",把同苏联的关系置于对外关系的首位,积极发展同西欧和美国等西方国家的关系,恪守"不介入大国利害冲突"的原则。苏联解体后,芬兰的外交政策进行了重大调整,将发展同欧盟的关系作为外交重点。芬兰当前中立政策的核心是,在军事上不结盟并维持可靠的独立防务。截至2009年7月,芬兰已与166个国家有外交关系。

2. 与中国的关系

1950年10月28日,苏兰与中国建交。1951年,互设公使馆,1954年,升格为大使馆。2002年11月,哈洛宁总统访华。

五、经济

1. 自然资源

芬兰的自然资源丰富,其中最重要的自然资源就是森林,森林覆盖率高达75.3%,位居世界前列。芬兰的矿产资源有铜、铁、镍、钒、钴等,其中铜的产量最多。

2. 农业

芬兰农产品以燕麦、大麦、小麦、黑麦、马铃薯、甜菜为主,粮食基本自给,畜牧业较发达。

3. 工业

芬兰的两大工业支柱为木材加工业和金属工业,造纸工业具有世界先进水平,其产量位居世界前列。冶金、机械制造、造船、化学、纺织等工业发展较快。

4. 经济发展

芬兰的工业从20世纪90年代得到快速发展,已从劳动、资金密集型转变为技术密集型。建立在森林基础上的木材加工、造纸和林业机械制造业是芬兰的经济支柱。芬兰是世界第二大纸张、纸板出口国,还是世界第四大纸浆出口国。芬兰信息产业发达,对本国经济发展起到极大的促进作用。近年来,化工、电子工业部门迅速发展。芬兰是因特网接入比例和人均手机持有量最高的国家之一。

5. 中芬经贸

芬兰是最早与我国建交的西方国家之一,并且是西方国家中第一个同我国签订政府间双边贸易协定的国家。建交以来,双方在政治、经贸、科技、文化等领域的关系均顺利发展,硕果累累。近年来,中芬经贸关系进入高速发展时期。我国对芬兰主要出口商品有机电产品、服装、鞋类、箱包、家具等。我国从芬兰主要进口商品有机械设备、电信产品、纸张、纸板、纸浆和复合化肥等。

六、文化和艺术

芬兰的土地上哺育了很多卓有成就的艺术家:伟大的音乐家扬·西贝柳斯(Jean Sibelius),以其特有的才华开创了民族音乐的新纪元,被誉为芬兰民族音乐之父;语言学家埃利亚斯·伦洛特(Elias Lönnrot)搜集编撰的充满传奇色彩的民族史诗《卡勒瓦拉》成为世界文学宝库中最伟大的史诗之一;著名建筑师、设计大师阿尔瓦·阿尔托(Alvar Aalto)设计、建造的建筑为芬兰留下了众多凝固的艺术珍品。芬兰还有一批世界一流的歌剧演唱家、乐队指挥、画家、作家、雕塑家和工艺美术设计家。特别值得一提的是,芬兰超现代主义的设计风格使许多几十年前的工艺品和建筑物在现代人的眼里仍是新颖别致、富有想象力的杰作。

七、教育

芬兰的教育事业发达,国民中有65%以上接受过高等教育,在年轻人当中其比例更高。1980年起在全国实行9年制义务教育。高中分普通中学或职业学校,均为3年。高等教育机构分为大学与学院,一般高中或高职毕业通过会考,可进入大专院校学习。著名高等学校有赫尔辛基大学、赫尔辛基技术大学、坦佩雷大学等。

八、民俗风情

1. 礼仪和习俗

芬兰人在社交场合与客人相见时,一般习惯施握手礼。在亲人及好的朋友之间,多施贴面礼。芬兰人特别重视私人空间,到芬兰友人家里做客,一定要提前预约,贸然前往拜访是一种不礼貌的行为。芬兰人经常洗桑拿,桑拿浴是芬兰最有特色的民俗,已有数千年历史,现在桑拿浴已遍布全球。

2. 主要节日

元旦(1月1日)、仲夏节(6月24日)、万圣节(11月4日)、独立日(12月6日)、圣诞节(12月25日)、复活节等。

3. 美食

芬兰美食是传统与自然风味的结合。很多烹调特色都是源自民间世代相传的手法,材料则取自周围的山林田野。芬兰的野味驯鹿、鱼虾都广受欢迎。芬兰的树林里还有许许多多的野生浆果,如蓝浆果、红浆果、黑加仑子、燕莓等。另外,芬兰也是黑裸麦的故乡,用它做的面包和麦粥,都是家常餐桌上常见的食物。

九、旅游业

在世界旅游大国中,芬兰似乎尚无显赫的位置,这无疑与它的地理位置和人口稀少有关。但是芬兰人有外出旅游的传统,国际旅游业开展得也比较早,1952年的奥林匹克运动会为它赢得了13万游客。

芬兰作为一个游游目的地,它的优势是自然景观与环境优美。在世界旅游市场上,芬兰有两个突出的形象:其一是优美、清洁与安全的环境和祥和、轻松而宁静的气氛;其二是丰富多彩的户外体育活动,冬天有冰上高尔夫、摩托雪橇、驯鹿雪橇、狗拉雪橇、越野滑雪、高山滑降,夏天有淘金、激流奔涉、荒野度假等。

近年来,芬兰的旅游业发展迅速,游客逐年增多,收入连年升高。1995年芬兰的入境旅游人数为177.9万人次,2000年为271.4万人次,2003年为275.6万人次,2004年为284.0万人次,2005年为314.0万人次[①]。据世界旅游组织统计,2010年,芬兰的入境旅游人数为231.9万人次,2014年为273.1万人次,2015年为262.2万人次,2016年为278.9万人次(UNWTO Tourism Highlights:2017 Edition)。

1990年芬兰的入境旅游收入为11.67亿美元,1995年为16.41亿美元,2000年为14.06亿美元,2003年为18.73亿美元,2004年为20.76亿美元,2005年为21.86亿美元[②]。2010年芬兰的入境旅游收入为30.51亿美元,2014年为36.72亿美元,2015年为25.59亿美元,2016年为27.17亿美元(UNWTO Tourism Highlights:2017 Edition)。

2000年芬兰出境旅游消费为18.52亿美元,2003年为24.35亿美元,2004年为28.22亿美元[③]。

2004年9月,芬兰成为中国全面开放的出境旅游目的地国家。2007年,芬兰接待的中国游客人数为7.8万,同比增长10%。[④]

十、旅游资源

芬兰的旅游资源丰富。截至2018年7月,芬兰被联合国教科文组织世界遗产委员会列入《世界遗产名录》的世界遗产有7项,包括文化遗产6项和自然遗产1项。其中最著名的是劳马(Rauma)老城,它位于波的尼亚(Bothnia)海湾,是早期欧洲北方城市木质建筑的典范,它真正地保存了北欧传统居住区的风貌。除此之外,芬兰还有教堂、群岛、古墓遗迹等著名旅游景点。

(一)旅游城市

1.赫尔辛基

芬兰的首都赫尔辛基(Helsinki)由瑞典国王格斯达夫(Gustav)建于16世纪,

---

① World Tourism Organization (UNWTO):UNWTO November 2006
② World Tourism Organization (UNWTO):UNWTO November 2006
③ World Tourism Organization (UNWTO):UNWTO June 2007
④ http://www.visitfinland.com.hk/home/news/news_20080707.shtml

坐落在芬兰湾北岸的维洛尼埃米半岛上,三面被波罗的海包围,是一座古典美与现代文明融为一体的都市,既体现出欧洲古城的浪漫情调,又充满国际化大都市的韵味。同时,它又是一座都市建筑与自然风光巧妙结合在一起的花园城市。在大海的衬托下,无论夏日海碧天蓝,还是冬季流冰遍浮,这座港口城市总是显得美丽洁净,被世人赞美为"波罗的海的女儿"。在赫尔辛基的海港市场上,有一尊名叫"波罗的海的女儿"的铜像,是赫尔辛基的象征。

赫尔辛基最著名的建筑群要属位于市中心参议院广场上的赫尔辛基大教堂及其周围淡黄色的新古典主义风格的建筑。大教堂附近的南码头是停泊大型国际游轮的港口。位于南码头北侧的总统府建于1814年,沙俄统治时期是沙皇的行宫,1917年芬兰独立后成为总统府。总统府西侧的赫尔辛基市政厅大楼建于1830年,其外观至今仍保持着原来的风貌。

2. 坦佩雷

坦佩雷(Tampere)位于芬兰南部,距离首都赫尔辛基180公里,是芬兰第二大城市。坦佩雷位于两大湖泊之间的狭长地带,风景优美,贯穿市中心的坦梅尔河是坦佩雷工业的发源地。早在19世纪,坦佩雷就已成为芬兰的工业中心,素有"芬兰的曼彻斯特"之称,纺织、服装和金属加工业都久负盛名。同时,坦佩雷也是芬兰的戏剧之都,1959年建造的带有旋转观众席的夏季露天剧院是每年8月戏剧节会演的中心。坦佩雷每年举行的戏剧节、爵士音乐节和电影节等丰富多彩的文化活动,吸引不少的国外游客前来观赏。当年建造的一幢幢红砖工厂,很多改建成商店、餐厅、电影院等休闲娱乐中心,有的则改建成豪华酒店,使得坦佩雷具有与众不同的城市风格。

3. 图尔库

图尔库(Turku)位于芬兰的西南部,是芬兰第三大城市,也是芬兰历史最悠久的城市,曾经是芬兰的首都。12世纪时,图尔库就是波罗的海的贸易据点。13世纪,后来成为图尔库最重要地标的"图尔库城堡"及"图尔库大教堂"开始兴建。图尔库是学术与科技重镇,有两所大学,其中一所是芬兰唯一的瑞典语大学,在芬兰有举足轻重的地位。如今,图尔库仍然是芬兰西南部最重要的城市。

(二)主要名胜

1. 拉普兰

拉普兰(Lapland)位于芬兰北部,有3/4的地域处在北极圈内,号称"欧洲最后一块原始保留区",是圣诞老人的故乡,每年吸引大批游客来此游玩。每年10月拉普兰便进入冬季,一直要到来年的5月才开春。在长达8个月的冬季里,飘飘洒洒的大雪,把大地变成一个冰清玉洁童话般的世界。在拉普兰几乎看不到工厂,所到之处全是树林、河流及覆盖其上的皑皑白雪,一望无际,清洁纯净,仿佛世外仙境。

拉普兰以其独特的极地风光和土著民族风情成为芬兰的一处旅游胜地。

2.苏门林纳要塞

苏门林纳要塞(Fortress of Suomenlinna)即芬兰堡,位于赫尔辛基对面的海港上,是现存最大的海防军事要塞之一。1747年,斯德哥尔摩国会决定要在赫尔辛基外的小岛上建造一座军事城堡,因当时的芬兰仍是瑞典国土的一部分,故将该城堡命名为"瑞典堡"。1748年,瑞典炮兵军官奥科斯丁·艾伦怀特开始了芬兰堡的设计计划。该计划的第一步是建立链式防御城堡,可惜他于1772年逝世,当时只完成了第一期基本工程。城堡的所有工程,直到18世纪末才正式完成。该城堡经过三次大修,宏伟的芬兰城堡现在占地面积80公顷,其中保存有8公里的城墙、105门大炮、290座机房和一系列相当知名的博物馆。除此之外,芬兰城堡还有教堂、军营、城门等名胜古迹。1991年,苏门林纳要塞作为文化遗产被联合国教科文组织世界遗产委员会列入《世界遗产名录》。

第十七节 瑞 典

一、国家概况

国名:瑞典王国(The Kingdom of Sweden)
面积:44.996 4万平方公里[1]
人口:1 000万(2017年)[2]
首都:斯德哥尔摩(Stockholm)
语言:瑞典语
民族:90%为瑞典人。外国移民及其后裔约100万人,北部萨米族是唯一的少数民族,约1万人[3]
宗教:90%的国民信奉基督教路德宗[4]
货币:瑞典克朗
国庆:6月6日
国花:铃兰
国歌:《你古老的光荣的北国山乡》
主要城市:哥德堡、马尔默、乌普萨拉

---

[1] http://www.fmprc.gov.cn/chn/pds/gjhdq/gj/oz/1206_33/
[2] http://www.fmprc.gov.cn/web/gjhdq_676201/gj_676203/oz_678770/1206_679594/1206x0_679596/
[3] http://www.fmprc.gov.cn/chn/pds/gjhdq/gj/oz/1206_33/
[4] http://www.fmprc.gov.cn/chn/pds/gjhdq/gj/oz/1206_33/

行政区划：全国划分为 21 个省

二、自然地理

瑞典位于北欧斯堪的纳维亚半岛东部，东濒波的尼亚湾，西以斯堪的纳维亚山脉为界与挪威相邻，西南隔卡特加特和厄勒海峡同丹麦相望。瑞典地形南北狭长，地势自西北向东南逐渐倾斜。海岸线长 7 624 公里。全国从北向南分为 4 个主要地形区：山区、低地湖区、较低高原区和南部小平原区。山区占国土面积的 2/3，其中凯布讷山海拔 2 111 米，为瑞典最高山峰。低地湖区有由冰川形成的起伏山岭，有星罗棋布的湖泊。较低高原区，海拔多在 152 米以下。瑞典境内湖泊星罗棋布，高达 9.2 万多个，湖泊面积约占全国总面积的 8%。

瑞典南北气候迥异，北部为大陆性气候，南部属于海洋气候。平均气温 1 月北部 -16℃，南部 -0.7℃；7 月北部 14.2℃，南部 17.2℃。

三、历史

瑞典的历史可追溯到约 1 万年前，早在冰川退却后的石器时代，瑞典已经有人类居住。10 世纪后半期，瑞典政局稳定。瑞典王国大约形成于 11 世纪，12 世纪时王权已经十分强大，形成了全国统一的税收和法律。12 世纪中叶，瑞典征服了芬兰的沿海地区，并继续向东南扩张。1397 年与丹麦、挪威组成联盟，受丹麦统治，1523 年脱离联盟独立。17 世纪前半期，瑞典迎来鼎盛期。进入 18 世纪后，瑞典国力逐渐衰退。1814 年的拿破仑战争中，瑞典参加反法联盟打败丹麦，从丹麦手中夺得挪威。进入 20 世纪后，瑞典对外采取中立政策，对内振兴经济，不断充实国力。两次世界大战中，瑞典一直保持中立。1995 年，瑞典加入欧盟。

四、外交

1.对外关系

瑞典对外关系奉行"和平时期军事不结盟，以求邻近地区发生战争时守中立"的外交政策。瑞典在邻近地区、欧洲和世界事务三个层面积极参与国际合作。瑞典重视同美国、俄罗斯的关系，以参与联合国事务为外交基石之一。1994 年 6 月，加入北约"和平伙伴关系"计划。

2.与中国的关系

1950 年 5 月 9 日，瑞典与中国建交。2006 年 7 月 17 日，卡尔十六世国王对中国进行国事访问。2007 年 6 月，胡锦涛主席访问瑞典，此为我国国家元首首次对瑞典进行国事访问。

五、经济

1. 自然资源

瑞典自然资源丰富。铁矿、森林和水力是瑞典三大资源。森林覆盖率在50%以上,主要分布在北部。水力资源丰富,在北欧名列第二。此外,瑞典北部和中部地区有铁、硫、铜、铅、锌、砷等矿,尤其以铁的产量最高,为欧洲储量最多的国家。

2. 农业

瑞典农业较发达。农、林、渔业产值约占国民生产总值的4%。农业以畜牧饲养业为主,其产值约占农产总值的80%,粮食和畜产品自给有余。大部分农产品用于国内市场消费。

3. 工业

瑞典工业在国民经济中占有十分重要的地位,其中约80%的工业产品出口到国外。20世纪70年代中期以后,瑞典工业结构发生了显著变化。一度作为瑞典主要出口部门的钢铁、木材加工业已逐渐被机械制造、电子精密仪器和汽车等工业部门所代替。金属加工和机器制造业是瑞典最重要的工业部门。滚珠轴承、冷冻设备等传统产品在国际市场上都享有很高的声誉。钢铁工业是历史悠久的工业部门之一。化学工业是瑞典主要的工业部门之一。汽车工业战后发展迅速。另外,能源工业在瑞典经济中居于十分重要的地位。

4. 中瑞经贸

中瑞建交后,两国一直保持着良好的经贸关系,两国政府和人民之间往来不断增加,在贸易、科技和文化方面也有了越来越多的交流。由于我国的改革开放和瑞典在1991年取消了对纺织品等商品的进口配额限制,两国贸易发展迅速。

六、文化和艺术

作为诺贝尔奖的故乡,作为世界上仅次于美国和英国的第三大音乐输出国,瑞典的文化和艺术生机勃勃,充满活力。文学上,小说家兼剧作家斯特林堡(J. A. Strindberg)、诗人特朗斯特罗姆(T. Transtromer)、儿童文学作家林格伦(A. Lindgren)使瑞典文学充满生机,他(她)们的作品被翻译成包括中文在内的世界各大主要语言,对世界文学包括中国文学产生了重要影响。每年秋季,世界的目光都会投向瑞典,关注本年度的诺贝尔奖得主。瑞典电影业发达,20世纪60年代至70年代,英格玛·伯格曼、波·维德伯格、杨·杜里尔、维尔戈特·斯耶曼等人响当当的名字就意味着瑞典电影的辉煌。近年来,瑞典电影又增添了健康、自信的新气息,在以多样性为特征的瑞典文化沃土上,新一代的电影人成长起来。迈克尔·哈夫斯托姆导演的《罪恶》获得2003年奥斯卡最佳外语片奖提名。

七、教育

瑞典的教育包括义务教育、综合高级中等教育和高等教育三部分。9年义务教育后,约有90%的学生可进入综合高中学习,这种学校开设有各种职业和学术课程,各学科的学习年限为2~4年,学生可自行选学。高等教育机构包括传统的大学、大学学院及短期职业技术教育学院等,所有高校均实行免费教育。瑞典国内有50余所大学,绝大多数由国家政府开办。著名高校有斯德哥尔摩大学、乌普萨拉大学、隆德大学、皇家工学院等。

八、民俗风情

1. 礼仪和习俗

瑞典人在与客人交谈时,一般保持1.2米左右的距离,他们不习惯靠得太近。与外国客人相见时,通常以握手为礼,有时也行接吻礼。瑞典的拉普兰人见面以相互擦鼻子为礼节,而因纽特人见面习惯用拳捶对方的头和肩。瑞典是个半禁酒的国家,所以酒是不可作为礼物送人的。瑞典人忌讳有人伤害鸟类及猫、狗等动物,认为这些是应该受到保护的动物。瑞典人酷爱戴戒指,不分男女,都有戴戒指的爱好。他们所戴戒指的图案,通常可以反映出他们所从事的职业。例如,戴橡树叶图案戒指的,多为中学教师;戴斧头图案戒指的,则多为木匠。

2. 主要节日

元旦(1月1日)、国庆日(6月6日)、复活节(春分月圆后的第一个星期日)、万圣节(11月1日)、露西亚节(12月13日)、圣诞节(12月25日)等。

3. 美食

瑞典的鱼和海鲜世界闻名。瑞典优越的地理环境孕育出鲑鱼、鲑鲈鱼、竹千鱼、鲈鱼、鳖鱼等鱼类。瑞典人比较喜欢吃生的和冷的食品,肉片和鱼块都是半熟的。瑞典人比较习惯吃欧式菜,口味清淡,通常加入较少的调料,尽量保持食物原有的风味。

九、旅游业

近年来,瑞典的旅游业在国内生产总值中所占比重越来越高,在服务行业中地位更加重要。目前,在瑞典的整个经济中,旅游业的重要性已经超过了汽车出口业,正在向这个国家最重要的林业挑战。尽管和许多西欧国家相比,瑞典的旅游业起步较晚,产业规模及其对整个经济的贡献还比较小,但是,由于经济基础好,旅游基础设施完善,社会安定,政局稳定,公民的收入和受教育水平高,其旅游业,无论是国内旅游还是国际旅游,都得以均衡稳步地发展。

中国旅游客源国概况

瑞典作为一个重要的旅游目的地,在发展国际旅游中有着许多优势。其一,瑞典地广人稀,风光秀丽,有着大面积的"未遭破坏的大自然",这种旅游资源对目前世界上关心环境、注重生态的旅游者颇具吸引力。其二,具有独特的文化遗产。虽然瑞典地处欧洲,但那里的文化传统、语言文字、风土人情与欧洲大陆国家有着很大的差异,十分独特。其三,环境优美清洁,社会安定祥和,这和许多西欧或东欧的情况形成强烈对比。另外,这个国家旅游基础设施和旅游服务设施完备,状态良好,运行可靠,也颇受入境旅游者的欢迎。

瑞典国际旅游的一级客源市场是北欧国家,其中挪威是它的第一大客源国;二级客源市场是欧洲其他国家,其中最大的客源国是德国;非欧洲客源市场较小,而其中美国和日本占据了一半以上。

近年来,瑞典的旅游业发展迅速,游客逐年增多,收入连年升高。1995年瑞典的入境旅游人数为230.9万人次,2000年为274.6万人次,2003年为295.2万人次,2004年为300.3万人次,2005年为313.3万人次[①]。据世界旅游组织统计,2010年瑞典的入境旅游人数为495.1万人次,2014年为1 052.2万人次(UNWTO Tourism Highlights:2017 Edition)。

1990年瑞典的入境旅游收入为29.06亿美元,1995年为34.71亿美元,2000年为40.64亿美元,2003年为52.97亿美元,2004年为61.96亿美元,2005年为74.27亿美元[②]。2010年瑞典的入境旅游收入为83.66亿美元,2014年为118.35亿美元,2015年为113.22亿美元,2016年为126.14亿美元(UNWTO Tourism Highlights:2017 Edition)。

2000年瑞典出境旅游消费为80.48亿美元,2001年为69.21亿美元,2002年为73.01亿美元,2003年为82.96亿美元,2004年为99.46亿美元[③]。

中国国家旅游局统计数字显示,2008年1~12月瑞典公民来华旅游人数达13.77万人次,其中会议和商务旅游3.28万人次、观光和休闲7.49万人次、服务员工0.75万人次、其他2.25万人次。[④] 2009年1~12月瑞典公民来华旅游人数达12.58万人次,其中会议和商务旅游2.78万人次、观光和休闲6.76万人次、探亲访友0.01万人次、服务员工0.44万人次、其他2.60万人次[⑤]。2010年1~12月瑞典公民来华旅游人数达15.45万人次,其中会议和商务旅游3.33万人次、观光和休闲7.64万人次、探亲访友0.01万人次、服务员工0.42万人次、其他4.04万人次[⑥]。2014年1~12月

---

① World Tourism Organization (UNWTO):UNWTO November 2006
② World Tourism Organization (UNWTO):UNWTO November 2006
③ World Tourism Organization (UNWTO):UNWTO June 2007
④ http://www.cnta.gov.cn/html/2009-2/2009-2-4-14-28-16730.html
⑤ http://www.cnta.gov.cn/html/2010-1/2010-1-19-10-52-93858.html
⑥ http://www.cnta.gov.cn/html/2011-3/2011-3-25-10-15-28226.html

瑞典来华旅游入境人数为14.20万人次,其中会议和商务旅游3.48万人次、观光和休闲3.13万人次、探亲访友0.66万人次、服务员工0.70万人次、其他6.22万人次。2015年1~12月瑞典来华旅游入境人数为11.84万人次,其中会议和商务旅游3.26万人次、观光和休闲2.81万人次、探亲访友0.73万人次、服务员工0.60万人次、其他4.44万人次。

2004年9月,瑞典成为中国全面开放的出境旅游目的地国家。2007年,中国首次超过日本,成为瑞典最大的亚洲客源国。

十、旅游资源

瑞典的旅游资源丰富。截至2018年7月,瑞典被联合国教科文组织世界遗产委员会列入《世界遗产名录》的世界遗产有15项,包括文化遗产13项、自然遗产1项、文化与自然双重遗产1项。其中最著名的是德罗特宁霍尔摩(Drottningholm)皇宫,它位于斯德哥尔摩地区梅拉伦(Mälaren)湖的女王岛上,其中的绝大部分建筑物的风格都是巴洛克式,它还受到凡尔赛宫的影响,成为北欧18世纪皇宫的最佳典范。除此之外,瑞典还有矿区、岩画、教堂、公墓等著名景点。

(一)旅游城市

1. 斯德哥尔摩

斯德哥尔摩(Stockholm)位于辽阔的波罗的海西岸,坐落在梅拉伦湖入海处。斯德哥尔摩是瑞典的首都,北欧最大城市,始建于13世纪中叶。由于地理位置适中,气候温和,环境优美,在1436年被定为都城,并逐渐发展成为斯堪的纳维亚半岛上的最大城市。

斯德哥尔摩既有典雅、古香古色的风貌,又有现代化城市的繁荣。作为一座文化名城,斯德哥尔摩市内有50多座博物馆,如民族、自然、美术、古文物、兵器、科技博物馆等,分门别类,各有千秋。在斯坎森露天博物馆,有150座从瑞典各地搬来的农家小舍,风格各异,生动形象地向人们展现出瑞典古代劳动人民所度过的那些简朴而富有意义的岁月。另外,斯德哥尔摩还有藏书达100万余册的皇家图书馆和拥有100多年历史的斯德哥尔摩大学等。

2. 哥德堡

哥德堡(Goteborg)位于瑞典西南部,隔卡特加特海峡与丹麦北端相望。哥德堡不仅是一座风光秀丽的城市,还是瑞典的第一大港和第二大工业城市。二三百年前,瑞典开往中国的第一艘商船就是从这里起航的,商船从中国带回的丝绸、香料、瓷器和茶叶等,至今仍陈列在市历史博物馆里,作为瑞中两国文化交流源远流长的历史见证。哥德堡已有近380年的历史,因地处哥本哈根、奥斯陆和斯德哥尔摩三个北欧国家首都的中心,有450多条航线通往世界各地,是北欧的咽喉要道,在其方圆300公里以内是北欧三国工业最发达的地区,故哥德堡有"瑞典的利物浦"和"瑞典西部窗口"之称。

(二) 主要名胜

1. 诺贝尔故居

瑞典最著名的名胜当数诺贝尔故居(Nobel's House),它坐落在瑞典中部卡尔斯库加市的白桦山庄,离斯德哥尔摩200多公里。这是一座乳白色的二层楼房,楼房前的绿草坪和四周的白桦林交相辉映,环境清幽。由于诺贝尔当年在斯德哥尔摩出生的旧居如今已经矗立起高楼大厦,白桦山庄就成了今天唯一保存完整的诺贝尔故居。纪念馆里保留着诺贝尔生前活动的照片、获得的各种技术发明专利证书、金质奖章和遗嘱等。诺贝尔的卧室陈设十分简单,只有床、桌、衣柜等几件最必要的家具,而他实验室里的各种仪器和设备,则琳琅满目。

2. 塔努姆岩画

位于瑞典哥德堡以北的青铜时代的塔努姆岩画(Rock Carvings in Tanum)可以追溯至公元前1800年。塔努姆岩画描绘了人类、动物、武器、船只等丰富的图形,表现了它独一无二的艺术成就和文化与年代的统一。岩画突出地反映了欧洲青铜器时代人们的生活和信仰。塔努姆岩画是人类文化遗产中的无价之宝。1994年,塔努姆岩画作为文化遗产被联合国教科文组织世界遗产委员会列入《世界遗产名录》。

第十八节 丹 麦

一、国家概况

国名:丹麦王国(The Kingdom of Denmark)
面积:4.309 6万平方公里(不包括格陵兰和法罗群岛)[1]
人口:572万(2016年)[2]
首都:哥本哈根(Copenhagen)
语言:官方语言为丹麦语,英语为通用语
民族:丹麦人约占95%,外国移民约占5%[3]
宗教:86.6%的居民信奉基督教路德宗,0.6%的居民信奉罗马天主教[4]

---

[1] http://www.fmprc.gov.cn/chn/pds/gjhdq/gj/oz/1206_11/
[2] http://www.fmprc.gov.cn/web/gjhdq_676201/gj_676203/oz_678770/1206_679062/1206x0_679064/
[3] http://www.fmprc.gov.cn/chn/pds/gjhdq/gj/oz/1206_11/
[4] http://www.fmprc.gov.cn/chn/pds/gjhdq/gj/oz/1206_11/

货币:丹麦克朗

国庆:4 月 16 日

国花:冬青

国歌:《国王克里斯蒂安》《这是一个美丽的国度》

主要城市:奥胡斯、欧登塞、奥尔堡、埃斯比约

行政区划:全国设 5 个大区、98 个市和格陵兰、法罗群岛两个自治领①

二、自然地理

丹麦位于欧洲北部。南同德国接壤,西濒北海,北与挪威、瑞典隔海相望。丹麦是西欧和北欧陆路交通枢纽。由日德兰半岛(Jylland)中北部及半岛东侧 400 多个岛屿组成,最大的两个岛屿是西兰岛(Zealand)和菲英岛(Fyn)。地势低平,平均海拔约 30 米,最高点海拔 173 米。土层较厚,可耕地面积为 2.7 万平方公里,占国土面积的 62.8%。地处寒暖流交汇的海区,有 7 314 公里长的海岸线和广阔的海域,拥有丰富的海洋资源,多湖泊河流。

丹麦属海洋性温带气候。平均气温 1 月 -2.4℃,8 月 14.6℃。年平均降水量约 860 毫米。

三、历史

丹麦于 985 年形成统一王国,11 世纪曾征服整个英格兰和挪威。1397 年建立以丹麦女王玛格丽特一世为盟主的卡尔马联盟,将现在的挪威、瑞典、冰岛等纳入疆土。1523 年,丹麦失去瑞典。1848 年,丹麦割让挪威给瑞典。1849 年,丹麦实行君主立宪政体。1940 年,丹麦被纳粹德国占领。1944 年,丹麦失去冰岛,但对格陵兰和法罗群岛仍拥有主权。丹麦在两次世界大战中均宣布中立,但在"二战"期间遭德国占领,战后重建。1973 年,丹麦加入欧共体。

四、外交

1. 对外关系

丹麦是欧盟、联合国、北大西洋公约和北欧理事会的成员。"冷战"结束后,丹麦对传统上以北约、欧共体、北欧合作和联合国为支柱的外交政策进行了调整,突出以欧盟为重点;重视欧盟建设,坚持依托北约,加强欧洲安全合作,积极拓展以北欧合作为基础的环波罗的海合作,重视联合国的地位和作用,积极参与联合国维和行动。

---

① http://www.fmprc.gov.cn/chn/pds/gjhdq/gj/oz/1206_11/

2. 与中国的关系

1950年5月11日,两国正式建交。丹麦是继瑞典之后第二个同中国建交的西方国家。建交后,两国关系稳步发展。1999年11月,丹麦外交大臣彼得森访华;2000年5月中丹建交50周年之际,丹麦首相拉斯穆森偕夫人正式访华。2002年9月,朱镕基总理对丹麦进行正式访问。

五、经济

1. 自然资源

丹麦自然资源较贫乏,除石油、天然气外,其他矿藏很少,所需煤炭全部靠进口。森林面积约49.3万公顷,约占国土面积的11.5%。

2. 农业

丹麦的农牧业高度发达,是传统的农业国家,以作物种植、家畜饲养为主。其中60%的耕地种植谷物,以小麦和大麦为主。还种植油菜、甜菜、土豆、豌豆和其他各类特殊作物。丹麦的气候特别适宜培育农作物种子,丹麦种子的产量位居世界前三名。家畜饲养以猪、牛、禽、裘皮动物为主。

3. 工业

丹麦是传统的西方发达工业国家,在许多工业领域有先进的生产技术和经验。主要工业部门有食品加工、机械制造、石油开采、造船、水泥、电子、化工、冶金、医药、纺织、家具、造纸和印刷设备等。产品60%以上供出口,约占出口总额的75%。船用主机、水泥设备、助听器、酶制剂和人造胰岛素等产品享誉世界。

4. 经济发展

近年来,丹麦政府坚持适度紧缩的财政政策,采取积极措施稳定金融市场及汇率。2000年9月28日,丹麦全民公决否决加入欧元区后,仍坚持以"汇率挂钩"和"利率紧随"为主要特征的"准欧元政策"。2004年,丹麦政府继续实施税收零增长政策,扶持高新技术和生物技术产业发展,刺激市场投资与消费,国民生产总值和外贸额持续上升,国际收支与公共财政盈余不断扩大,通胀率保持稳定。丹麦在2007~2008年度"世界经济论坛"全球经济竞争力排名中名列第三。

5. 中丹经贸

在中国改革开放之初,女王玛格丽特二世便以丹麦国家元首的身份访华,为两国关系的发展掀开了新的篇章。随后两国政府领导人的互访更是把两国关系带入了一个稳步发展的阶段。近年来,中丹双边关系呈现出良好发展势头,两国高层领导人交往日益增多。2007年,中丹贸易总额为64.1亿美元,同上年比增长29.4%;

其中我国出口 45.9 亿美元,进口 18.2 亿美元。①

六、文化和艺术

丹麦拥有一批世界级文豪,其中安徒生的创作成就达到了世界文学的顶峰。安徒生的童话被译成 100 多种文字,在翻译的最多的书中排名第二,仅次于《圣经》。1944 年,扬森(J. V. Jensen)由于"凭借丰富有力的诗意想象,将胸怀广博的求知心和大胆、新奇的独创风格结合起来"而获得诺贝尔文学奖。20 世纪最著名的丹麦画家是约恩(A. Jorn),他因以生动的色彩描绘神话动物的抽象绘画而赢得了国际赞誉。

丹麦人喜欢音乐,每年都举办各种类型的音乐节,包括摇滚、爵士乐、古典音乐和乡村音乐等,形式多样、丰富多彩。丹麦的皇家芭蕾舞团经常在世界各地进行巡回演出,享誉世界。丹麦人在电影方面也走在世界前列,是世界上电影事业发展最早的国家之一,1906 年就生产了电影;2000 年,丹麦的影坛怪杰拉斯·冯·提尔凭借《黑暗中的舞者》(Dancer in the Dark)一片获得戛纳电影节的金棕榈奖。丹麦人也领导着工业设计的潮流,他们将其标志性的风格即干净利落的线条运用到一切事物上,包括建筑、银器和家具,如享誉世界的悉尼歌剧院的设计者就是丹麦人约翰·伍重(Jorn Utzon)。

七、教育

丹麦的教育事业发达。丹麦奉行使每个社会成员在文化方面具有平等发展机会的文化方针,鼓励地方发展文化事业。1973 年起实行 9 年制免费义务教育。最著名的高等学府有哥本哈根大学、奥胡斯大学和丹麦技术大学。出色的教育事业为丹麦培育了诸如原子物理学家尼尔斯·玻尔等许多世界知名的科学家;到目前为止共有 13 位丹麦人获诺贝尔奖。丹麦在生物学、环境学、气象学、免疫学等方面处于世界领先地位。

八、民俗风情

1.礼仪和习俗

丹麦人在社交场合与客人相见时,一般都以握手为礼。有些丹麦姑娘还保留一种古老的习俗,她们在高雅的场合与有身份的男子见面时,常施屈膝礼,有的还将手伸出,手掌自然下垂,这是让对方施吻手礼的表示。

丹麦人举止大方,性格豪放,交谈时喜欢离得稍远些,这只是一种民族习惯,并

---

① http://www.fmprc.gov.cn/chn/pds/gjhdq/gj/oz/1206_11/

不是有意疏远对方。在丹麦,应邀到私人家中做客时,应于约定时间的1刻钟内到达。按惯例应给女主人送一束鲜花或巧克力或酒等作为礼物。在餐桌上,丹麦人敬酒有许多规矩,客人不应先敬酒,要等主人敬酒后才能敬酒。

2. 主要节日

元旦(1月1日)、国庆日(4月16日)、解放日(5月5日)、国旗日(6月15日)、万圣节(11月1日)、圣诞节(12月25日)等。

3. 美食

丹麦菜讲究新鲜,烹调的原料主要是鱼和贝类以及肉类、奶制品、蔬菜、水果等,虽然简单但以新鲜取胜。典型的丹麦菜包括猪肉丸、水煮鳕鱼配芥末酱、脆皮烤猪肉、马铃薯炖牛肉,以及牛肉汉堡配洋葱等。

丹麦人喜欢将小虾、青鱼涂上奶油、黄油,搭配新鲜水果或蔬菜,十分富有创意。产自丹麦乳牛的奶制品世界闻名,丹麦黄油、干酪、奶油都被广泛地用于各种菜肴、小食中。丹麦的黄油很有名,特点是盐比较少,味道较淡,一口咬上去,上面的牙印清晰可见,所以戏称为"牙齿黄油"。

九、旅游业

旅游业是丹麦服务行业中的第一大产业,年均外国游客约300万人次。丹麦主要旅游点有哥本哈根、安徒生故乡——欧登塞、乐高积木城及日德兰半岛西海岸和最北角斯卡恩等。

在丹麦,颜色亮丽的屋顶,家家摆满鲜花的窗台,小巧别致的庭院,皇宫前卫兵的闪闪发亮的银扣军装,这一切是那么符合人们对安徒生童话的想象。丹麦人喜欢享受生活,享誉世界的嘉士伯(Carlsberg)啤酒就是出自丹麦。原来,"Carl"其实就是老板的名字,"berg"是丹麦语的啤酒,即"卡尔的啤酒"。值得一提的是,丹麦著名的美人鱼雕塑也是卡尔提议注资建造的,因为他深爱安徒生的童话,试图还原一个小美人鱼的形象,就要求雕塑师依照自己妻子的容貌进行雕刻。他未曾想到,后来这尊美人鱼雕塑为丹麦的旅游业作出了巨大的贡献。

丹麦的旅游资源众多,尤其以安徒生的故乡最为著名,吸引众多的游客前来。近年来,丹麦的旅游业发展迅速,游客逐年增多,收入连年升高。2000年丹麦的入境旅游人数为353.5万人次,2004年为366.3万人次,2005年为456.2万人次[①]。2010年丹麦的入境旅游人数为874.4万人次,2014年为1 026.7万人次,2015年为1 042.4万人次(UNWTO Tourism Highlights:2017 Edition)。

1990年丹麦的入境旅游收入为36.45亿美元,1995年为36.73亿美元,2000年

---

① World Tourism Organization (UNWTO):UNWTO November 2006

为36.94亿美元,2003年为52.65亿美元,2004年为56.70亿美元,2005年为49.43亿美元[1]。据世界旅游组织统计,2010年丹麦的入境旅游收入为58.53亿美元,2014年为76.26亿美元,2015年为66.84亿美元,2016年为68.77亿美元(UNWTO Tourism Highlights: 2017 Edition)。

1999年丹麦出境旅游人数为474.4万人次,2000年为501.1万人次,2001年为494.6万人次,2002年为493.5万人次,2003年为556.4万人次[2]。

2000年丹麦出境旅游消费为46.69亿美元,2001年为48.61亿美元,2002年为58.38亿美元,2003年为66.59亿美元,2004年为72.79亿美元[3]。

2004年9月,丹麦成为对中国全面开放的出境旅游目的地国家。近年来,中国游客前往丹麦旅行的人数不断增加,中国成为仅次于日本的亚洲第二大入境国。

十、旅游资源

丹麦的自然风光优美,旅游资源丰富。丹麦大致由延伸到德国的日德兰半岛、西兰岛、菲英岛组成。这些岛以及散布在岛上的城市吸引着来自世界各地的旅游者。截至2018年7月,丹麦被联合国教科文组织世界遗产委员会列入《世界遗产名录》的世界遗产有10项,包括文化遗产7项和自然遗产3项。其中最著名的是罗斯基勒大教堂,它是丹麦最杰出的建筑精品之一,这个砌着红砖、具有精细的尖顶的大教堂给人留下了深刻的印象,令人难以忘怀,除此之外,丹麦还有一些教堂、城堡、冰湾等著名景点。

(一)旅游城市

1. 哥本哈根

哥本哈根(Copenhagen)位于西兰岛东部海滨,是丹麦王国的首都,丹麦的政治、经济、文化和交通中心。哥本哈根因其丰富的艺术与文化特质而在1996年被评为"欧洲文化之都"。哥本哈根风光独特,海岸纵横,河道蜿蜒,汽车如流,游船如梭,绿草如茵,花木扶疏,整个城市显得繁忙而不紊乱,繁华而不失宁静。老区的古代城堡、尖顶的教堂、花岗石铺成的街道,更为哥本哈根增添了古朴典雅的色调。

2. 奥胡斯

奥胡斯(Århus)位于丹麦日德兰半岛东岸,是丹麦第二大城市,约有1 000年的历史。奥胡斯是一座整洁、美丽的城市,具有典型的欧洲田园风光。市内楼房设计多样,形成一个个独特、新颖的建筑群。奥胡斯市的海滨是夏季的度假胜地,清凉的海风拂面吹来,令人心旷神怡。

---

[1] World Tourism Organization (UNWTO): UNWTO November 2006
[2] World Tourism Organization (UNWTO): UNWTO June 2007
[3] World Tourism Organization (UNWTO): UNWTO June 2007

3. 欧登塞

欧登塞(Odense)位于菲英岛上,是哥本哈根通往日德兰半岛的必经之地。欧登塞是丹麦最古老的城市之一,其正式建城日期是988年,距今已有1 000多年。因为拥有众多的修道院和教堂,在中世纪,欧登塞曾经是丹麦神职人员的中心。如今的欧登塞是丹麦的第三大城市,既是贸易重镇,也是教育中心。欧登塞虽小,却因为是安徒生的故乡而享誉世界。

(二)主要名胜

1. 科隆伯格城堡

科隆伯格城堡(Kronborg Castle)位于哥本哈根以北约30公里的赫尔辛格市海边。科隆伯格城堡是文艺复兴时期最具代表性的一座城堡宫殿,历史上曾经是欧洲北部地区重要的军事要塞。建于1574~1583年,几百年来一直守卫在哥本哈根的前哨,至今仍保存着当年的炮台和兵器。城堡还陈列着大量的古式家具、油画、挂毯、木雕等。城墙上镶嵌着纪念莎士比亚的碑刻。据说,莎士比亚的名剧《哈姆雷特》就是以科隆伯格城堡为背景写成的。2000年,科隆伯格城堡作为文化遗产被联合国教科文组织世界遗产委员会列入《世界遗产名录》。

2. 罗斯基勒大教堂

罗斯基勒大教堂(Roskilde Cathedral)是丹麦最杰出的建筑精品之一,这个久负盛名的大教堂是西兰岛北部罗斯基勒地区的主要旅游胜地,每年来此参观的游人多达数十万,大教堂以其独特的形象给人留下了深刻的印象。教堂是12世纪70年代开始创建的,自那以后,许多建筑风格迥异的门廊和小礼拜堂相继得以增建。自15世纪早期开始,教堂就变成了皇室家族所厚爱的身后埋葬地,这里共埋葬了39位国王和王后。如今,教堂成为展现丹麦800多年建筑艺术的最好范例。1995年,罗斯基勒大教堂作为文化遗产被联合国教科文组织世界遗产委员会列入《世界遗产名录》。

第十九节 俄 罗 斯

一、国家概况

国名:俄罗斯联邦(The Russian Federation)
面积:1 709.82万平方公里
人口:1.46亿[①]

---

① http://www.fmprc.gov.cn/web/gjhdq_676201/gj_676203/oz_678770/1206_679110/1206x0_679112/

首都：莫斯科(Moscow)

语言：俄语是俄罗斯联邦全境内的官方语言,各共和国有权规定自己的国语,并在该共和国境内与俄语一起使用

民族：俄罗斯族占人口总数的79.8%,主要少数民族有鞑靼、乌克兰、亚美尼亚、白俄罗斯、哈萨克等

宗教：居民多信奉东正教,其次为伊斯兰教,其余为天主教、犹太教、佛教

货币：卢布

国庆：6月12日

国花：向日葵

国歌：《俄罗斯,我们神圣的祖国》

主要城市：圣彼得堡、下诺夫哥罗德、伏尔加格勒、新西伯利亚

行政区划：现由83个联邦主体组成,包括21个共和国、9个边疆区、46个州、2个联邦直辖市、1个自治州、4个自治区①

二、自然地理

俄罗斯横跨欧亚大陆,北临北冰洋,东濒太平洋,西接波罗的海和黑海,是世界上幅员最辽阔、面积最大的国家。

俄罗斯地处中高纬度,地势大致东南高、西北低,西部多为辽阔的平原,东部多高原和山地。其欧洲领土大部分为东欧平原和乌拉尔山脉以东的西西伯利亚平原,这是俄罗斯两大著名平原。叶尼塞河和勒拿河之间的中西伯利亚高原、图尔盖高原、帕米尔高原是俄罗斯的三大著名高原。俄罗斯山脉可分为大高加索山脉、东部山脉和斜交山脉。大高加索山脉的最高峰厄尔布鲁士山(Elbrus)海拔5 642米,是欧洲最高峰。东部海拔4 750米的克柳切夫火山(Kluchevskoy),是欧亚大陆最高的火山。

俄罗斯境内有许多大河和湖泊。欧洲部分最大的河流是伏尔加河(Volga)。贝加尔湖(Lake Baikal)是俄罗斯最大的湖,也是世界上最深和淡水蓄水量最大的湖。

俄罗斯大部分地区处于北温带,以大陆性气候为主。冬季漫长严寒,夏季短促凉爽,春秋季节甚短。年降水量200~3 000毫米。

三、历史

自远古时期,在俄罗斯境内就有人类居住。6世纪,东斯拉夫人逐渐向俄罗斯

---

① http://www.fmprc.gov.cn/chn/pds/gjhdq/gj/oz/1206_13/

的欧洲部分等地区迁徙。9世纪下半叶,俄罗斯国家的摇篮——基辅罗斯建立。13世纪,蒙古鞑靼人征服了古罗斯地区,并统治该地区长达240年之久。15世纪末至16世纪初,以莫斯科大公国为中心的多民族的封建国家逐渐形成。1547年,伊凡四世宣布自己为"沙皇",从此莫斯科公国成为沙皇俄国。1682年沙皇彼得一世即位,1712年正式定国号为"俄罗斯帝国"。彼得一世为改变俄国的落后面貌,进行了一系列的改革,使俄罗斯一跃成为欧洲列强之一。1861年废除农奴制。1917年2月,资产阶级革命推翻了沙皇专制制度。1917年11月7日(俄历10月25日)的"十月革命"后,建立了世界上第一个社会主义国家——俄罗斯联邦社会主义共和国。1922年12月30日,苏维埃社会主义共和国联盟(简称苏联)成立。1990年6月12日,俄罗斯联邦最高苏维埃宣布俄罗斯为主权国家。1991年12月,苏联解体,俄罗斯联邦作为独立国家登上国际舞台。

四、外交

1. 对外关系

俄罗斯开展全方位外交,以独联体为战略重点,以与西方关系,特别是与欧洲关系为优先,同时加强亚太外交,加大对中、印等亚太大国的借重。其宗旨是积极推动多极化进程,力主重振俄大国地位,突出维护国家利益,着眼点是为俄国内经济复兴创造有利的外部条件。

2. 与中国关系

1949年10月2日,中国与苏联建交。苏联解体后,1991年12月27日,中俄两国在莫斯科签署《会谈纪要》,确认俄罗斯继承苏联与中国的外交关系。2005年6月2日,中国和俄罗斯在符拉迪沃斯托克(海参崴)互换《中华人民共和国和俄罗斯联邦关于中俄国界东段的补充协定》批准书,标志着两国彻底解决了所有历史遗留的边界问题。2006年3月,普京总统对中国进行国事访问,两国签署了联合声明,并签署了22个合作文件,涉及政治、外交、能源、投资、金融、交通等领域。2007年3月,胡锦涛主席对俄罗斯进行国事访问,两国签署了联合声明。

五、经济

1. 自然资源

俄罗斯矿产资源十分丰富。其天然气已探明蕴藏量为48万亿立方米,占世界探明储量的35%,居世界第一位。石油探明储量65亿吨,占世界探明储量的13%。煤蕴藏量2 000亿吨,居世界第二位。铁蕴藏量居世界第一位,约占30%。铝蕴藏量居世界第二位。铀蕴藏量占世界探明储量的14%。黄金储藏量居世界第四至第五位。① 钾盐储量与加拿大并列世界首位,钾盐产地遍布全国各地。

俄罗斯水力资源也相当丰富,居世界第二位。森林覆盖率为国土面积的50.7%,木材的总积蓄量仅西伯利亚和远东就达600亿立方米。

2. 农业

俄罗斯从20世纪60年代开始实行集约化经营,逐步改变以前的粗放式经营方式,使农业生产水平有所提高。主要农作物有小麦、大麦、燕麦、玉米、水稻和豆类。经济作物以亚麻、向日葵和甜菜为主。畜牧业主要为牛、羊、猪养殖业。

3. 工业

俄罗斯工业发达,核工业和航空航天业居世界领先地位。工业基础雄厚,部门齐全,以机械、钢铁、冶金、石油、天然气、煤炭及化工等为主,木材加工业也较发达。俄罗斯工业结构不合理,民用工业落后状况尚未根本改变。重工业发达。主要工业区有圣彼得堡工业区、莫斯科工业区、乌拉尔工业区、新西伯利亚工业区。

4. 经济发展

俄罗斯是世界经济大国。苏联时期,它是世界第三大经济强国。苏联解体后,其经济一度严重衰退。2000年之后,俄罗斯的经济迅速恢复发展。2003年国内生产总值增长率为7.3%,2004年国内生产总值增长率为7.1%。2007年,经济增长速度一直保持在较高水平,国内生产总值的增长率达到了8.1%。②

5. 中俄经贸

近年来,中俄两国经贸合作得到了进一步深化。2003年,中俄贸易额达到了创纪录的157亿美元。俄罗斯参与的江苏田湾核电站的建设有条不紊地进行。双方正在研究前景广阔的石油及天然气项目,开始建设共同的技术园区。科研领域的交往日趋频繁,航天方面的合作计划进展顺利。

2007年,中国成为"俄罗斯石油"公司最大的石油进口国,共购买石油890万吨,占该公司石油和天然气凝析油出口总量的14.1%。③受2008年全球金融危机的影响,2009年2月17日,中俄两国在北京签署了7个能源合作文件,其中包括中国石油天然气集团公司与俄罗斯石油公司、俄罗斯管道公司分别签署的长期原油供销合同。根据协议,俄罗斯的石油公司将以20年3亿吨的长期原油供应换取中方250亿美元贷款,这是俄方有史以来金额最大的能源协议。

---

① http://www.fmprc.gov.cn/chn/pds/gjhdq/gj/oz/1206_13/
② http://www.fmprc.gov.cn/chn/pds/gjhdq/gj/oz/1206_13/
③ http://www.crc.mofcom.gov.cn/list/tongjishuju/7/cateinfo.html

六、文化和艺术

俄罗斯的文学源远流长,在世界上享有盛誉,特别是 18 至 19 世纪的俄国文学在世界文学史上占有重要地位。19 世纪中叶以后,由于民主主义文学逐渐走向高峰,文学发展进入一个鼎盛时期。正是在 19 世纪,俄国出现了一大批杰出作家,如俄国浪漫主义文学主要代表、现实主义文学奠基人的普希金,讽刺小说和戏剧作家果戈理,俄国最著名的批判现实主义作家托尔斯泰,以及在短篇小说和戏剧创作方面取得卓越成就的契诃夫等。十月革命胜利后,在优秀的俄罗斯文学传统之上形成了苏联文学,它的旗手和创始人就是伟大的高尔基。

20 世纪 20 年代,俄罗斯文学中出现了一批以歌颂列宁为题材的文学作品,以十月革命和国内战争为题材的小说也大量涌现,以描写和平、劳动和歌颂劳动者为主的文学作品日益增多。卫国战争期间,颂扬爱国主义精神的作品层出不穷,鼓舞人民与法西斯军队进行战斗。

俄罗斯的戏剧艺术体裁和形式多样,最早出现在宫廷里,19 世纪进入繁荣时期。果戈理的《钦差大臣》等社会戏剧充满强烈的时代气息,具有鲜明的民族特色,同时涌现出了许多杰出的艺术大师。亚·尼·奥斯特罗夫斯基是 19 世纪 50 年代以后俄罗斯文坛众多的戏剧作家中最杰出的代表,被称为"俄罗斯戏剧之父"。

俄罗斯的宗教音乐和民间音乐有着深远的历史传统,歌剧、交响乐和室内音乐具有鲜明的民族气质,奔放豪迈。柴可夫斯基是俄罗斯最伟大的作曲家,其作品以悲歌为基调,反映了 19 世纪 80 年代俄罗斯知识分子的情绪,具有深刻的民主精神和鲜明的民族特色,在世界上享有很高的声誉。柴可夫斯基的主要作品有芭蕾舞曲《睡美人》《胡桃夹子》,交响幻想曲《罗密欧与朱丽叶》等。

七、教育

俄罗斯的国民受教育程度较高。教育体系是在苏联时期形成的,包括学前教育、普通教育、职业技术教育、中等专业教育和高等教育。近年来,俄罗斯进行教育改革,一个重要成果是建立了教育服务市场,开始走向教育形式、学校类型和教学专业的多样化,逐步走向有偿教育。俄罗斯有大学 1 200 所左右,其中最著名的当属莫斯科大学,即莫斯科罗蒙诺索夫国立大学,它是俄罗斯高等院校中历史最悠久、规模最大的一所综合性大学。此外,还有圣彼得堡国立大学、莫斯科航空学院、莫斯科国际关系学院、柴可夫斯基音乐学院等著名高校。

八、民俗风情

1. 礼仪和习俗

到俄罗斯人的家中做客,送鲜花是最佳的礼物,可一定要记住,送花一定要送单数。巧克力则是万能的礼物,价值不必太高,正应了"礼轻情义重"。

俄罗斯人有个习俗就是隔着门槛不握手。当我们去俄罗斯人家里做客时,主人一开房门,我们会很自然地伸出手去握手以示问好,而俄罗斯人站在门口从来不向客人伸手,而是要等客人进门后才握手。在俄罗斯人的心目中,门槛是极为重要的地方,所以不能站在门槛上,不能坐在门槛上,尤其是外人不能踩门槛。由此而产生了新郎在婚礼上迎接新娘时必须把新娘抱进家门的习俗。

俄罗斯的两款传统服装——"鲁巴哈"和"萨拉范"至今还深受妇女们的喜爱。"鲁巴哈"是传统的女装,其样式有点像长袖连衣裙;其款式多样,因地区而异。"萨拉范"为女士连衣裙,面料有手工蜡染、粗麻布、印花布等;衣服上饰有绣花、补花、丝带,变化多端的装饰和色彩使"萨拉范"显得自然、活泼、随意。

2. 主要节日

俄罗斯可能是世界上节日最多的一个国家,因为它的节日由四大类组成,分别是苏联的节日、传统的节日、东正教的节日和俄联邦的新节日。较具特色和代表性的节日有新年(1月1日)、东正教圣诞节(1月7日)、祖国保卫者日(2月23日)、卫国战争胜利日(5月9日)、国庆日(6月12日)、军人荣誉日(11月7日)、宪法日(12月12日)等。

3. 美食

在饮食习惯上,俄罗斯人讲究量大实惠、油大味厚。他们喜欢酸、辣、咸味,偏爱炸、煎、烤、炒的食物,尤其爱吃冷菜。俄罗斯人以面食为主,很爱吃用黑麦烤制的黑面包。除黑面包之外,俄罗斯人的特色食品还有鱼子酱、酸黄瓜、酸牛奶等。在饮料方面,俄罗斯人很能喝冷饮。具有该国特色的烈酒伏特加,是俄罗斯人最爱喝的酒。

九、旅游业

旅游业是俄罗斯的新兴经济部门,近年发展较快,但在国民经济中尚不占重要地位。2006年,俄吸引外国旅客仅占国际旅客流量的4.4%。[①] 丰富的自然和人文资源使俄发展旅游业的条件得天独厚,然而,旅游业并未给这一旅游资源大国带来预想中的收益,行业发展环境亟待改善。

2003年俄罗斯的入境旅游人数为2 044.3万人次,2004年下降到1 989.2万人次,2005仅比上年增长了0.2%,为1 994万人次[②],2006年达到2 019.9万人次[③]。据世界旅游组织统计,2010年俄罗斯的入境旅游人数为2 228.1万人次,2014年为

---

① World Tourism Organization(UNWTO):UNWTO,2007
② World Tourism Organization(UNWTO):Tourism Market Trends,2006 Edition
③ World Tourism Organization(UNWTO):UNWTO,2007

中国旅游客源国概况

2 543.8万人次,2015 年为 2 685.2 万人次,2016 年为 2 455.1 万人次(UNWTO Tourism Highlights:2017 Edition)。

1995 年俄罗斯的入境旅游收入为 43.12 亿美元,2000 年为 34.30 亿美元,2003 年为 45.02 亿美元,2004 年为 52.25 亿美元,2005 年为54.66亿美元[1],2006 年为 70.25亿美元[2]。2010 年俄罗斯的入境旅游收入为 88.30 亿美元,2014 年为 117.59 亿美元,2015 年为 84.20 亿美元,2016 年为 77.88 亿美元(UNWTO Tourism Highlights:2017 Edition)。

俄罗斯是出境旅游游客增长最快的国家之一,与入境旅游收入相比,俄罗斯的出境旅游消费则高出许多,且增长速度也相对较快。1995 年俄罗斯出境旅游消费为 116 亿美元,2000 年剧降到 88 亿美元,2004 年形势逆转,攀升至 157 亿美元,此后继续增加,2005 年为 178 亿美元,2006 年为 188 亿美元[3]。可见旅游业已经成为俄罗斯这一旅游资源大国向别国"输血"的管道。

俄罗斯是我国一衣带水的邻邦。随着中俄关系的不断发展,我国和俄罗斯的旅游合作逐步展开。目前,俄罗斯来华旅游正在从边境向内地延伸,从单纯购物向购物、观光、度假相结合的方向发展,如海南的阳光、沙滩、碧海、蓝天、椰风越来越得到俄罗斯人的青睐。俄罗斯已成为海南第二大入境旅游客源市场。全国最佳旅游城市大连更是俄罗斯游客的首选地。

2006 年,俄罗斯公民来华旅游人数达 240.51 万人次,比 2005 年增长 8.15%[4]。2007 年,俄罗斯公民来华旅游人数达 300.39 万人次,比 2006 年增长 24.9%[5]。2008 年,俄罗斯公民来华旅游人数达 312.34 万人次,比 2007 年增长 3.98%[6]。2009 年,俄罗斯公民来华旅游人数达 174.30 万人次,比 2008 年减少 44.2%[7]。2010 年,俄罗斯公民来华旅游人数达 237.03 万人次,比 2009 年增长 36.0%[8]。俄罗斯位居中国旅游客源国排行榜第三位,是中国旅游客源国中增长速度最快的国家之一。

中国国家旅游局统计数字显示,2008 年 1~12 月俄罗斯公民来华旅游人数达 312.34 万人次,其中会议和商务旅游 61.10 万人次、观光和休闲 212.71 万人次、探亲访友 0.02 万人次、服务员工 30.33 万人次、其他 8.18 万人次[9]。2009 年 1~12 月

---

[1] World Tourism Organization (UNWTO):Tourism Market Trends, 2006 Edition
[2] World Tourism Organization (UNWTO):UNWTO, 2007
[3] World Tourism Organization (UNWTO):UNWTO June 2007
[4] http://www.cnta.gov.cn/html/2008-6/2008-6-2-14-52-59-212.html
[5] http://www.cnta.gov.cn/html/2008-9/2008-9-10-11-35-98624.html
[6] http://www.cnta.gov.cn/html/2009-9/2009-9-28-9-30-78465.html
[7] http://www.cnta.gov.cn/html/2010-10/2010-10-20-10-43-69972.html
[8] http://www.cnta.gov.cn/html/2011-11/2011-11-1-9-50-68041.html
[9] http://www.cnta.gov.cn/html/2009-2/2009-2-18-9-36-18403.html

俄罗斯公民来华旅游人数达 174.30 万人次,其中会议和商务旅游 40.68 万人次、观光和休闲 102.47 万人次、探亲访友 0.01 万人次、服务员工 22.81 万人次、其他 8.32 万人次[①]。2010 年 1~12 月俄罗斯公民来华旅游人数达 237.03 万人次,其中会议和商务旅游 57.09 万人次、观光和休闲 142.76 万人次、探亲访友 0.02 万人次、服务员工 25.98 万人次、其他 11.18 万人次[②]。2014 年 1~12 月俄罗斯来华旅游入境人数为 204.58 万人次,其中会议和商务旅游 62.30 万人次、观光和休闲 97.05 万人次、探亲访友 0.36 万人次、服务员工 25.91 万人次、其他 18.96 万人次。2015 年 1~12 月俄罗斯来华旅游入境人数为 158.23 万人次,其中会议和商务旅游 54.81 万人次、观光和休闲 64.02 万人次、探亲访友 0.41 万人次、服务员工 24.44 万人次、其他 14.55 万人次。

俄罗斯自然景观壮丽优美,艺术文化资源丰富,对中国公民具有很强的吸引力,统计数据表明,中国已经成为俄罗斯第二大入境旅游客源国。俄罗斯对中国游客特别是老年游客来说,特别有意义。2005 年 8 月底,俄罗斯成为对中国全面开放的出境旅游目的地国家后,有旅行社专门组织了"老年怀旧团"赴俄,数百老人搭着班车前往俄罗斯旅游。2006 年 4 月 6 日在"中国俄罗斯年"俄罗斯新闻中心举办的俄罗斯旅游资源推介会上,俄罗斯联邦旅游署国际合作司专家达尔马耶夫指出,尽管中国人口多于俄罗斯人口,但目前中国赴俄旅游的人数却少于俄罗斯赴华旅游人数,这表明中国游客还有很大的发展潜力,俄方将采取多种措施帮助中国游客了解俄罗斯旅游资源,从而增加赴俄旅游人数,两国互办"国家年"必将推动两国的旅游合作。

十、旅游资源

俄罗斯有辽阔的国土、多样的气候、众多的民族以及灿烂的历史文化,旅游资源丰富。截至 2018 年 7 月,俄罗斯被联合国教科文组织世界遗产委员会列入《世界遗产名录》的世界遗产就多达 28 处,包括文化遗产 17 处和自然遗产 11 处,其中最著名的是莫斯科的克里姆林宫和红场(Kremlin and Red Square, Moscow)、圣彼得堡及其建筑群(Historic Centre of Saint Petersburg and Related Groups of Monuments),以及被誉为"西伯利亚明眸"的贝加尔湖(Lake Baikal)。

(一)旅游城市

1. 莫斯科

莫斯科(Moscow)地处俄罗斯欧洲部分的中部,横跨莫斯科河及其支流亚乌扎河两岸,是欧洲最大的城市,俄罗斯的政治、经济、文化中心。俄罗斯许多科研机构

---

① http://www.cnta.gov.cn/html/2010-1/2010-1-19-10-52-93858.html
② http://www.cnta.gov.cn/html/2011-3/2011-3-25-10-15-28226.html

和高等院校都设在这里,它们既是莫斯科重要的文化设施,也是莫斯科旅游不可不看的旅游景点。莫斯科旅游资源十分丰富,宽阔的街道纵横交错,圆顶大教堂、巴洛克式的宫殿和高耸的苏联式建筑比比皆是,使莫斯科成为世界著名的旅游胜地。坐落在此的克里姆林宫和红场(Kremlin and Red Square)是俄罗斯国家精神和权力的象征。1990年,莫斯科作为文化遗产被联合国教科文组织世界遗产委员会列入《世界遗产名录》。

2. 圣彼得堡

圣彼得堡(Saint Petersburg)是俄罗斯第二大城市,中央直辖市,坐落在波罗的海芬兰湾东岸的涅瓦河口。圣彼得堡为水道与桥梁之城,素有"北方威尼斯"之称。在这里,桥既是交通设施,又是一座座出色的雕塑艺术。市中心布局规整的建筑群与富有诗意的弯曲小河相映成趣,而纪念塑像、城市雕塑、围铁栏杆与各种各样的一座座大桥小桥,都是城市建筑风景中很重要的部分。圣彼得堡是俄罗斯近代文明的摇篮,名胜古迹众多,主要有冬宫(Winter Palace)和夏宫(Summer Palace of Peter)等。

(二) 主要名胜

1. 贝加尔湖

贝加尔湖(Lake Baikal)位于俄罗斯联邦布里亚特共和国和伊尔库茨克州(Irkutsk)境内,东西伯利亚南部。贝加尔湖是欧亚大陆第一淡水湖,也是世界上最深和蓄水量最大的淡水湖,面积3.15万平方公里,湖水平均深730米,中部最深达1 600多米,蓄水量约占世界地表淡水总量的1/5。贝加尔湖水极其清澈,透明度达40.5米,被誉为"西伯利亚明眸"。这里阳光充足,雨量稀少,冬暖夏凉,有矿泉300多处,是俄罗斯最大的疗养中心,湖畔还建有多处旅游基地。贝加尔湖是世界上唯一存在小型淡水海豹(fresh water seal)的地方。贝加尔海豹属海狗科,长约120厘米,最重约73公斤,有深灰色的毛皮,而小海豹出生于偏僻的雪中洞穴,是纯白色的。

1996年,贝加尔湖作为自然遗产被联合国教科文组织世界遗产委员会列入《世界遗产名录》。

2. 堪察加火山群

堪察加火山群(Volcanoes of Kamchatka)位于俄罗斯亚洲部分的东北部。它是世界上火山活动最活跃的地方之一,各种各样的火山现象,如间歇泉、富含矿物质的温泉都可以充分证明这一点。堪察加半岛上有300多座火山,其中有29座近期活动十分频繁。在这些火山中,克柳切夫火山(Kluchevskoy)是亚洲大陆中较活跃的,也是最高的火山,海拔4 750米,每隔24~30年猛烈喷发一次,最后一次喷发是在1972~1974年。岛上有许多独特的自然景观,如山间植物长在海边,活火山上有冰川,温泉旁有雪堆等。

1996 年,堪察加火山群作为自然遗产被联合国教科文组织世界遗产委员会列入《世界遗产名录》。

3.三位一体大修道院

三位一体大修道院(Architectural Ensemble of the Trinity Sergius Lavra in Sergiev Posad)位于俄罗斯联邦莫斯科州,在首都莫斯科以北约 65 公里处,是为安放俄罗斯东正教圣人谢尔吉耶夫·拉多涅日斯基的遗体于 1422 年建造的。建筑本身光辉耀眼、美丽绝伦。教堂内的壁画《三位一体》是俄罗斯肖像画家安德烈·鲁勃廖夫的杰作。三位一体大修道院已成为俄罗斯东正教的神学研究中心。

1993 年,三位一体大修道院作为文化遗产被联合国教科文组织世界遗产委员会列入《世界遗产名录》。

第二十节　乌 克 兰

一、国家概况

国名:乌克兰共和国(The Republic of Ukraine)
面积:60.37 万平方公里[①]
人口:4 555 万[②]
首都:基辅(Kiev)
语言:官方语言为乌克兰语,通用俄语
民族:乌克兰族约占 70%,其他为俄罗斯、白俄罗斯、犹太等民族
宗教:主要宗教为天主教和东正教
货币:格里夫纳
国庆:8 月 24 日
国花:向日葵
国歌:《乌克兰尚未毁灭》
主要城市:哈尔科夫、第聂伯罗彼得罗夫斯克、顿涅茨克、敖德萨、雅尔塔
行政区划:全国有 24 个州,1 个自治共和国,2 个直辖市,共 27 个行政区

二、自然地理

乌克兰位于欧洲东部,黑海、亚速海北岸,北邻白俄罗斯,东北接俄罗斯,西连波兰、斯洛伐克、匈牙利,西南同罗马尼亚、摩尔多瓦毗邻。东西长 1 316 公里,南

[①] http://www.fmprc.gov.cn/chn/pds/gjhdq/gj/oz/1206_40/
[②] http://www.fmprc.gov.cn/web/gjhdq_676201/gj_676203/oz_678770/1206_679786/1206x0_679788/

北长 893 公里,大部分地区属东欧平原。西部东喀尔巴阡山脉的戈维尔拉山海拔 2 061 米,为境内最高峰。最长的河流是发源于俄罗斯的第聂伯河(Dnepr River)。

乌克兰大部分地区为温带大陆性气候,冬冷夏热。年降水量 300~1 600 毫米。

三、历史

乌克兰在历史上为兵家必争之地,因而饱经战乱。9~12 世纪,乌克兰大部分地区并入基辅罗斯。13 世纪上半叶,蒙古金帐汗国入侵并占领基辅,城市遭破坏。14 世纪,乌克兰受立陶宛大公国和波兰的统治。1654 年,乌克兰哥萨克首领与俄罗斯沙皇签订《佩列亚斯拉夫和约》,乌克兰和俄罗斯正式合并。1667 年,俄罗斯和波兰签订瓜分乌克兰的协定,规定西乌克兰(第聂伯河以西)属波兰,东乌克兰(第聂伯河以东)归俄国。18 世纪 90 年代,俄罗斯又相继把乌克兰和黑海北岸大片地区并入其版图。1922 年苏联成立,东乌克兰加入联盟,成为苏联创始国之一。1939 年,西乌克兰与乌克兰苏维埃社会主义共和国合并。1941 年,乌克兰被德国法西斯占领。1944 年 10 月,乌克兰全境解放。1945 年 10 月,乌克兰苏维埃社会主义共和国作为一个非独立国同苏联一起加入联合国。1990 年 7 月 16 日,乌克兰议会通过《乌克兰国家主权宣言》。1991 年 8 月 24 日,乌克兰脱离苏联,宣布独立,并改国名为乌克兰共和国。

四、外交

1. 对外关系

乌克兰奉行以大国关系为基轴、东西平衡的外交政策,积极开展多元外交,全面扩大对外交往,重视对美关系及与欧洲国家的合作,将加入欧盟和北约作为外交优先方向,同时注重发展同俄罗斯及周边国家的关系。

2. 与中国的关系

中乌自 1992 年 1 月 4 日建交以来,两国在各个领域的友好互利合作关系发展迅速,两国人民的传统友谊不断加深。乌克兰重视对华关系,支持中国在许多问题上的原则立场;乌克兰各派政治力量均主张积极加强同中国的友好合作。中国尊重乌克兰的独立、主权和领土完整,是最早承认乌克兰独立的国家之一,并在 5 个核大国中率先向乌克兰提供了安全保证。[①]

五、经济

1. 自然资源

乌克兰矿藏资源丰富,煤、铁、锰矿世界著名。石油和天然气资源相对匮乏。

---

① http://www.fmprc.gov.cn/chn/pds/gjhdq/gj/oz/1206_40/

水力和森林资源较为丰富。

2. 农业

乌克兰农业发达,盛产谷物和糖,农作物主要有小麦、玉米、大麦、甜菜、向日葵以及土豆、蔬菜等。其经济实力在苏联时期居第二位,有"欧洲粮仓"之称。

3. 工业

乌克兰工业较发达,主要工业部门有冶金、机械制造、石油加工、造船、航天、航空等。乌克兰在航空航天业、造船业、能源与机器制造业等领域居世界前列。

4. 经济发展

1991年乌克兰独立后,经济连续8年下滑,近几年呈现增长势头。2007年,乌克兰宏观经济发展良好,国内生产总值同比增长7.3%。交通运输、机械制造、采矿、冶金和金属加工、食品和农产品加工业等领域发展势头较好,轻工产业形势欠佳,居民收入有所增长。

5. 中乌经贸

1992年以来,中乌间直接贸易往来从无到有,发展迅速,双方已形成了较为稳定的贸易伙伴关系,中国已成为乌克兰第三大贸易伙伴,其中对华出口占乌克兰总出口的第二位。另外,中国一度还是乌克兰第一大贸易顺差国。

据中国海关总署统计,2007年中乌双边贸易额65.3亿美元,同上年比增长57%。其中中方出口58.64亿美元,同比增长57.5%;进口6.66亿美元,同比增长52.3%。2008年1~11月,中乌双边贸易额为83.1亿美元,同上年比增长42.4%。其中中方进口额为11.46亿美元,同比增长119%;出口额为71.64亿美元,同比增长34.9%。[①]

六、文化和艺术

乌克兰文化和艺术璀璨夺目,其绘画、舞蹈和音乐等在国际上享有盛誉。乌克兰历史上曾经出现过许多著名的绘画艺术家。例如,19世纪末"巡回画派"的代表人物列宾(1844—1930),他出生于乌克兰哈尔科夫省丘古也夫城,是俄罗斯绘画史上最负盛名的画家。其代表作《伏尔加河上的纤夫》、历史风俗画《查波罗什人写信给苏丹王》等显示出列宾精湛的绘画技艺。苏联时期还出现过雅勃隆斯卡娅(1917—2005)等极具影响力的艺术家。雅勃隆斯卡娅于1949年创作的油画作品《粮食》和1950年创作的油画作品《春》,分别获得同年的苏联最高文艺大奖——斯大林文艺奖和苏联国家奖,成为乌克兰的骄傲。

---

① http://www.fmprc.gov.cn/chn/pds/gjhdq/gj/oz/1206_40/

七、教育

乌克兰基本继承苏联时期的学制,其中包括学前教育、普通教育、职业技术教育和高等教育等。乌克兰实行国家管理和社会自治相结合的教育管理体制。高等教育的主要投资方式是国家预算拨款,国家每年按照不低于国民收入10%的比例提供教育拨款。截至2007年年底,乌克兰共有970所高校。[①] 著名大学有国立基辅大学、国立哈尔科夫大学、国立利沃夫大学、敖德萨音乐学院等。

八、民俗风情

1. 礼仪和习俗

乌克兰人性格坚强而又温和,严肃而又不失开朗,尤其是知识层次较高的人士,颇有儒雅风度。即便经常在一起的人,见面时都要点头致意或用手势打招呼;与乌克兰人进行商业会晤时,最好事先进行安排,包括时间、地点、与会人员、主谈人员等,并尽量做到准时赴约。

乌克兰的传统婚俗十分具有当地特色。正式成亲前,男方家长双手端着盛有包子的托盘,来女方家与亲家一起为儿子的婚事作最后商谈。若女方不同意这门婚事,姑娘就将一个大南瓜放在众人面前,以示"拒婚",男方家长便悄悄离去,此为"定弦日"。婚礼上,新郎新娘要双双站在一块大毛巾上,意味着夫妻将白头到老永不分离。

2. 主要节日

东正教圣诞节(1月7日)、统一日(1月22日)、胜利日(5月9日)、宪法日(6月28日)、独立日(8月24日)、基辅解放纪念日(11月3日)、乌克兰火箭兵和炮兵节(11月3日)等。

3. 美食

乌克兰的餐饮以面包、蔬菜、肉类以及乳制品为主。此外,乌克兰人还喜欢吃一种用白面、奶渣、豌豆和白菜做的甜馅饺子。菜汤以红甜菜汤、土豆汤和羊肉汤为主。

九、旅游业

在世界旅游业迅猛发展的今天,乌克兰旅游业也呈现出勃勃生机。尽管乌克兰国内经济近几年持续下滑,其旅游业发展却一枝独秀,并已成为缓解国家经济困难的一支重要力量。为适应竞争日益激烈的国际旅游市场,乌克兰政府和国家旅游局采取一系列行之有效的措施,保障国家旅游业走上振兴之路。首先,制定国家

---

① http://www.fmprc.gov.cn/chn/pds/gjhdq/gj/oz/1206_40/

旅游政策和建立、健全各项法规,如1995年通过《国家旅游法》。其次,开发旅游资源,完善基础设施。各级政府和地方部门在保护原有旅游资源的同时,积极开发新的旅游线路和景点,并采取措施建立和完善与之配套的旅游服务设施,一些符合国际标准的星级宾馆相继建成。最后,提高和保障旅游服务质量。国家旅游局参照国际标准制定服务准则,开办培训基地,同时建立起从服务学校到旅游学院培养旅游管理干部的完整体系,以促进旅游服务水平的全面提高。另外,乌克兰还积极参与国际旅游合作,目前已与15个国家签订了旅游领域合作协议。

随着国家优惠政策的逐步推行和各项举措的实施,乌克兰旅游业的发展已经取得了显著成效。

1995~2004年间,乌克兰的入境旅游人数呈迅速递增趋势。1995年乌克兰的入境旅游人数为371.6万人次,2000年为643.1万人次[1],2003年跃增至1 251.4万人次,2004年继续增加到1 562.9万人次,2005年为1 763.1万人次[2],2006年为1 893.6万人次。据世界旅游组织统计,2010年乌克兰的入境旅游人数为2 120.3万人次,2014年为1 271.2万人次,2015年为1 242.8万人次,2016年为1 333.3万人次(UNWTO Tourism Highlights:2017 Edition)。

1995年乌克兰的入境旅游收入为1.91亿美元,接下来的几年都成倍增长,如2000年为3.94亿美元,2003年为9.35亿美元,2004年高达25.6亿美元,2005年和2006年继续保持稳定增长趋势,分别为31.25亿美元、34.85亿美元。2010年乌克兰的入境旅游收入为37.88亿美元,2014年为16.12亿美元,2015年为10.82亿美元,2016年为10.78亿美元(UNWTO Tourism Highlights:2017 Edition)。

近年来,乌克兰的出境旅游人数和出境旅游消费也增长迅速。1995年乌克兰出境旅游消费为2亿美元,2000年为5亿美元,2004年为25亿美元,2005年为28亿美元,2006年为28亿美元[3]。

十、旅游资源

乌克兰位于欧洲东部,幅员辽阔,森林覆盖率高,四季分明。乌克兰是东正教的发祥地之一,17世纪中叶以后很长一段时间里,它曾是欧洲的文化中心。因此,对于发展旅游业来讲,乌克兰有着丰厚的自然和人文资源。

(一)旅游城市

1. 基辅

乌克兰首都基辅(Kiev)位于乌克兰中北部,第聂伯河中游,是第聂伯河港口和

---

[1] World Tourism Organization (UNWTO):Tourism Market Trends, 2006 Edition
[2] World Tourism Organization (UNWTO):UNWTO, 2007
[3] World Tourism Organization (UNWTO):UNWTO June 2007

重要的铁路枢纽。基辅历史悠久,曾是第一个俄罗斯国家——"基辅罗斯"的中心,因而有"俄罗斯诸城之母"之称。基辅被称为"花园城市",市区有67个天然林木公园、数十条林荫大道以及200多个街心花园和草坪,人均绿化面积达210平方米,一幢幢现代化的建筑掩映在绿树和花丛中。

基辅的标志性建筑物——圣索菲亚大教堂和别切鲁斯卡亚修道院(Kiev: Saint-Sophia Cathedral and Related Monastic Buildings, Kiev-Pechersk Lavra)作为文化遗产于1990年被联合国教科文组织世界遗产委员会列入《世界遗产名录》。

2. 雅尔塔

雅尔塔(Yalta)位于乌克兰南部的克里米亚半岛(又称克里木半岛)南岸,濒临黑海港口和亚速海,南部背靠克里米亚山,是乌克兰著名的旅游和疗养胜地,也是黑海的重要出海口,素有"克里米亚明珠"之称。雅尔塔又是一座历史名城,这里有大作家契诃夫的故居,有屹立在海边峭壁上的土耳其古堡"燕子堡",还有原为沙皇别墅的里瓦几亚宫。

(二)主要名胜

1. 第聂伯河

第聂伯河(Dnepr River)是乌克兰的母亲河,斯拉夫文化的发源地,也是欧洲第四长河。它滋润了乌克兰这片"欧洲粮仓",也孕育了"俄罗斯诸城之母"——基辅。它从基辅市中心穿过,将乌克兰分成东西两部分。第聂伯河丰富的水力资源对乌克兰的经济发展具有重要意义。

2. 克里米亚半岛

克里米亚半岛(Crimea Peninsula)位于黑海与亚速海之间。地势南高北低,北部和中部是平坦的草原,而南部是三条平行的克里木山脉。克里米亚半岛属于温带海洋性气候,冬暖夏凉,沿海地区景色迷人,是著名的旅游区和疗养区。

3. 切尔尼戈夫古城

基辅东北150公里处的切尔尼戈夫(Chernigov),是乌克兰宗教圣地之一。该城北2公里处的博尔金山上有一座已有1 000多年历史的修道院——圣安东尼洞穴修道院。据史料记载,东正教圣人、"罗斯时代的修道士之父"安东尼·佩切尔斯基看中了博尔金山,并于1069年在此建成了洞穴修道院。这就是圣安东尼洞穴修道院的雏形。19世纪末,圣安东尼洞穴修道院最终定型。目前,它已不再是修道士的居所,而是宗教朝圣中心和独特的宗教博物馆。作为当地的宗教文化中心,1967年,圣安东尼洞穴修道院被列为切尔尼戈夫建筑和历史文物保护遗产。

思考与练习

1. 意大利的旅游资源特色是什么?

2. 简述意大利的主要旅游城市及其特征。
3. 简述西班牙的文化艺术特点及其旅游业发展现状。
4. 西班牙的旅游资源特色是什么?
5. 简述葡萄牙为促进其旅游发展采取的主要措施。
6. 简述希腊的主要名胜。
7. 简述法国自然地理概况。
8. 简述法国的主要旅游城市及其特色。
9. 英国的文化和艺术有哪些特点?
10. 英国有哪些重要的旅游城市和主要名胜?
11. 简述布鲁塞尔的城市特征。
12. 德国的旅游资源特色是什么?
13. 简述德国的主要旅游城市及其特征。
14. 简述瑞士的旅游业发展特色及值得我国旅游业借鉴的地方。
15. 分析奥地利旅游组织对旅游业发展的促进作用。
16. 简述捷克的主要旅游城市及主要名胜。
17. 简述匈牙利的主要旅游城市及主要名胜。
18. 波兰的旅游资源特色是什么?
19. 简述波兰的主要旅游城市及主要名胜。
20. 挪威的旅游资源特色是什么?
21. 简述芬兰的主要旅游城市及其特征。
22. 简述瑞典的主要名胜。
23. 简述丹麦的主要旅游城市及其特征。
24. 简述俄罗斯的主要旅游城市及主要名胜。
25. 简述俄罗斯的旅游业发展情况。
26. 简述乌克兰的主要旅游城市及主要名胜。

第四章 美洲旅游区

引言

美洲旅游区包括北美洲和南美洲两部分,整个地区处于北冰洋、大西洋和太平洋三大洋的包围之中,自然资源丰富,旅游景点众多。北美洲是一个文化多样的地区,原始的印第安文明在这片土地上留下了辉煌的遗迹,现代化快速发展又使这里成为最为发达的地区之一,当地土著依然保留着祖辈的古老传统,而欧洲文明和现代文明已然渲染了这里的色彩,成就了北美洲独特而多样的文化特征。南美洲现在共有13个独立的国家,这些国家有着共同的历史——灿烂的印加文明、欧洲人的入侵、民族独立运动等。尽管有着相似的经历,南美洲诸国却难得地保存着自身的特色。

美洲旅游区旅游业发展极不平衡,旅游业较发达的国家有美国、加拿大、墨西哥、秘鲁以及巴西、阿根廷、加勒比海各国等。这些国家又由于其经济发达程度、资源特色各不相同,旅游业发展也有很大区别。

本章重点介绍加拿大、美国、墨西哥、巴西和阿根廷。

本章学习目标

1. 了解美洲各国的国家概况
2. 熟悉美洲各国的地理和历史概况
3. 熟悉美洲各国的对外关系和与中国的关系
4. 熟悉美洲各国的经济发展状况和教育情况
5. 熟悉美洲各国的文化艺术和民俗风情
6. 了解美洲各国的旅游资源和主要名胜
7. 掌握美洲各国旅游业发展现状和趋势
8. 了解美洲各国旅游资源和主要名胜

第一节 加 拿 大

一、国家概况

国名:加拿大(Canada)
面积:998.467万平方公里[①]
人口:3 650万[②]
首都:渥太华(Ottawa)
语言:英语和法语同为官方语言
民族:主要为英、法等欧洲后裔,土著居民(印第安人、米提人和因纽特人)约占3%,其余为亚洲、拉美、非洲裔等。现有华人约130万[③]
宗教:居民中信奉天主教的占45%,信奉基督教新教的占36%[④]
货币:加拿大元
国庆:7月1日
国花:糖槭
国歌:《哦！加拿大》
主要城市:蒙特利尔、魁北克、温哥华、卡尔加里、埃德蒙顿
行政区划:加拿大共分10个省和3个地区

二、自然地理

加拿大位于北美洲北部,东临大西洋,西濒太平洋,西北部邻美国阿拉斯加州,南界美国本土,北靠北冰洋达北极圈。海岸线长24万多公里,是世界上海岸线最长的国家。境内多波状起伏的低高原和平原低地。湖泊众多,大大小小的湖泊不计其数。除了与美国相连的五大湖,加拿大还有众多的河流。加拿大是一个雨雪都非常丰富的国家,林木和农作物都能得到充分的水量,因而生长得茂密繁盛,森林覆盖面积约占全国总面积的44%。

加拿大大多数国土属寒带苔原气候和亚寒带针叶林气候。气候寒冷,年降水量250~2 500毫米。

[①] http://www.fmprc.gov.cn/chn/pds/gihdq/gj/bmz/1206_18/
[②] http://www.fmprc.gov.cn/web/gjhdq_676201/gj_676203/bmz_679954/1206_680426/1206x0_680428/
[③] http://www.fmprc.gov.cn/chn/pds/gihdq/gj/bmz/1206_18/
[④] http://www.fmprc.gov.cn/chn/pds/gihdq/gj/bmz/1206_18/

三、历史

加拿大原为印第安人与因纽特人居住地。16世纪沦为法、英殖民地,后又被法国割让给英国。1867年,英将加拿大省、新不伦瑞克省和新斯科舍省合并为一个联邦,成为英国最早的自治领地。此后,其他省也陆续加入联邦。1926年,英国承认加拿大的"平等地位",加拿大始获外交独立权。1931年成为英联邦成员国,其议会也获得了同英议会平等的立法权,但仍无修宪权。1982年,英国女王签署《加拿大宪法法案》,加拿大议会获得立宪、修宪的全部权力。

四、外交

1. 对外关系

近年来,加拿大外交的总体目标是进一步提升加拿大的国际地位。2007年10月,保守党政府发表上台后的第二份施政报告,将捍卫北极主权和提高加拿大国际影响力列为未来施政重点,再次强调阿富汗是加拿大发挥国际作用的重要舞台,重申加拿大将在现有基础上继续履行其国际义务。同时在对外关系中继续强调民主、自由、人权、良政等观念。截至2009年7月,加拿大已同193个国家建交。

2. 与中国的关系

1970年10月13日,加拿大与中国建交。建交后,中加双边关系发展顺利,两国领导人互访较频繁。加拿大总督、总理和参、众议长等均曾访华。中国国家主席、总理和全国人大常委会委员长、全国政协主席等先后访加拿大。2008年,中国和加拿大高层保持接触。7月,国家主席胡锦涛出席北海道八国集团同发展中国家领导人对话会期间与加拿大总理哈珀会晤。

五、经济

1. 自然资源

加拿大地域辽阔,森林和矿产资源丰富。矿产有60余种,镍、锌、铂、石棉的产量居世界首位,铀、金、镉、铋、石膏居世界第二位。铜、铁、铅、钾、硫黄、钴、铬、钼等储量丰富。原油储量丰富,仅次于沙特阿拉伯,居世界第二。森林面积仅次于俄罗斯和巴西,居世界第三位。加拿大领土面积中有89万平方公里为淡水所覆盖,淡水资源占世界的9%。①

2. 农业

2006年农、林、渔业总产值250.46亿加元,占国内生产总值的2.1%。农业人口

---

① http://www.fmprc.gov.cn/chn/pds/gjdq/gj/bmz/1206_18/

34.6万,占全国就业人口的1.97%。① 主要种植小麦、大麦、亚麻、燕麦、油菜籽、玉米等作物。渔业发达,75%的渔产品出口,是世界上最大的渔产品出口国。

3. 工业

加拿大是西方七大工业国家之一。制造业和高科技产业较发达,资源工业、初级制造业亦是国民经济的重要支柱。2006年制造业总产值1 728.75亿加元,占国内生产总值的14.5%。②

4. 经济发展

近年来,加拿大经济增长较为强劲,增速在发达工业国中名列前茅。加拿大以贸易立国,对外资、外贸依赖很大,经济上受美国影响较深。2007年国内生产总值为13 600亿加元,人均国内生产总值为41 470加元,国内生产总值增长率为2.6%,经济增长率为2.6%,全年失业率为5.8%,为33年来最低水平。③

5. 中加经贸

中华人民共和国成立之后,加拿大是最早承认中国的西方国家之一,两国长期友好,政治、经济、文化等方面交往密切。据中国海关总署统计,2007年中加贸易额为303.8亿美元,同上年比增长31.1%。其中中国出口额为194亿美元,进口额为109.8亿美元,同比分别增长25%和43.3%。中国是加拿大第二大贸易伙伴,2008年1至11月,中加贸易额为318.7亿美元,同比增长14.8%。其中中国出口额为199.3亿美元,进口额为119.4亿美元,同比分别增长12.1%和19.5%。④ 截至2007年底,加方在华投资项目10 481个,实际投入58.3亿美元。⑤ 2007年6月,世界第三大客机制造商——加拿大庞巴迪公司与中国航空工业第一集团签署了价值5亿美元的客机开发合作协议。

六、文化和艺术

加拿大是一个移民国家,各地移民为加拿大带来了丰富多彩的文化气息。今天的多元文化完全是由不同民族、种族、文化兼容并包而形成的。

如今的加拿大已经成为一个现代艺术的创造中心。在文学、舞蹈、电影和艺术领域,加拿大艺术家都有不凡表现。

音乐在加拿大一直占据着突出的地位。加拿大人超越了民族和文化的限制,取得了闻名于世的音乐成就。布莱恩·亚当斯、席琳·迪翁和莱昂纳多·科恩都

---

① http://www.fmprc.gov.cn/chn/pds/gjdq/gj/bmz/1206_18/
② http://www.fmprc.gov.cn/chn/pds/gjdq/gj/bmz/1206_18/
③ http://www.fmprc.gov.cn/chn/pds/gjdq/gj/bmz/1206_18/
④ http://www.fmprc.gov.cn/chn/pds/gjdq/gj/bmz/1206_18/
⑤ http://ca.mofcom.gov.cn/aarticle/zxhz/hzjj/200812/20081205945553.html

广受世界各地摇滚歌迷的欢迎,而丹尼尔·拉弗尔则赢得了全球法语听众的热爱。

蒙特利尔爵士音乐节举世闻名,是所有爵士乐迷们都不会错过的盛会。古典音乐在加拿大也深受喜爱,许多城市都拥有自己的交响乐团。蒙特利尔交响乐团是加拿大最著名的交响乐团,在查尔斯·杜托伊特执棒下,夺得了众多的奖项和称号。格兰·高多是加拿大最优秀的古典音乐演奏家。加拿大的三个芭蕾舞团——皇家温尼伯芭蕾舞团、加拿大阿尔伯塔芭蕾舞团和加拿大国家芭蕾舞团经常在全球巡回演出,每到一处演出,都会赢得赞誉。

七、教育

加拿大多采用12年制义务教育。教育由各省负责,不同省份的教育制度有相当大的差别,但是全国的教育水准普遍很高。全国约有70所高等院校,其中著名的大学有维多利亚大学、多伦多大学、滑铁卢大学、不列颠哥伦比亚大学和麦吉尔大学等。

八、民俗风情

1. 礼仪和习俗

加拿大人在社交场合与客人相见时,一般行握手礼,亲吻和拥抱礼仅适合熟人、亲友和情人之间。在介绍朋友时,手的姿势是胳膊往外微伸,手掌向上,手指并拢,不用手指来指人。在日常生活中,加拿大人着装以欧式为主;上班的时间,一般要穿西服、套裙;参加社交活动时,往往要穿礼服或时装。在加拿大,宴请不安排桌席,客人随意选取自己喜爱吃的食物和菜肴。

2. 主要节日

枫糖节(3月底至4月初)、国庆日(7月1日)、劳工日(9月的第一个星期一)、荣军纪念日(1月11日)、感恩节。此外,还有圣诞节、复活节和耶稣受难日等西方盛行的节假日。

3. 美食

加拿大文化的多样性充分展现在饮食风味上,中式、意式、日式、法式、越南式、乌克兰式、匈牙利式及中东式的菜肴,在加拿大各城市的餐厅中都可以找到。当然,加拿大也有其独产的美食,如"烟熏鲑鱼",可以说是加拿大最受欢迎的食物了。按烟熏时间的不同,烟熏鲑鱼共分三种,而其中又以烟熏15分钟左右、颜色呈鲜橘红色的鲑鱼片最受欢迎。另外,在加拿大也常见一种名为"纳奈摩(Nanaimo)糖"的巧克力糖。"枫糖浆"(Maple Syrup)则是由枫树汁提炼而成,味道甜美。

九、旅游业

为指导全国旅游业的发展,1995年,加拿大成立了全国性的旅游机构,即加拿大旅游委员会（Canadian Tourism Commission，简称 CTC）。CTC 的职能是通过计划、指导、管理和完成一系列的任务来促进加拿大旅游业的发展，为整个行业提供及时准确的信息和决策参考。

加拿大政府致力于通过发展旅游业来促进经济发展。早在 20 世纪 60 年代，加拿大各大城市就开始通过承办各种世界性的节庆活动，如奥运会、世界博览会等来推动旅游业发展，从而带动整个经济的发展。例如，1967 年在蒙特利尔举办的世界博览会参会国和地区就达到了 120 多个，此次博览会被世界盛赞为一次成功的、令人难忘的博览会，也为蒙特利尔带来了世界声誉。

加拿大旅游业近 20 年来呈现稳定发展态势。1990 年加拿大的入境旅游人数为 1 520.9 万人次，1995 年为 1 693.2 万人次，2000 年为 1 962.7 万人次，2004 年为 1 915.2 万人次[1]，2005 年为 1 877.1 万人次，2006 年达到 1 826.5 万人次[2]。据世界旅游组织统计，2010 年加拿大的入境旅游人数为 1 621.9 万人次，2014 年为 1 653.7 万人次，2015 年为 1 797.7 万人次，2016 年为 1 997.1 万人次（UNWTO Tourism Highlights：2017 Edition）。

1990 年加拿大的入境旅游收入为 63.39 亿美元，1995 年为 79.17 亿美元，2000 年为 107.78 亿美元，2004 年为 128.71 亿美元[3]，2005 年为 135.84 亿美元，2006 年为 146.32 亿美元[4]。2010 年加拿大的入境旅游收入为 158.29 亿美元，2014 年为 177.42 亿美元，2015 年为 165.58 亿美元，2016 年为 182.13 亿美元（UNWTO Tourism Highlights：2017 Edition）。

根据加拿大统计局和加拿大旅游委员会的统计，2006 年加拿大接待入境过夜旅游者人数在全球旅游目的中排名第十二；旅游创汇 169 亿加元，旅游业国内生产总值 274 亿加元，占全国 GDP 的 2%；旅游税收 194 亿加元，占全国税收总收入的 3.9%；全国旅游从业人员 63.4 万，比上年增长 1.9%。[5]

在出境旅游方面，加拿大人的出境旅游消费在世界排名中位居第八。[6] 1995 年加拿大出境旅游消费为 103 亿美元，2000 年为 124 亿美元，2004 年为 159 亿美元，2005 年为 184 亿美元，2006 年为 208 亿美元[7]。2006 年加拿大人首站出境旅游目的地排名前五名的依次是美国、墨西哥、英国、法国、古巴。根据加拿大统计局的小口径统计资料，2006 年加拿大人首站出境到中国旅游人数达 25 万人次，同比增

---

[1] World Tourism Organization（UNWTO）：Tourism Market Trends, 2005 Edition
[2] World Tourism Organization（UNWTO）：UNWTO, 2007
[3] World Tourism Organization（UNWTO）：Tourism Market Trends, 2006 Edition
[4] World Tourism Organization（UNWTO）：UNWTO, 2007
[5] http://www.pkutourism.com/science/meeting/2008-6-6/2008-6-6-9280.shtml
[6] World Tourism Organization（UNWTO）：UNWTO January 2008
[7] World Tourism Organization（UNWTO）：UNWTO June 2007

长20%以上,中国成为加拿大所有海外目的地中增长速度最快的国家之一。中国在加拿大人出境旅游目的地中排名第九,首次进入前十名。

2006年,加拿大公民来华旅游人数达49.97万人次,比2005年增长16.26%[①]。2007年,加拿大公民来华旅游人数达57.72万人次,比2006年增长15.50%[②]。2008年,加拿大公民来华旅游人数达53.47万人次,比2007年减少7.36%[③]。2009年,加拿大公民来华旅游人数达55.03万人次,比2008年增长2.90%[④]。2010年,加拿大公民来华旅游人数达68.53万人次,比2009年增长24.50%[⑤]。

中国国家旅游局统计数字显示,2008年1~12月加拿大公民来华旅游人数达53.47万人次,其中会议和商务旅游9.66万人次、观光和休闲34.68万人次、探亲访友0.06万人次、服务员工2.10万人次、其他6.97万人次[⑥]。2009年1~12月加拿大公民来华旅游人数达55.03万人次,其中会议和商务旅游7.58万人次、观光和休闲38.34万人次、探亲访友0.06万人次、服务员工1.85万人次、其他7.19万人次[⑦]。2010年1~12月加拿大公民来华旅游人数达68.53万人次,其中会议和商务旅游8.34万人次、观光和休闲45.94万人次、探亲访友0.08万人次、服务员工2.35万人次、其他11.82万人次[⑧]。2014年1~12月加拿大来华旅游入境人数为66.71万人次,其中会议和商务旅游8.21万人次、观光和休闲19.46万人次、探亲访友12.71万人次、服务员工3.05万人次、其他23.28万人次。2015年1~12月加拿大来华旅游入境人数为67.98万人次,其中会议和商务旅游8.10万人次、观光和休闲18.25万人次、探亲访友16.05万人次、服务员工3.08万人次、其他22.49万人次。

十、旅游资源

加拿大幅员辽阔、地广人稀,独特的移民文化和奇特的自然风光令人流连忘返。截至2018年7月,加拿大共有19项世界遗产,其中包括8项文化遗产、10项自然遗产(含与美国共有的2项自然遗产)、1项文化和自然双遗产。主要旅游城市有温哥华、渥太华、多伦多、蒙特利尔、魁北克等。

---

① http://www.cnta.gov.cn/html/2008-6/2008-6-2-14-52-59-212.html
② http://www.cnta.gov.cn/html/2008-9/2008-9-10-11-35-98624.html
③ http://www.cnta.gov.cn/html/2009-9/2009-9-28-9-30-78465.html
④ http://www.cnta.gov.cn/html/2010-10/2010-10-20-10-43-69972.html
⑤ http://www.cnta.gov.cn/html/2011-11/2011-11-1-9-50-68041.html
⑥ http://www.cnta.gov.cn/html/2009-2/2009-2-18-9-36-18403.html
⑦ http://www.cnta.gov.cn/html/2010-1/2010-1-19-10-52-93858.html
⑧ http://www.cnta.gov.cn/html/2011-3/2011-3-25-10-15-28226.html

第四章 美洲旅游区

（一）旅游城市

1. 渥太华

加拿大首都渥太华（Ottawa）位于安大略省南部，靠近以使用法语为主的魁北克省。加拿大的英法直系血缘的结合在渥太华得到了最完整的表现，而邻近五大湖区，又给渥太华的城市加上了浓浓的美国味道。渥太华既有庄严的国会山，又有连绵不断的枫树林；既有殿堂级的艺术馆，又有轻松的露天茶室；既有欧陆的英法情调，又有北美的城市节拍；既有高精尖的现代化科学技术，又有精彩的土著居民历史。总之，渥太华是透视枫叶之国的万花筒。著名的景点有国会大厦、加拿大总督府、土著居民风情体验、国家美术馆和加拿大文明博物馆等。

2. 蒙特利尔

蒙特利尔（Montreal）坐落于渥太华河和圣劳伦斯河交汇处，是加拿大第二大城市、魁北克省最大城市。具有浓郁的拉丁气息，是世界上最大的双语城市。主要语言是法语，不过英语仍然是最常用的语言之一。市区内处处充满了法国情调，包括教堂在内的各种古老建筑体现出独特的法国文化的底蕴，被认为是北美的"浪漫之都"。在这个如此的无与伦比的文化名城，每年有各种大大小小的节庆活动：9个电影节，名目众多的艺术节、音乐节、烟花节，而且大多声势浩大。蒙特利尔圣母院、美术馆和植物园等旅游景点也值得一游。

3. 温哥华

加拿大第三大城市温哥华市（Vancouver），位于加拿大西海岸，加、美边界北侧。温哥华依山傍海，山清水秀，气候宜人，多次被联合国评为最适宜人类居住的城市。温哥华风光旖旎、交通网络和旅游服务设施完善、精彩的文化艺术活动长年不断，因此，多年来一直被评为最佳旅游胜地和会议选址之一。斯坦利公园、格兰威尔岛和卡皮兰诺吊桥等为温哥华著名的旅游景点。

4. 多伦多

安大略省会多伦多（Toronto）坐落在安大略湖北岸，是加拿大第一大城市。多伦多的城市名源于休伦湖边的印第安人，原意为"聚集之地"，经过几百年的发展，今日的多伦多成为名副其实的世界各地移民的"聚集之地"。市内有"小意大利""小波兰"和"希腊城"等社区。加拿大国家电视塔、卡萨罗玛城堡和安大略省皇家博物馆是多伦多著名的旅游景点。

（二）主要名胜

1. 纳汉尼国家公园

纳汉尼国家公园（Nahanni National Park）位于加拿大西北地区的辛普森堡附近，占地4 770平方公里，公园以湍急的河流、幽深的峡谷、巧夺天工的石柱和苔原覆盖的山巅蜚声世界。这是一片冰火交织、景观反差极为强烈的地区。每当夏日来临,弗吉尼亚瀑布附近由融冰凿开的土坑内野兰花竞相怒放;在峡谷地带,含硫化物的温泉热气腾腾;野薄荷和紫苑花争奇斗艳。在冬季,此地气温常可降至零下50℃,成为一个冰的世界。由于公园成立较晚,目前仍无路可达,人们仅能从空中和水上领略其山地魅力。1978年,纳汉尼国家公园作为自然遗产被联合国教科文组织世界遗产委员会列入《世界遗产名录》。

2.魁北克古城区

魁北克古城区(Historic Distric of Old Québec)位于魁北克省的省府魁北克市内。魁北克城分旧城和新城两部分:旧城全由城墙包围,新城在城墙以外。市区分上城区、下城区和新城区。上城区位于高坡之上,周围有平均高达35米的古老城墙,是北美独一无二的拥有城墙的城市。下城区是商业区,位于上城东北方。旧城区的皇家广场,被称为加拿大的"法国文明的摇篮"。广场周围有许多几百年的老屋、教堂等。从20世纪60年代开始,这里作为北美殖民化以及近代化进程的重要历史见证,被魁北克政府辟为历史文物特区。1985年,魁北克古城区作为文化遗产被联合国教科文组织世界遗产委员会列入《世界遗产名录》。

3.卢嫩堡古城

卢嫩堡古城(Old Town Lunenburg)位于加拿大东南部新斯科舍省省会哈利法克斯西南约70公里处,是北美洲英国殖民城市的最好例证。古城建于1753年,最初由法国殖民者开拓,后来落入英国殖民者手中,成为英属新英格兰的据点,并逐渐发展为一座殖民城市。卢嫩堡古城有保存完好的原始布局和完整的外观,城市整体结构呈矩形,模仿了英国本土的城市规划结构。这个古老城镇中主要建筑大约有400栋,70%建于18和19世纪,几乎所有的建筑都是木结构。1995年,卢嫩堡古城作为文化遗产被联合国教科文组织世界遗产委员会列入《世界遗产名录》。

第二节 美 国

一、国家概况

国名:美利坚合众国(The United States of America)
面积:937.26万平方公里
人口:3.26亿(2007年)[①]
首都:华盛顿(Washington D.C.)
语言:英语

---

① http://www.fmprc.gov.cn/web/gjhdq_676201/gj_676203/bmz_679954/1206_680528/1206x0_680530/

民族：主要为白人(75%)、拉美裔(12.5%)、黑人(12.3%)、亚裔(3.6%)等

宗教：56%的居民信奉基督教新教，28%信奉天主教，2%信奉犹太教，信奉其他宗教的占4%，不属于任何教派的占10%

货币：美元

国庆：7月4日

国花：玫瑰花

国歌：《星条旗之歌》

主要城市：纽约、洛杉矶、芝加哥、休斯敦、费城

行政区划：全国共分50个州和1个特区(哥伦比亚特区)

二、自然地理

美国位于北美洲中部，东临大西洋，西濒太平洋，北接加拿大，南靠墨西哥及墨西哥湾，领土还包括北美洲西北部的阿拉斯加和太平洋中部的夏威夷群岛。海岸线总长22 680公里。国土面积世界排名第四。

美国本土地势东西高，中央低，主要山脉为南北走向。全国最高峰为阿拉斯加的麦金利峰，海拔6 194米。位于西南部的死谷低于海平面86米，是美洲大陆最低点。美国河流湖泊众多，水系复杂，主要有密西西比河、科罗拉多河、哥伦比亚河和哈得孙河等。其中密西西比河是美国也是北美洲流程最长、流域面积最广、水量最大的河流，长6 262公里，名列世界第四。五大湖是世界上最大的淡水湖群，自西向东依次为苏必利尔湖、密歇根湖、休伦湖、伊利湖、安大略湖，除密歇根湖完全位于美国境内，其余四湖为美国与加拿大共有。

气候地域差异明显，类型复杂多样。本土多为温带和亚热带气候；佛罗里达半岛南端属热带气候；阿拉斯加为亚寒带大陆性气候；夏威夷为热带海洋性气候。

三、历史

早在欧洲殖民者到达北美大陆之前，印第安人就已经世代在北美大陆繁衍生息。15世纪末，通往美洲的新航路被发现以后，西班牙人、法国人、英国人、荷兰人等先后侵入北美大陆并开始向北美移民。到1773年，英国已建立了13个殖民地。1775年爆发独立战争。1776年7月4日通过《独立宣言》，宣布建立美利坚合众国。1787年制定联邦宪法。1862年9月宣布《解放黑奴宣言》后，南部奴隶主发动叛乱，爆发南北战争。1865年，北部资产阶级控制联邦政府，扫除了美国资本主义发展的最后障碍。第二次世界大战期间，美国先是中立，在日本于1941年12月袭击珍珠港后正式参战。第二次世界大战让美国军事和经济力量大为膨胀，战争结束后，美国成功地登上世界霸主的地位。

四、外交

1. 对外关系

美国具有全球性的经济、政治和军事影响力,其外交政策走向一直是世界关注和讨论的焦点。"二战"后,美国经济、政治和军事实力空前增长,成为世界超级大国,妄图称霸全球。随着苏联解体和世界多极化格局的形成,美国外交策略亦随之改变。近年来,美国继续将反恐、防核扩散和遏制伊斯兰极端主义作为安全战略的首要目标,同时着眼应对大国潜在"挑战"。美国努力修补与欧洲盟国的关系,重视俄在反恐、防核扩散领域的地位与作用,加紧谋划亚太战略格局,提升日本在美全球战略中的地位,深化美印(度)战略伙伴关系,密切同加拿大的政治经济关系。重视外交谈判和多边合作,利用救灾、援助等活动,加强公共外交,改善自身国际形象。

2. 与中国的关系

1972年2月,美国总统理查德·尼克松访华,中美双方发表了《中美联合公报》(《上海公报》),标志着中美两国20多年相互隔绝状态的结束。1978年12月,中美两国发表《中美建交公报》。1979年1月,经过历时半年多的外交谈判,中美两国正式建立大使级外交关系。1982年8月,中美发表《八一七公报》,对美国向我国台湾出售武器作出了分步骤直至最后解决的规定。这一公报连同《上海公报》和《中美建交公报》一起,即通常所称的"中美三个联合公报",构成中美关系的基础。

五、经济

1. 自然资源

美国自然资源丰富多样。煤、石油、天然气、铁矿石、钾盐、磷酸盐、硫黄等矿物储量均居世界前列。其他矿物有铜、铅、钼、铀、铝矾土、金、汞、镍等。战略矿物资源钛、锰、钴、铬等主要靠进口。森林面积约44亿亩,覆盖率达33%。[①]

2. 农业

美国农业高度发达,机械化程度高。农业人口仅有600余万。从20世纪40年代开始,美国农业已实现机械化,"二战"后又朝着现代化方向发展,生物学、遗传学、化学的科技成果被广泛应用到农业生产中去。美国每年都要向海外市场输出大量农产品,以解决国内农产品过剩问题和弥补外贸逆差。2005年农业产值约占国内生产总值的1%。

---

① http://www.fmprc.gov.cn/chn/pds/gjhdq/gj/bmz/1206_22/

3. 工业

美国工业发达,门类齐全,生产能力巨大。制造业在工业中占有主导地位。进入20世纪90年代以来,美国产业转型加快,劳动密集型产业进一步被淘汰或转移到国外,而信息、生物等高科技产业发展迅速,利用高科技改造传统产业也取得新进展。主要的工业产品有汽车、航空设备、计算机、电子和通信设备、钢铁、石油产品、化肥、水泥等。

4. 经济发展

第二次世界大战后,美国的经济实力骤然增长,在资本主义世界经济中占有全面的优势。在完成了由战时经济向和平时期转变之后,美国经济从20世纪50年代起优势地位持续提升。1955~1968年,美国的国民生产总值以每年4%的速度增长。进入90年代以后,以信息、生物技术产业为代表的新经济蓬勃发展。但是,西欧、日本及发展中国家日益增长的经济实力正对美国经济的霸主地位造成强大的冲击,其经济的优势地位相对有所削弱。

在美国的产业结构中,第一产业在国民生产总值中所占的比重仅为1%左右,第二产业所占比重为27.6%,但美国仍然是世界上最大的工业化国家,同时也是世界上最大的农业发达国家。美国的服务业发达,所占比重最大,约为70%,全国3/4的劳动力从事服务业。

5. 中美经贸

中美经贸关系起步于两国正式建立外交关系的1979年。从1979年中美两国正式建立外交关系至今,中美贸易在曲折中发展。1989年,美国带头对中国实行经济制裁,使两国经贸关系进入一个十分困难的时期。1999年,中美就中国加入WTO达成双边协议,中美经贸关系步入一个新阶段。2005年,双边贸易总额首次突破2 000亿美元,达2 116.3亿美元,美国成为中国第二大贸易伙伴、第一大出口市场和第六大进口来源地,中国成为美国第三大贸易伙伴、第四大和增长最快的海外市场。2008年,双边贸易总值为3 337.4亿美元,同比增长10.5%。[①] 中国对美国的直接投资比较少,但是间接投资比较多,中国已是美国政府债券的第一大持有国。

六、文化和艺术

早期移民把欧洲文化带到美国,这些文化在美国得到了空前的繁荣发展。时至今日,美国已经成为世界文化的主流之一。无论是文学、绘画、建筑、雕塑、舞蹈,还是影视音乐等方面,美国都展现出了独特的艺术活力。

早在19世纪初期,美国文学就形成了自己的独立体系,并进入了繁荣发展时

---

① http://www.fmprc.gov.cn/chn/pds/gjhdq/gj/bmz/1206_22/

期。詹姆斯·库珀（James Fenimore Cooper，1789—1851）、纳撒尼尔·霍桑（Nathaniel Hawthorne，1804—1864）以及华盛顿·欧文（Washington Lrving，1783—1859）描写出一个年轻并且不断成长的美国。后来，赫尔曼·梅尔维尔（Herman Melville，1819—1891）写出有关海洋的小说以探讨道德问题。马克·吐温的小说则表现了密西西比河上生活的情趣与幽默。美国已有多人获得诺贝尔文学奖，如剧作家尤金·奥尼尔（Eugene O'neil，1888—1953）与小说家索尔·贝洛（Saul Bellow，1915，2005）、赛珍珠、福克纳、海明威等。

在建筑、雕塑等方面，美国艺术家们也纷纷尝试新的风格，诞生了欧普艺术等门类，建成了众多宏伟、出色的建筑物。画坛大家各创流派，自成一体，表现出一幅异彩纷呈的景象。

好莱坞不仅是美国电影业的摇篮，也是举世闻名的世界电影之都。美国一年有几百部电影在好莱坞拍摄，世界各地所放映的外国影片也以出自好莱坞的居多。好莱坞已成为世界认识美国的窗口。

七、教育

美国是世界上教育事业最发达的国家之一，被视为超级教育大国。学校分公立、私立两类。多数州实行12年制义务教育。各州学制不一，大部分为小学6年、初中3年、高中3年。高等教育已经实现普及，2/3的中学毕业生继续接受高等教育，有2年制的初级学院和技术学院，4年制的大学本科和2~4年的研究生院。美国大学的实力雄踞世界之首，著名高等学府有哈佛大学、耶鲁大学、斯坦福大学、麻省理工学院、加州理工学院等。

八、民俗风情

1.礼仪和习俗

在美国社会中，人们讲究"个人空间"，日常交谈中不喜欢涉及个人私事，如询问年龄、婚姻状况、收入多少、宗教信仰、竞选中投谁的票等。和美国人谈话时，不可站得太近，一般保持在50厘米以外为宜。在正式的社交场合，讲究女士优先。

拜访、做客都要事先约好，以准时为宜。美国人不喜欢随便送礼，送礼时讲究包装和单数，主人收到礼物后应立即打开，并夸奖一番。

美国社会的宗教氛围极其浓厚，对美国的政治、经济、文化等都有着广泛而深刻的影响。宗教不仅是美国公民道德规范和行为准则的重要源泉，也是美国社会服务和社会救助的重要力量。

美国人穿衣打扮无拘无束，十分随便。一般来说，美国人不穿背心出入公共场所，更不穿睡衣出门，晚上有客来，也必须在睡衣外面套上外衣才能开门见客。

2. 主要节日

新年(1月1日)、圣瓦伦丁节(2月14日)、复活节(春分月圆后的第一个星期日)、阵亡将士纪念日(5月30日)、万圣节(10月30日)、圣诞节(12月25日)等。

3. 美食

美国人的饮食五花八门,不同民族的风味菜肴各具特色,如东北部的蛤肉杂烩、宾夕法尼亚州的飞禽肉馅饼、西南部的烤肉排骨、南部的烤玉米粒等。在遍布美国城乡的大小餐馆,有法国风味、意大利风味、希腊风味和瑞士风味,各式食品如意大利通心粉和馅饼、德国的羊肉片、中国的炒面、印度的咖喱饭菜、墨西哥的豆肉等美味佳肴,都已成为美国人喜爱的食品。此外,遍布城乡的酒吧和咖啡馆也是人们常去的饮食和娱乐之处。

九、旅游业

美国是世界旅游大国,旅游业蓬勃发展,旅游业是美国最大的服务行业,也是美国吸引就业人数第二多的行业,美国旅游业中的零售行业是美国第三大零售业。

美国旅游业的蓬勃发展与美国人酷爱旅游的习惯不无关系。美国是一个移民国家,两次西部大开发更使得不断流动成为谋生的必需,所以美国绝对没有"在家千日好,出外一时难"的古训。随着汽车进入家庭和高速公路的发展,加上其他基础设施业和技术的进步,出外旅行变得轻而易举,旅游也就成了美国的一个大产业。

基于旅游业在美国的重要地位,美国从联邦政府到各州政府以及旅游城市政府等都十分重视旅游产业发展。早在20世纪70年代,联邦政府就制定了一系列政策措施促进和扶持旅游业发展。1995年专门召开了研究旅游工作的白宫会议,由国会批准的免签政策(VWP),使美国入境旅游者的68%由此获益,美国也从这些免签证的旅游者身上获得了全部国际旅游收入的60%。2001年"9·11"恐怖袭击后,为了重振旅游业,美国旅游业协会从当年11月起开始了一个为期半年多、以"恢复旅行"为主题的复兴计划,旨在恢复国内外游客到美国旅游的信心,同时恢复旅游业的就业岗位。

美国入境旅游一直居于世界前列。1990年美国的入境旅游人次为3 936.3万人次,1995年为4 349万人次,2000年为5 123.8万人次,10年间年平均增长率为2.7%。在遭遇"9·11"恐怖袭击后,美国旅游业2001年、2002年连续两年下滑,直到2003年起才开始恢复。2003年入境旅游人次为4 121.8万人次,2004年为4 608.5万人次[①],2005年为4 920.6万人次,2006年恢复到2000年以来的最高水

---

① World Tourism Organization (UNWTO): Tourism Market Trends, 2005 Edition

平,达到 5 106.3 万人次,全球入境旅游人数排名第三①。据世界旅游组织统计,2010 年美国的入境旅游人数为 6 001.0 万人次,2014 年为 7 502.2 万人次,2015 年为 7 746.5 万人次,2016 年为 7 560.8 万人次(UNWTO Tourism Highlights:2017 Edition)。

1990 年美国的入境旅游收入为 430.07 亿美元,1995 年为 633.95 亿美元,2000 年为 824 亿美元,2003 年为 643.48 亿美元,2004 年为 745.47 亿美元②,2005 年为 817.99亿美元,2006 年为 856.94 亿美元③,全球入境旅游收入排名第一。2010 年,美国的入境旅游收入为 1 370.10 亿美元,2014 年为 1 919.18 亿美元,2015 年为 2 054.18亿美元,2016 年为 2 059.40 亿美元(UNWTO Tourism Highlights:2017 Edition)。2015 年和 2016 年,美国全球入境旅游收入排名第一。

1995 年美国出境旅游消费为 449 亿美元,2000 年为 647 亿美元,2004 年为 658 亿美元,2005 年为 690 亿美元,2006 年为 720 亿美元④,全球出境旅游消费排名第二。

美国的外国游客主要来自加拿大、欧洲、墨西哥等地。参观的主要城市依次为纽约、洛杉矶、奥兰多、迈阿密、旧金山等;主要州依次为加利福尼亚州、佛罗里达州、纽约州、夏威夷州、内华达州等。

美国同样是世界旅游市场中最大的客源输出国,出境旅游人次居世界第一。每年约有 2/3 的出境游客选择毗邻的加拿大和墨西哥,其次是欧洲、加勒比海地区和远东地区。

2006 年,美国公民来华旅游人数达 171.03 万人次,比 2005 年增长 9.95%⑤。2007 年,美国公民来华旅游人数达 190.12 万人次,比 2006 年增长 11.2%⑥。2008 年,美国公民来华旅游人数达 178.64 万人次,比 2007 年减少 6.4%⑦。2009 年,美国公民来华旅游人数达 170.98 万人次,比 2008 年减少 4.3%⑧。2010 年,美国公民来华旅游人数达 200.96 万人次,比 2008 年增长 17.5%⑨。

中国国家旅游局统计数字显示,2008 年 1~12 月美国公民来华旅游人数达 178.64 万人次,其中会议和商务旅游 49.79 万人次、观光和休闲 101.12 万人次、探亲访友 0.15 万人次、服务员工 8.27 万人次、其他 19.3 万人次⑩。2009 年 1~12 月

---

① World Tourism Organization (UNWTO):UNWTO, 2007
② World Tourism Organization (UNWTO):Tourism Market Trends, 2006 Edition
③ World Tourism Organization (UNWTO):UNWTO, 2007
④ World Tourism Organization (UNWTO):UNWTO June 2007
⑤ http://www.cnta.gov.cn/html/2008-6/2008-6-2-14-52-59-212.html
⑥ http://www.cnta.gov.cn/html/2008-9/2008-9-10-11-35-98624.html
⑦ http://www.cnta.gov.cn/html/2009-9/2009-9-28-9-30-78465.html
⑧ http://www.cnta.gov.cn/html/2010-10/2010-10-20-10-43-69972.html
⑨ http://www.cnta.gov.cn/html/2011-11/2011-11-1-9-50-68041.html
⑩ http://www.cnta.gov.cn/html/2009-2/2009-2-18-9-36-18403.html

美国公民来华旅游人数达170.98万人次,其中会议和商务旅游42.23万人次、观光和休闲99.62万人次、探亲访友0.14万人次、服务员工8.42万人次、其他20.57万人次①。2010年1~12月美国公民来华旅游人数达200.96万人次,其中会议和商务旅游52.51万人次、观光和休闲112.03万人次、探亲访友0.21万人次、服务员工10.14万人次、其他26.06万人次②。美国已成为中国第四大旅游客源国和第一大远程客源国。2014年1~12月美国来华旅游入境人数为209.32万人次,其中会议和商务旅游40.17万人次、观光和休闲80.15万人次、探亲访友11.98万人次、服务员工13.36万人次、其他63.65万人次。2015年1~12月美国来华旅游入境人数为208.58万人次,其中会议和商务旅游37.95万人次、观光和休闲77.07万人次、探亲访友19.18万人次、服务员工14.17万人次、其他60.20万人次。2017年全年,按入境旅游人数排序,我国主要客源市场前17位国家美国排名第六。

2007年12月,中美两国在北京正式签署《中华人民共和国政府与美利坚合众国政府关于便利中国旅游团队赴美利坚合众国旅游的谅解备忘录》,美国成为中国公民组团出境旅游目的地国家。2008年6月,中国首个赴美旅游团成功抵达洛杉矶。

十、旅游资源

美国地域辽阔、山河壮丽、文化多元,旅游资源丰富。中央平原区以西的落基山脉山峰高峻突兀、怪石嶙峋,特别是东坡,崖似刀削,尤为峻峭。它与干燥而荒凉的科罗拉多高原、大盆地以及喀斯喀特岭、内华达山脉、海岸山脉等,共同构成纵贯美国西部宽达1 500多公里的雄伟的科迪勒拉山地。南部和西部地区被称为美国的"阳光地带",尤其是佛罗里达半岛、加利福尼亚谷地以及太平洋上的夏威夷群岛,阳光充足、空气清新、气候温暖,成为美国重要的疗养避寒胜地。东部经济发达,来自世界各地的文化在此碰撞融合,形成独具特色的美国文化。截至2018年7月,美国被联合国教科文组织批准的世界遗产共计23项,包括文化遗产10项,自然遗产12项,文化和自然双遗产1项。

(一)旅游城市

1. 华盛顿

华盛顿(Washington D. C.)全称为"华盛顿哥伦比亚特区",是美国的首都,华盛顿之名取自美国开国元勋乔治·华盛顿。华盛顿位于美国东北部,靠近弗吉尼亚州和马里兰州,集中了美国国家机关的重要部门,是美国最高指挥中心和政治、文化活动中心。国会大厦和白宫之间有"联邦三角"建筑群,包括联邦政府各部、

---

① http://www.cnta.gov.cn/html/2010-1/2010-1-19-10-52-93858.html
② http://www.cnta.gov.cn/html/2011-3/2011-3-25-10-15-28226.html

机构以及国家美术馆、国家档案馆、泛美联盟、史密森国家博物馆等。国会大厦东为最高法院大厦,附近的国会图书馆是仅次于莫斯科列宁图书馆的世界第二图书大馆,毗邻的莎士比亚图书馆以收藏莎翁著作及其研究文献而著称于世。此外,还有越战阵亡将士纪念碑、朝鲜战场阵亡将士纪念碑。

2. 纽约

纽约(New York)位于美国东北部的哈得孙河注入大西洋河口处,是美国最大城市和第一大港。曼哈顿区居最重要地位,享有"纽约市的心脏"之称。1626年,荷兰人从印第安人手中低价买下曼哈顿岛,称为"新阿姆斯特丹"。1664年,英国占领了此地,改称纽约。一个多世纪以来,纽约一直是世界上最重要的商业和金融中心之一。纽约与英国伦敦、日本东京并称为"世界三大国际都会"。2007年,纽约被国际知名杂志《康德纳斯旅者》评为世界十大最佳旅游城市,排名由2006年的第四升至第二。主要城市景点有自由女神像、百老汇、世界贸易中心、华尔街等。

3. 旧金山

旧金山(San Francisco)又称"圣弗朗西斯科",位于美国西海岸的加利福尼亚州圣弗朗西斯科半岛,三面环水,是美国与太平洋地区贸易的主要海港,素有"西海岸门户"之称。旧金山原属西班牙,1848年成为美国领土。19世纪中叶轰动世界的淘金热使旧金山奇迹般地崛起。1906年大地震中全城80%的建筑被毁,后迅速重建。"二战"后逐渐形成了旧金山、奥克兰和圣何塞湾区的三大城市群。旧金山以旅游业、服务业、金融业和商业为主。金融区是太平洋沿岸证券交易所和美国最大的银行——美洲银行总部所在地。全球著名的IT行业中心——"硅谷(Silicon Valley)"位于旧金山南端。2007年,旧金山首次被誉为"旅游圣经"的国际知名杂志《康德纳斯旅者》评为世界十大最佳旅游城市,排名第七。

(二) 主要名胜

1. 黄石国家公园

黄石国家公园(Yellowstone National Park)是世界上第一个国家公园,建立于1872年。公园的大部分位于怀俄明州,小部分在蒙大拿州南部和爱达荷州东部。由于其中的黄石峡谷段两侧裸露出的岩层色彩绚丽,橙黄中混杂着红、绿、紫、白多种颜色,公园由此得名"黄石公园"。黄石公园以保持完好的原始自然风光著称于世,而黄石公园最独特的景观是被称为世界奇观的间歇喷泉,园内有1万多处地下热水现象,间歇喷泉300多处,占地球上间歇喷泉总数的2/3。其中最有名的是老忠实喷泉,这个间歇喷泉每间隔66分钟喷发一次,水柱高达45~60米,长年如此,因而博得了"老忠实"的美名。黄石国家公园还是美国最大的野生动物庇护所和著名的野生动物园,这里有300多种野生动物,数百种鸟类等。1978年,黄石国家公园作为自然遗产被联合国教科文组织世界遗产委员会列入《世界遗产名录》。

2. 梅萨弗德国家公园

1874年,在科罗拉多州西南部海拔2 600米的梅萨弗德高原上发现了大量的建于6世纪至12世纪的阿那萨兹(Anasazi)印第安人遗址。遗址保存了迄今最为完整的阿那萨兹人文化记录,其中大约3 800处都有历史记载,包括高原上的村庄、悬崖边上的村庄及用石头砌成的200多所房子。最为壮观的要数被人们称为"绝壁宫殿"的建筑,它由200多个房间组成,其独特的风格、宏伟的气势至今被人们称道。1906年,美国基于考古价值将该遗址开辟为一座国家公园。1978年,梅萨弗德国家公园(Mesa Verde National Park)作为文化遗产被联合国教科文组织世界遗产委员会列入《世界遗产名录》。

第三节　墨 西 哥

一、国家概况

国名:墨西哥合众国(The United Mexican States)
面积:1 964 375平方公里
人口:1.2亿[①]
首都:墨西哥城(Mexico City)
语言:西班牙语
民族:印欧混血种人及白人占总人口的90%,印第安人占10%
宗教:居民信奉天主教的占89%,信奉基督教新教的占6%
货币:比索
国庆:9月16日(独立日)
国花:仙人掌
国歌:《墨西哥人响应战争号召》
主要城市:瓜达拉哈拉、蒙特雷、韦拉克鲁斯、普埃布拉
行政区划:全国划分为31个州和1个联邦区(墨西哥城),州下设市(镇)和村

二、自然地理

墨西哥位于北美洲南部,是连接南、北美洲陆路交通的必经之地,被称为"陆上桥梁"。墨西哥北邻美国,南接危地马拉和伯利兹,东濒墨西哥湾和加勒比海,西临太平洋和加利福尼亚湾。海岸线长11 122公里。

---

① http://www.fmprc.gov.cn/web/gjhdq_676201/gj_676203/bmz_679954/1206_680604/1206x0_680606/

中国旅游客源国概况

墨西哥国土面积的5/6为高原和山地。墨西哥高原居中,两侧为东西马德雷山,以南是新火山山脉和南马德雷山脉,东南为地势平坦的尤卡坦半岛(Pen de Yucatan)。全国最高峰是奥里萨巴火山,海拔约5 600米。主要河流有北布拉沃河、巴尔萨斯河和亚基河。湖泊多分布在中部高原的山间盆地中,其中最大的湖是查帕拉湖,面积1109平方公里。

墨西哥沿海和东南部平原属热带气候,墨西哥高原终年气候温和,西北内陆为大陆性气候。

三、历史

墨西哥历史悠久,是美洲大陆印第安人古老文明中心之一。奥尔梅克文明、玛雅文明、托尔特克文明和阿兹特克文明均为墨西哥印第安人创造。1519年西班牙殖民者入侵,1521年沦为西班牙殖民地。1810年9月16日,米格尔·伊达尔戈(Miguel Hidalgo)神父在多洛雷斯城发动起义,开始了独立战争。虽然这场战斗于1811年1月失败,伊达尔戈被害,但为纪念这次起义,后定9月16日为墨西哥独立日。墨西哥于1821年8月24日宣布独立。1824年10月成立联邦共和国。1910年爆发资产阶级民主革命。1917年颁布资产阶级民主宪法,宣布国名为墨西哥合众国。

四、外交

墨西哥长期奉行独立自主的外交政策,主张维护国家主权与独立,尊重民族自决权,推行对外关系多元化。主张和平解决国际争端。墨西哥是联合国、世界贸易组织、二十国集团、亚太经合组织、经济合作与发展组织、美洲国家组织、拉美和加勒比国家共同体、太平洋联盟、跨太平洋伙伴关系协定(TPP)等机制成员和不结盟运动观察员。已同193个国家建立了外交关系。

1972年2月14日与中国建交。

五、经济

1. 自然资源

墨西哥主要的能源矿产资源有石油、天然气、铀和煤等,金属矿产有铁、锰、铜、铅、锌、金、银、锑、汞、钨、钼、钒等,非金属矿产有硫、石墨、硅灰石、天然碱和萤石等。此外,油气资源也是墨西哥最重要的矿产资源。

2. 农业

墨西哥全国有可耕地3 560万公顷,已耕地2 300万公顷,主要农作物有玉米、小麦、高粱、大豆、水稻、棉花、咖啡等。全国牧场占地7 900万公顷,主要饲养牛、猪、羊、马、鸡等,部分畜产品出口。

3. 工业

墨西哥工矿业门类比较齐全,但发展不平衡。制造业占重要地位,建筑、纺织、服装业正在兴起,运输设备、水泥、化工产品、电力各业持续增长。石油产量继续保持世界第四位。

4. 经济发展

墨西哥是拉美经济大国,北美自由贸易区成员,世界最开放的经济体之一,同200多个国家和地区建立了贸易关系,与46个国家签订了自由贸易协定。墨西哥工业部门齐全,石化、电力、矿业、冶金和制造业较发达。2016年国内生产总值增长2.3%,通胀率3.4%,失业率3.4%。

5. 中墨经贸

中墨贸易近年来取得了突出的成绩。2016年,中墨双边货物贸易额为749.3亿美元。中国是墨西哥第二大贸易伙伴,墨西哥是中国在拉美的第二大贸易伙伴。墨西哥国家统计局公布的数据显示,2017年1~11月,墨西哥和中国双边货物贸易额738亿美元,同比增长7.7%。其中,墨西哥出口60.6亿美元,增长26.8%;墨西哥进口677.4亿美元,增长6.2%。

六、文化和艺术

墨西哥是美洲文明古国,曾孕育了奥尔梅克文明、玛雅文明、托尔特克文明、阿兹特克文明等古印第安文明,形成了独具特色的本土艺术。古印第安人在这里留下了许多不朽的人类杰作,包括气势恢宏的金字塔、巨石雕刻、绿玉雕刻和陶俑等。玛雅文明是世界著名的古代文明,在建筑、数学、天文、文字、宗教各个方面均取得难以想象的成就,达到了相当高的水平。晚期的阿兹特克人的农业和商业十分发达,在建筑、文字、医药等方面也取得了相当高的成就。墨西哥在历史发展过程中,将印第安土著文化和欧洲文化融为一体,形成了自己独具特色的歌舞、音乐、绘画、戏剧等各种民族文化。

墨西哥文学在拉美独树一帜。1990年诺贝尔文学奖获得者奥克塔维奥·帕斯(Octavio Paz,1914—1998)、胡安·鲁尔福(Juan Rulfo,1917—1986)和卡洛斯·富恩特斯(Carlos Fuentes,1928—2012)被誉为20世纪下半叶墨西哥文学的"三驾马车"。

七、教育

墨西哥公共教育基本为免费教育。义务教育阶段的教材全部免费。宪法规定,从2008年开始实行从学前3年到初中的12年义务教育制。著名大学有墨西哥国立自治大学、蒙特雷理工学院、阿纳瓦克大学等。

八、民俗风情

1. 礼仪和习俗

墨西哥文化是西班牙文化、墨西哥本土文化和美国文化的混合体。墨西哥人生性开朗,待人友好、宽厚、随和,比较容易交往。初次见面时一般握手问候,拥抱礼与亲吻礼仅限于熟人。通常见面使用的称呼是在交往对象的姓氏之前,加上"先生""小姐"或"夫人"之类的尊称。前去赴约时,墨西哥人一般都不习惯于准时到达约会地点,通常比双方事先约定的时间晚一刻钟到半个小时。墨西哥人着装注重整洁,非常讲究在公共场合着装的严谨与庄重。

墨西哥的人文、历史、艺术是很好的用餐聊天主题。如果关系不够深入,忌谈美墨战争、社会贫困、非法劳工等伤害墨西哥人自尊的话题。每年的11月1日,即亡灵节,墨西哥人都会摆神龛以纪念他们热爱的已故亲友,欢迎死者的灵魂归家。墨西哥的这一节日,既与西方的万圣节有相似之处,又不完全相同,表现了浓厚的印第安民族文化特色。

墨西哥人最喜欢的颜色是白色,最不喜欢的颜色是紫色,最讨厌的数字是13。

2. 主要节日

元旦(1月1日)、宪法日(2月5日)、劳动节(5月1日)、国庆节(也称"独立日",9月16日)、革命节(11月20日)、圣诞节(12月25日)等。

3. 美食

墨西哥饮食丰富多样,荟萃世界美食。墨西哥人的传统食品是玉米、菜豆和辣椒,玉米饼卷和辣椒世界闻名。墨西哥玉米卷饼、蛋糕、玉米粉蒸肉、炸玉米圆饼,是墨西哥人日常生活中必不可少的一部分。墨西哥人爱吃牛肉、猪肉、鸡、火鸡、海味品、奶酪等,蔬菜爱吃西红柿、洋葱、辣椒、土豆、柿子椒、卷心菜等,调料爱用辣椒酱、芝麻、胡椒等。正宗的墨西哥菜肴,材料多以辣椒和番茄主打,味道有甜、辣和酸等,而酱汁九成以上是辣椒和番茄调制而成的。

龙舌兰酒是墨西哥的国酒,被称为墨西哥的灵魂。不论是家庭饮宴还是朋友聚会,墨西哥人最爱不释手的酒就是龙舌兰酒。

九、旅游业

在墨西哥政府《国家发展计划2013~2018年》中,旅游业也是六个优先发展的板块之一。

据世界旅游组织统计,2010年墨西哥入境旅游人数为2 329.0万人次,2014年为2 934.6万人次,2015年为3 209.3万人次,2016年为3 496.1万人次(UNWTO

Tourism Highlights：2017 Edition）。

2010 年墨西哥入境旅游收入为 119.92 亿美元,2014 年为 162.08 亿美元,2015 年为 177.34 亿美元,2016 年为 195.71 亿美元（UNWTO Tourism Highlights：2017 Edition）。

国家旅游局统计数字显示,2010 年墨西哥来华旅游入境人数为 4.94 万人次,2011 年为 5.37 万人次,2012 年为 5.77 万人次,2013 年为 6.01 万人次。

2014 年 1~12 月,墨西哥来华旅游入境人数为 6.58 万人次,其中会议和商务旅游 1.35 万人次、观光和休闲 2.97 万人次、探亲访友 0.06 万人次、服务员工 0.50 万人次、其他 1.71 万人次。2015 年 1~12 月,墨西哥来华旅游入境人数为 6.83 万人次,其中会议和商务旅游 1.33 万人次、观光和休闲 3.06 万人次、探亲访友 0.07 万人次、服务员工 0.54 万人次、其他 1.83 万人次。

2015 年和 2016 年,墨西哥全球入境旅游人数排名位居第八。墨西哥旅游局公布的数据显示,2016 年墨西哥接待国际旅客超 3 500 万人次,创历年新高,全年同比增长 9%。

墨西哥健康旅游业在保健和医疗方面提供多种服务,保健方面有温泉疗养、水疗等;医疗方面墨西哥边境城市在牙科、眼科和美容手术等方面吸引游客。

十、旅游资源

从东西海岸的阳光沙滩到北部边陲的沙漠景观,从玛雅文明遗址到殖民时代老城,墨西哥的旅游资源极其丰富。古印第安人曾经创造的辉煌的历史和文化给这里蒙上了神秘的面纱。墨西哥完整地保留了西班牙殖民统治之前的文化瑰宝,即那些宏伟的建筑遗址。

截至 2018 年 7 月,墨西哥被联合国教科文组织世界遗产委员会列入《世界遗产名录》的世界遗产多达 35 项。

（一）旅游城市

1. 墨西哥城

墨西哥首都墨西哥城（Mexico City）,始建于 500 年前,是美洲最古老的城市,现为全国政治、经济、文化和交通中心。墨西哥城最早是土著的阿兹特克人的首都。1521 年,西班牙人打败了印第安人的阿兹特克帝国,把帝国首都夷为平地,再在废墟上建起了一座新的城市,就是西班牙人在新大陆建立的国家"新西班牙"的首都——墨西哥城。现存古旧建筑有 5 座阿兹特克寺庙、1 座天主教堂和 19 至 20 世纪的一些主要建筑。城南的霍奇卡尔科的建筑遗迹是阿兹特克人独特建筑的证明。市内以及城市周围星罗棋布的古印第安人文化遗迹是墨西哥也是全人类文明历史的宝贵财产。墨西哥城享有"壁画之都"的美誉,许多建筑物的墙壁上绘有反映古代印第安人生活和墨西哥历史发展进程的壁画,这些历史悠久的建筑已成为该城的一大景观。

1987年,墨西哥城霍奇卡尔科区历史中心(Historic Centre of Mexico City and Xochicalco)作为文化遗产被联合国教科文组织世界遗产委员会列入《世界遗产名录》。

2. 莫雷利亚

莫雷利亚(Morelia)是墨西哥米却肯州首府,在殖民时期是著名的文化和艺术中心。莫雷利亚城的建筑融合了文艺复兴式、巴洛克式和新古典主义元素,是城市规划的突出典范。该市的许多街道、广场、宫殿、教堂、拱桥高架水道等,至今仍保持殖民时期的建筑原貌。城区的莫雷利亚大教堂、圣弗朗西斯大教堂、巴洛克式大教堂和瓜达卢佩圣母教堂等巴洛克式的宗教建筑,在笼罩全城的一片粉红色调中格外醒目。莫雷利亚大教堂矗立在市中心,高大雄伟,精雕细琢,被称为莫雷利亚的"城市皇冠"。

1991年,莫雷利亚历史中心(Historic Centre of Morelia)作为文化遗产被联合国教科文组织世界遗产委员会列入《世界遗产名录》。

3. 克雷塔罗

克雷塔罗(Querétaro)是墨西哥著名的旅游胜地之一。该市三面环山,一面是平原。城市四季如春,气候宜人,以其美丽的西班牙式建筑和幽静的风景区驰名于世。市内仍保留着许多殖民时期的历史建筑和遗迹。城中布满了殖民时期的西班牙风格建筑和大大小小的教堂、广场。克雷塔罗市的建城史最早可上溯至13世纪,为印第安奥托米人所建。1531年,西班牙殖民者占领这座印第安古城后,在印第安文明的废墟上建起了一座带有浓郁西班牙风格的城市,将其命名为"圣地亚哥-德克雷塔罗"。

1996年,克雷塔罗历史建筑区(Historic Monuments Zone of Querétaro)作为文化遗产被联合国教科文组织世界遗产委员会列入《世界遗产名录》。

(二)主要名胜

1. 特奥蒂瓦坎

特奥蒂瓦坎(Teotihuacan)古城遗址位于墨西哥首都墨西哥城东北约50公里处,是古代特奥蒂瓦坎人的都城,一个曾经存在于墨西哥境内的古代印第安文明,建于1世纪至7世纪。特奥蒂瓦坎建筑以太阳神金字塔、月亮神金字塔、羽蛇神庙等闻名于世。特奥蒂瓦坎古城遗址是墨西哥的主要旅游胜地。

1987年,特奥蒂瓦坎前西班牙城市(Pre-Hispanic City of Teotihuacan)作为文化遗产被联合国教科文组织世界遗产委员会列入《世界遗产名录》。

2. 坎昆

坎昆(Cancun)是墨西哥著名的国际旅游城市,位于加勒比海北部、墨西哥尤卡坦半岛东北端。该城市三面环海,风光旖旎。坎昆是世界公认的十大海滩之一。

坎昆除了有大海、阳光和沙滩,周边还有大量古玛雅人的文化遗存。在距坎昆130公里处还有图伦遗址,据说,这是迄今墨西哥保存最好的一座玛雅和托尔特克人的古城。

第四节 巴 西

一、国家概况

国名:巴西联邦共和国(The Federative Republic of Brazil)
面积:851.49 万平方公里[1]
人口:2.028 亿[2]
首都:巴西利亚(Brasilia)
语言:葡萄牙语
民族:白种人占 53.7%,黑白混血种人占 38.5%,黑种人占 6.2%,黄种人占 0.5%,印第安人占 0.4%[3]
宗教:73.8%的居民信奉天主教,13%的居民信奉基督教新教
货币:雷亚尔
国庆:9 月 7 日
国花:毛蟹爪兰
国歌:《听,伊匹兰加的呼声》
主要城市:圣保罗、里约热内卢、贝洛奥里藏特、累西腓
行政区划:全国共分 26 个州和 1 个联邦区

二、自然地理

巴西位于南美洲东部,东濒大西洋,西南与乌拉圭、阿根廷、巴拉圭交界,西与玻利维亚、秘鲁、哥伦比亚相连,北与委内瑞拉、圭亚那、苏里南、法属圭亚那为邻。国土面积约占南美洲总面积的 47.7%,是南美洲面积最大的国家。

巴西全境分为亚马孙平原、巴拉圭盆地、巴西高原和圭亚那高原,其中亚马孙平原的面积约占全国总面积的 1/3。位于亚马孙平原上的热带雨林是地球上最大的热带雨林,被称为"地球之肺"。水力资源丰富,居世界第四位。河流分为三大

---

[1] http://www.fmprc.gov.cn/pds/gjhdq/gj/nmz/1206_1/
[2] http://www.fmprc.gov.cn/web/gjhdq_676201/gj_676203/nmz_680924/1206_680974/1206x0_680976/
[3] http://www.fmprc.gov.cn/pds/gjhdq/gj/nmz/1206_1/

水系,分别为亚马孙水系、巴拉圭-巴拉那-拉普拉塔水系和圣弗朗西斯科水系。境内主要湖泊有帕图斯潟湖、米林湖等。

巴西大部分地区属热带气候。全年炎热,年降水量 2 000~3 000 毫米。

三、历史

古代巴西为印第安人的居住地。16 世纪 30 年代,葡萄牙派远征队占领巴西并在巴西建立其殖民地。1808 年,拿破仑入侵葡萄牙,葡萄牙王室逃到巴西后,巴西实际上成了葡萄牙帝国的中心。1821 年,葡王室迁回葡萄牙,王子圣·佩德罗(St. Pedro)留在巴西任摄政王。1822 年,圣·佩德罗宣布巴西独立,建立巴西帝国。1889 年,丰塞卡将军发动政变,推翻帝制,成立巴西合众国。1961 年,巴西将首都由里约热内卢迁往巴西利亚。1964 年 3 月 31 日,巴西军人政变上台,实行独裁统治。1967 年改国名为巴西联邦共和国。1985 年 3 月军政府还政于民。1989 年 11 月 15 日,巴西举行了近 30 年来第一次全民直接选举,费尔南多·科洛尔当选总统。此后,国家总统均由全民投票产生。

四、外交

1. 对外关系

巴西政府奉行独立自主、不干涉内政、尊重主权与领土完整、和平解决争端和友好共处的对外政策。巴西政府认为,外交应为巩固民主制度和促进经济发展服务,赞同世界多极化,要求建立"不含任何形式霸权主义的民主化的国际关系";积极推动发展中国家间的协调与合作,以维护共同利益。截至 2008 年年底,巴西已与 158 个国家建立了外交关系。

2. 与中国的关系

巴西于 1974 年 8 月 15 日与我国建交。建交以来,中巴在政治、经贸、科技、文化等领域的友好合作关系全面发展。两国已互为对方在各自地区最大的贸易伙伴之一,中巴联合研制的地球资源卫星项目成为南南高科技合作的典范。1993 年中巴两国建立战略伙伴关系。2007 年,两国建立并启动战略对话机制。2008 年,胡锦涛主席和巴西总统卢拉在八国集团与发展中国家领导人对话会、北京奥运会开幕式和"二十国领导人"金融市场和世界经济峰会期间三次会晤。

五、经济

1. 自然资源

巴西铁矿砂储量、产量和出口量均居世界第一位,铀矿、铝矾土和锰矿储量均居世界第三位,铌矿储量丰富。此外,巴西还有较丰富的铬矿、镍矿、黄金矿和石棉矿,石油和天然气储量也很丰富。除了矿产资源外,巴西的水力资源也非常丰富。

2. 农牧业

巴西的土地资源、水资源十分丰富,农业增产的潜力极大,甚至有专家认为,巴西将是"21世纪的世界粮仓"。目前,巴西咖啡、蔗糖、柑橘、牛肉产量和出口量位居世界第一;大豆、鸡肉产量位居世界第二,出口量第一;玉米出口位居世界前列。2007年农牧业产值占国内生产总值的23.07%。[①]

3. 工业

巴西的工业实力和工艺均居拉美首位。主要工业部门有钢铁、汽车、造船、石油、水泥、化工、冶金、电力、建筑、纺织、制鞋、造纸、食品等。巴西的核电、通信、电子、飞机制造、信息、军工、燃料乙醇等已跨入世界先进行列。

4. 中巴经贸

中巴建交以来,双边经贸关系取得了长足发展。目前,巴西是中国在拉美的最大贸易伙伴,中国是巴西的第三大贸易伙伴、出口市场和进口来源国。中方主要出口机电产品、高新技术产品、服装、煤、焦炭、纺织品、自动数据处理设备及零部件等;进口巴西铁矿砂、大豆、豆油、原油、蔗糖、钢材板材、纸浆、皮革、运输工具、木材和机械设备等。

截至2006年底,我国在巴西实际投资9 114万美元,主要涉及采矿、木材加工和家电组装等项目。巴西在华实际投资2亿美元,主要涉及支线飞机制造、压缩机生产、煤炭、房地产、汽车零部件生产、水力发电和纺织服装等项目。

六、文化和艺术

巴西早期文学深受宗主国的影响,以模仿葡萄牙文学为主。18世纪下半叶出现一批民族作家,其作品内容多描写巴西土著民族的风俗民情和印第安人的战争。巴西独立后,文学进入一个新的阶段,作品内容以揭露和抨击奴隶制度及反映巴西下层人民的生活为主。19世纪末20世纪初出现现实主义文学,内容以反映巴西社会问题居多。

巴西的戏剧以宗教剧为开端,20世纪40年代开始上演本国的作品,50年代巴西的戏剧开始走上世界舞台。著名剧作家吉列尔梅·菲格雷多的《狐狸和葡萄》先后被30多个国家搬上舞台。巴西美术具有民族特色,在国际上享有盛誉的画家有艾米利亚诺·迪卡瓦尔坎蒂和坎蒂多·波迪娜里。

巴西的音乐充分体现了来自三大洲的音乐元素,其中最典型的要数桑巴舞。桑巴舞起源于非洲西海岸,随着黑奴贸易传到巴西。它吸收了葡萄牙人、印第安人

---

① http://www.fmprc.gov.cn/pds/gjhdq/gj/nmz/1206_1/

舞蹈和音乐的风格,演变成巴西的桑巴舞。随着时间的推移,桑巴舞成为巴西狂欢节的代名词。巴西人说:"没有桑巴舞,就不存在狂欢节。"可见,桑巴舞已渗透到巴西人的血液中。

七、教育

巴西实行8年制义务教育(7~14岁)。教育体系分基础教育和高等教育两级,基础教育又分初级教育和中等教育。初级教育相当于我国的小学和初中,中等教育相当于我国的高中。高等教育指各类大学,学制一般为4年。著名高等学府有圣保罗大学、坎皮纳斯大学、巴西利亚大学、里约热内卢天主教大学等。

八、民俗风情

1. 礼仪和习俗

在巴西,熟人相见,男士之间互相拥抱,相互拍打后背,表示关系非同一般;女士之间或女士遇到熟识的男士,则要亲吻面颊,同时嘴里还要发出亲吻之声,但嘴不接触脸,以这种礼仪表示亲热。当然,在巴西也有握手的礼节,在初次见面或在不太熟识的人之间一般行握手礼。在行握手礼时,身份较高的人、年长者、主人或女士一般要先伸出手,身份低的人、年轻人、客人等不能抢先伸手,否则被认为是不恭。

巴西人招待普通朋友,一般是到餐馆请客,只有知己或亲密朋友才邀到家中用餐。客人应邀出席家宴时,都要带些礼物送给主人。巴西人在送礼时,忌讳送手帕。巴西人在接受礼品时,一般要当着送礼人及客人们的面把包装纸打开,欣赏一下礼品,然后致谢。

巴西人普遍把"金桦果"视为幸福的种子。新年之夜,人们纷纷举着火把,走向林中去寻找他们的"幸福之果",称之为"寻果新年"。

2. 主要节日

狂欢节(每年的2~3月)、海神节(2月2日)、国庆日(9月7日)、万灵节(11月2日)、共和国日(11月15日)、圣诞节(12月25日)等。

3. 美食

巴西美食主要有烤肉、猪肉烩黑豆、龙虾果仁泥配香蕉汁、奶酪蛋糕、咖啡等。另外,还有原汁原味的热情果(西番莲,又名鸡蛋果或百香果)、番石榴、木瓜等热带水果。

九、旅游业

近年来,巴西的入境外国旅游人数增长迅速。1990年巴西的入境旅游人数为

109.1万人次,1995年为199.1万人次,2000年为531.3万人次,2003年为413.3万人次,2004年为479.4万人次[1],2005年为535.8万人次,2006年达到501.9万人次[2]。据世界旅游组织统计,2010年巴西的入境旅游人数为516.1万人次,2014年为643.0万人次,2015年为630.6万人次,2016年为657.8万人次(UNWTO Tourism Highlights:2017 Edition)。

1990年巴西的入境旅游收入为14.92亿美元,1995年为9.72亿美元,2000年为18.10亿美元,2003年为24.79亿美元,2004年为32.22亿美元[3],2005年为38.61亿美元,2006年为43.16亿美元[4]。2010年巴西的入境旅游收入为52.61亿美元,2014年为68.43亿美元,2015年为58.44亿美元,2016年为60.24亿美元(UNWTO Tourism Highlights:2017 Edition)。

美洲地区是巴西第一大客源区,但是近年来,来自美洲的游客数量正在减少,而来自欧洲的游客数量在逐渐增加。统计资料显示,来自美洲的游客数量从1999年的364.3万人次减少到2004年的270.3万人次,负增长25.8%;来自欧洲的游客数量从1999年的124.6万人次增加到2004年的186万人次,增长49.3%。在2004年的入境游客中美洲游客占56.4%,欧洲游客占38.8%。[5] 从客源国家来看,阿根廷是巴西第一大客源国,其次是美国、乌拉圭和巴拉圭,排在第五位和第六位的分别是欧洲的德国和意大利。

随着巴西经济的发展,出境旅游人数呈现逐年上升的趋势。1999年巴西出境旅游人数为286.3万人次,2000年为322.8万人次。2001~2002年巴西出境旅游人数有所下降,2001年巴西出境旅游人数降到267.4万人次,2002年为236.4万人次。2003年出境旅游人数实现恢复性增长,出境旅游人数增长到295万人次,2004年出境旅游人数快速增长至359.5万人次。[6]

巴西旅游业的蓬勃发展与政府的高度重视分不开。巴西政府认为,旅游业的兴旺发达,不仅为国家赚取大量的外汇,而且还可以带动国内不少相关部门的生产,同时为国内提供大量的就业机会。因此,巴西政府把旅游业的发展纳入国民经济发展的总体计划之中。

为了大力鼓励旅游业的发展,政府采取了很多措施,其中主要有成立全国旅游委员会和巴西旅游公司,加强政府对旅游业的管理和指导;制定旅游基本法,通过法律对旅馆应具有的服务水准、旅游区的开辟和使用及如何提供财政税收的优惠

---

[1] World Tourism Organization(UNWTO):Tourism Market Trends,2005 Edition
[2] World Tourism Organization(UNWTO):UNWTO,2007
[3] World Tourism Organization(UNWTO):Tourism Market Trends,2006 Edition
[4] World Tourism Organization(UNWTO):UNWTO June 2007
[5] 张凌云.世界旅游市场分析与统计手册[M].北京:中国旅游出版社,2008:382.
[6] 张凌云.世界旅游市场分析与统计手册[M].北京:中国旅游出版社,2008:384.

待遇等都作出明确的规定。政府的这些措施大大地提高了企业家扩大投资、发展旅游业的积极性。另外,巴西还非常注意多种形式的旅游宣传和不断提高服务质量,完善服务项目。

在政府的大力支持下,巴西旅游业在赶超世界水平方面不断大步迈进,现在巴西已成为世界旅游胜地之一。

十、旅游资源

热带雨林、海滩、狂欢节、足球,是人们对巴西的印象,放松、将就、轻松是巴西人生活态度最好的写照。巴西具有南美其他地方不能比拟的活力,对时尚的偏好和断然的革新方式使得人们将其称为"南美洲的加利福尼亚"。

每年的春秋之季是巴西最好的旅游时节。巴西三大名城——巴西利亚、圣保罗、里约热内卢,亚马孙原始森林、伊瓜苏瀑布、亚马孙海潮,以及足球、桑巴舞、狂欢节等都可让游客大饱眼福。

(一) 旅游城市

1. 巴西利亚

巴西首都巴西利亚(Brasilia)位于巴西中部的戈亚斯(Goias)州境内,坐落于人工湖帕拉诺阿湖半岛上,始建于 1956 年。巴西利亚是新兴的现代化城市,连同周围 8 个卫星城,面积为 5 814 平方公里。

巴西利亚是仅花 3 年多时间新建的一座现代化城市。其设计非常有特色,整个城市建筑布局看上去就像一架昂首待飞的巨型飞机,寓意巴西正迎着朝阳展翅飞翔。"机头"是由总统府、国会大厦、最高法院组成的三权广场。"机身"是政府各部门办公大楼、大教堂、公园、商业中心等建筑。"两翼"是平坦宽阔的立体公路,路两旁是居民区和商业网点。"机尾"主要是工业区和服务性行业区。巴西利亚作为文化遗产于 1987 年被联合国教科文组织世界遗产委员会列入《世界遗产名录》。

2. 圣保罗

圣保罗(São Paulo)位于巴西东南部的圣保罗州东南部,是巴西最大的城市和工业中心,也是南美最大的城市。圣保罗市始建于 1554 年,以天主教圣徒保罗的名字命名。

圣保罗虽然处在南回归线附近,但由于地势较高,平均海拔 800 多米,因而夏季多雨凉爽,冬季干燥偏冷,没有酷暑也没有严寒,是一座气候宜人、林木苍翠、风光秀丽的城市。

圣保罗最值得一访之地就是圣保罗大教堂。圣保罗大教堂气势恢宏,多姿多彩,是南美洲最大的天主教教堂之一,也是一座典型的哥特式建筑。其地下室里保存着许多圣徒的遗骸,是信徒们前往朝拜的圣地。圣保罗还是一座文化城市,有圣保罗大学及其他各类高等学府。还有众多的博物馆,这些博物馆建筑别具一格,藏品丰富,对游客具有极大的吸引力。

3.里约热内卢

里约热内卢(Rio de Janeiro)位于巴西东南部,是里约热内卢州首府,坐落在瓜纳巴拉(Guanabara)湾内侧,是巴西第二大城市。里约热内卢建于1565年,1834~1960年为巴西首都,是巴西经济最发达的城市之一,也是巴西重要的交通枢纽和文化中心。里约热内卢依山傍海,风景优美,是巴西和世界著名的旅游观光胜地。

(二)主要名胜

1.萨尔瓦多古城

萨尔瓦多(Salvador)古城位于巴西东部巴伊亚州首府萨尔瓦多。萨尔瓦多是巴西东北部的港口城市,于1549年建城,是葡萄牙殖民者在巴西建造的一座城市。

萨尔瓦多古城分为上下两城,上城坐落于一个深入大西洋的半岛上面。下城面临海湾,曾经是贩奴的交易中心,如今则是一个手工艺品市场。萨尔瓦多城内还拥有160多座教堂,是南美洲地区教堂最多的城市。而建于17世纪的瓦西利亚教堂则是巴西国内最大的教堂。1985年,萨尔瓦多古城(Historic Centre of Salvador de Bahia)作为文化遗产被联合国教科文组织世界遗产委员会列入《世界遗产名录》。

2.欧鲁普雷图古城镇

欧鲁普雷图(Ouro Preto)古城位于巴西东南部的米纳斯吉拉斯州伊塔科罗(Itacolomi)山脉附近,建立于17世纪末。欧鲁普雷图是巴西历史上淘金热的发源地,是巴西独立运动的摇篮,还是巴西文化的一座丰碑。

尽管随着19世纪金矿资源的枯竭,欧鲁普雷图的影响力有所下降,但是城市几乎所有的建筑至今依然保存完好,尤其是许多设计精巧、装饰豪华的大教堂及桥梁和喷泉作为过去城市繁荣的见证,仍然保留着。

1980年,欧鲁普雷图古城镇(Historic Town of Ouro Preto)作为文化遗产被联合国教科文组织世界遗产委员会列入《世界遗产名录》。

第五节 阿根廷

一、国家概况

国名: 阿根廷共和国(The Republic of Argentina)

面积: 278万平方公里

中国旅游客源国概况

人口：4 011 万[①]
首都：布宜诺斯艾利斯（Buenos Aires）
语言：西班牙语
民族：白人和印欧混血种人占95%，多属意大利和西班牙后裔
宗教：76.5%的居民信奉天主教，9%的居民信奉新教
货币：比索
国庆：5月25日
国花：赛波花
国歌：《祖国进行曲》
主要城市：科尔多瓦、罗萨里奥、拉普拉塔、乌斯怀亚
行政区划：全国划分为24个行政单位。由23个省和联邦首都（布宜诺斯艾利斯市）组成

二、自然地理

阿根廷位于南美洲东南部，东濒大西洋，南与南极洲隔海相望，西邻智利，北与玻利维亚、巴拉圭交界，东北与乌拉圭、巴西接壤。南北长3 694公里，东西宽1 423公里。陆上边界线长25 728公里，海岸线长47 25公里。地势由西向东逐渐低平。西部是以巍峨壮观的安第斯山为主体的山地；东部和中部的潘帕斯草原是著名的农牧区；北部主要是格兰查科平原，多沼泽、森林；南部是巴塔哥尼亚高原。主要山脉有奥霍斯-德尔萨拉多山、梅希卡纳山，高达6 960米的阿空加瓜山（Aconcagua）为南美洲万峰之冠。

阿根廷北部属热带气候，中部属亚热带气候，南部为温带气候。

三、历史

16世纪前居住着印第安人。1536年沦为西班牙殖民地。1810年5月25日，布宜诺斯艾利斯人民掀起反对西班牙殖民统治的"五月革命"，成立了第一个政府委员会。1812年，阿根廷人民在民族英雄圣马丁（San Martin）的领导下，开展了反对西班牙殖民军的大规模武装斗争，于1816年7月9日宣告独立。此后阿长期处于动乱和分裂状态。1853年，乌尔基萨将军制定了第一部宪法，建立联邦共和国。20世纪30年代起军人与文人交替执政。70年代中后期，军政府曾对左翼反对派人士进行残酷压制。1982年同英国因马尔维纳斯群岛主权争端爆发战争，旋即战败，军政府倒台。80年代中后期经济衰退，社会政治动荡。1994年第四次修改后

---

① http://www.fmprc.gov.cn/web/gjhdq_676201/gj_676203/nmz_680924/1206_680926/1206x0_680928/

的宪法规定阿为联邦制国家，实行代议制民主。

四、外交

阿根廷奉行独立自主的多元化外交政策，主张多边主义和国际关系民主化，奉行不干涉内政、保护人权和恪守国际法等原则。实行多元务实均衡的外交路线，积极修复同美欧国家传统关系，重视发展同巴西等新兴大国关系，调整同委内瑞拉等激进左翼国家关系。大力推进南美一体化，密切南方共同市场同拉美"太平洋联盟"经贸合作。致力于恢复行使对马尔维纳斯群岛等领土的主权。同184个国家建有外交关系，是联合国、世界贸易组织、二十国集团、77国集团等多边机制的成员国。2012年10月，当选2013~2014年度联合国安理会非常任理事国。2018年二十国集团主席国。

1972年2月19日与中国建交。

五、经济

1. 自然资源

阿根廷主要矿产资源有石油、天然气、铜、金、铀、铅、锌、硼酸盐等。水力、渔业资源丰富。森林面积125.3万平方公里，森林覆盖率45.06%。

2. 农业

阿根廷农牧业发达，是世界粮食和肉类重要生产和出口国，素有"世界粮仓和肉库"之称。人均耕地面积0.77公顷，居世界前列。2015年农牧林业产值2 882.22亿比索，同比增长7.8%。

3. 工业

阿根廷工业较发达，2015年工业产值占国内生产总值的比重约为17.2%。主要有钢铁、汽车、石油、化工、纺织、机械、食品加工等，门类齐全。食品加工业较先进，主要有肉类加工、乳制品、粮食加工、水果加工、酿酒等行业。

4. 经济发展

阿根廷是拉美地区综合国力较强的国家。工业门类较齐全，农牧业发达。20世纪初，阿根廷经济总量曾位居世界前十名。80年代因债务危机，经济大幅衰退。1991年起实施以私有化为核心的新自由主义经济政策，阿根廷经济重新步入增长轨道，1991年至1998年年均增长率达6%。2001年底，阿根廷爆发严重经济危机。2003年至2011年，阿根廷经济实现较快增长。自2012年以来，受国际经济金融形势等影响，阿根廷经济增速明显放缓。2014年初以来，阿政府采取放松外汇管制、提高利率、减少财政补贴等举措，宏观经济形势好转。

5. 中阿经贸

中阿建交以来，双边贸易额不断增长，经贸合作日益深化。目前，阿根廷是我国在拉美的第五大贸易伙伴,我国是阿根廷全球第二大贸易伙伴。中国主要出口机械设备、电器和电子产品、计算机和通信设备、摩托车、纺织服装等商品,主要进口大豆、豆油、原油、皮革等商品。

六、文化和艺术

作为南美洲最欧化的国家,阿根廷一直是南美洲国家中的另类。有四个词可以很好地解读阿根廷的文化:马黛茶、探戈、烤肉、足球。

马黛茶被阿根廷誉为"国宝""国茶"。在当地语言中,"马黛茶"就是"仙草""天赐神茶"。在阿根廷,每人每天都在喝"马黛茶",从小孩到老人,从都市到乡村,阿根廷人宁可食无肉不能居无茶。每年11月的第二个星期是阿根廷的马黛茶节。

探戈是集音乐、舞蹈、歌唱、诗歌于一身的综合艺术。探戈起源于布宜诺斯艾利斯的港口区。由于布宜诺斯艾利斯当年曾是大量移民流入的门户,所以探戈的音乐、舞蹈、诗歌、唱词等都受到过多种外来文化,尤其是欧洲文化和非洲文化的影响。探戈音乐节奏明快,独特的切分音是它鲜明的特征。探戈的舞步华丽高雅,兼具热烈奔放的情怀。探戈的曲子激越奔放,又如泣如诉;歌词充满民间俚语,内容或愤世嫉俗,或伤感凄凉,与探戈的起源密切相关。探戈的表演服装,男士打领结穿深色晚礼服,女士着一侧开衩的长裙。目前,阿根廷拥有一支庞大的探戈艺术队伍。作为表现布市人日常生活的艺术形式,探戈以其雅俗共赏的艺术魅力深受人们的喜爱。

烤肉是阿根廷的一大特色。在阿根廷,牛排的备料被看作是一门艺术。布宜诺斯艾利斯的每一处烤肉馆似乎都像烹调牛肉的殿堂,而非餐馆。这里的牛肉绝不事先腌制,烤的时候仅用一点盐,直接炭火烧烤而成,外焦内嫩是其最大特色。

足球是阿根廷的第一大运动。相比于巴西足球的细腻、唯美,阿根廷足球狂野、直接,带着潘帕斯草原典型的狂野气息。

七、教育

阿根廷教育水平居拉美国家前列。1884年通过的《普通教育法》是阿全国教育体系的基石。2006年颁布的《国家教育法》规定,全国实行13年制义务教育,包括学前1年、小学6年、初中3年、高中3年。小学入学年龄为6岁。其他主要教育法规还有:1995年颁布的《高等教育法》、2005年颁布的《职业技术教育法》、2006年颁布的《教育融资法》等。著名大学有布宜诺斯艾利斯大学、拉普拉塔国立大学、科尔多瓦国立大学等。

八、民俗风情

1. 礼仪和习俗

在社交场合,当地人男士之间要一一握手,而与女士见面则施贴面礼。由于阿根廷人多为西班牙和意大利人的后裔,一定程度上受欧洲文化影响。阿根廷人见面的称谓与问候较讲究,通常需在姓氏前冠以先生、小姐、夫人和头衔等尊称,而在亲密的朋友之间则用名字相称或昵称。阿根廷人守时观念不强。在阿根廷,人们交谈忌讳打探个人收入、年龄、宗教信仰、情感等隐私。适于谈论的话题:足球、烹饪技巧、家庭陈设等。拜访阿根廷人时,可赠送一些小礼品,但是送菊花、手帕、领带、衬衫等是不适当的。

2. 主要节日

新年(1月1日)、劳动节(5月1日)、五月革命纪念日(5月25日)、独立日(7月9日)、哥伦布纪念日(10月12日)、圣诞节(12月25日)等。

3. 美食

阿根廷人酷爱烤牛肉和红酒,在城市主要街道各类烤肉店随处可见。阿根廷烤肉是直接炭火烧烤方式加上特制的调料精制而成,所以肉嫩味香且保留了原汁原味。当然,配烤肉就更离不开其伴侣——红葡萄酒。葡萄酒更是阿根廷人每餐不可或缺的享受。餐前或餐后来一杯马黛茶也是阿根廷人的饮食习惯。

九、旅游业

旅游业是阿根廷四大经济支柱产业之一和第二大出口收入来源。最近10年,旅游业年均增速保持在5%左右,也是增长最快的经济部门之一。据统计,每年近600万国外游客到访阿根廷,带来约45亿美元外汇收入。

阿根廷旅游业发达,是南美主要旅游国家。近年来,受经济复苏和比索贬值的影响,赴阿根廷游客大幅增加。旅游业成为阿第三大创汇产业。2016年共接待外国游客约570万人次。

据世界旅游组织统计,2010年阿根廷入境旅游人数为532.5万人次,2014年为593.1万人次,2015年为573.6万人次,2016年为555.9万人次(UNWTO Tourism Highlights:2017 Edition)。

2010年阿根廷入境旅游收入为49.42亿美元,2014年为46.24亿美元,2015年为49.27亿美元,2016年为46.87亿美元(UNWTO Tourism Highlights:2017 Edition)。

阿根廷旅游业的快速发展得益于行业创新和产业整合。例如,将农牧业、餐饮业和观光结合起来的潘帕斯草原之旅,把葡萄酒庄、休闲疗养和徒步结合起来的安第斯美酒之旅等旅游新产品,正在成为推动阿根廷旅游业发展的重要动力。

十、旅游资源

得天独厚的地理环境和气候多样性赋予阿根廷丰富的旅游资源:伊瓜苏大瀑布蔚为壮观、安第斯雪山巍峨俊秀、"世界尽头"乌斯怀亚风景如画、莫雷诺冰川气势逼人……这些举世闻名的景点吸引着众多国内外游客前往阿根廷观光旅游。

(一)旅游城市

1. 布宜诺斯艾利斯

布宜诺斯艾利斯(Buenos Aires)是阿根廷的首都,始建于16世纪,并于19世纪末期形成现在的规模。布宜诺斯艾利斯的城市建筑多受欧洲文化影响,至今还保留有几个世纪前的西班牙和意大利风格的古代建筑。走在街道上,似乎仍然可以闻到往日欧洲的味道。

主要景点有:圣马丁广场、五月广场、方尖碑、七·九大街、国会大厦、博卡区与探戈街等。

2. 科尔多瓦

科尔多瓦(Córdoba)是科尔多瓦省的首府,阿根廷第二大城市,仅次于首都布宜诺斯艾利斯。科尔多瓦位于科尔多瓦山脉东麓,普里梅罗河畔。科尔多瓦有全国最早创立的科尔多瓦国立大学,始建于1613年。在这所大学培养的众多杰出的人才中,有共和国总统、政府部长、省长、参议员、法官、律师、作家、艺术家、科学家、军事家和教授。老城区以圣马丁广场为中心,多殖民时期建筑,如建于18世纪的总督府、教堂等。城市三面环山,风景秀丽,市区规划整齐,市容美观,为著名的旅游胜地。

3. 马德普拉塔

马德普拉塔(Mardel Plata)意为"银海",是大西洋沿岸的海滨城市,素有"大西洋珍珠"之美誉,是阿根廷人首选的度假地。这里是著名的海滨避暑胜地,海滩长达8公里,风景优美迷人,旅游设施完备,市内西班牙式的建筑与高楼大厦相映,古朴之美与现代恢宏和谐同辉。该市有1884年创设的拉普拉塔国立大学,还有博物馆、图书馆、教堂等。

(二)主要名胜

1. 伊瓜苏瀑布

伊瓜苏瀑布(Iguacu Falls)位于阿根廷北部伊瓜苏河下游,高约80米,直径达2 700米,是世界上最壮观的瀑布之一。伊瓜苏河发源于巴西南部大西洋沿岸山区,自东向西流程达1320公里,沿途集纳了30多条河流,多河汇合后水量充沛,水面增宽,大河直奔两国边界。在伊瓜苏河与巴拉那河汇合前约23公里处有一段高崖。这段高崖是由于两条河道走向不同形成的。巴拉那河谷为南北走向,而伊瓜苏河道则与巴拉那河垂直。这样巴拉那河长年累月被河水冲刷,河床变得越来越低,自然形成一个高崖。当然,亿万年前频繁地壳运动造成的玄武岩陡壁、地表裂缝、地质断层及塌落孔洞的地质地貌,全面成就了这个"南美第一奇观"——伊瓜苏大瀑布。

1984年,伊瓜苏国家公园(Iguazu National Park)作为自然遗产被联合国教科文组织世界遗产委员会列入《世界遗产名录》。

2. 乌斯怀亚

乌斯怀亚(Ushuaia)是坐落在火地岛最南端的小城,一般阿根廷人把它称为"世界之端"。这是一座依山面海而建的别致、美丽的小城。圣马丁路是乌苏怀亚最热闹的商业街。这里没有豪华的大商场,只有一家挨一家精致的小店,家家都是琳琅满目的纪念品。这里距南极洲大陆800公里,是各国南极考察队重要的后方基地,是南极科学家不可缺少的补给基地,包括中国在内的各国南极考察船队都在此停泊过。也正是由于近年来南极旅游的火热,使得乌斯怀亚的旅游业得到迅速发展。

思考与练习

1. 简述加拿大的经济发展现状及中加经贸关系发展前景。
2. 试分析加拿大旅游委员会对促进加拿大旅游的作用。
3. 美国旅游资源的特色是什么?旅游业发展现状如何?
4. 美国有哪些著名旅游城市?各有哪些著名景点?
5. 简述墨西哥的主要旅游城市。
6. 巴西的旅游资源特色是什么?
7. 简述巴西的主要旅游城市及其特征。
8. 简述阿根廷的主要旅游城市。

第五章 非洲旅游区

引言

非洲全称阿非利加洲，简称非洲。非洲有50多个国家和地区，面积约3 020万平方公里（包括附近岛屿），约占世界陆地总面积的20.2%，为世界第二大洲。

非洲是悠久文明与原始蛮荒的交汇之地，是人类文明的摇篮。它拥有极为原始的环境以及自由自在的野生生物。无论是从地中海南岸的文明古国埃及到大陆最南端的新兴花园之国南非，还是从一望无际的撒哈拉沙漠到秀美的地中海海滨，无不给人一种原始而又现代、野性而又宁静的感觉。

1950年，非洲接待国际旅游人数只有50万人次，2007年达到4 420万人次，其中南非、摩洛哥、突尼斯、埃及、坦桑尼亚等国入境旅游人数居多，而南非则是非洲各国中接待游客最多的国家。目前，南非已被世界旅游组织列为世界第二十五大旅游度假胜地。2003年，南非成为中国全面开放的出境旅游目的地国家，中国被南非视为最有开发潜力的市场之一。

本章学习目标

1. 了解非洲各国的国家概况
2. 熟悉非洲各国的地理和历史概况
3. 了解非洲各国的旅游资源和主要名胜

第一节　南　非

一、国家概况

国名：南非共和国（The Republic of South Africa）
面积：121.909万平方公里①

---

① http://www.fmprc.gov.cn/chn/pds/gjhdq/gj/fz/1206_39/

人口:5 496万[①]

首都:比勒陀利亚(Pretoria)

语言:有11种官方语言,其中英语和阿非利卡语为通用语言

民族:黑人占人口的79.4%,白人占9.3%,有色人占8.8%,亚裔占2.5%[②]

宗教:白人、大多数有色人和60%的黑人信奉基督教新教或天主教;亚裔人约60%信奉印度教,20%信奉伊斯兰教;部分黑人信奉原始宗教

货币:兰特

国庆:5月31日

国花:帝王花(Protea cynaroides),又名菩提花

国歌:《上帝保佑非洲》

主要城市:开普敦、约翰内斯堡、布隆方丹、德班、金伯利

行政区划:全国划分为9个省

二、自然地理

南非位于非洲大陆最南端,北部自西向东分别与纳米比亚、博茨瓦纳、津巴布韦、莫桑比克和斯威士兰相邻,东、南、西三面为印度洋和大西洋所环抱,海岸线长达2 900多公里,境内还包含着一个独立的莱索托王国。南非地势从东南向西北逐渐降低。德拉肯斯山脉绵亘东南;西北部为沙漠,是卡拉哈迪盆地的一部分;北部、中部和西南部为高原,高原边缘以陡峭断崖直逼狭窄的沿海平原。奥兰治河和林波波河是南非的两大主要河流。

南非大部分地区属热带草原气候,东部沿海为热带季风气候,南部沿海为地中海型气候。降水量从东部沿海的1 000毫米逐渐减少到西部的60毫米,因此半干旱和干旱区面积广大。

三、历史

南非最早的土著居民是桑人、科伊人及后来南迁的班图人。17世纪后,荷兰人、英国人相继入侵并不断将殖民地向内地推进。19世纪中叶,白人统治者建立起4个政治实体。1899~1902年,英布战争以英国人艰难取胜告终。1910年,4个政权合并为"南非联邦",成为英国的自治领地。1948年,国民党执政后,全面推行种族隔离制度,镇压南非人民的反抗斗争,遭到国际社会的谴责和制裁。1961年5月31日退出英联邦,成立南非共和国。1989年,德克勒克出任国民党领袖和总统后,推行政治改革,取消对黑人解放组织的禁令并释放曼德拉等人。1994年4~5

[①] http://www.fmprc.gov.cn/web/gjhdq_676201/gj_676203/fz_677316/1206_678284/1206x0_678286/

[②] http://www.fmprc.gov.cn/chn/pds/gjhdq/gj/fz/1206_39/

月,南非首次举行不分种族的大选,以非国大为首的非国大、南非共产党、南非工会大会三方联盟以 62.65% 的多数票获胜,非国大、国民党、因卡塔自由党组成民族团结政府,南非历史进入新纪元。

四、外交

1. 对外关系

新南非奉行独立自主的全方位外交政策,主张在尊重主权、平等互利和互不干涉内政的基础上同一切国家保持和发展双边友好关系。其外交政策支柱是保证人权;在全世界促进自由、民主;尊重公正原则及国际法;维护世界和平,参加解决冲突的国际机制;在国际舞台上维护非洲利益,促进相互依赖的世界。南非对外交往活跃,截至 2009 年 7 月,已同 186 个国家建立外交关系。

2. 与中国的关系

我国与南非共和国于 1998 年 1 月 1 日建交。建交以来,双边关系发展顺利。2000 年 4 月,中南两国签署了《中华人民共和国与南非共和国关于伙伴关系的比勒陀利亚宣言》,宣布成立高级别国家双边委员会。2006 年 6 月,中南两国签署《中华人民共和国和南非共和国关于深化战略伙伴关系的合作纲要》。

五、经济

1. 自然资源

南非矿产资源丰富,现已探明储量并开采的矿产有 59 种。黄金、铂族金属、锰、钒、铬、硅铝酸盐的储量居世界第一位,蛭石、锆、钛、氟石居第二位,磷酸盐、锑居第四位,铀、铅居第五位,煤、锌居第八位,铁矿石居第九位,铜居第十四位。

2. 农业

农业较发达,可耕地约占土地面积的 13%。农业、林业、渔业产品出口收入占非矿业出口收入中的 15%。玉米是最重要的粮食作物。各类罐头食品、烟、酒、咖啡和饮料畅销海外。南非还盛产花卉、水果,葡萄酒也享有盛誉。

3. 工业

制造业、建筑业、能源业和矿业是南非工业四大部门。制造业门类齐全,技术先进。主要产品有钢铁、金属制品、化工、运输设备、机器制造、食品加工、纺织、服装等。南非能源工业基础雄厚,技术较先进。其中电力工业较发达,发电量占全非洲的 2/3,为世界上电费最低的国家之一。南非是世界最大的黄金生产国和出口国,还是世界第四大钻石生产国。

4. 经济发展

南非属于中等收入的发展中国家,是非洲经济最发达的国家。自然资源丰富,是世界五大矿产国之一。矿业、制造业、农业和服务业是经济四大支柱,深井采矿等技术居于世界领先地位。但国民经济各部门发展水平、地区分布不平衡。1994年新南非成立以来,经济年均增长3%,2005年至2007年超过5%。[①] 2008年受全球金融危机影响,经济减速明显。贸易、通信、金融和房地产是拉动南非经济增长的主动力。

5. 中南经贸

中南经济结构互补性强,合作潜力很大。南非是中国在非洲最大的贸易伙伴,2008年1~10月,双边贸易额152亿美元,同比增长30%,其中中国出口72.7亿美元,进口79.3亿美元。[②] 中国对南非出口的产品主要有机电产品、服装及辅料、高新技术产品、纺织纱线和鞋类等;从南非主要进口铁矿砂及其精矿、钻石、钢材等。2006年8月,中南签署《中华人民共和国政府与南非共和国政府关于促进两国贸易和经济技术合作的谅解备忘录》。

六、文化和艺术

南非的文学基本上是属于20世纪的文学。南非文学的语言形式比较多,主要有班图语文学、英语文学和阿非利卡语文学等,其中英语文学的成就最高,著名作家有奥利芙·席莱纳(Olive Schreiner,1855—1920)、彼得·亚伯拉罕斯(Peter Abrahams,1919—2017)、内丁·戈迪默(N. Gordimer,1923—2014)等。其中戈迪默被同行称为"南非的文学巨人",是第一位获得诺贝尔文学奖的南非人(1991年获奖),其代表作有《自然资源保护者》《伯格的女儿》《朱利的族人》等。库切(J. M. Coetzee,1940—)也是南非著名的作家,其主要作品有《等待野蛮人》《昏暗的国度》等,2003年他也获得了诺贝尔文学奖。

南非人擅长音乐和舞蹈。从宗教圣歌到爵士乐、村镇摇摆乐等,都是世界上其他地方所没有的。传统音乐以其强烈多变和自由奔放的节奏为黑人传统舞蹈伴奏出丰富多彩的音乐旋律。南非拥有布须曼人的千岩画以及众多富有活力的现代艺术家,其中最著名的布须曼人的洞穴壁画及雕刻是人类原始艺术的瑰宝。手工艺品从串珠缘饰、木雕、野生动物纪念品到本土艺术、各种珍奇食品,不仅构思独特,而且形式多样。

七、教育

南非因长期实行种族隔离的教育制度,黑人受教育机会远远低于白人。1995年1月,南非正式实施7至16岁儿童免费义务教育,并废除了种族隔离时代的教

---

① http://www.fmprc.gov.cn/chn/pds/gjhdq/gj/fz/1206-39/
② http://www.fmprc.gov.cn/chn/pds/gjhdq/gj/fz/1206_39/

科书。政府不断加大对教育的投入,着力对学校课程设置、教育资金筹措体系和高等教育体制进行改革。著名的大学有金山大学、比勒陀利亚大学、南非大学、开普敦大学、祖鲁兰大学等。

八、民俗风情

1. 礼仪和习俗

南非社交礼仪可以概括为"黑白分明""英式为主"。也就是说,由于受到种族、宗教、习俗的制约,南非的黑人和白人所遵从的社交礼仪不同。以目前而论,在社交场合,南非人所采用的普遍见面礼节是握手礼,他们对交往对象的称呼则主要是"先生""小姐"或"夫人"。

在黑人部族中,尤其是广大农村,南非黑人往往会表现出和社会主流不同的风格。比如,他们习惯以鸵鸟毛或孔雀毛赠给贵宾,客人得体的做法就是把这些珍贵的羽毛插在自己的帽子上或头发上。

南非黑人非常敬仰自己的祖先,他们特别忌讳外人对自己的祖先言行失敬。跟南非人交谈,有四个忌讳的话题:一是不要为白人评功摆好;二是不要非议黑人的古老习惯;三是不要为对方生了男孩表示祝贺;四是不要评论不同黑人部族或派别之间的关系及矛盾。

2. 主要节日

人权日(3月21日)、耶稣受难日(复活节前的星期五)、复活节(春分月圆后的第一个星期日)、自由日(4月27日)、青年节(6月16日)、妇女节(8月9日)、传统节(9月24日)、和解日(12月16日)、圣诞节(12月25日)等。

3. 美食

南非当地白人以吃西餐为主,经常吃牛肉、鸡肉、鸡蛋和面包,爱喝咖啡和红茶;而黑人喜欢吃牛肉、羊肉,主食是玉米、薯类、豆类。南非著名的饮料是如宝茶。在南非黑人家做客,主人一般送上刚挤出的牛奶或羊奶,有时是自制的啤酒,客人一定要多喝,最好一饮而尽。

九、旅游业

旅游业是当前南非发展最快的行业,产值约占国内生产总值的8%。南非已被世界旅游组织列为世界第二十五大旅游度假胜地。近年旅游业已成为南非经济发展的新动力,也是国家的第三大外汇来源和第三大就业部门。南非不仅旅游资源丰富,而且旅游设施完善。旅游点主要集中于东北部和东、南沿海地区。生态旅游与民俗旅游是南非旅游业两大最主要的增长点。

20世纪90年代以来,南非的国际入境旅游呈快速增长趋势。1990年南非的入境旅游人数为102.9万人次,1995年为468.4万人次,2000年为600.1万人次,2002年为664.0万人次,2003年为681.5万人次,2004年为751.8万人次[①],2005年为736.9万人次,2006年达到839.6万人次[②],是接纳游客最多的非洲国家。据世界旅游组织统计,2010年南非的入境旅游人数为807.4万人次,2014年为954.9万人次,2015年为890.4万人次,2016年为1 004.4万人次(UNWTO Tourism Highlights:2017 Edition)。

1990年南非的入境旅游收入为18.32亿美元,1995年为21.25亿美元,2000年为26.75亿美元,2003年为55.23亿美元,2004年为62.82亿美元[③],2005年为73.27亿美元,2006年为78.75亿美元[④]。2010年南非的入境旅游收入为90.70亿美元,2014年为93.48亿美元,2015年为82.34亿美元,2016年为79.10亿美元(UNWTO Tourism Highlights:2017 Edition)。

目前,南非的国际客源国为:一是非洲邻近国家,以购物为其主要目的;二是英国、德国、法国等欧洲国家,主要到南非观光度假和商务旅行。另外,美洲和亚洲国家正在成为其新兴的客源国。

南非是非洲经济较发达的国家,其出境旅游发展也较为迅速。1995年南非出境旅游消费为19亿美元,2000年为21亿美元,2004年为31亿美元,2005年为34亿美元,2006年为34亿美元[⑤]。

中国与南非建交以来,不断加强政治、经济、文化等方面的交流。南非是中国主要客源国之一。2006年南非公民来华旅游人数达5.55万人次,比2005年增长7.3%[⑥],一跃成为我国重要的远程客源市场之一。2002年11月,中国和南非签署《关于中国公民组团赴南非旅游实施方案的谅解备忘录》,2003年,南非成为中国全面开放的出境旅游目的地国家。2004年中国公民赴南非旅游人数达5.2万人次,中国被南非视为最有开发潜力的市场之一。[⑦] 为此,南非旅游部门于2006年在北京、上海、成都等地举行了大规模的旅游推介活动。不仅如此,南非还把一批专业导游送到北京接受汉语培训,以便他们将来能更好地向中国游客提供服务。2015年,中国前往南非的游客总数达到84 878人次(不含过境游客),与2014年相比增长了2.2%。

---

① World Tourism Organization (UNWTO):Tourism Market Trends, 2005 Edition
② World Tourism Organization (UNWTO):UNWTO, 2007
③ World Tourism Organization (UNWTO):Tourism Market Trends, 2006 Edition
④ World Tourism Organization (UNWTO):UNWTO, 2007
⑤ World Tourism Organization (UNWTO):UNWTO June 2007
⑥ 邵琪伟.中国旅游统计年鉴[M].北京:中国旅游出版社,2007:20.
⑦ 杨载田.旅游客源国概论[M].北京:科学出版社,2008:224.

十、旅游资源

南非素有"彩虹之国"的美誉,是一个具有非洲狂野又融合欧洲文明的迷人国度,它横跨了文明与原始两个截然不同的世界,进入南非,可以在同一个国度纵览两个世界的不同景观。缤纷的各种族文化、淳朴的原始色彩、动感十足的现代文明在这里完美地融合,任何语言都不足以描绘出南非的美丽与神奇。游客既可以在"黄金之都"约翰内斯堡亲身下矿井感受百年前的淘金热,又可以欣赏多姿多彩的祖鲁战舞;既可以在如梦似幻的城堡宫殿——太阳城体验远古非洲的灿烂文明,又可以站在好望角欣赏两大洋水天一色、烟波浩渺的美景。

(一)旅游城市

1. 比勒陀利亚

比勒陀利亚(Pretoria)是南非行政首都,建于 1855 年。位于东北部高原的马加莱斯堡山谷地,跨林波波河支流阿皮斯河两岸。比勒陀利亚风光秀美,有"花园城"之称,因街道两旁种植紫葳,又有"紫葳城"之称。每年 10~11 月,百花盛开,全城都要举行节日庆祝。

2. 约翰内斯堡

约翰内斯堡(Johannesburg)简称约堡,是南非最大城市,也是世界上最大的产金中心,素有"黄金之城"之称。位于东北部法尔河上游高地,海拔 1 754 米。今天的约翰内斯堡已发展成为繁华的现代化大都市,市内街道宽敞,环境优美。市区由铁路分为南北两部分:南部为重工业区;北部为市中心区,是商业区、白人居住区和高等学校所在地。这里巨厦林立,政府机关、银行、大学、车站、证券交易所等设施极为密集,环境幽雅的现代购物中心随处可见。世界十大金融市场之一的约翰内斯堡股票交易所就位于市区的繁华地段,交易异常活跃。50 层高的卡尔顿中心是约翰内斯堡的标志性建筑之一,被称为"非洲之巅"。每当夜幕降临,整个城市灯火通明,建筑物上的霓虹灯齐放异彩,更增添了现代大都市的氛围。

3. 开普敦

开普敦(Cape Town)是南非立法首都,重要港口,西开普省首府。位于好望角北端的狭长地带,濒大西洋法尔斯湾,始建于 1652 年。

城市背山面海,迤逦展开,西郊濒临大西洋,南郊插入印度洋,居两洋之汇。市内多殖民时代的古老建筑。位于大广场附近,建于 1666 年的开普敦城堡(Cape Town Castle)是市内最古老的建筑。城西的特布尔山,海拔 1 082 米,山峰绵延平展,气势巍然。国家植物园(Kirstenbosch National Botanical Garden)位于特布尔山的斜坡上。它的上方是建于 1825 年的最古老的博物馆,山脚下是开普敦大学。开普敦海滩附近,设有娱乐和休养设施,是南非主要的旅游地。

4.布隆方丹

布隆方丹(Bloemfontein)是南非的司法首都,自由邦省首府。它位于中部高原,为全国的地理中心。布隆方丹最初为一堡垒,1846年正式建城。现布隆方丹为重要交通枢纽。市内丘陵起伏,风景秀丽。1848年建成的女王古堡是市内最古老的建筑,现为军事博物馆。

5.金伯利

金伯利(Kimberley)位于南非中部,是北开普省的首府,世界著名的装饰用金刚石产地。在城市的中心花园里矗立着手举钻石、筛子的工人塑像,象征该城的早期历史。市内有金伯利矿井博物馆、美术馆、教堂等建筑;市郊有世界上最大的人造矿穴——"大穴",深约800米,于1914年废弃,目前已成为重要的旅游景点。

(二)主要名胜

1.大圣卢西亚湿地公园

大圣卢西亚湿地公园(Greater St. Lucia Wetland Park)位于南非东海岸德班市的北部,由13个相邻的保护区组成,处在海平面和海拔474米之间,由沿海平原及大陆架组成,总面积为23.9566万公顷。它是世界上生态最敏感的地区之一,也是南非最美丽的地方之一。连绵不断的河流、海洋和风的侵蚀造成了这里不同的地形,包括珊瑚礁、漫长的沙滩、海岸沙丘、湖泊、大片的芦苇丛和沼泽。这里拥有极为丰富的生物种类,是世界知名的野生动植物王国。此外,这个公园还拥有非常美丽的长达220公里的海岸。1999年,大圣卢西亚湿地公园作为自然遗产被联合国教科文组织世界遗产委员会列入《世界遗产名录》。

2.德拉肯斯堡公园

德拉肯斯堡公园(Drakensberg Park)位于南非东部的夸祖鲁—纳塔尔省境内,占地24万公顷。园内遍布悬崖峭壁、深山峡谷和清澈河流。公园内丰富、独特的生物,众多的地区物种和濒危物种,无与伦比的自然风光,以及成千上万的布须曼人的岩画,都得到了国际社会的普遍认可。由于它所具有的自然美景和文化意义,该园作为文化和自然双重遗产于2000年被联合国教科文组织世界遗产委员会列入《世界遗产名录》。

3.好望角

好望角(Cape of Good Hope)是地处非洲大陆西南端大西洋和印度洋汇合处的著名岬角。原名"风暴角",葡萄牙探险家达·伽马顺利绕过此角并满载黄金与丝绸等而归后,被葡萄牙国王约翰二世改名为"好望角"。好望角航道为世界上最繁忙的航道之一。在好望角尽头的岬角山崖上,高耸着一座200多米高的古老灯塔。站在灯塔的平台上,一望无际的蓝色大洋及好望角四周的美景尽收眼底。现在好望角地区已被开辟为好望角自然保护区,是南非的旅游胜地之一。

第二节 埃 及

一、国家概况

国名:阿拉伯埃及共和国(The Arab Republic of Egypt)
面积:100.145万平方公里[①]
人口:9 300万(2017年5月)[②]
首都:开罗(Cairo)
语言:官方语言为阿拉伯语,通用英语和法语
民族:主要为阿拉伯人
宗教:伊斯兰教为国教,信徒主要是逊尼派,占总人口的84%。科普特基督徒和其他信徒约占16%[③]
货币:埃及镑
国庆:7月23日
国花:睡莲
国歌:《我的祖国》
主要城市:亚历山大、阿斯旺、卢克索
行政区划:埃及全国划分为28个省和1个直辖市(卢克索直辖市)[④]

二、自然地理

埃及地跨亚、非两洲,大部分领土位于非洲东北部,苏伊士运河以东的西奈半岛(面积6万平方公里,大部分为沙漠)位于亚洲西南部。西与利比亚为邻,南与苏丹交界,东临红海并与巴勒斯坦、以色列接壤,北临地中海。海岸线长约2 900公里,全境96%为沙漠。境内最高峰为凯瑟琳山,海拔2 642米。世界最长的河流尼罗河从南到北贯穿埃及1 350公里,被称为埃及的"生命之河"。尼罗河两岸形成的狭长河谷和入海处形成的三角洲,是埃及最富饶的地区,聚居着全国99%的人口。主要湖泊有大苦湖、提姆萨赫湖以及阿斯旺高坝形成的非洲最大人工湖——纳赛尔水库(5 000平方公里)。

全境干燥少雨,尼罗河三角洲和北部沿海地区属亚热带地中海式气候,1月平

---

① http://www.fmprc.gov.cn/chn/pds/gjhdq/gj/fz/1206_47/
② http://www.fmprc.gov.cn/web/gjhdq_676201/gj_676203/fz_677316/1206_677342/1206x0_677344/
③ http://www.fmprc.gov.cn/chn/pds/gjhdq/gj/fz/1206_47/
④ http://www.fmprc.gov.cn/chn/pds/gjhdq/gj/fz/1206_47/

均气温12℃,7月26℃。其余大部分地区属热带沙漠气候,炎热干燥,沙漠地区气温可达40℃,年平均降水量不足30毫米。每年4~5月间常有"五旬风",夹带沙石,使农作物受害。

三、历史

埃及是世界四大文明古国之一。公元前3200年前后,美尼斯统一埃及,埃及历史上第一个奴隶制国家由此诞生。从公元前3200年前后到公元前332年,埃及共经历了31个王朝,史称法老时期。公元前332年,希腊马其顿国王亚历山大大帝在东征途中,打败当时统治埃及的波斯帝国,在埃及北部地中海海滨建立以他的名字命名的一座新城——亚历山大城。亚历山大大帝去世后,他的部将在埃及建立了以亚历山大城为统治中心的托勒密王朝。从此,埃及开始了外来民族的统治。公元前30年,罗马帝国大将屋大维占领埃及,埃及又沦为罗马帝国的一部分,这一时期基督教传入埃及。640年到642年,阿拉伯远征军又先后占领了巴比伦堡垒(今开罗附近)和亚历山大城,埃及从此又被置于阿拉伯伊斯兰统治之下,基本上被同化为阿拉伯伊斯兰国家。1517年,埃及被土耳其征服,成为奥斯曼帝国的行省。1798~1801年间,拿破仑率军占领埃及。1882年,英军侵占埃及。1914年2月28日,在埃及人民强烈的反抗下,英国被迫宣布承认埃及独立,但保留对埃及国防、外交等的处置权。1952年7月23日,以纳吉布和纳赛尔为首的"自由军官组织"推翻了法鲁克王朝,掌握了国家政权,结束了外国人统治埃及的历史。1953年6月18日,埃及共和国宣布成立。1958年2月,埃及同叙利亚合并成为阿拉伯联合共和国。1961年,叙利亚退出联合共和国。1967年6月,埃及占领西奈半岛。1971年,埃及改名为阿拉伯埃及共和国。

四、外交

1. 对外关系

埃及外交奉行独立自主、和平、友好和不结盟政策,主张在相互尊重和不干涉内政的基础上同世界各国发展友好合作关系。主动改善并加强同阿拉伯国家的关系。1989年5月恢复了阿拉伯联盟成员国资格。埃及还强调自身的非洲属性,努力发展同非洲国家的友谊和合作,积极推动"南南合作"和"南北对话"。同美国保持"特殊关系",但不结盟。苏联解体后,承认苏联各加盟共和国并与其建立外交关系。不断发展同西欧和日本的关系。截至2008年,埃及已同165个国家建立外交关系。

2. 与中国关系

埃及是第一个承认中国并同中国建交的阿拉伯和非洲国家。1956年5月30

日,中国同埃及建交,这是两国新时期友好交往的开端,同时也开启了新中国同阿拉伯、非洲国家外交关系的新纪元。60多年来,相似的历史、共同的利益和一致的发展目标使中埃两国结下了深厚友谊。2006年,在中埃建交50周年之际,中国国家主席胡锦涛在致埃及总统穆巴拉克的贺电中对两国关系给予了高度评价,他指出"中埃关系已成为中国与阿拉伯国家、中国与非洲国家和'南南关系'的典范"。

五、经济

1. 自然资源

埃及的自然资源主要有石油、天然气、磷酸盐、铁等。此外,还有锰、煤、金、锌、铬、银、钼、铜和滑石等。埃及电力供应以火电和水电为主,火电占84%。阿斯旺水坝是世界七大水坝之一,全年发电量超过100亿千瓦时。全国用电普及率已达99%。2007年10月,埃及正式启动核电站计划,将于2020年前达到核能等新能源占能源构成比例20%的目标。

2. 农业

农业在埃及国民经济中占有重要的地位。耕地面积仅占国土的4.5%,绝大部分为灌溉地。耕作集约,一年可二熟,是非洲单位面积产量最高的国家。主产长绒棉和稻米,产量均居非洲首位,玉米、小麦居非洲前列,还产甘蔗、花生等。经过近几年的改革,农业生产实现了稳定增长,是经济开放最早和见效最快的部门。但随着人口增长,埃及仍需进口粮食,是世界上最大的食品进口国之一。主要出口棉花、土豆和大米。

3. 工业

埃及工业以纺织、食品加工等轻工业为主。纺织和食品加工为传统工业,占工业总产值的一半以上。近十年中,成衣及皮制品、石油工业、建材工业、水泥生产、肥料、药品等发展较快,化肥可自给。

4. 经济发展

埃及的财政来源除税收外,主要靠石油、侨汇、运河和旅游四大项收入。穆巴拉克总统执政后,把经济工作置于重要地位,经济有所发展。1991年,由于埃及在海湾危机中反对伊拉克侵吞科威特而受到美国等西方国家和海湾阿拉伯国家的赞赏,先后有20多个国家和金融机构向其提供贷款和紧急援助,并免除各种债务250多亿美元。1991年5月,埃及着手进行经济改革,其主要目标是统一埃镑汇率,开放银行利率,控制通货膨胀,削减预算赤字,逐步减少对主要商品的物价补贴。1996年,政府制订第三阶段经济发展计划,主要目标是加快私有化进程、吸引外资、扩大出口,并采取了一些措施,在调整经济结构、改善投资环境方面起到一定作用。2006~2007年埃及经济保持增长,经济增长率达到7.2%。2007~2008年,埃及政府加大经济改革步伐,继续推进经济自由化和私有化。①

5. 中埃经贸

中埃两国1956年建交以来,双边经贸关系发展比较顺利,两国高层互访频繁。1999年,两国建立面向21世纪的战略合作关系,双边关系的发展进入了一个新阶段。近年来,两国在政治、经济、科技和文化等领域的合作日益密切。2004年1月,胡锦涛主席对埃及进行国事访问。2006年6月,温家宝总理对埃及进行正式访问,双方共同签署了《中埃关于深化战略合作关系的实施纲要》。2005年,中埃两国的贸易额超过21.45亿美元,同比增长36.1%。② 2006年11月,穆巴拉克总统来华出席中非合作论坛北京峰会后对中国进行国事访问,两国发表建交50周年联合新闻公报。中埃关系已成为"南南合作"的最佳典范。

六、文化和艺术

埃及具有古老的文明和悠久的历史,埃及的文化和艺术反映了埃及国家的历史变迁。在埃及文艺舞台上经常活跃着许许多多来自不同地方的艺术家,他们把不同地区的文化带到这里,使埃及成为东方和西方文化相互交融的地方。

在文学方面,古埃及文学是人类最古老的文学,其成绩突出表现在神话、歌谣、故事、传记、宗教诗、箴言等方面。古代埃及神话是世界上最早、最原始的神话,这些神话大都与古埃及宗教有着极密切的关系,如太阳神瑞(Re)(其希腊文读音为"拉")、水神努、月亮神阿赫等。劳动歌谣和爱情歌谣是古代埃及文学中最令人瞩目的成就之一,如公元前16世纪(第18王朝)刻在帕赫里墓壁上的3首短歌谣:《庄稼人的歌谣》《打谷人的歌谣》《搬谷人的歌谣》。早在公元前2000年以前,埃及便产生了故事,《魔术师的故事》是第十二王朝(约公元前2060—前1783年)时的作品,也是现存的最早的一篇古埃及故事。叙事诗也是古埃及重要的文学成就,《艾尔希拉-艾尔黑拉里亚叙事诗》是埃及最为珍贵的古老艺术,中世纪到19世纪期间,在12部关于阿拉伯民俗文化的经典史诗之中,《艾尔希拉-艾尔黑拉里亚叙事诗》是最后一部经口头遗传并保存完好的史诗。这种叙事诗曾经广泛流传于中东地区,现在只有在埃及能够看得到。2003年,《艾尔希拉-艾尔黑拉里亚叙事诗》(The AL-Sirah AL-Hilaliyyah Epic)被联合国教科文组织世界遗产委员会列入第二批《人类非物质文化遗产代表作名录》。

古埃及的艺术主要表现在建筑、雕塑和工艺美术上。装饰着雕像和浮雕的壮丽寺庙和宏伟坟墓都是古代埃及建筑艺术的代表,它们从总体的设计到最小的细节,都体现了古埃及人的精巧与智慧。从王朝初建时期的建筑物"马斯塔巴"

---

① http://www.fmprc.gov.cn/chn/pds/gjhdq/gj/fz/1206_47/
② http://www.fmprc.gov.cn/chn/pds/gjhdq/gj/fz/1206_47/

(Mastaba)——一种平顶形的坟墓,到各种形状的金字塔、王宫、神庙以及方尖碑都是埃及建筑艺术的代表,而从埃及出土的各种木雕、石雕、绘画、陶器、装饰物、家具等无一不反映古埃及当时高超的雕刻和工艺技术。

七、教育

埃及实行普及义务小学教育制度。全国共有28所大学,其中公立大学17所,著名的有开罗大学、亚历山大大学、艾因·夏姆斯大学、爱资哈尔大学等。

八、民俗风情

1. 礼仪和习俗

埃及人大多信奉伊斯兰教,他们绝对禁食自死物、血液和猪肉,以及非诵真主之名而宰的动物。埃及人在吃饭时,一般都不与人随意交谈,认为边谈话边吃饭会浪费粮食,是对"安拉"的不敬。埃及人特别忌讳谈"针"这个字和借针使用,尤其是每日下午3点到5点这段时间内,无论说"针"字或借针使用,都会遭到冷遇的。通常在埃及人面前尽量不要打哈欠或打喷嚏,他们认为哈欠是魔鬼在作祟;也不能把两手的食指碰在一起,这个手势被认为是不雅的。

埃及人对绿色和白色都有很深的感情,有把绿色视为"吉祥"之色,把白色视为"快乐"之色的说法。他们非常喜爱仙鹤,认为仙鹤是一种吉祥鸟,象征着喜庆和长寿。

2. 主要节日

独立日(2月28日)、国庆日(7月23日)。另外,还有开斋节和宰牲节等伊斯兰教的重大节日。

3. 美食

埃及人乐于品尝冷盘风味菜、带馅心的菜,以及奶油烧制的菜肴。在公历4月下旬惠风节时,埃及人特别喜欢吃鸡蛋,认为在此期间吃鸡蛋预兆着吉祥。他们对蔬菜中的生菜尤为偏爱,认为它象征着春天的葱绿,吃了会强壮身体、促进生育。埃及人对中国菜肴非常喜欢,认为中国的烹饪技术在世界上堪称一流。

九、旅游业

埃及历史悠久,文化灿烂,名胜古迹很多,具有发展旅游业的良好条件。埃及主要旅游点有孟菲斯及其墓地——吉萨至达舒尔金字塔地带,包括金字塔、狮身人面像等;底比斯古城及其墓地,包括卡尔纳克神庙(Karnak Temple)、卢克索神庙(Luxor Temple)、帝王谷(The Valley of the Kings)、王后谷(The Valley of the Queens),以及阿布·辛贝勒至菲莱的努比亚遗址等。

埃及交通运输十分便利,近几年海、陆、空运输能力增长较快,这也是旅游业发展的一个重要因素。同时,埃及政府非常重视发展旅游业。1996年,埃及旅游业摆脱了前几年境内针对外国游客的恐怖事件的影响,外国游客达到400万人次,收入30.09亿美元,成为埃及第二大外汇来源。如今,旅游业收入已居埃及四大外汇收入之首。

埃及是欧洲、以色列、海湾阿拉伯国家游客所青睐的旅游目的地,来自这些国家的游客是埃及夏季的主要客源。

1990年埃及的入境旅游人数为241.1万人次,1995年为287.1万人次,2000年为511.6万人次,2004年为779.5万人次[1],2005年为824.4万人次,2006年达到864.6万人次[2]。据世界旅游组织统计,2010年埃及的入境旅游人数为1 405.1万人次,2014年为962.8万人次,2015年为913.9万人次,2016年为525.8万人次(UNWTO Tourism Highlights:2017 Edition)。

1990年埃及的入境旅游收入为11亿美元,1995年为26.84亿美元,2000年为43.45亿美元,2004年为61.25亿美元[3],2005年为68.51亿美元,2006年为75.91亿美元[4]。2010年埃及的入境旅游收入为125.28亿美元,2014年为72.08亿美元,2015年为60.25亿美元,2016年为26.45亿美元(UNWTO Tourism Highlights:2017 Edition)。

1995年埃及出境旅游消费为13亿美元,2000年为11亿美元,2004年为13亿美元,2005年为16亿美元,2006年为18亿美元[5]。

埃及旅游局十分重视中国市场。2002年,埃及成为中国全面开放的出境旅游目的地国家。从2005年开始,埃及旅游部部长每年都带领埃及旅游业内人士来中国进行推广活动。埃及驻华使馆旅游处更是积极筹备参加了如北京、上海、广州等城市的大型旅游展会。同时,2006年埃航和阿联酋航空开通了北京—埃及的航线后,大大方便了中国游客前往埃及。据报道,2017年前5个月,有约15万人次中国公民到访埃及,仅5月就有1.8万人次中国公民前往该国。

十、旅游资源

埃及横跨亚非两洲,历史悠久,文化古迹众多,素有"世界名胜古迹博物馆"之称。在尼罗河谷、地中海畔以及西部沙漠等地都发现了大量的埃及古代文明的遗迹。

---

[1] World Tourism Organization(UNWTO):Tourism Market Trends,2005 Edition
[2] World Tourism Organization(UNWTO):UNWTO,2007
[3] World Tourism Organization(UNWTO):Tourism Market Trends,2006 Edition
[4] World Tourism Organization(UNWTO):UNWTO,2007
[5] World Tourism Organization(UNWTO):UNWTO June 2007

中国旅游客源国概况

(一) 旅游城市

1. 开罗

埃及首都开罗(Cairo),位于尼罗河三角洲顶点以南14公里处,是非洲第一大城,也是世界上最古老的伊斯兰城市之一,始建于公元642年,称"富斯塔特城"。开罗作为历史悠久的古都,受到了古埃及、希腊、罗马、阿拉伯、土耳其等多种不同文化的交叉影响,成为荟萃世界文明的一个中心。

古老的尼罗河缓缓流过市区,把现代文明与古老传统紧密连接在一起。开罗西部以现代化建筑为主,大多建于20世纪初,具有当代欧美建筑风格;东部是伊斯兰开罗,以古老的阿拉伯建筑为主。开罗的主要景点有埃及博物馆(Egyption Musem)、尼罗河(Nile)、莎拉丁城堡(Sala El-din Citadel)、开罗塔(Cairc Tower)、圣马可教堂(St. Mark's Church)、艾兹拜基耶教堂公园(Ezbekiyya Park)、大城堡区(Citadel)、皇家墓地(Royal Family Tombs)等。此外,在开罗市郊有3座举世闻名的金字塔。

1979年,伊斯兰城市开罗(Islamic Cairo)作为文化遗产被联合国教科文组织世界遗产委员会列入《世界遗产名录》。

2. 亚历山大

亚历山大(Alexander)是埃及在地中海岸的一个最重要的海港,埃及第二大城市。它是古代欧洲与东方贸易的中心和文化交流的枢纽。第二次世界大战后发展迅速,现为著名的棉花市场和埃及重要的纺织工业基地。此外,造船、化肥、炼油等工业亦很发达。该港还有古代世界七大奇迹之一的亚历山大灯塔遗址,吸引着各地游客前来观赏。

古城保留到今天的遗迹很少。由于地震造成的地面降低,王宫和居民区的大部分地区下沉到今天的港口内,其他遗迹被今天的建筑覆盖。"庞贝柱"是今天遗留下来的最著名的遗迹。目前,亚历山大港最大的发掘区是古城保存良好的剧院和罗马时代浴池的遗迹。

3. 阿斯旺

阿斯旺(Aswan)位于首都开罗以南900公里的尼罗河东岸,是埃及的南大门,著名的冬季游览胜地。阿斯旺市区不大,滔滔北流的尼罗河水,为它平添了不少景色。市内有古代耶勒城遗址、博物馆及植物园等名胜。在其附近尼罗河上所筑的阿斯旺高坝(Aswan Dam),为世界七大水坝之一。高坝横截尼罗河水,形成非洲第二大的人工湖——纳赛尔水库。登上耸立在河岸的高坝纪念塔,环形的拱桥式大坝像横跨尼罗河上的长虹赫然入目。

(二) 主要名胜

1. 阿布·辛贝勒至菲莱的努比亚遗址

阿布·辛贝勒至菲莱的努比亚遗址(Nubian Monuments from Abu Simbel to

Philae)位于埃及东南部阿斯旺以南约 28 公里处。这一古代建筑群继承和体现了古埃及数千年宗教建筑艺术的特点,在古埃及法老时期这里就建造了城市、宫殿和寺庙,其中以阿布·辛贝勒神庙最为著名。菲莱岛(Philae lsland)位于阿斯旺以南 15 公里处,是尼罗河中的一个小岛,在小岛上建有大量的神庙,这些神庙被称为"古埃及国王宝座上的明珠",其中菲莱神庙是唯一一座融法老时代的建筑风格和希腊、罗马建筑风格于一体的综合性建筑。由于阿斯旺大坝的修建,1979 年 8 月政府在离菲莱岛约 1 公里的阿吉勒基亚岛上按照原样重建了神庙。1979 年,阿布·辛贝勒至菲莱的努比亚遗址作为文化遗产被联合国教科文组织世界遗产委员会列入《世界遗产名录》。

2. 圣凯瑟琳地区

圣凯瑟琳修道院坐落在基督教《旧约全书》中所记载的西奈山脚下,传说中,摩西正是在这个地方得到神授十诫。修道院始建于 6 世纪,是世界上仍在使用的最古老修道院。修道院的墙体和房屋在拜占庭式建筑风格的研究中具有很重要的意义,在修道院的各个房间内还有着许多珍贵的早期基督教手稿和圣像。修道院所在的地区,山峦高峻,蕴藏着无数的考古遗迹和宗教古迹,给修道院提供了完美的环境。2002 年,圣凯瑟琳地区(Saint Catherine Area)作为文化遗产被联合国教科文组织世界遗产委员会列入《世界遗产名录》。

3. 鲸鱼峡谷

鲸鱼峡谷[Wadi Al-Hitan(Whale Valley)]位于埃及沙漠西部的干涸河道。这里有早期残留的现已灭绝的最后一批有腿的鲸的化石,这些化石表现了鲸进化的重要环节之一:展现了鲸由海洋进化到早期的陆地动物的形象,这是世界上最重要的进化阶段的实证。由于鲸鱼峡谷的交通便利、环境迷人以及景观保护得好,这里化石的数量、集中量和质量都是举世无双的。鲸鱼峡谷的化石展现了鲸的后鳍退化了的原始状态。尽管鲸鱼化石仍然保持头骨和牙齿结构的原始面貌,但是已经显示了现代鲸的典型最新身体形态。2005 年,鲸鱼峡谷作为自然遗产被联合国教科文组织世界遗产委员会列入《世界遗产名录》。

第三节　坦桑尼亚

一、国家概况

国名:坦桑尼亚联合共和国(The United Republic of Tanzania)

中国旅游客源国概况

面积:94.508 7万平方公里①

人口:5520万(2016年)②

首都:多多马(Dodoma)

语言:斯瓦希里语为国语,与英语同为官方通用语

民族:126个民族,人口超过100万的有苏库马、尼亚姆维奇、查加、赫赫、马康迪和哈亚族。另有部分阿拉伯人、印巴人和欧洲人后裔

宗教:坦噶尼喀居民中35%信奉天主教和基督教新教,45%信奉伊斯兰教,其余信奉原始拜物教;桑给巴尔99%的居民信奉伊斯兰教

货币:坦桑尼亚先令

国庆:4月26日

国花:丁香

国歌:《上帝保佑非洲》

主要城市:达累斯萨拉姆、桑给巴尔、阿鲁沙、姆万扎

行政区划:共26区,其中大陆21区,桑给巴尔5区

二、自然地理

坦桑尼亚位于非洲东部,由坦噶尼喀和桑给巴尔共同组成。北与肯尼亚和乌干达交界,南与赞比亚、马拉维、莫桑比克接壤,西与卢旺达、布隆迪和刚果(金)为邻,东濒印度洋。大陆海岸线长840公里。东非大裂谷贯穿西部,并向北延伸,形成许多湖泊、高山。境内有非洲第一高峰乞力马扎罗山,海拔5 895米,终年积雪,为休眠火山;世界第二深水湖坦噶尼喀湖,水深1 435米;世界第二大淡水湖维多利亚湖,总面积6.9万平方公里。

坦桑尼亚东部沿海地区和内陆部分低地属热带草原气候,西部内陆高原属热带山地气候。桑给巴尔的20多个岛屿属热带海洋性气候,终年湿热,年平均气温26℃。

三、历史

坦桑尼亚历史悠久,是非洲古国之一。7~8世纪,阿拉伯人和波斯人大批迁入。阿拉伯人于10世纪末建立伊斯兰王国。坦噶尼喀和桑给巴尔人原本为同一民族,在经济、文化和语言等诸多领域均一脉相承。1886年坦噶尼喀内陆被划归德国势力范围,后为英国所占,1962年12月9日宣布独立,成立坦噶尼喀共和国。桑给巴尔1890年沦为英国的"保护地",1963年12月10日获得独立,成

---

① http://www.fmprc.gov.cn/chn/pds/gjhdq/gj/fz/1206_45_5/

② http://www.fmprc.gov.cn/web/gjhdq_676201/gj_676203/fz_677316/1206_678574/1206x0_678576/

为苏丹王统治的君主立宪国。1964年4月26日,坦噶尼喀和桑给巴尔组成联合共和国,同年12月29日改国名为"坦桑尼亚联合共和国"。

四、外交

1. 对外关系

坦桑尼亚奉行不结盟和睦邻友好的外交政策,是联合国、不结盟运动、英联邦、非洲联盟、东非共同体、南部非洲发展共同体及环印度洋地区合作联盟等组织的成员国。截至2008年,坦桑尼亚已同115个国家建立外交关系。

2. 与中国的关系

中国于1961年12月9日与坦噶尼喀建交,1963年12月11日与桑给巴尔建交。坦、桑联合后,我国自然延续与坦、桑的外交关系,将1964年4月26日坦、桑联合日定为与坦桑尼亚建交日。建交以来,两国关系友好密切,人员往来频繁。坦桑尼亚是中国在非洲的最大受援国。

五、经济

1. 自然资源

坦桑尼亚矿产资源丰富,有8个绿岩带,历史上曾生产过近百吨黄金。已探明钻石储量250万吨、金矿80万吨、煤3.24亿吨、铁1.3亿吨、磷酸盐1 000万吨、天然气450亿立方米。大陆、桑给巴尔及近海海域有若干储油前景良好的区域。森林面积约4 400万公顷,约占国土面积的45%。[1]

2. 农业

坦桑尼亚以种植业、林业、渔业、牧业为主。农业吸收全国劳动力的2/3。全国可耕地面积3 940万公顷。

3. 工业

坦噶尼喀制造业以农产品加工和进口替代型轻工业为主,桑给巴尔工业以农产品加工为主。

4. 经济发展

坦桑尼亚是联合国宣布的世界最不发达国家之一。经济以农业为主,粮食勉强自给。工业生产技术低下,日常消费品需进口。2007年国内生产总值161亿美元,人均国内生产总值约430美元,经济增长率7.1%。[2]

5. 中坦经贸

坦桑尼亚是中国在非洲的最大受援国。中国从1964年开始向坦桑尼亚提供

---

[1] http://www.fmprc.gov.cn/chn/pds/gjhdq/gj/fz/1206_45_5/

[2] http://www.fmprc.gov.cn/chn/pds/gjhdq/gj/fz/1206_45_5/

各种援助,主要援建项目有坦赞铁路、友谊纺织厂、姆巴拉利农场、基畏那煤矿和马宏达糖厂等。中、坦互利合作始于1981年。2008年1~10月,中坦双边贸易额为8.89亿美元,同比增长40.8%,其中我方出口7.81亿美元,进口1.08亿美元。[①]

六、文化和艺术

坦桑尼亚是古人类发源地之一。境内各族在经历过数次的文化渗透和混合过程之后,出现了今天的东班图农牧混合经济文化形态。各部族都有自己传统的文化,野牛舞、戈戈族舞、哈族舞和尼亚姆维族舞在坦桑尼亚的舞蹈中久负盛名。

坦桑尼亚电影、音像、演出娱乐等现代文化产业均不发达,引领其文化艺术产业的是传统的木雕工艺。乌木雕刻是坦桑尼亚木雕艺术的主流,也一直引领着坦桑尼亚乃至非洲木雕艺术的发展。以乌木雕刻为代表的非洲木雕艺术,有别于古意大利的造型艺术和东方工艺美术,它有自己的艺术语言,并以其固有的神秘感和怪异造型震撼世界。据称,这些"原始艺术"的非洲木雕作品也曾经影响了毕加索等一些闻名世界的艺术家,在这些艺术家超现实主义的作品中,如现代立体主义绘画、"前卫艺术"怪诞的人体造型等,无不具有明显的非洲"原始艺术"的痕迹。

七、教育

坦桑尼亚重视发展民族文化,大力推广斯瓦希里语,实行免费义务教育。近年因国家财政拮据,教育经费不足,政府提出教育改革政策,鼓励私人或集体办学。英语是坦桑尼亚学前教育和中小学教育的必修课,高等教育多用英语教学。坦桑尼亚现有11所公立大学(学院)和17所私立大学(学院),其中达累斯萨拉姆大学是坦桑尼亚最负盛名的大学。

八、民俗风情

1. 礼仪和习俗

坦桑尼亚人与外来客人相见时,通常行握手礼。因坦桑尼亚居民中信仰伊斯兰教的人口接近1/3,在握手、行礼、进餐、接递物品时要注意使用右手,用左手是极不礼貌的行为。

在服饰方面,坦桑尼亚的妇女衣着较保守,喜爱穿着被称之为"加鸟花"的无褶长裙。以赛族男性穿一种在肩上打结的宽大外袍,外袍的下面装饰着涂上颜色的贝壳等。

2. 主要节日

桑给巴尔革命日(1月12日)、坦桑尼亚革命党成立日(2月5日)、坦桑尼亚

---

① http://www.fmprc.gov.cn/chn/pds/gjhdq/gj/fz/1206_45_5/

联合日(4月26日)、农民节(7月7日)、独立日(12月9日)。另外,还有复活节、开斋节、圣诞节等。

3.美食

坦桑尼亚人爱食香蕉,惯用玉米面加糖、椰子油做成民族传统的"乌伯瓦伯瓦"手抓饭。坦桑尼亚人一般爱吃牛、羊肉,爱喝咖啡,忌食猪肉、动物内脏、海鲜以及奇形怪状的食物。一般以玉米、大米、甜薯为主食。其口味一般较重,不怕油腻,喜食辣味的食品。上层人士一般都爱吃英式西菜。

九、旅游业

近年来,坦桑尼亚政府采取各种措施大力发展旅游业:修复了通往阿鲁沙及各国家公园的公路干线;投巨资修缮和扩大国有旅馆等;努力改善基础设施;推动旅游业非国有化和实施各种优惠政策,吸引外资开发旅游业;努力扩大对外宣传,积极参加在欧美、中东及远东等地区举行的大型国际旅游博览会,极力推销本国旅游资源等。

在上述举措的推动下,旅游业已成为坦桑尼亚发展最快的行业之一。据世界旅游组织的官方数据,1995年坦桑尼亚的入境旅游人数为28.5万人次,2000年为45.9万人次,2004年为56.6万人次[1]。据世界旅游组织统计,2010年坦桑尼亚的入境旅游人数为75.4万人次,2014年为111.3万人次,2015年为110.4万人次(UNWTO Tourism Highlights:2017 Edition)。

1990年坦桑尼亚的入境旅游收入为0.65亿美元,1995年为5.02亿美元,2000年为3.77亿美元,2004年为7.46亿美元[2],2005年为7.96亿美元。2010年坦桑尼亚的入境旅游收入为12.55亿美元,2014年为20.10亿美元,2015年为20.06亿美元,2016年为21.35亿美元(UNWTO Tourism Highlights:2017 Edition)。

2004年,坦桑尼亚成为中国全面开放的出境旅游目的地国家。

为了保护坦桑尼亚最宝贵的自然遗产,政府已制定出旨在通过推广高质量的旅游和增加保护区及农村社区来扩大旅游业的国家旅游政策和旅游发展总体规划。由于将保护和可持续发展结合起来的旅游项目开展得比较成功,坦桑尼亚在国际旅游业的开发和保护领域享有盛誉。

十、旅游资源

坦桑尼亚境内自然景观众多,非洲三大湖泊维多利亚湖、坦噶尼喀湖和马拉维湖均处在坦桑尼亚边境线上,海拔5 895米的非洲第一高峰、终年积雪的赤道雪山

---

[1] World Tourism Organization(UNWTO):Tourism Market Trends,2005 Edition
[2] World Tourism Organization(UNWTO):Tourism Market Trends,2006 Edition

乞力马扎罗山世界闻名,其他自然景观有恩戈罗恩戈罗火山口、东非大裂谷、马尼亚拉湖等,另有桑岛奴隶城、世界最古老的古人类遗址、阿拉伯商人遗址等历史人文景观。1/3 的国土为国家公园、动物和森林保护区,共有塞伦盖蒂、恩戈罗恩戈罗等 12 个国家公园、19 个野生动物保护区和 50 个野生动物控制区。

(一) 旅游城市

1. 达累斯萨拉姆

达累斯萨拉姆(Dares Salaam)位于印度洋沿岸中段滨海平原之上,扼西印度洋航运要冲,是坦桑尼亚经济中心。达累斯萨拉姆原为渔村,1961 年至 1964 年为坦噶尼喀首都,后来为坦桑尼亚首都。由于港湾内风平浪静,被誉为"和平之地",现为东非第三大港。

虽然历史不算悠久,但是达累斯萨拉姆也有其独特的历史和文化,它是东部非洲印度洋沿岸班图文化与阿拉伯及印(度)巴(基斯坦)文化交融而成的斯瓦希里文化的典型代表城镇之一。市区以独立广场为中心,向北、西、南三面扩展,呈不连续的同心圆状,东部是政府机关和使馆区,北部、西部是住宅区和文化区,再向外围则是西北、西南工业区。城内历史性建筑有:祭奠"一战"期间阵亡非洲将士的"阿斯卡里"纪念碑、微型东非热带植物园、展有 360 万年前最古老人类足迹化石的国家博物馆等。

2. 多多马

多多马(Dodoma)位于中部高原上,接近国土几何中心,面积 2 669 平方公里,海拔 1 115 米,气候干燥凉爽。原为中部地区农产品和牲畜贸易中心,现为全国交通枢纽,中央铁路和著名的非洲国际公路干线大北公路的交会点。

坦桑尼亚政府在 1973 年计划迁都多多马。由于坦桑尼亚沿海经济与内地经济发展的不平衡,多多马的基础设施建设一直赶不上达累斯萨拉姆,迁都工作进展较慢。坦桑尼亚政府曾于 1975 年和 1990 年两次限期完成迁都,但是迄今仍未能完成全部迁都工作。

(二) 主要名胜

1. 塞伦盖蒂国家公园

塞伦盖蒂国家公园(Serengeti National Park)位于东非大裂谷以西,阿鲁沙西北偏西 130 公里处,一部分狭长地带向西伸入维多利亚湖达 8 公里,北部延伸到肯尼亚边境。1951 年建成,占地面积为 1.476 3 万平方公里。公园由于拥有现今极大规模的动物群落而闻名遐迩。这些动物群在季节性的水源地和草场之间来往迁徙。公园被划分成各种各样的区域,在每个区域中,每种生态系统都有微妙的不同点。位于公园中部的塞罗勒那(Seronera)最受欢迎,也是最方便进行游览活动的地区。1981 年,塞伦盖蒂国家公园作为自然遗产被联合国教科文组织世界遗产委员会列入《世界遗产名录》。

2.乞力马扎罗山

乞力马扎罗山位于坦桑尼亚东北部,邻近肯尼亚,距离赤道仅300多公里,面积756平方公里,海拔5 895米,素有"非洲屋脊"之称。乞力马扎罗山是一座至今仍在活动的休眠火山。两个主峰分别是马文济和基博。基博峰顶有一个直径2 400米、深200米的火山口,口内四壁是晶莹无瑕的巨大冰层,底部耸立着巨大的冰柱。这样的永久冰川是极不寻常的,因为该山位于赤道之南仅3°处,近来有迹象表明这些冰川正在消退。1987年,乞力马扎罗国家公园(Kilimanjaro National Park)作为自然遗产被联合国教科文组织世界遗产委员会列入《世界遗产名录》。

思考与练习

1.简述南非的民俗风情。
2.简述南非的主要旅游城市及其特征。
3.简述埃及的主要旅游城市及其特征。
4.简述埃及的主要名胜。
5.简述坦桑尼亚的主要名胜。

第六章 大洋洲旅游区

引言

大洋洲的主体部分是澳大利亚大陆。整个大洋洲有14个独立的国家和10个地区,陆地总面积约897万平方公里,约占地球陆地总面积的6%,是世界上最小的一个洲。

大洋洲地处赤道附近,气候宜人,风景秀丽,山区林木茂密,滨海海天辉映,动植物独特珍奇。大洋洲拥有悠久的历史、独特的土著文化和民族风情。

近年来,大洋洲各国普遍重视旅游开发,旅游业发展迅速,并已成为各国经济的重要组成部分。

本章学习目标

1. 了解澳大利亚和新西兰的国家概况
2. 熟悉澳大利亚和新西兰的文化艺术和民俗风情
3. 了解澳大利亚和新西兰的旅游资源和主要名胜

第一节 澳大利亚

一、国家概况

国名: 澳大利亚联邦(The Commonwealth of Australia)

面积: 769.2万平方公里

人口: 2 462万(2017年8月)①

首都: 堪培拉(Canberra)

语言: 通用语言为英语

民族: 英国及爱尔兰后裔占人口的74%,亚裔约占5%,土著居民占2.3%,其他

---

① http://www.fmprc.gov.cn/web/gjhdq_676201/gj_676203/dyz_681240/1206_681242/1206x0_681244/

民族约占18.7%①

宗教：70%的居民信奉基督教，5%信奉犹太教、伊斯兰教、佛教，非宗教人口占25%

货币：澳元

国庆：1月26日

国花：金合欢

国歌：《澳大利亚，前进！》

主要城市：悉尼、墨尔本、布里斯班、珀斯、阿德莱德

行政区划：全国划分为6个州和2个地区

二、自然地理

澳大利亚位于南太平洋和印度洋之间，由澳大利亚大陆和塔斯马尼亚等岛屿组成，东南隔塔斯曼海与新西兰为邻，北部隔帝汶海和托雷斯海峡与东帝汶、印度尼西亚和巴布亚新几内亚相望。面积居世界第六。由于四面环海，海岸线长达36 735公里。地势低平，东部为山地，又称大分水岭区，山地南部的科西阿斯科山海拔2 228米，为全大陆最高峰；中部平原被低山分隔成3个区域；西部高原大部分是沙漠和半沙漠。位于东南沿海的大堡礁是世界上最大的珊瑚礁。最大的岛屿是塔斯马尼亚岛。由于降雨量少，地表径流贫乏，全长约3 490公里的墨累河为境内最长河，中部平原有丰富的地下水资源。

澳大利亚的四季与北半球刚好相反。大部分地区属热带和亚热带气候，整体而言，各地都有温暖的夏季和不太冷的冬季。年降水量250~2 000毫米。

三、历史

最早居民为土著人。1770年，英国航海家詹姆斯·库克抵达澳大利亚东海岸，宣布英国占有这片土地。1788年1月26日，英国流放到澳大利亚的第一批犯人抵悉尼湾，英国开始在澳大利亚建立殖民地。19世纪50年代，在新南威尔士和维多利亚两州发现金矿后，大批来自欧洲、美洲的淘金者蜂拥而至，自由移民开始激增。1901年1月1日，澳大利亚各殖民区改制为州，组成澳大利亚联邦，成为大英帝国内的联邦或自治领。1931年，澳大利亚获得内政与外交的独立自主权，成为英联邦内独立国家。1986年，英国议会通过《与澳大利亚关系法》，澳大利亚获得完全立法权和司法终审权。1999年11月，澳大利亚举行全民公投表决是否改用共和体制，但未获通过，仍维持君主立宪政体。

---

① http://www.fmprc.gov.cn/chn/pds/gjhdq/gj/dyz/1206/

四、外交

1. 对外关系

在坚持巩固澳美同盟、发挥联合国作用以及拓展与亚洲联系三大传统外交政策的基础上,澳大利亚通过积极参与全球和地区热点问题提升国际影响力。外交政策宗旨是捍卫国家主权和独立,推进澳大利亚的经济和战略利益。近年来,由于战略合作的需要,澳大利亚和美国仍然保持着"冷战"时期建立的同盟关系。与此同时,随着其在亚太地区的战略地位和经济利益不断上升,澳大利亚越来越重视亚太地区,其外交中心日益向亚太地区倾斜。将与美国、日本、中国、印度尼西亚的关系作为澳大利亚最重要的四大双边关系。

2. 与中国的关系

1972年12月21日,中澳两国建交。建交以来,中澳关系得到较为全面的发展。1984年12月以霍克为首的澳大利亚工党赢得大选,全面拓展和深化对华关系,两国首次实现了最高层互访。1997年澳大利亚首次发表《对外事物和贸易白皮书》,澳中关系被列为澳大利亚最重要的四个双边关系之一。2007年9月,胡锦涛主席对澳大利亚进行国事访问,并出席在悉尼举行的APEC领导人第十五次非正式会议。2008年4月,澳大利亚总理陆克文首次正式访华并出席博鳌亚洲论坛年会。

五、经济

1. 自然资源

澳大利亚矿产资源丰富,被誉为"坐在矿车上的国家"。铝矾土、铅、镍、银、铀、锌、钽的探明经济储量居世界首位。澳大利亚是世界上最大的烟煤、铝矾土、氧化铝、铅、钻石、锌及精矿出口国,第二大氧化铝、铁矿石、铀矿出口国,第三大铝和黄金出口国。森林覆盖率为21%。渔业资源丰富,捕鱼区面积比国土面积大16%,是世界上第三大捕鱼区。①

2. 农业

澳大利亚农牧业发达,有"骑在羊背上的国家"之称,是世界最大的羊毛和牛肉出口国。农业以种植小麦、大麦、油菜籽和水果为主。

3. 工业

作为后起的工业化国家,澳大利亚工业发展很快,以矿业、制造业和建筑业为主。近年来,制造业和高科技产业发展迅速。

---

① http://www.fmprc.gov.cn/chn/pds/gjhdq/gj/dyz/1206/

4. 经济发展

澳大利亚是一个后起的工农业发达的资本主义国家。历史上长期遭受殖民统治,"二战"前还是殖民地性质的经济,"二战"期间经济发展速度加快,垄断资本急剧膨胀,"二战"后工矿企业得到进一步的发展,逐步形成了以采矿、冶金、机械、化学和食品工业等为主的较为强大的工业体系。自20世纪70年代以来,澳大利亚经济经历了重大的结构性调整,旅游业和服务业迅速发展,目前已占国内生产总值的70%左右。近年来,澳大利亚经济持续增长,2005年经济增长率为3.2%,1997年至2010年的10余年内,国内生产总值平均增长率为3.6%。

5. 中澳经贸

澳大利亚和中国在经济上存在较强的互补性。澳大利亚资源丰富,而中国有着广阔的市场,同时澳大利亚也对中国的产品有不小的需求。在中国加入世贸组织后,两国合作的广阔前景已引起双方的高度重视。2003年签署的《中国-澳大利亚贸易与经济框架》是中国签订的第一个与主要发达国家的自由贸易协定。2007年,中国已成为澳大利亚的第一大贸易国、第二大出口市场、第一大进口来源地,而澳大利亚也是中国最重要的进口国和出口市场。2008年,中国与澳大利亚高层互访频繁,双边经贸关系发展顺利,贸易和投资稳步增长,中国已成为澳大利亚第二大贸易伙伴。

六、文化和艺术

澳大利亚的文化生活是澳大利亚各种民族、风俗以及当代世界文化影响的产物。澳大利亚社会的特色一方面反映在土著人的绘画、文学和音乐中;另一方面又在从西方传统吸收来的艺术、文学、现代舞蹈、电影、歌剧和戏剧中得到了体现。

澳大利亚的电影在世界上具有较大的影响,其导演和演员在国际影坛上颇有地位,不少电影曾在一些重要的电影节上获奖。澳大利亚的文学作品在国际上享有盛誉,而澳大利亚土著人、托雷斯海峡岛民以及来自海外的移民作家也为文学的发展开拓了新的领域。

澳大利亚共有8个大型专业交响乐团,其音乐艺术创作水平很高,作为澳大利亚国家级演出团体的澳大利亚歌剧团经常在世界各国进行访问演出。

七、教育

澳大利亚的教育主要由州政府负责。学校分公立、私立两种。实行12年制义务教育。澳大利亚的大学在英国及美国的院校中享有盛名,而且在计算机设施及科技水平方面也遥遥领先。著名大学有澳大利亚国立大学、墨尔本大学、悉尼大学、新南威尔士大学等。

八、民俗风情

1. 礼仪和习俗

澳大利亚人很讲究礼貌,在公共场合从来不大声喧哗。在银行、邮局、公共汽车站等公共场所,都是耐心等待,秩序井然。时间观念强,赴约准时并珍惜时间,经常迟到的人会被视为不可靠。人们日常见面时喜欢热烈握手,互相直呼其名。

澳大利亚社会有"女士优先"的习惯。基督教徒有"周日做礼拜"的习惯,应避免在这天邀约基督徒友人。

2. 主要节日

元旦(1月1日)、国庆日(1月26日)、澳新军团纪念日(4月25日)、复活节(春分月圆后的第一个星期日)、圣诞节(12月25日)等。

3. 美食

在饮食上,澳大利亚人以吃英式西餐为主,其口味喜清淡,忌食辣味菜肴。菜品量少质精,讲究菜肴的色彩,一般以烤、焖、烩的烹饪方法居多。主食乐于吃面,特别爱吃中国风味的清汤饺子。啤酒是在澳大利亚最受欢迎的饮料。

九、旅游业

澳大利亚拥有丰富的旅游资源、完善的旅游基础设施和先进的旅游运营模式。在旅游服务及产品经营上,澳大利亚的旅游服务业已经形成一个良好的运作系统,酒店服务、交通运输、景区管理等环节为旅游者提供完善的服务。

旅游业是澳大利亚发展最快的行业之一。20世纪70年代,澳大利亚旅游业随着经济振兴起步。1990年澳大利亚的入境旅游人数为221.5万人次,1995年为372.6万人次,2000年为453万人次,2004年为477.4万人次[1],2006年为506.4万人次[2]。据世界旅游组织统计,2010年澳大利亚的入境旅游人数为579.0万人次,2014年为688.4万人次,2015年为744.4万人次,2016年为826.3万人次(UNWTO Tourism Highlights:2017 Edition)。

1990年澳大利亚的旅游收入为42.46亿美元,1995年旅游收入为81.25亿美元,2000年旅游收入为92.74亿美元,2004年旅游收入为151.91亿美元[3],2005年旅游收入为168.65亿美元,2006年旅游收入为178.4亿美元,全球入境旅游收入排名第八[4]。2010年澳大利亚的入境旅游收入为285.98亿美元,2014年为314.41亿

---

[1] World Tourism Organization(UNWTO):Tourism Market Trends, 2005 Edition
[2] World Tourism Organization(UNWTO):UNWTO, 2007
[3] World Tourism Organization(UNWTO):Tourism Market Trends, 2006 Edition
[4] World Tourism Organization(UNWTO):UNWTO, 2007

美元,2015 年为 288.72 亿美元,2016 年为 324.23 亿美元(UNWTO Tourism Highlights:2017 Edition)。2015 年和 2016 年,澳大利亚全球入境旅游收入世界排名均为第十。

1995 年澳大利亚出境旅游消费为 52 亿美元,2000 年为 64 亿美元,2004 年为 102 亿美元,2005 年为 113 亿美元,2006 年为 117 亿美元[①]。

澳大利亚也是中国主要客源国之一。2006 年,澳大利亚公民来华旅游人数达 53.81 万人次,比 2005 年增长 11.41%[②]。2007 年,澳大利亚公民来华旅游人数达 60.74 万人次,比 2006 年增长 12.9%[③]。2008 年,澳大利亚公民来华旅游人数达 57.15 万人次,比 2007 年减少 5.9%[④]。2009 年,澳大利亚公民来华旅游人数达 56.15 万人次,比 2008 年减少 1.7%[⑤]。2010 年,澳大利亚公民来华旅游人数达 66.13 万人次,比 2009 年增长 17.8%[⑥]。

中国国家旅游局统计数字显示,2008 年 1~12 月澳大利亚来华旅游人数达 57.15 万人次,其中会议和商务旅游 11.81 万人次、观光和休闲 36.09 万人次、探亲访友 0.06 万人次、服务员工 2.99 万人次、其他 6.21 万人次[⑦]。2009 年 1~12 月澳大利亚来华旅游人数达 56.15 万人次,其中会议和商务旅游 10.48 万人次、观光和休闲 36.34 万人次、探亲访友 0.07 万人次、服务员工 2.64 万人次、其他 6.63 万人次[⑧]。2010 年 1~12 月澳大利亚来华旅游人数达 66.13 万人次,其中会议和商务旅游 11.94 万人次、观光和休闲 42.85 万人次、探亲访友 0.09 万人次、服务员工 2.64 万人次、其他 8.60 万人次[⑨]。2014 年 1~12 月澳大利亚来华旅游入境人数为 67.21 万人次,其中会议和商务旅游 11.76 万人次、观光和休闲 23.99 万人次、探亲访友 7.70 万人次、服务员工 2.73 万人次、其他 21.02 万人次。2015 年 1~12 月澳大利亚来华旅游入境人数为 63.73 万人次,其中会议和商务旅游 11.58 万人次、观光和休闲 20.13 万人次、探亲访友 9.85 万人次、服务员工 2.80 万人次、其他 19.37 万人次。

澳大利亚于 1999 年获得中国官方指定旅游国的地位,此后一直在中国积极开展宣传澳大利亚的活动。随着 ADS(旅游目的地)签证拓展至中国全境,预计未来数年到访澳大利亚的中国游客数量将持续上升。国家旅游局统计数据显示,2016

---

① World Tourism Organization (UNWTO):UNWTO June 2007
② http://www.cnta.gov.cn/html/2008-6/2008-6-2-14-52-59-212.html
③ http://www.cnta.gov.cn/html/2008-9/2008-9-10-11-35-98624.html
④ http://www.cnta.gov.cn/html/2009-9/2009-9-28-9-30-78465.html
⑤ http://www.cnta.gov.cn/html/2010-10/2010-10-20-10-43-69972.html
⑥ http://www.cnta.gov.cn/html/2011-11/2011-11-1-9-50-68041.html
⑦ http://www.cnta.gov.cn/html/2009-2/2009-2-18-9-36-18403.html
⑧ http://www.cnta.gov.cn/html/2010-1/2010-1-19-10-52-93858.html
⑨ http://www.cnta.gov.cn/html/2011-3/2011-3-25-10-15-28226.html

中国旅游客源国概况

年中澳两国旅游双向交流规模接近200万人次,其中,澳大利亚访华旅游人数为67.32万人次,同比增长5.6%;中国赴澳大利亚旅游人数为130.07万人次,同比增长28.4%。

十、旅游资源

澳大利亚是著名的旅游胜地,旅游景点遍布全国。从魂牵梦萦的乌卢鲁巨石、卡卡杜热带湿地,到壮观的大堡礁、原始荒原、海洋保护区、广漠的沙漠和原始森林,在生态游的引领下,给全世界喜爱自然的旅行者带来深刻而独特的体验。澳大利亚土著文化是全世界历史最悠久、迄今一直充满活力的文化,并被视为澳大利亚的符号。澳大利亚的时尚都会是欧洲城市的翻版,城市里林立的高楼和城市郊区连绵延伸的红瓦屋顶及海滩边时尚的型男靓女代表了如今最具魅力的澳大利亚。

(一)旅游城市

1. 堪培拉

堪培拉(Canberra)是澳大利亚首都,全国的政治和文化中心。"堪培拉"三个字来自"Canberra",据说在土著语言中就是"聚会的地方"。它位于澳大利亚东南部,首都直辖区北端,其东北约280公里处为澳大利亚最大的城市悉尼。市区被格里芬湖分为两大部分,整个城市以此湖为中心,呈放射形向外伸展。市区的主要行政建筑聚集在国会山上,耗资11亿澳元的国会大厦是澳大利亚权力的象征,也是堪培拉最显眼的标志性建筑。

2. 悉尼

悉尼(Sydney)位于澳大利亚东南部,是新南威尔士州的首府,也是澳大利亚第一大城市,全国金融、商业中心。200多年前这里是一片荒原,经过两个世纪艰辛开拓与经营,它已成为澳大利亚最繁华的现代化、国际化城市,有"南半球纽约"之称。白帆逐浪的海港、美丽迷人的海滩、阳光充沛的地中海气候,为悉尼这颗明珠增添了耀眼的光芒。2007年,悉尼被誉为"旅游圣经"的国际知名杂志《康德纳斯旅者》评为全球最佳旅游城市之一。

3. 墨尔本

墨尔本(Melbourne)位于澳大利亚东南部亚拉河河口,是澳大利亚第二大城市、维多利亚州的首府,澳大利亚财经与商业的心脏,同时是澳大利亚最"欧洲化"的城市,一个有着19世纪丰富魅力的21世纪大都会。墨尔本市建于1835年,它虽比悉尼晚建57年,但发展却很快。19世纪初期,英国人在这里建立牧场,这里成为澳大利亚牧羊业的发源地。后来又在附近发现了大金矿,吸引了国内外淘金者蜂拥而至,于是城市迅速发展起来。在堪培拉建成之前,澳大利亚联邦政府一直在此办公。

4.布里斯班

布里斯班(Brisbane)位于澳大利亚东部,是澳大利亚第三大城市,全国最大海港,昆士兰州首府。它坐落在布里斯班河畔,地处亚热带,气候温和宜人。在城里殖民时期的历史建筑和现代化的高楼大厦并肩崛起,布里斯班河两岸的公园五彩缤纷,城郊的田野一片油绿,海滨的风光更是迷人,这一切使布里斯班成为国际知名的旅游城市。

(二) 主要名胜

1.大堡礁

大堡礁(Great Barrier Reef)位于澳大利亚东海岸的昆士兰州,是一处延绵2 000公里的地段,这里景色迷人、险峻莫测,拥有世界上规模最大、景色最美的珊瑚礁群,是世界七大自然景观之一,也是澳大利亚人最引以为自豪的天然景观。大堡礁有350多种珊瑚,形状、大小、颜色都各不相同。此外,还有1400多种鱼、甲壳和贝类动物、海葵、蠕虫、海绵和鸟雀在大堡礁及四周安家。

1981年,大堡礁作为自然遗产被联合国教科文组织世界遗产委员会列入《世界遗产名录》。

2.卡卡杜国家公园

卡卡杜国家公园(Kakadu National Park)位于澳大利亚北部海港城市达尔文以东250公里处,占地约2万平方公里。园内独特的植被群和动物群、独具特色的湿地资源和当地土著居民部落的文化遗产吸引着世界各地的游客来此参观游览。在公园中尚有许多未曾被发现的森林,由于没有受到现代社会的影响,仍保存着罕见的原始澳大利亚生态系统。

1981年,卡卡杜国家公园作为文化和自然双重遗产被联合国教科文组织世界遗产委员会列入《世界遗产名录》。

3.塔斯马尼亚荒原

塔斯马尼亚荒原(Tasmanian Wilderness)位于澳大利亚南部的塔斯马尼亚州,面积约达1.38万平方公里,是南半球仅存的三个温带荒原之一。这里的各地质时代的岩石、奇特的动物和400多种植物与南极、南美洲有着密切的联系,同时它们也是古代冈瓦纳大陆(Gondwanaland)的见证。荒原上生活着种类繁多的野生动物,其中就有世界上仅存的食肉有袋动物。荒原上还有澳大利亚最大的河系、最深的湖泊和最壮观的山脉,山中的洞穴曾是冰期时代猎人的居所,石壁上刻有世界上最古老的壁画。

1982年,塔斯马尼亚荒原作为文化和自然双重遗产被联合国教科文组织世界遗产委员会列入《世界遗产名录》。

第二节 新西兰

一、国家概况

国名：新西兰（New Zealand）
面积：27.05万平方公里
人口：480万（2017年8月）[①]
首都：惠灵顿（Wellington）
语言：官方语言为英语、毛利语
民族：欧洲移民后裔约占人口的67.6%，毛利人约占14.6%，亚裔约占8%，太平洋岛国裔约占8%，其他约占1.8%[②]
宗教：70%的居民信奉基督教新教和天主教
货币：新西兰元
国庆：2月6日
国花：银蕨
国歌：《上帝保护新西兰》
主要城市：奥克兰、克赖斯特彻奇、达尼丁
行政区划：全国共分为12个大区

二、自然地理

新西兰位于太平洋西南部，由南岛、北岛、斯图尔特岛及附近的一些小岛组成，西隔塔斯曼海与澳大利亚相望。海岸线长6 900公里。境内大部分为山地和丘陵，平原狭小，山地和丘陵占全国面积的75%以上。因地处环太平洋火山带，多地震和火山。北岛的怀卡托河全长354公里，是新西兰最长的河流，陶波湖是新西兰最大的湖泊。南岛的库克峰为全国最高峰，海拔3 764米。全境河流短小湍急，航运不便，但水力资源丰富。

新西兰除北岛北部属亚热带湿润气候外，绝大部分属温带海洋性气候，季节与北半球相反。年降水量500~2 500毫米。

三、历史

早在1 000多年前，毛利人就已在新西兰定居。1642年，荷兰航海家首次登陆

[①] http://www.fmprc.gov.cn/web/gjhdq_676201/gj_676203/dyz_681240/1206_681940/1206x0_681942/
[②] http://www.fmprc.gov.cn/chn/pds/gjhdq/gj/dyz/1206_27/

新西兰。1769年至1777年,英国库克船长先后5次到达新西兰,此后英国向这里输入大批移民并宣布占领。1840年2月6日,英国人迫使毛利人签署《怀唐伊条约》(Treaty of Waitangi),新西兰成为英国殖民地。1907年新西兰宣布独立,成为英国自治领地。1947年新西兰完全独立,成为主权国家,但仍是英联邦成员。

四、外交

1. 对外关系

新西兰对外政策的基本原则是,维护世界特别是太平洋地区的和平,以保障其主权与安全,维护经济利益。将同澳大利亚和南太平洋岛国的关系作为其对外政治、防务和经济关系的立足点,将亚太地区作为对外关系的优先领域;积极支持和参与联合国的维和行动、人道主义援助和国际反恐合作;重视参与地区经济合作。

2. 与中国的关系

中国与新西兰于1972年12月22日建交。1999年9月,江泽民主席在参加奥克兰亚太经合组织(APEC)领导人非正式会议后,对新西兰进行国事访问,这是中国国家元首首次访问新西兰。近几年来,两国高层互访不断,双方在政治、经济、科技、文化等各个领域的合作富有成果。

五、经济

1. 自然资源

新西兰地热、水力资源丰富,矿产资源比较丰富,有黄金、白银、煤、铁、矿砂、石油、天然气等矿物。渔产丰富,是世界第四大专属经济区。

2. 农业

新西兰农业高度机械化。主要农作物有小麦、大麦、燕麦、水果等。粮食不能自给,需进口。畜牧业发达,已成为新西兰经济的基础。乳制品和肉类是新西兰最重要的出口产品,粗羊毛出口量居世界第二位。

3. 工业

新西兰工业以农林牧产品加工为主,主要有奶制品、毛毯、食品、皮革、烟草、造纸和木材加工等轻工业,产品主要供出口。近20年来,陆续建立了一些重工业,如炼钢、炼油、炼铝和农用飞机制造等企业。近年来,信息技术和生物工程等高新产业蓬勃发展。

4. 中新经贸

自1972年中新两国建交以来,中新经贸关系一直稳定、健康发展。20世纪90年代以来,中新双边贸易增长较快。2004年,新西兰正式承认中国完全市场经济地位并签署《中国-新西兰贸易与经济合作框架》,成为第一个与中国开展双边自由贸易协定(FTA)谈判的西方国家。随着中国经济的增长和双边经贸合作关系的不断巩固和发展,中新两国已从单一的贸易关系发展到多领域、多层次、多形式的经贸合作。2008年1至11月,双边贸易额为40.4亿美元,同比增长20.6%。其中,中国出口23.3亿美元,同比增长18.9%;进口17.1亿美元,同比增长22.9%。[1] 中国是新西兰第三大贸易伙伴国,是新西兰第四大出口市场和第二大进口来源国。

六、文化和艺术

新西兰是一个非常年轻的国家,欧洲、亚洲和土著毛利文明融汇在一起,形成一种独具特色的文化和艺术。新西兰在音乐、戏剧和文学等方面都有骄人的成就,涌现出一大批著名的作家、画家和歌唱家。

毛利人是天生的艺术家,尤其对音乐和舞蹈的表达有独到之处。毛利人从传教士那里学习赞美歌的旋律和和声,再经过巧妙的运用,发展成毛利人明朗愉快的音乐。毛利人的舞蹈如哈卡舞、战舞等极具特色。和夏威夷草裙舞类似的毛利歌舞,除了在罗托鲁阿以毛利音乐表演外,在新西兰的节日庆典上,也是主要的表演项目。

除了音乐和舞蹈外,新西兰的雕刻也表现了毛利人的文化特征。无论是独木舟上的雕刻,城塞村入口处的雕刻,还是集会场所前面及周围的雕刻等,皆充分显示了毛利人将雕刻艺术融入日常生活中的特点。最著名的石雕是在新西兰绿石上雕刻的提基神像,该绿石被毛利文化视为护身符,备受珍视。

七、教育

新西兰的教育主要由政府资助,政府对在公立中、小学就读的学生实行免费教育,并对学龄前学校和高等教育设施提供部分资助,如私立学校的住宿和教学标准符合规定要求的,政府也将提供帮助。新西兰实行12年制义务教育。教育包括小学教育、中学教育、综合技术教育和大学教育四个阶段。新西兰著名大学有奥克兰大学、坎特伯雷大学、惠灵顿维多利亚大学、奥塔戈大学等。

八、民俗风情

1. 礼仪和习俗

新西兰人在社交场合与客人相见时,一般行握手礼;和妇女相见时,要等对方伸出手再施握手礼。新西兰的土著居民毛利人会见客人的最高礼节是施"碰鼻礼",碰鼻子的次数越多,时间越长,礼就越重。

---

[1] http://www.fmprc.gov.cn/chn/pds/gjhdq/gj/dyz/1206_27/

毛利人不管男女都穿草裙,若给毛利人拍照,一定要事先征求其同意。

2. 主要节日

元旦(1月1日)、国庆日(2月6日)、复活节(春分月圆后的第一个星期日)、澳新军团日(4月25日)、圣诞节(12月25日)、节礼日(12月26日)等。

3. 美食

新西兰饮食讲究菜肴花样,注重菜品量少质精。一般口味不喜太咸,不喜欢吃带黏汁或过辣的菜肴,爱甜、酸、微辣味道。以米饭为主食,调料爱用咖喱、番茄酱等。特别喜欢喝葡萄酒、啤酒、爱喝咖啡、红茶和香片花茶等饮料。毛利人以用"烧石烤饭"招待客人为最高礼仪。

九、旅游业

新西兰旅游业发达,旅游业收入占国内GDP近10%,是仅次于乳制品业的第二大出口创汇产业。

新西兰旅游部是该国负责制定旅游发展政策的部门。新西兰旅游促进局是新西兰的旅游行业促进机构,该部门负责本国旅游业对海外市场的促销和协调管理,以确保新西兰旅游业的长期利益最大化。

1990年新西兰的入境旅游人数为96.7万人次,1995年为140.9万人次,2000年为178.7万人次,2002年为204.5万人次,2003年为210.6万人次,2004年为234.8万人次[1],2006年入境旅游人数为240.9万人次[2]。据世界旅游组织统计,2010年新西兰的入境旅游人数为243.5万人次,2014年为277.2万人次,2015年为303.9万人次,2016年为337.0万人次(UNWTO Tourism Highlights:2017 Edition)。

1990年新西兰的入境旅游收入为10.3亿美元,1995年为23.18亿美元,2000年为22.67亿美元,2003年为39.81亿美元,2004年为47.9亿美元,2005年为48.65亿美元,2006年为45.36亿美元[3]。2010年新西兰的入境旅游收入为65.22亿美元,2014年为84.24亿美元,2015年为90.50亿美元,2016年为96.38亿美元(UNWTO Tourism Highlights:2017 Edition)。

1995年新西兰出境旅游消费为13亿美元,2000年为14亿美元,2004年为22亿美元,2005年为27亿美元,2006年为25亿美元[4]。

2006年,新西兰公民来华旅游人数达8.23万人次,比2005年增长5.04%[5]。

---

[1] World Tourism Organization (UNWTO):Tourism Market Trends, 2005 Edition
[2] World Tourism Organization (UNWTO):UNWTO, 2007
[3] World Tourism Organization (UNWTO):Tourism Market Trends, 2006 Edition
[4] World Tourism Organization (UNWTO):UNWTO June 2007
[5] http://www.cnta.gov.cn/html/2008-6/2008-6-2-14-53-4-262.html

中国旅游客源国概况

2007年,新西兰公民来华旅游人数达10.87万人次,比2006年增长32.09%①。2008年,新西兰公民来华旅游人数达10.52万人次,比2007年减少3.26%②。2009年,新西兰公民来华旅游人数达10.04万人次,比2008年减少4.51%③。2010年,新西兰公民来华旅游人数达11.61万人次,比2009年增长15.55%④。

中国国家旅游局统计数字显示,2008年1~12月新西兰公民来华旅游人数达10.52万人次,其中会议和商务旅游1.99万人次、观光和休闲6.32万人次、探亲访友0.02万人次、服务员工0.56万人次、其他1.64万人次⑤。2009年1~12月新西兰公民来华旅游人数达10.04万人次,其中会议和商务旅游1.41万人次、观光和休闲6.34万人次、探亲访友0.02万人次、服务员工0.55万人次、其他1.73万人次⑥。2010年1~12月新西兰公民来华旅游人数达11.61万人次,其中会议和商务旅游1.85万人次、观光和休闲7.08万人次、探亲访友0.03万人次、服务员工0.57万人次、其他2.07万人次⑦。2014年1~12月新西兰来华旅游入境人数为12.66万人次,其中会议和商务旅游2.48万人次、观光和休闲3.29万人次、探亲访友1.44万人次、服务员工0.65万人次、其他4.80万人次。2015年1~12月新西兰来华旅游入境人数为12.54万人次,其中会议和商务旅游2.39万人次、观光和休闲3.04万人次、探亲访友1.70万人次、服务员工0.68万人次、其他4.74万人次。

中国也是新西兰旅游业的重要市场。1997年11月,中国正式批准将新西兰列为中国公民自费出境旅游目的地。自从中新两国政府于1999年就中国公民自费赴新西兰旅游的具体实施方案达成协议后,中国到新西兰的游客以年均22%的速度增长。2003年,双方原则同意将中国公民赴新西兰旅游组团范围由原先的3个省市扩大到中国全国。2006年11月,新西兰航空公司开通奥克兰至上海直航线。直航开通后,新西兰访华人数和中国公民访新西兰人数分别增长了10%和20%。2007年,中国公民首站赴新西兰旅游达56.8万人次,同比增长16.6%,新西兰来华旅游达10.87万人次,同比增长32.1%。截至2008年1月,中国跃居新西兰第四大游客来源国。

十、旅游资源

新西兰旅游业十分发达。风景秀美,自然、原始的田园风光,以及冰雪覆盖的

---

① http://www.cnta.gov.cn/html/2008-6/2008-6-2-14-53-10-325.html
② http://www.cnta.gov.cn/html/2009-2/2009-2-18-9-34-95871.html
③ http://www.cnta.gov.cn/html/2010-1/2010-1-19-10-48-20174.html
④ http://www.cnta.gov.cn/html/2011-3/2011-3-25-10-15-28226.html
⑤ http://www.cnta.gov.cn/html/2009-2/2009-2-18-9-36-18403.html
⑥ http://www.cnta.gov.cn/html/2010-1/2010-1-19-10-52-93858.html
⑦ http://www.cnta.gov.cn/html/2011-3/2011-3-25-10-15-28226.html

山峦、宽阔的滑冰场、壮观的峡湾和冰川、宜人的温泉、美丽的亚热带海滩、神秘的亚热带雨林都是新西兰最具吸引力的旅游资源。此外,该地区还拥有壮观美丽的火山,星罗棋布、水平如镜的火山口湖,古老质朴的毛利人村落等。

截至 2018 年 7 月,新西兰被联合国教科文组织批准的世界遗产共计 3 项,包括自然遗产 2 项,文化和自然双重遗产 1 项。

(一)旅游城市

1. 惠灵顿

惠灵顿(Wellington)位于新西兰北岛的西南部,是新西兰的首都,新西兰的政治、文化和经济中心,是仅次于奥克兰的第二大港、欧亚远洋船只的补给站和最大的客运港。惠灵顿三面环山,一面临海,风景秀丽,是太平洋著名的旅游胜地,有"花园城市"之称。

2. 奥克兰

奥克兰(Auckland)位于新西兰北岛的奥克兰区,是新西兰第一大城市,全国工业、商业和经济贸易中心。奥克兰拥有 50 多个小岛,一半是内陆城镇、一半是海边城镇的特点,使之成为一个多元化的水世界。奥克兰的地形非常适合帆船运动,城中居民多拥有私人船只,所以又有"风帆之都"的美誉。

奥克兰是新西兰国际文化的荟萃地,其街道两旁遍布极富殖民地色彩的 19 世纪建筑物。女王大街(Queen Street)是奥克兰最著名、最古老和最繁华的街道。各种博物馆、艺术馆是这个自然而古朴的城市中最值得游览的地方。其中奥克兰博物馆馆藏有毛利族及波利尼西亚人的历史遗迹及资料,而奥克兰城市艺术画廊中有欧洲文艺复兴时期的藏品等。

3. 克赖斯特彻奇

克赖斯特彻奇(Christchurch)又译为基督城,是南岛第一大城市,也是除奥克兰外的重要港口,新西兰第三大城市。克赖斯特彻奇位于南岛东岸的坎特伯雷(Canterbury)平原,其海岸线由高耸的球形火山所形成。城内大部分地区是公园和自然保护区,公园内林木葱郁,繁花竞艳。克赖斯特彻奇也是新西兰最具英国色彩的城市。

(二)主要名胜

汤加里罗国家公园

汤加里罗国家公园(Tongariro National Park)位于新西兰北岛中央的罗托鲁阿-陶波地热区南端,占地约 40 万公顷。壮观的火山群和土著毛利人的文化是其特色。汤加里罗国家公园是一个独具特色的火山公园,有 15 个火山口,其中包括 3 个著名的活火山:瑙鲁霍伊火山(Ngauruhoe)是 3 座火山中最壮观的一座火山,海拔约 2290 米;鲁阿佩胡山(Ruapehu)海拔约 2 800 米;汤加里罗火山(Tongariro)海拔约1 980米,峰顶宽广。汤加里罗国家公园地热资源丰富,沸泉、间歇泉、喷气孔等遍地可见。

汤加里罗国家公园里呈现出一片火山园林风光。由火山灰铺成的银灰色大道蜿蜒于山间,峰顶白雪皑皑,十分壮观。苍翠的天然森林环抱着重峦叠嶂的群山、绿草如茵的草原和绿波荡漾的湖泊。公园中心地带的山脉对于毛利人来说具有文化和宗教上的象征意义,标志着这个部落与其环境在精神上的联系。

1990年,汤加里罗国家公园作为文化和自然双重遗产被联合国教科文组织世界遗产委员会列入《世界遗产名录》。

思考与练习

1. 澳大利亚旅游业发展现状如何?
2. 澳大利亚有哪些著名旅游城市?各有哪些著名景点?
3. 简述毛利人及其文化在新西兰社会生活中的重要性。
4. 新西兰的旅游业发展状况如何?其旅游资源的特色是什么?

参 考 文 献

一、著作部分

[1] 陈荣,陈建军,汪浪. 异国风情——挪威[M]. 北京:中国水利水电出版社,2004.

[2] 段建国. 非洲探奇[M]. 北京:中国旅游出版社,1994.

[3] 范毅,周敏. 世界地图集[M]. 北京:中国地图出版社,2004.

[4] 傅奎. 典藏欧洲[M]. 北京:团结出版社,2007.

[5] 龚抒. 非洲国家概况[M]. 北京:世界知识出版社,1996.

[6] 国家地理委员会. 国家地理·世界卷[M]. 北京:蓝天出版社,2007.

[7] 韩杰. 现代世界旅游地理[M]. 青岛:青岛出版社,2001.

[8] 黄泽全,李百华. 非洲风情[M]. 北京:海洋出版社,1985.

[9] 黄泽全. 认识非洲[M]. 北京:京华出版社,1998.

[10] 李树藩. 最新各国概况——非洲分册[M]. 长春:长春出版社,2007.

[11] 李树藩. 最新各国概况——美洲·大洋洲分册[M]. 长春:长春出版社,2007.

[12] 李树藩. 最新各国概况——欧洲分册[M]. 长春:长春出版社,2007.

[13] 李树藩. 最新各国概况——亚洲分册[M]. 长春:长春出版社,2007.

[14] 山东省地图出版社. 世界知识地图册[M]. 济南:山东省出版社,2007.

[15] 邵琪伟. 中国旅游统计年鉴[M]. 北京:中国旅游出版社,2007.

[16] 孙博. 地球漫步——伊朗[M]. 北京:中国旅游出版社,2006.

[17] 孙克勤,孙博. 地球漫步——意大利[M]. 北京:中国旅游出版社,2005.

[18] 孙克勤. 世界文化与自然遗产概论[M]. 武汉:中国地质大学出版社,2005.

[19] 孙克勤. 世界遗产学[M]. 北京:旅游教育出版社,2008.

[20] 孙克勤. 世界旅游文化[M]. 北京:北京大学出版社,2007.

[21] 孙克勤. 世界旅游地理[M]. 北京:旅游教育出版社,2008.

[22] 王成家. 各国概况·非洲[M]. 北京：世界知识出版社，2002.

[23] 王成家. 各国概况·美洲、大洋洲[M]. 北京：世界知识出版社，2002.

[24] 王成家. 各国概况·欧洲[M]. 北京：世界知识出版社，2002.

[25] 王成家. 各国概况·亚洲[M]. 北京：世界知识出版社，2002.

[26] 王兴斌. 中国旅游客源国/地区概况[M]. 北京：旅游教育出版社，2004.

[27] 新加坡APA出版有限公司. 波兰（异域风情丛书）[M]. 刘珊珊，等译. 北京：中国水利水电出版社，2005.

[28] 新加坡APA出版有限公司. 葡萄牙（异域风情丛书）[M]. 翁妙伟，李淑红，李珊珊，译. 北京：中国水利水电出版社，2005.

[29] 星球地图出版社. 大洋洲之旅[M]. 北京：星球地图出版社，2006.

[30] 星球地图出版社. 北美洲之旅[M]. 北京：星球地图出版社，2006.

[31] 星球地图出版社. 南美洲之旅[M]. 北京：星球地图出版社，2006.

[32] 杨载田. 旅游客源国概论[M]. 北京：科学出版社，2008.

[33] 张凌云. 世界旅游市场分析与统计手册[M]. 北京：中国旅游出版社，2008.

[34] 中华人民共和国国家旅游局. 中国旅游业发展"十一五规划纲要·专题篇"[M]. 北京：中国旅游出版社，2008.

二、论文部分

[1] 柴亚林，马歆星. 近年来日本旅游产业政策与入境旅游市场分析[J]. 日本学刊，2007（4）：73-83.

[2] 蒋德恩. 节事旅游在加拿大旅游业发展中的作用[J]. 北京第二外国语学院学报，2006（3）：25-30.

[3] 凌强. 日本出境旅游现状及我国拓展日本客源市场对策[J]. 商业研究，2006（23）：169-171.

[4] 凌强. 发展国际旅游业——日本的经验及借鉴[J]. 日本研究，2007（3）：47-52.

[5] 孙克勤. 风情万种威尼斯[J]. 文化月刊，2005（10）：52-56.

[6] 孙克勤. 魅力四射的佛罗伦萨[J]. 文化月刊，2005（11）：52-56.

[7] 孙克勤. 探寻印度的世界文化遗产[J]. 风范，2008（4）：68-77.

[8] 孙克勤. 维罗纳——永恒的爱情之城[J]. 文化月刊，2005（8）：58-62.

[9] 张广瑞. 中、俄、蒙三国旅游合作的意义、条件与方略[J]. 经济合作，2006（10）：36-39.

三、互联网网址

[1]联合国教科文组织世界遗产中心(http://whc.unesco.org)
[2]中华人民共和国文化和旅游部(http://www.cnta.gov.cn)
[3]中华人民共和国外交部(http://www.fmprc.gov.cn)
[4]世界旅游组织(http://www.unwto.org)

后 记

《中国旅游客源国概况》第 1 版于 2010 年出版，第 2 版于 2013 年出版。该书自出版以来，得到许多院校师生的认可，同时也提出了一些宝贵的修改建议。为了让该书更加完善，第 3 版修订时，我们增加了希腊、捷克、匈牙利、墨西哥和阿根廷 5 个国家，并修订和增补了相关内容和数据。第 3 版修订工作由孙克勤负责和完成。

本书由孙克勤担任主编，参加撰写本书的人员分工如下：

第一章，孙博、孙克勤

第二章第一、四、七节，汪婷

第二章第二、三、九、十七节，董慧

第二章第五、六、八、十一节，冯璐

第二章第十节，孙宇

第二章第十二节，孙宇、孙克勤

第二章第十三、十五节，刘旭阳

第二章第十四节，陈艳、蒋小玉

第二章第十六节，宋云霞、汪婷

第三章第一、四、七、九、十二、十三节，孙克勤

第三章第二、六节，董慧

第三章第三节，孙硕、李琨

第三章第五、八节，孙博

第三章第十、十一节，陈烨

第三章第十四、十九、二十节，李琨

第三章第十五、十六、十七、十八节，张蕊

第四章第一节，陈烨

第四章第二节，蒋小玉

第四章第三、第五节，孙克勤

第四章第四节,闫美红

第五章,董慧

第六章,蒋小玉

我们在本书的撰写过程中,参考了许多国内外相关书刊、报纸和网站发布的资料,特别是世界旅游组织、中华人民共和国外交部、文化和旅游部网站发布的最新信息。在这里,我们向相关作者一并表示感谢。

由于本书涉及自然科学和社会科学诸多分支,且涉及大量的旅游统计数据,限于作者的能力和水平,错误之处在所难免,敬请专家和读者予以指正。

编者

2018 年 7 月于北京